社会学·政治学·文化学·教育学·民族学·历史学

叶显恩 主编
王春煜 刘集林 副主编

陈序经全集

第六卷 文化论丛（一）：文化学概观

中山大学出版社
·广州·

版权所有　翻印必究

图书在版编目（CIP）数据

陈序经全集 / 陈序经著；叶显恩主编；王春煜，刘集林副主编. 广州：中山大学出版社，2025.3. --ISBN 978-7-306-08274-9

Ⅰ.Z427

中国国家版本馆 CIP 数据核字第 2024GE9169 号

CHEN XUJING QUANJI：DI-LIU JUAN

| 出　版　人：王天琪
| 总　策　划：王天琪
| 项目统筹：嵇春霞　王延红
| 责任编辑：李先萍
| 封面设计：雅昌文化（集团）有限公司　曾　斌　周美玲
| 责任校对：舒　思
| 责任技编：靳晓虹
| 出版发行：中山大学出版社
| 电　　话：编辑部 020-84111901，84110283，84111997，84110779
| 　　　　　发行部 020-84111998，84111981，84111160
| 地　　址：广州市新港西路 135 号
| 邮　　编：510275　　传　真：020-84036565
| 网　　址：http://www.zsup.com.cn　E-mail：zdcbs@mail.sysu.edu.cn
| 印　　厂：恒美印务（广州）有限公司
| 规　　格：787mm×1092mm　1/16
| 总 印 张：433
| 总 字 数：8718 千字
| 版次印次：2025 年 3 月第 1 版　2025 年 3 月第 1 次印刷
| 定　　价：1980.00 元（全十四卷）

如发现本书因印装质量影响阅读，请与出版社发行部联系调换

凡 例

一、**编排方式**。《全集》总体上兼顾著述发表时间先后与研究领域的区别。第一卷以时间为序收录了陈序经的论文、时论、书评等,其中论文已收入其他卷者,原则上只存目;同题异文者,则均予以收录。第二卷至第十三卷收录了陈序经在不同研究领域的论文或专著。第十四卷收录了陈序经的遗稿《珠崖篇》,整理了其年谱、往来书信、照片等相关资料。底稿为直排繁体者,一律改横排简体,内容列举、引用位置指向用词,如"如左"径改为"如下"等。

二、**底本来源**。《全集》所收文献中有大量未曾整理的手稿、抄稿,其版本源流、底本选择等情况,皆写入"本卷说明"中。

三、**引文说明**。《全集》所引古籍或他人著述,有漏字、错字等现象者,一般参照现今中华书局、上海古籍出版社等相应版本径改,不另说明;引用古籍或他人著述时只取其大意,与原文不尽一致,凡此,照录,不予修改;手稿或抄稿中引用本人已发表文章,但内容与已发表的原文不尽一致,凡此,亦依手稿或抄稿。

四、**校订符号**。原稿中有漏字者,在〈 〉内补之。原稿中的错讹字,在其后〔 〕内补正。原稿中的衍字,用〔 〕标示。原稿中漫漶不清、难以识别或残缺的字,用□表示;字数难以确定者,用▨表示。原稿中的小字夹注,置于( )内,字体、字号同正文。外文书名、刊名用斜体。

五、**历史用语**。《全集》保留作者文字风格及语言习惯,不按现行用法改动原文。历史时期若干字词表达与今有异,但不影响理解,为存当时之真,不改。如智识(知识)分子、澎涨(膨胀)、计画(计划)、瞭解(了解)、那(哪)、澈底(彻底)、那末(那么)、原故(缘故)等。凡行文中对少数民族的蔑称,根据国家相关民族政策一律改为规范称呼,如"猺"改为"瑶"、"獠"改为"僚"、"猓猡"改为"倮倮"等。

六、外文名词。译名不统一或与现今不一致，如拿破伦/拿破仑、哥仑布/哥伦布、菲洲/非洲等，均不改。外文人名、地名书写有误者，一般径改。外文专有名词在原稿中大小写掺杂，按现今规范格式统一。

七、内文标点。原稿正文无标点或仅有简单断句者，一律按照中华人民共和国国家标准《标点符号用法》（GB/T 15834—2011）予以修改。专名号从略。

八、文字规范。《全集》中的简体字以 2013 年 6 月国务院公布之《通用规范汉字表》为准。通假字，不改。繁体字、异体字，改为规范字；但专有名词中的繁体字、异体字等，依从其使用惯例，不改。作者笔误、排印舛误等明显错误，径改。

其余未规定事项，一般遵从作者原稿。

本卷说明

　　第六至九卷收录了陈序经先生"文化论丛"系列著作（一）至（四）的全部内容（共 20 册）。书稿从 1940 年秋至 1945 年间陆续完成。本卷收录了文化论丛（一）：《文化学概观》。由王霆据商务印书馆 1947 年版校订。1989 年上海书店据 1947 年版影印出版（《民国丛书》第一编 39）；2005 年和 2010 年分别由中国人民大学出版社、岳麓书社出版单行本。

本卷目录

第一册 …………………………………………………………………… 1

第二册 …………………………………………………………………… 87

第三册 …………………………………………………………………… 169

第四册 …………………………………………………………………… 253

前　言

这部《文化学概观》，是我的"文化论丛"中的一部分。"文化论丛"已写完的，有二十册：《文化学概观》四册，《西洋文化观》二册，《美国文化观》一册，《东方文化观》一册，《中国文化观》一册，《中国西化观》二册，《东西文化观》六册，与《南北文化观》三册。除了这二十册之外，还有好多可以增补的地方，但是我个人对于文化上的主要概念，都可以在这些册里看出来。

这部书之所以能够写成，是得力于好多亲朋的鼓励。我不愿在这里列举他们的名字，因为给我鼓励最大的，却未必喜欢我在这里声明。至于本书之能够出版，也是得力于好多亲朋的鼓励；而商务印书馆在印刷十分困难的时候，设法把这部书来刊行，尤为我所铭感。

三十五年三月一日于昆明

第一册

目　　录

第一编 ·· 3
　第一章　现象的分类 ·· 3
　第二章　文化的意义 ·· 13
　第三章　文化与文明 ·· 23
　第四章　文化学史略 ·· 34
第二编 ·· 43
　第五章　研究的先锋 ·· 43
　第六章　人类学研究 ·· 52
　第七章　社会学研究 ·· 63
　第八章　其他的研究 ·· 75

第一编

第一章 现象的分类

现象的分类，是人类研究智识的必要条件。而且这种分类，是否精确，可以说是与人类的智识能否进步，又有了密切的关系。换句话来说，精确的现象的分类，是人类智识的进步的一种表征。自来学者对于现象做过分类的，不胜枚举。但是这些分类，能够达到精确的地位的，并不算多。原来所谓现象的各方面，不但很为复杂，而且有了密切的关系，没有显著的划分。此外，现象并非永久不变的东西。而且现象的某一方面是常常的变化，剧烈的变化。同时人类的智识愈进步，则对于现象的范围的观念，也可以随智识的进步而变化。因此之故，在智识没有发达的时代的现象的分类，未必就能适合于智识发达的时代的需要。所以分类的本身，也可以随时代的变化而变化。从这方面看起来，我们可以说，分类是相对的，而非绝对的。绝对的东西是不变的，相对的东西是变化的。现象的分类的改善，固是智识的进步的表征，而智识的进步，也可以促进现象的分类的精确性。本章的目的，是要把以往的几种普遍的现象的分类，加以解释与评估，而找出一个比较精确的现象的分类。

有些人分现象为自然与道德两方面。所以休谟（D. Hume）在其《人类悟性》（*Treatise on Human Understanding*）分智识为自然哲学与道德哲学。康德（I. Kant）所谓自然世界与道德世界（Sittliche Welt），边沁（J. Bentham）所谓自然科学与道德科学，都是以为现象可以分为自然与道德两方面。此外又如卡巴尼斯（P. J. G. Cabanis）在一八〇二年所刊行的名著《人类的体质与道德的关系》（*Rapports du Physique et du Moral de, L'homme*），与拉普拉斯（P. S. Laplace）在一八一二年所刊行的《或然性的分析理论》（*Théorie Analytique des Probabilites*），也都偏于这种分类。

大致的说，十八世纪下半叶，与十九世纪的上半叶的学者，而尤其是英国的学者，多数把现象分为自然现象与道德现象两大类，把科学分为自然科学（Natural or Physical Science）与道德科学（Moral Science）。弥尔（J. S. Mill）在其名著《论理学》（*Logic*）也这样的分类。弥尔以为要想补救道德科学的落后的缺点，只有应用自然科学的方法去研究道德的现象。在道德科学的方法数章里，他又说明自然科学的方法之最能应用于道德科学的，是物理学的方法。

弥尔无疑的受过孔德的影响。我们以为不但物理学的方法是否能应用于道德科学，成为问题，就是道德科学这个名词，像弥尔那样用法也已成为一个历史的名词，而少有学者使用。

有些人，特别是德国人，喜欢把现象来分做自然与精神两方面，因而遂有自然科学与精神科学的分别。提尔泰（W. Dilthey）在其《精神科学绪言》（*Einleitung in die Geisteswissenschaften, Versuch einer Grundlegung Für das Studium der Gesellschaft und der Geschichte*, 1883）一书，及其《精神科学中的历史世界的建设》（*Der Aufbau der geschichtlichen Welt in den Geisteswissenschaften in den Abhandlungen der Berliner Akademie, Philosophish-historische Klasse*, 1911）一文里，极力主张这种分类。提尔泰以为自然科学与精神科学的分别，不只是根据于方法方面，而且是根据于对象方面。自然科学的对象是我们为着达到实用的目的而探求的对象，精神科学的对象是社会历史的实体或人类社会历史的实体（die Menschlich-Gesellschaftliche-geschichtliche Wirklichkeit）。自然科学的趋向或方法是找出对象的互相关系，而精神科学的趋向或方法是自觉的启发与生活目的的理会（Verstehen der Objektivation des Lebens）。我们解释自然，但是我们理会精神生活（Die Natur erklären wir, das Seelenleben verstehen Wir）。生活的目的就是黑格儿所谓客观的精神（Objektiven Geistes）。生活的目的范围是在意志的主权（Souveränität des Willens）之内，而与自然处于相反的地位。

生活的目的，在社会历史的实体中所表现的，可以分为两方面：一为社会的组织，而以国家为其最高点；二为文化的体系（Kultursystemen），而表现于道德（Sittlichkeit）、宗教、艺术，以及科学各方面。据提尔泰的意见，法律是介于这两者之间，而含有两者的要素，而民俗学所研究的对象，也非纯粹的自然现象，而是偏重于民俗精神方面，因而也可以当为精神科学。因此之故，科学可以分为两大类：一为自然科学，二为精神科学。精神科学又可以分为两类：一为国家学，这就是政治学；二为文化体系的科学（Die Wissenschaft der Kultursysteme），如道德学、宗教学、艺术学以及科学。此外，又加以法律学及民俗学（Ethnologie）而成为精神科学的全部。所有这些精神科学，据提尔泰的意见，都是从实际的需要而产生的。这些精神科学供给我们以事实定理法则，以及价值的判断。然而它们在其方法上却缺乏了自觉与自知，而在其理论上，又缺乏了共同的认识。因为了这个原故，一种精神科学的创立以弥补这些缺点，是必要的。提尔泰所以著作《精神科学绪言》就是要建立一种新的科学。精神科学，据提尔泰的意见，不只与当时流行的历史哲学有了不同之处，就是与所谓新起的社会学，也有了差异之点。因为前者不外是神学的余音，而后者据孔德、斯宾塞尔以至弥尔的解释，又不外是自然科学的附庸。精神科学的对象，既非神学者所说的上帝的意志，又非社会学者所当为自然现象的一部分，它是与自然科学处于对峙的地位，而自有其范围的。

我们应当提出，精神科学的"精神"两个字并不能表现出德文 Geistes Wissenschaften 的 Geistes 这个字的真正意义。然而 Geistes 是偏于精神方面，是无可怀疑的。提尔泰把自然科学以外的学科，都放在精神科学这个名词之下，至少从名词上看起来，是不妥当的。因为物质的生活，如一般民俗学者所注意的，既非精神的现象，社会的制度如法律、政治等，也未必就是精神的现象。用所谓精神（Geistes）这个名词，去包括物质与社会的一切东西，是不妥当的。

我们不能否认提尔泰所用精神（Geistes）这个名词，是近于我们所说文化这个名词，不过提尔泰既把文化的学科，如道德、宗教、艺术与科学，而别于国家学科，同时又把文化的现象，当作精神科学的一部分，那么这个文化是狭义的。其实，道德、宗教、艺术与科学，固是文化，社会的组织，如国家，又何尝不是文化的现象？这一点，我们当在下面再加解释，这里只好从略。

不但这样，在提尔泰的精神科学里，我们找不出经济学的地位。德国人的国家学（Staatswissenschaften）虽往往包括经济学，可是现在的经济学，不但已脱离国家学而独立，而且占了科学中的重要的地位。此外，提尔泰又以为精神科学的基础，是筑在心理学上，而心理学又非自然科学。这一点，从现代的一些心理学者看起来，又有商量的余地。

其实，精神科学在这个名词，除了一些德国学者应用之外，别的国家的学者，是很少应用的。就是近来的德国学者，对于这个名词，也已少使用。这大概也是由于这个名词的本身及其意义，有了不少的缺点罢。

此外，又有好多人把现象分为自然与社会两方面，因而有自然科学与社会科学的分类。这是近代科学的最普通的分类。在学校里，我们的科学的分类，固是这样，在刊物中，在谈话中，一般人也是这样的区别。现象，据桑菩恩（F. B. Sanbarn）在《社会科学的过去与现在》（Past and Present in Social Science, *Journal of American Social Science Association*, vol. Ⅶ, pp. 799－800）一文里以为社会科学（Social Science）这个名词，用得最先的是奥文（Robert Owen）。奥文究竟是不是第一个人使用这个名词，我们在这里不必加以考究，然而自十九世纪以至现在这个名词的应用最为普遍，是没有可疑的。法国的孔德在其《实证哲学》（*Philosophie Positive*，1830—1842）里，英国的斯宾塞尔在其《社会学研究绪言》（*Introduction to the Study of Sociology*）里，德国的摩尔（R. V. Mohl）在《政治学的历史与文献》（*Geschichte und Literatur der Staates Wissenschaften*）里，美国的司马尔（A. Small）在其《社会科学的意义》（*The Meaning of Social Science*）里，以至好多的社会科学者的著作里，对于这个名词，都常常的使用，极力的提倡。他们都以为除了自然现象之外，尚有所谓社会现象。自然科学的对象，是自然现象，而社会科学的对象，是社会现象。因为这两种现象有了显明的区别，所以这两种科学，也有了不同之处。前者比较简单，而后者比较复杂。前者虽是后者的基础，可是后者却超出前者的范围之外，而自成为一格式，自成为一范围。

我们应当指出，一般把科学分为自然科学与社会科学的人所用社会科学这个名词，往往与社会哲学以至社会学诸名词，没有什么分别。孔德在其《实证哲学》里对于这三个名词，就常常混用。斯宾塞尔的《社会学研究绪言》虽用"社会学"这个名词以为书名，然而书里各章的标题，与其他各处，却是用"社会科学"这个名词。直到现在，好多的法国学者与英国学者，对于这些名词的使用，都没有加以严格的区别。至于德国学者所用 Sozialwissenschaften、Gesellschaftswissenschaften、Gesellschaftslehre 与 Soziologie 诸名词，也有不少随便混用。

不但这样，社会科学这个名词，直到现在，只可以说是各种特殊的社会科学的总名。其本身并没有一个确定的对象。一八五四年英国某医生所刊行的《社会科学纲要》（*Elements of Social Science*），一八五九年特赖什开（H. V. Treitschke）所刊行的《社会学科》（*Die Gesellschaftswissenschaft*），与开利（H. C. Carey）所发表的《社会科学原理》（*Die Principle of Social Science*），以至近来像马其维（R. M. Maciver）的《社会科学纲要》（*Elements of social Science*）等等，虽用社会科学这个名词以为书名，然而所谓社会科学的本身，并不像政治学或经济学一样的，有了一个确定的题材，以为研究的对象。社会学家像孔德、斯宾塞尔而特别是罗斯（E. Rose）在其《社会学的基础》（*Foundation of Sociology*, 1905）虽极力主张社会学的对象为社会现象，然而一般的社会学家对于这种主张，却未见得能够赞同。因为他们以为社会学也是一种特殊的社会科学，而非社会科学的总和。所谓社会现象，不但范围太广，而且太过空泛，社会学既非社会科学，结果社会科学，只是一个总名，只是一个空名。

其实，把现象分为自然与社会两方面，就有一个根本的错误，因为社会的现象至少有一部分也是自然的现象。我们承认人类，而特别是文化较高的社会现象，大部分，或是差不多整部分是人为的，而非自然的，然而在动物的世界里的社会现象，却完全是自然的。从多细胞的团体生活，以至高等动物的社会动作，无一不是自然的。蚂蚁的分工合作，蜜蜂的分工合作，都非后天的，而是本能的，与先天的。这是自然的现象。近代有好多学者，以为不只是在动物的世界里有了社会的现象，就是在植物的世界里也有社会的现象。所谓 Wiesesoziologie，所谓 Pflauzesoziologie，主要就是研究植物的社会现象的科目。又人类既是生物之一，那么，人类的好多基本的社会动作，是本能的，是先天的，是自然的现象，也是无可怀疑的。所谓社会现象，既有了很多方面，是自然现象，那么把现象来分为自然与社会两方面的错误，可以概见。而且，也许是因为社会的现象有好多方面是自然的现象，所以有好多的社会科学者，往往要以自然科学的方法，应用于社会科学。希望后者也变为自然科学一部分。孔德、斯宾塞尔以及好多的社会科学的先锋，都这样的希望。社会的现象，既有了很多方面是自然的现象，假使自然科学的方法，也可以应用于社会科学，那么社会科学，无论在其研究的对象上，或方法上，都没有什么显明的区别了。这么一来所谓自然科学与社会科学的区别，主要恐怕也只是名称上的区别而已。

上面是解释与批评几种最普通的现象与科学的分类。我们现在进一步去说明与估量几位比较著名的学者的现象与科学的分类。

孔德（A. Comte）在其《实证哲学》（Cours de Philosophie Positive，1830—1842）里，把现象分为两大类：一为无机的；一为有机的。无机的现象，又分为两类：一为属于天的，天文学是属在这类。一为属于地的，物理、化学是属于这类。有机的现象也分为两类：一为关于个体的，生物学属这类；一为关于团体的，社会学属于这类。此外，数学是上面所说各种科学的基础，同时也是研究上面各种科学的工具。科学的发展史的序次，是数学较先然后至于天文、物理、化学、生物，最后乃至社会学。同时科学的准确性的序次，也是数学较为准确，然后至于天文、物理、化学、生物，最后乃至社会学。这是孔德所谓为科学的等级（Hierarchy of Sciences）。

据孔德的意见，每种科学的发展，都要经过三个阶段：一为神学的阶段；二为哲学的阶段；三为实证或科学的阶段。数学发展最早，而达到实证的阶段也最先。此外，天文、物理、化学、生物发展较迟，而达到实证的阶段也较后。社会学发展最迟，直到孔德写《实证哲学》的时候尚未达到实证的阶段。孔德之所以著作《实证哲学》，主要的目的，就是要成立一种新科学，这就是社会学，而使其达到实证的地位。

孔德这个现象与科学的分类，又是基于两个原则上：一为现象的复杂性的增加，一为现象的普遍性的减少。数学的单位最为简单，故其法则最为普遍。天文、物理、化学、生物的现象，循着序次而增加其复杂性，故其普遍性也循着序次而减少。社会学的对象最为复杂，故其普遍性也最少。

孔德的《实证哲学》是根据这个科学分类而分部的。第一部分说明科学的分类之后，跟着序次而解释数学、天文、物理、化学、生物，最后乃讨论社会学。每一门科学都占一部分的篇幅。社会学占了全书的一半篇幅，全书共六册，而社会学共有三册，我所以说他写这部书的主要目的，是要建立社会学，就是这个原故。

孔德的现象与科学的分类，是一个很重要与较精密的分类，然而这个分类，却也有不少的缺点。

我们先要指出，孔德这个分类，可以说是自然科学的分类。在孔德的心目中，除了自然的现象之外，好像没有别的现象。无机现象，固是自然的现象，有机现象，也是自然的现象。孔德希望各种科学都能达到实证的地位，所以他相信社会学，这就是研究社会现象的科学，也可以用自然科学的方法去研究。其实，孔德既把社会现象列为有机现象之一部分，那么社会学自然而然是自然科学之一门类。我们承认社会的现象有了很多方面是自然的现象，然而我们不能否认，正如上面所说，在人类的社会的现象里，大部分或是差不多整部分是人为的，而非自然的，所以孔德把社会学所研究的对象，都当作自然的现象，是一个很大的错误。社会学的对象，既非全为自然的现象，自然科学的方法，是否能应用于社会学，也成为问题。其实，一百年前，孔德梦想社会学能达到实证阶段，直到现在，还未实现。我们恐怕再过一百年以至一千年，也难实现。

不但这样，在孔德的科学分类里，我们找不出好多主要的科学，如心理学、人类学等等。自然的，在孔德的时候，这些科学尚未发展，我们不能怪孔德，然而这也是指明孔德的分类，有了增加与修正的必要。

斯宾塞尔（H. Spencer）对于孔德的现象与科学的分类，曾作过不少的批评。一八五三年，他曾写了一篇文章，叫做《科学的起源》（Origin of Sciences），主要目的，是批评孔德的科学的分类，而说明其自己的科学的分类。后来（一八七二年）他在《社会学研究绪言》一书里第十三章中，又解释他的科学的分类。一八七六年他发刊《社会学原理》（Principles of Sociology），第一册第一章里，他分现象为三类：一为无机现象；二为有机现象；三为超有机现象。无机现象又分为两类：一为天文的，二为地质的。有机现象也分为两类：一为生物的，二为心理的。超有机现象也分为两类：一为自然的，二为人为的（Artificial）。

斯宾塞尔在《社会学研究绪言》里，也把科学分为三大类：一为抽象的科学；二为抽象具体的科学；三为具体的科学。抽象的科学是关系的需要的感觉；抽象具体的科学是因果的意识；具体的科学是原因的复杂性与连续性的表现。科学之属于第一类的，如论理、数学等；科学之属于第二类的，如物理、化学等；科学之属于第三类的，如上面所说的无机的具体现象中的天文、地质等，与有机的具体现象的生物学、心理学等。社会学的对象，是超有机的现象，然而同时却包括所有其他各种科学所研究的现象，因此之故，假使我们要明社会学，我们对于别的科学，应当有充分的智识。

斯宾塞尔避免孔德以社会的现象为有机的现象的错误，而名为超有机的现象，这种超有机的现象的概念，对于近代的科学分类，而特别是社会研究、文化研究上，都有极重要的影响。这一点我们当在下面说明。我们在这里所要指出的是：斯宾塞尔虽然把超有机的现象分为自然与人为两方面，然而他所说的人为现象，从他看起来，还是自然的现象。他在《社会学原理》第一章里告诉我们道：一般普通人虽把某种超有机的现象为人为的，然而从哲学的观点来看，这种人为的比之其他的自然现象，并不见得不是自然的。斯宾塞尔以为自然科学的方法，可以应用来研究社会科学，也可以说是因为他相信社会现象是自然现象。

斯宾塞尔不但对于自然现象与人为现象没有显明的区别，他对于社会现象与文化现象，也没有加以区别。他所谓人为的现象，在我们看起来，虽是属于文化的范围，然而从斯宾塞尔看起来，却好像是属于社会的现象。语言，物质生活，社会组织，宗教信仰，以及文化的各方面，都是社会的现象，所以这些东西都属于社会学的领域，而成为社会学的对象。我们以为文化的现象的各方面，虽有了社会的意义，然而文化的现象，既未必就是社会的现象，社会的现象，也未必就是文化的现象。因为所谓自然社会，如动植物的社会，既非文化的现象，而物质或精神的文化，严格的说，也非社会的现象。比方，一张桌子，虽可以说是有了社会的意义，然而桌子并非社会，而是文化的物质方面。又如，一种思想，虽也可以说是有了社会的意义，然而思想也非社会，而是文化的精神方面。因为，文化除了社会方面之外，还有物质与精神各方面。从这方面看起来，文化的范围却比了社会的范围较广。至于社会，除了文化的社会方面之外，还有自然的社会现象。如上面所说的植物社会，或动物社会，以至原始人类的社会的好多动作，都非文化的社会现象。从这方面看起来，社会的范围，又比了文化的范围为广。斯宾塞尔对于这种区别，既没有认识，所以他的现象与科学的分类不能不说是缺乏了精确性。

近来又有些人分现象为四大类：这就是无机的现象，生命有机的现象，心理有机的现象，与超有机的现象。克劳伯（A. L. Kroeber）于一九一七年在《美国人类学杂志》（*American Anthropologist*, vol. 19 No. 2）所发表《超有机论》（The Super-Organic）一文，而特别是一九一八年在《美国社会学杂志》（*The American Journal of Sociology*, vol. XXIII No. 5）所发表《社会心理学的可能性》（The Possibility of Social Psychology）一文，对于这个分类，曾做过详细的解释。我们应当指出，斯宾塞尔对于心理现象的重要性，并不忽视。这一点，他的见解，比了孔德的已高明得多。在他所谓有机现象的两种分类中，心理现象就是其中之一，而在他的十大巨著《综合哲学》（*Synthetic Philosophy*）里，《心理学原理》（*Principles of Psychology*）占了两大巨册。所以实际上，克劳伯的分类，与斯宾塞尔的分类，却有根本相同之处。此外，又如古姆普罗维赤（L. Gumplowicz）在一八八五年所刊行的《社会学原理》（*Grundriss der Soziologie*），分现象为自然、心理、社会三大类。对于心理的现象，也很注意。这是因为心理学在十九世纪的下半叶，已逐渐引起人们的注意，所以斯宾塞尔与古姆普罗维赤都能加以特别的注意，而把心理的现象，当为现象的分类的一类。克劳伯也不外是把孔德、斯宾塞尔、古姆普罗维赤以及各家的分类，而加以综合与系统化罢。

克劳伯对于斯宾塞尔没有区别人类文化的社会，与非文化的动物社会，虽加以批评，然而克劳伯自己对于这种区别，好像并不十分重视。他所谓超有机的现象之中，是包括了社会与文化两种现象。我们上面曾经说过，文化与社会，虽有了密切的关系，然同时也有根本的差异。照我们的意见，在我们的现象的分类里，对于这两种差异的分类，应当加以分开。所以事实上，我们可以把现象分为五类，这就是无机现象、有机现象、心理现象、社会现象与文化现象。有机现象是包含无机现象；心理现象又包含有机现象与无机现象；社会现象又包含心理现象、有机现象与无机现象；而文化现象，又包含社会现象、心理现象、有机现象与无机现象。而且，我们也可以说，有机现象是以无机为基础；心理现象是以有机现象与无机现象为基础；社会现象，是以心理现象、有机现象与无机现象为基础；而文化现象，又以社会现象、心理现象、有机现象与无机现象为基础。但是同时，我们也得指出，有机现象虽以无机现象为基础，有机现象的本身是自成一个格式，自有一个范围。如此类推，所谓心理现象，社会现象，以至文化现象，虽各有其基础，但却也各自成一个格式，自有一个范围。

我们以为文化现象的认识，是近代智识发展史上最值得我们注意一件事。因为在上面，我们虽然把现象分为五类，然而现象的显明的差异，可以说是只有两大类：一为自然的现象，一为文化的现象。从其自然发展的历程来看，社会现象与心理现象的区别，固难找出一个起点，心理现象与有机现象的区别，也难找出一个起点。克劳伯把心理现象叫做心理有机现象，就是这个原因。其实，据近代一些科学家的研究，有机现象与无机现象的显明区别，就不容易说明。赫胥黎（Huxley）的有名的孙儿已经告诉我们生命与非生命的区别的困难，已逐渐的增加。我们为着研究的便利起见，把自然现象来加以分类，固是需要，然而我们不要忘记，自然现象的本身是自成一格式，自有其范围，因为自然现象的各方面，不只有了密切的关系，而且是一个单位，自然科学这个名词之所以能够成立，就是这个原故。

至于文化现象的发展，虽不能离开自然现象，然而两者却有了很显明的差异。前者是人工发展的，而后者是自然生长的。不但这样，文化是人类的创造品，只有人类才有文化，所以在现象的发展的历程中，文化现象的发展，是最值得我们注意的一件事。从某方面来说，文化愈发展，文化的范围愈放大，文化的范围愈放大，自然的范围愈缩小。人类本来是自然的产物，然而现在已成为文化的产物。动物本来也是自然的产物，然而现在也多已变为文化的产物。人类与动物固是这样，植物以至无机物也是这样。从这方面看起来，文化之于自然的区别，正像家畜之于野兽，园花之于野花的区别。所以文化愈发展，则家畜、园花愈增加，而野兽、野花愈减少。

自然的，我们也可以说文化是自然的产物，因为人类是自然的产物，而文化又是人类的产物。不过我们也得明白，文化发生之后，不只是自有一个范围，而且自有其功用。因为人工造作的东西，既与自然生长的东西，显然有了不同之处，不但在其研究的对象上，自然科学之于文化学科或文化学，有了不同之处，就是在其研究的方法上，自然科学与文化学科或文化学，也有其差异之点。这是研究文化学的人，所应当特别加以注意的。

总而言之，自然现象与文化现象的区别，比之自然现象与道德精神或社会的现象的区别，固较为显明，较有意义，就是比之孔德、斯宾塞尔与克劳伯的现象的分类，也较为显明，较有意义。因为所谓道德现象与精神现象的意义既狭小，而不能包括文化的全部，所谓社会现象的本身，又含了自然与文化的两方面的现象。社会现象的本身的一部分，既是自然的现象，那么把社会现象与自然现象来区别为两种科学的研究的对象的缺点，可以概见。至于孔德的无机现象，与有机现象，虽是完全属于自然的现象，然而孔德同时又把整个社会的现象——自然的与人为的列入自然现象之内，这不但是证明他的分类不适于我们的时代，而且其分类的本身，也有缺点。斯宾塞尔与克劳伯的分类比之孔德的虽较为进步，然而两者都把超有机现象这个名词去包括社会与文化的现象，而对于两者的区别，却没有积极与显明的分开，这也是一种缺点。

其实，文化科学或文化学这个名词的使用的历史，固然很长，然而把现象来分为自然与文化两大类，却是一件较晚的事。利开尔特（H. Rickert）在一八九八年所出版的《文化科学与自然科学》（*Kulturwissenschaft und Naturwissenschaft*），以及一九〇二年所刊行的《自然科学的教育观念的范围》（*Die Grenzen der Naturwissenschaftlichen Begriffsbildung*）可以说是对于这种分类主张最力的著作。大致上，我们可以说近代德国学者之注意到这两种现象的区别，而把科学分为自然科学与文化科学的，比较的多，所以文化科学或文化学（Kulturwissenschaft）这个名词的使用，也比较的多。

现象的分类，固有自然与文化两方面，但是科学所研究的对象之包含了这两种现象的，也并不少。人类学是包括了体质人类学，与文化人类学。心理学也可以分为自然的心理学或文化的心理学。专门注重于有机的神经系统及其反应（Reflex response）是属于自然的心理学，而近代所谓人类社会心理学差不多完全是属于文化的心理学。植物、动物的社会的研究，或是所谓人类的先天的社会性的研究，是属于自然的社会学，但是人类社会的研究，差不多完全属于文化的社会学。所以社会学也可以分为自然社会与文化社会两方面。同样，以往的历史学虽差不多完全是研究人类的文化的某一方面，或各方面，然而近代的历史的范围已包括自然的历史。宇宙的发展，地球的历史，生物的进化，以至自然的心理现象，自然的社会现象的演化，都可以包括在历史的范围，所以历史也可以分为自然历史与文化历史两方面。此外，又如地理学也可以同样的分为自然地理学与文化地理学。

根据了上面的观察，我们可以把科学分为三大类：一为纯粹的自然科学；二为自然与文化科学；三为纯粹的文化科学。纯粹的自然科学，又可分为天文、地质、物理、化学、生物等。自然与文化科学又可分为人类、心理、社会、历史、地理等。纯粹的文化科学又可分为经济、政治、法律、宗教、伦理等。在文化的现象中，正像自然现象里，各方面都有了密切的关系。同时，自成一个格式，自有一个范围。自然现象或文化现象虽仍可分为好多方面，然而这是为着研究的便利起见，而其本身，并不因此而失却了单一性（Unity）。自然科学，经过数百年来的研究，已有显著的成绩，可是文化学科或文化学，还是落后的很。这也许是由文化现象比较复杂，然而文化之于人生的关系既很密切，文化的研究是急不容缓的。自来经济学者，政治学者，宗教学者，伦理学者，法律学者以及其他的学者，对于文化的研究虽很注意，然而他们所注意的，只是文化的某一方面，而非文化的整部。文化学之于这些特殊的文化学科，正像生物学之于植物学与动物学。生物学的发展，既不碍于植物学与动物学的发展，文化学的发展，也不会碍及特殊的文化学科如经济、政治等等的发展。其实，正像植物学与动物学，因了生物学的发展，而愈发达，特殊的文化学科，也必因文化学的发展而愈发达。

　　除了上面所说的各种科学之外，还有些主要的科学，如数学与论理学等等。这可以说是研究上面所说各种科学的基础，同时也是研究上面所说各种科学的工具。我们可以照斯宾塞尔的分类，把这些科学名为抽象科学，而把纯粹的自然科学，自然与文化的学科，与纯粹的文化学科名为具体科学。

　　总而言之，我们的目的是要以现象本身的区别与关系为根据，而作一较为精确的科学分类。我们虽然指出所谓自然科学与道德精神、与社会科学的分类的缺点，我们虽然指出孔德、斯宾塞尔与克劳伯的分类的缺点，然而他们的分类的长处，我们也加以采纳，而同时注重于文化学的建立，以及其在科学中的地位。

科学分类表

具体的科学		
自然学	自然文化科学	文化学
生物	地理	伦理
化学	历史	宗教
物理	社会	法律
地质	心理	政治
天文	人类	经济
论理算术		
抽象的科学		

第二章　文化的意义

"文化"这个名词，在德文为 Kultur，在英文与法文都为 Culture，原从拉丁文的 Cultus 而来。近来有些国人也译 Civilization 为文化的。比方：王云五先生在其所编纂的《中国文化史之研究》的"绪言"里曾说："Civilization 一语，我国人译为文化。"但是照一般普通人的译法来看，Culture 是译为文化，而 Civilization 却译为文明。文化之于文明，究竟有没有区别，同时，假使有了区别，这种区别，又怎么样，我们当在下面一章加以详细的说明，我们现在且先来解释文化的意义。

有些人以为所谓文化（Culture）是指着希腊与拉丁两种文字而说。所以英国的布赖特（John Bright）曾告诉我们：一般人所谓文化，不外是指着能够有了两种死的文字的智识，而这两种死的文字就是希腊文与拉丁文｛参看安诺特氏（M. Arnold）的《文化与纷乱》的"绪言"（Culture and Anarchy, Introduction）｝。照这样看起来，所谓有文化的人们，就是懂得多少的希腊文与拉丁文的人们了。

其实，这种文化的意义，不只是太狭，而且是太没有意义了。因为，某种文字，固是文化的某一方面，然而这种文字，却不能包括整个文化。而况，希腊文与拉丁文既是叫做死的文字，那么这两种文字，至多也不过是过去的文化的一方面，不只是不能包括现代的整个文化，而且是不能包括过去的整个文化。

此外，又如歧德氏（Andre Gide）在一九三五年的九月份所出版的《现代生活与学问》（Life and Letters Today）的杂志上所发表的《文化的辩护》（The Defense of Culture）一文里，以为所谓文化，差不多就是等于文学。我国自抗战以后，在报章上，在杂志上，常常有了"文化人"这个名词。所谓"文化人"的会议，"文化人"的团体，"文化人"的救济，以至"文化人"的奖励等等，到处可以听见，然而这里所说的"文化人"也不外是指着一般学文学或文艺的人们。换句话来说，这里所谓"文化"，也无非就是文学。

以文学来当作文化，从文化的范围上看起来，虽比以文字——希腊文与拉丁文来当作文化为广，然而从整个文化上来看，还是较狭。因为，文学也不过是文化的很多方面的一方面。文学固是文化，哲学以及其他的学问也是文化。所以，学文学的人们固可以叫作"文化人"，难道学哲学以及其他的学问的人，就不能叫做"文化人"吗？而况，除了学问以外的好多东西，也是文化呢？所以，我们以为只以文学来当作文化，其意义还是太狭罢。

至于英文上所谓"文化人"（Man of Culture），大概是指着文雅的人，或是所谓君子而言。同样，良好的习惯，有时也谓为文化。这个意义，在十七世纪的英国，已经有人这样的解释。与了这个意义有了多少关系的别一种看法，就是有些人以为好看的东西，叫作文化。比方：一个西洋的妇女，有时说及某种东西如衣服是有了文化，这其实是指着这种东西，就是好看的东西。

从这个审美的意义，推行起来，有些人以为文化就是美术或艺术。原始社会的人们所制造的精美的陶器或织物，古代希腊的人们所创作的美观的建筑与雕刻，中世纪时代的人们所建造的好看的教堂，与所绘画的好看的图画，以及一切凡足以引起人类的美感的人为的东西，才能谓为文化。

又有些人以为文化的实质，就是道德。我国人每每以为我们的国家，是礼义之邦，而别于其他的民族，就是以为我们的国家，是有文化的国家，而其他的民族，是没有文化的民族。辜鸿铭在其《春秋大义》(The Spirit of the Chinese People, 1915) 一书里，就有了这种主张。照他看起来，文化不是房子，不是道路，不是器具，不是制度，不是科学，不是艺术，而是人格。换句话说，就是道德。他这样看法，是与我国的传统思想有了密切的关系。这就是说我国的传统思想，是偏于道德方面，而所谓道德，从辜鸿铭看起来，又不外是孔子与孟子的道德。在西洋的学者之中，也有好多人是把道德来当为文化的实质。什维兹尔（Albert Schweitzer）就是一个例子。但是关于什维兹尔以及辜鸿铭的文化的看法，我们在别处当再加以详细的解释，这里只好从略。

欧洲的基督教的民族，往往以为非基督教的民族，是没有文化的民族，而以自己的民族，为文化的民族。这种观念，是以宗教，而特别是以基督教，为文化的代表。所以他们往往以为宣传耶教，就是宣传文化。基德（J. Kidd）的《社会进化》(Social Evolution, 1896)，库朗日（F. de Coulanges）的《古代城市》(Ancient City, Translated by W. Smith, 1900)，都以宗教为文化发展的原动力，是与了这种看法有了密切的关系。

又如，一般提倡极端的国家主义或帝国主义的人们，往往也以为他们自己的国家，是有文化的，而其他的民族，是没有文化的。西洋各国之征服菲洲与南洋各处，固以这种理由为根据，德国之占据我国的胶州湾也以为这是为了文化而占据。他们把强权当作公理，而公理又当作文化。其实这种观念，可以说是以政治的势力去当为文化来看。换句话说，就是以武力去当为文化来看罢｛参看特赖什开（H. V. Treitschke）的《政治学》(Vorlesungen über Politik) 第三版第一卷一二七页｝。

我们以为专以文雅、美术、道德、宗教、政治与武力的各种东西中的一样，去当为文化，其错误正像只以文字或文学来当为文化是一样的。因为，不只是这些东西中的某一样，不过是文化的一方面，就是合了这几样东西来看，也不过只是文化的很多方面的几方面。因为，文化若分析起来，是千绪万端的，而不只是数方面的。又如，洪保德（W. V. Humbolt）以为文化是智识与艺术（参看 Über die Kawisprache I. Berlin，1838），都可以说是犯了这样的错误。

又如，所谓文治（Civil）与军事（Military）这两个名词的对峙的意义，也可以说是偏于文化的一方面。在《利维》（*Livius* IX，Ⅲ.Ⅴ）我们找出下面的词句：Is gravis annis non militaribus solum sed civilibus guoque abscerat munerbus。其实，这种文化的意义，在我国用得很早。比方，在汉朝的刘向所撰的《说苑·指武》里也有下面的词句："凡武之兴，为不服也，文化不改，然后加诛。"又如，束晳《补亡诗》里所谓"文化内辑，武功外悠"，也是这个意义。这就是所谓文化是指着文治或教化而言，而与武备或武功处于相反的地位。近来国人之中有了不少提倡所谓武化，也就是从前人所说的武备或武功。"文化"与"武化"这两个名词，不外是从所谓文武这两个字的意义推衍而来，同时又与一般人所谓"文人""武人"有了密切的关系。

除了文武的意义之外，我国还有了所谓文野的说法。这种所说的"文"，就是文化，而所说的"野"，就是野蛮。《书经》里所谓三百里揆"文教"的"文教"，也有这个意义。某个国家或某个民族，以为他们自己的民族或国家，是文化的，而其他的民族是野蛮的，就是这个意思。英文上所说的 civilized 与 barbarous，也就是这个意思。人类学的著名学者威士莱（C. Wissler）在其所著的《人与文化》（*Man and Culture*，1923）一书里，就指出这种的看法，是使我们对于文化这个名词的意义的了解上的一个最大的困难。他又指出，这样的看法，是含有优越的意义。然而事实上，不只是文化优越的民族或国家，有了文化，就是所谓野蛮的民族或社会，也有了文化。威士莱指出哀斯企摩（Eskimo）与霍屯督（Hottentots）的人们，有其自己的文化，亦犹英国或法国的人们之有其自己的文化。他又指出哀斯企摩与霍屯督的人们在文化的创造上，还有其特出的地方。所以文化并非某种民族所独立有的东西，而是人类所皆有的东西。自然的，我们不能否认文化的本身，是有了程度上的高下，与优劣的不同，然而我们不能说只有某种民族才有文化，或是某种民族是没有文化的。

照一般人的普通的意见，所谓文化是指着学术而言。故学术机关往往叫作文化机关。安诺特（M. Arnold）在其《文化与纷乱》（*Culture and Anarchy*）一书里，却以为文化不只是指着学术而言，而是对于人生与性格有了作用与能够变动的最好的智识。又有些人以为文化就是教育。所以教育事业，也常常叫作文化事业。霍布士（T. Hobbes）在其《巨鲸》（*Leviathan*）一书里，就偏于这种看法。柏恩斯（Bums）在其《尝试中的现代文明》（*Modern Civilization on Trial*）一书的"序言"里，以为现代的问题，根本不是政治的，也不是经济的，而是文化的。他既以为文化是别于政治与经济的，那么文化的范围就不能算作很广。又如天津《大公报》在民国二十四年七月三十一日，曾有一篇社评，题目叫做《关于救国大计之商榷》，又有了一个附题叫做《七分经济三分文化》。这显明的把经济与文化分开来说。同时，又以为从救国的大计上看，经济的问题比之文化的问题重要得多，然而在这一篇社评里，我们又可以找出下面一段话。

> 在现阶段的中国，最基本的急务为经济复兴与文化建设。……此为我八年来之持论，至今犹信以为是者。……吾人所谓七分经济，三分文化，在形式上，虽与七分政治，三分军事相类似，然在实际上，则后者只系政府当局施政之方针，而前者则为国民一般救国之大计。在最后的目的，二者或能够相容，而从涵义之广狭远近轻重言之，二者固又迥然不相同，不可混而为一概念，更不可认为对立概念。

我们知道天津《大公报》在以往的社评里，曾有过七分政治，三分军事的主张，所以在这一段话里，特为提及。不过若照这种看法，文化不只是别于经济，而且是别于政治与军事。又若用数目字来说，所谓七分政治，三分军事，七分经济，三分文化，是否以二十分为比例总数，抑以百分为比例总数。若以二十分为比例总数，则所谓文化不过只占了二十分之三，而其所占的地位之不重要，已可概见。而且，这里所谓文化是否也以道德、艺术、宗教、文学以及其他的东西，都并入文化的范围之内，也是一个问题。若以百分为比例总数，那么所谓文化却又不过只是占了百分之三，则其所占的地位之不重要，更为显明。

无疑的，《大公报》的记者，在这里所说的文化是偏重于学术与教育方面。然而，同时他们对文化的意义，究竟是什么，却没有一个准确的了解。我们在这里所以抄出上面一段话，而加以解释，也不外是把来当作一个例子，说明一般的人们，对于文化这个名词，虽然常常使用，然而对于这个名词的意义，究竟是什么，却很少有人注意。其结果是：不但没有一个准确的了解，而且往往在应用上，前后有了不少的矛盾。

德国的培娄（G. V. Below）以为文化是民族精神的表现，而贝克哈特（J. Burckhardt）又以为文化是一切精神的发展的总和（参看 *Weltgeschichliche Betrachtungen*, Herausyegeben von R. Marx）。这种看法，可以说是偏于文化的精神方面，这与韦柏（A. Weber）与马其维（R. M. Maciver）以为文化是一种满足内心的东西，有了相同之处。然而同时，也有些人以为文化是专指着物质的东西而言。比方，舍夫雷（A. Schaffle）与倭铿都偏于这种看法。我们在下面一章，当解释他们的意见，这里只好从略（参看 P. Barth, *Die Phllosophie der Geschichte als Soziologie*, S. 601）。

赫德（H. Herder）以文化与启明（Aufklärung）相提并论，以为二者都是由于教育的传统，而达到人类的幸福与生活的方法的一种形式。他又以为文化的范围是与人文（Humanitat）的范围相同的，有了同样的目的。这个目的是使人类得到高尚的陶冶，而发展自由深思，以及理性天性，使人类能有温美与强壮的康健，使人类的个性能够充溢于世界，使人类能够统治这世界，所以赫德所说的启明运动，就是文化运动 {参看赫德的《人类历史哲学的观念》(Herder, *Ideen zur Philosophie der Geschichte der Menschheit*, 9 Buch I. Vier. Buch VI.)}。

此外，心力的训练，固可以叫作文化，身体的训练，也可以叫作文化。英文上的 Physical Culture，法文上的 La Culture Physique 就是我们所说的体育。巴黎有了所谓 La Salle de Culture Physique，可以说就是我们的体育馆。

又如耕田也可以叫作文化，所以英文的农业这个名词就是 Agriculture。这是从拉丁文的 Cultus agri 而来。养蚕抽丝也可以叫作文化，所以英文有了 Silkculture 这个字。至于祭神也可以叫作文化，拉丁文的 Cultus deorum，就是这个意思。

迈尔斯 (Meyers) 在其《字典》(*Lexikon*) 里以为文化是事物的培养与改良，使其能有进步。比方，土地的改良，动物的培养，而特别是人类的生活的发展与改善，都可以叫作文化。斯塔姆尔勒 (R. Stammler) 在其《近代的法律与国家的学说》(*Rechts und Staatstheorien der Neuzeit*) 一书里，说文化不外是在正当的途径上发展人类的能力。这与迈尔斯所说的文化的意义，是有了关系的。然而这两者以及上面所说的数种意义，都可以说是偏重于文化的创造或改良的程序方面，而且有的既偏于精神方面，有的又偏于物质方面，结果也是不能包括文化的各方面，而犯了我们上面所批评的各种的文化的意义的同样的错误。

又如大卫氏 (H. N. Davis) 以为文化是那些东西使人类无论在那个地方都觉得安适与自然 (参看 C. A. Beard, *Toward Civilization*, p. 282)。这个意义，好像是过于空泛。再如巴克 (R. E. Park) 与柏哲斯 (E. W. Burgess) 在其《社会学绪言》(*Introduction to the Science of Sociology*, 1921) 又好像以为文化是人类的行为的型式 (behavior pattern)。这也不只是偏于空泛，而且所谓人类的行为的型式，不一定都完全是文化的行为的型式。至于有些以为文化是生活的方式，或更有些人以为文化就是生活，这也是有了错误。因为，所谓生活的范围是很广的，比方动物也能生活，也要生活，然而这种生活，并不能谓为文化的生活，而是自然的生活。

总而言之，上面所说的各种文化的意义，虽不能说是完全错误。然其毛病大致都是偏重于文化的某一方面，或数方面，而不能包括了文化的全部。此外，有的看法，既偏于空泛而缺乏具体的表示，有的看法，又嫌太广而超出文化的范围。

其实，上面所叙述的，也不过是随便的举出关于文化的解释的一些的例子，然而文化的意义的繁杂，也可概见。

我们既不能因为上面所说的文化的意义的繁杂，而不找出一个较为适当的意义，我们更不能不从上面所说的文化的意义的缺点，而找出一个较为完备的解释。

我们知道解释文化的意义之比较具体与明了，而且常常为一般学者所引用的，要算泰罗尔（E. B. Tylor）了。泰罗尔在一八七一年所出版的《原始文化》（*Primitive Culture*）一书里，以为从叙述的人类学的广义来看，文化是一个复杂的总体（A Complex Whole），包括智识、信仰、艺术、道德、法律、风俗以及人类在社会里所得的其他的一切的能力（Capabilities）与习惯（Habits）。

泰罗尔在《原始文化》这本书以及其他的著作里，对于文化的物质方面，虽然常常说及，而并不忽略，可是在上面所举出那个文化的定义里，却没有说到文化的物质方面。因此之故，遂引起近来一般之研究文化的人的批评，以为他的文化的定义也是偏重于文化的精神方面。关于这一点，我们在下面当再加以详细的讨论，我们在这里所要指出的，是物质的文化，是文化的要素，而且，还有些人，以为物质的文化是精神的文化的基础。这种看法，当然是有了错误，太看重了物质的文化。然而从文化的本身来看，文化是包括了物质与精神两方面的。专只看重了精神的文化，而忽略了物质的文化，固是错误，专只看重了物质的文化，而忽略了精神的文化，也是错误。所以一个比较完备而透切的文化的意义，要是对于物质的文化与精神的文化的两方面，能够加以兼顾。

我们这样的看法，可以说是近来一般研究文化的人们的共同的看法。比方德国的牟勒来挨尔（T. Muller-Lyer）在一九〇八年所出版的《文化的现象与进步的趋向》（*Phasen der Kultur und Richtungs linien des Fortschritts*）一书里，就以为文化是包括智识、能力、习惯、生活以及物质上与精神上的种种的进步与成绩。换句话说，就是人类入世以来所有的努力与结果。

此外，又如人类学者如拉最尔（F. Ratzel）、路威（R. H. Lowie）、哥尔特威士（A. A. Goldenweiser）、威士莱（C. Wissler）等等，社会学者如华特（L. Ward）、乌克朋（W. F. Ogburn）、威利（M. M. Willey）、爱尔乌德（C. A. Ellwood），都以为文化是包括了物质与精神的要素。

汤姆斯（W. I. Thomas）在其近著《原始行为》（*Primitive Behavior*, 1937）一书中，也告诉我们文化这个名词，是我们用来表示野蛮或文明的任何人民的团体的物质与社会的价值（The Material and Social Values），也可以说是看重了文化的物质与精神两方面。

其实，在近年以来，不只是特别注重于文化的研究的人类学者与社会学者，是这样看法，就是其他的一般学者，也是这样看法。

萨皮尔（E. Sapir）在一九二五年所出版的《美国社会学杂志》（*American Journal of Sociology*, vol. 29）上曾发表过一篇论文，题目叫作《文化：真与假》（*Culture：Genuine and Spurious*），指出文化有了三种意义：第一是照传统的用法，这就是指着一个社会或团体里的文化的物质与精神两方面。在这种意义之下，从历史的累积来看，我们可以说无论那一个部落，或那一个民族都有其文化。

第二，是文化的一种价值的概念。在估量文化的价值的等级上，代表了一种确定的文化水平线。我们平常所谓文化上的夸大狂，是属于这种意义之下。因为每一个民族，都以为其自己的文化，是唯一的文化，而以自己这种文化为估量其他的文化的标准。

第三种意义，是以为文化的目的是包括在一个名词之下关于生活的各种普通的态度与观点，以及文明的特殊的表征，而给与某种人民在世界上有了一个显明的地位。此外，假如这种文化是能够整个的表示这个民族的才能的话，则这种文化就是文明。

萨皮尔所着重的，是文化的第三种意义。他以为在这种意义之下的文化，才是真的文化。因为这是原来和谐的、平衡的、自足的文化，而与假的文化是处于对峙的地位。因为在这种的假的文化里，个人是这么样的常常觉得烦恼，致于陷入精神上的失望。萨皮尔因为看见在美国的印第安的部落里，每一个人都能充分的去享受其固有的和谐的、平衡的、自足的文化，没有所谓精神上的失望。同时，他又感觉到在现代的文化里缺乏了这种和谐的、平衡的、自足的原则，使其文化呈了失调的现象，使个人有了烦闷与失望，所以他遂提倡这种所谓真的文化。

其实，萨皮尔不过是就文化的原有的三种意义，而加以解释。同时，他自己却注重于上面所说的第三种意义。照我个人看起来，萨皮尔所注重的第三种意义，是与第二种意义，以至第一种意义，都有了密切的关系。因为文化的本身，正如泰罗尔所说，是一个复杂的总体，所以从文化的成分或是静的方面来看，它是含有物质与精神各方面。从文化的发展或是动的方面来看，它是含有变化与累积的历程。若从文化的整个或是这两方面——动的与静的——来看，它是一个复杂的总体。怎么样的使这个复杂的总体，得到和谐、平衡、自足的地位，而使人类得到美满的生活，可以说是文化学上的一个重要的问题，也是一般处在没有和谐、平衡、自足的文化的人们，所要解决的一个重要的问题。我们在这里所要指出的，是萨皮尔所说的文化的三种意义，可以说代表我们在上面所说的文化的三方面，这就是静的方面，动的方面，与整个方面。

然而这里所说的文化的三方面，若综合起来，也不外是一个东西的二方面。因为这个整个的东西，或是泰罗尔所谓这个复杂的总体，分析起来，是有了两方面。这就是静的方面，与动的方面，或是文化的成分与文化的发展的两方面。同时，在成分的方面，又可分为物质与精神的分别，在发展的方面，也有了变化与累积的阶段。然而所谓文化的成分上的物质与精神的分别，与文化的发展上的变化与累积的阶段，固是为着我们研究上的便利起见而发生的概念，所谓文化的静与动或是成分三发展的区别，也是为着我们研究上的便利而发生的概念。因为文化的本身上，并没有这样的区别，而是一个整个东西，或是泰罗尔所谓复杂的总体。

我所以特别的注意到这个文化的意义,因为这不只可以使我们明白文化是什么东西,而且可以使我们对于文化的实际问题的解决上,有了很大的帮助。这一点我们在别的地方当再加以说明。我们在这里只要指出,近来一般人之谈文化的实际问题的,而尤其是近来一般人之谈西洋与中国的文化的问题的,往往是因为对于文化的意义,缺乏了相当的认识,结果不只是引起很多的无谓的纠纷与争论,而且对于我国的文化自实际问题的解决上,引起很多的困难与生出不少的障碍。

我们在上面已经说过,德文的 Kultur,与英文上及法文上的 Culture,都是从拉丁文 Cultus 而来。而 Cultus 又是从字干 Col 而来。Col 这个字干在希腊文为 Koa。比方,所谓 boukolos 的意义是农夫,又如 Agricola 的意义是农业,再如 In-Colo 的意义是居住,这都是从 Col 的字干而来的。

拉丁文的 Cultus 既是从 Col 而来,而这两个字的意义是差不多一样。Cultus 的意义,有了好几种:第一,是含有耕种的意义,比方,agri non omnes Frufiferi suntqui Coluntur(Cicero, Tusc, 2, 5.13),就是这个意思。第二,是含有居住的意义,比方 colitur ea(urbis)et habitatur frequentisslme(Cicero Verr. 2, 4.53),就是这个意思。第三,是含有练习的意义(比较 Cicero, Brut, 9, 1)。第四,是含有留心或注意的意义。这不只是指着人类留心或注意于某种东西,而且含有神灵留心或注意于某种事物。比方,Deos deasque veneror, qui hanc urbem colunt(看 Plaut, 5, 1, 19)就是这个意思。第五,是含有敬神的意义,比方:Hos deos et venerari et colere debemus(Cicero, De Deorum Natura, 2, 28, 71);又如,西塞罗所谓哲学是灵魂的文化(Cultura arrirui est Philosophia),也可以说是表示文化的精神方面的意义。

总而言之,Cultus 一字,不但含有物质文化的意义,而且含有精神文化的意义。在古代社会里,以至现代的原始社会里,敬神与耕种是有了密切的关系的。耕种与居住可以说是物质文化的要素,而敬神与哲学可以说是精神文化的要素。所以从语源上来看,所谓文化并非专指精神一方面,也非专指物质一方面,而是包括精神与物质两方面。这也就是萨皮尔所说的文化的第一种意义。

又在西塞罗(Cicero)的《讲演》(De Oratore, 1, 8, 33)里可以找出人类从野蛮的生活而到人文的文化的说法(Homines e fera agrestique vita ad humanus cultum civilemque deducere),这是很显明的指出文化是有等级的;而且,是有进步的。这可以说是文化的价值的观念。罗马人之所以觉得其自己的文化是高于其他的民族的文化,无非是由这种观念而来。这也可以说是一种夸大狂而像萨皮尔所说的文化的第二种意义。

我们从文化的成分方面来看,文化是包括精神与物质的要素,而且两者是有了密切的关系。从文化的发展方面来看，文化是有等级的，有进步的，因此之故，一般人之专只注重于文化的某一方面，如文字，或文学，或学术，或物质，固是陷于错误，就是一般的神学家，或其他的学者所主张的文化退化的学说，也是陷于错误。然而同时，我们也得指出，相信文化进步的理论，未必是含有萨皮尔所说的夸大狂的观念。

我们上面曾说过萨皮尔所说的文化的第三种意义，是与其第二种意义，以至第一种意义，有了密切的关系。萨皮尔之所以注重于第三种意义，是有其特殊的理由的。原来自工业革命以后，所谓精神文化的进步，照一般人的观察，是远比不上所谓物质文化的进步那么快，结果是形成文化的失调，对于社会上发生了很多的问题，而有了人类精神上的不少的失望，所以怎么样的去使这种失调的文化，能够呈了和谐、平衡、自足的状态，是一般的人们所觉为文化问题中的一个最根本与最重要的问题，而一般研究文化的人们，更能容易看出这种的文化的失调的趋势，所以不只是萨皮尔特别的注意到这个问题，就是比方牟勒来挨尔（Muller-Lyer）与乌克朋（W. F. Ogburn）都特别的注意到这个问题。我们在下面对于这一点，也当加以详细的讨论，在这里，我们所想指出的，是我们可以把萨皮尔以及其他的学者，在所谓原始的社会里，如印第安的部落里所研究的文化的结果，以为我们的参考的资料，然而我们却不能把它来做模仿的目标。换句话说，我们决不能恢复所谓原始的文化的生活，而像印第安人的文化一样的和谐、平衡、自足。反之，我们要从我们现代的文化里，找出和谐、平衡、自足。因为，不但我们自己不能复回原始的文化，不能过着印第安人的生活，就是一般的所谓原始的人民，像印第安的人们，也留不住他们自己的文化。原来文化是变化的，文化的各方面是有了密切的关系的，因为它是变化的，所以既变之后，再想复回以前的文化的状态，是绝不可能的事。因为它的各方面都有了密切的关系，所以一方面的波动，往往会影响到别的方面，在这种互相影响的历程中，其所需要或是经过的时间，也许很长，然而影响是一种不可避免的事实。这是从我们自己的文化方面来看。至于所谓原始的文化，像印第安人的文化，在这个交通的工具日精与民族的接触日繁的世界里，既没有一个部落可以闭关而自守，也没有一个可以独立而生存。印第安人的固有的文化，既不足以适应于现代的美国的环境，其他的原始社会的文化，也不足以适应于现代的世界的环境，所以假使他们不愿意去变化他们自己的固有的文化的话，恐怕他们的民族，要有消灭的危险。

我们知道，文化的各方面，不但有了密切的关系，不但是变化的，而且是累积的。前一代的文化，不只是有了不少的成分，往往传递到后一代，而且往往成为后一代的文化的基础。假使文化的变化愈剧烈，则其弹性也必愈增大，而其所包含的成分也必愈为繁多与愈为复杂。同时，其成分的关系也必愈为密切与愈易于互相影响。因而其所累积的东西，也必愈为增加。所谓累积的增加，可以说是内容的丰富，可以说是范围的放大，而其所受所谓地理、生物、心理与社会的各种的自然的因素的影响，也必因之而减少。文化之所以能超越地理、生物、心理与社会的各种自然的现象，而自成为一种格式，自成为一个范围，自成为一种对象，自成为一种题材，而使文化学有成立的可能性，就是这个原因。

然而所谓文化是超越地理、生物、心理与社会的各种自然现象，而自成为一种格式，自成为一种范围，自成为一种对象，自成为一种题材，并不是说文化之于这些自然现象是没有关系的。其实，文化不但是以这些自然现象为基础，而且要以这些自然现象为资料。换句话说，文化不外是人类为着适应这些自然现象或是自然环境，而努力于利用这些自然现象或自然环境的结果。比方：一座房子，我们可以叫作文化，然而房子所用的砖瓦，所用的木料，可以说是自然的资料。一碗美馔，我们可以叫作文化，然而美馔中的鱼肉蔬菜，也可以说是自然的资料。一件衣裳，我们可以叫作文化，然而衣裳的原料，也许就是自然的产物。一部汽车，我们可以叫作文化，然而汽车的钢铁，也是自然的产品。这样的类推，不只是所谓物质的文化，是要靠自然的资料，就是精神的文化，往往也是自然的结果。为什么人类能说话而动物却不能说话？这是有了生理上的自然的不同，为什么人类能创立学说，高谈主义，而动物却不能创立学说，高谈主义？这是因为在头脑的构造上，人类与动物有了差异，然而这种差异，也可以说是一种自然的差异。

文化既不外是人类适应各种自然现象或自然环境而努力于利用这些自然现象或自然环境的结果，文化也可以说是人类适应时境以满足其生活的努力的结果。

第三章　文化与文明

上面是解释文化的意义，我们现在且来说明"文化"与"文明"的关系或区别。

我们在上面已经说过，西文上的 Culture 固是译为文化，可是西文上的 Civilization 也有人译为文化。这就是表示一般的人们，对于文化与文明这两个名词，并没有加以什么的区别。其实，不但是我国的人们，对于这两个名词，往往没有加以什么的区别，就是西洋的一般学者，往往也没有加以什么区别。所以，有些人，如威士莱（C. Wissler）喜用文化这个名词，他的《人与文化》（*Man and Culture*）一书，就是一个例子。又有些人，如哥尔特威士（A. A. Goldenweiser）又喜用文明这个名词，他的《早期的文明》（*Early Civilization*）一书，就是一个例子。

这是从个人方面来说，若以国家方面来看，有些国家喜欢应用文化这个名词；有些国家，又喜欢应用文明这个名词。德国可以说是前者的一个例子，而法国可以说是后者的一个例子，虽则我们在这里，也得指出，德人所用的文化（Kultur），与法人所用的文明（Civilization），固有其不同之处。

不但这样，有些人在其早期的著作里，喜欢应用文明这个名词，可是在其后来的著作里，又喜欢应用文化这个名词。泰罗尔（E. B. Tylor）是一个很好的例子。泰罗尔在一八六五年所出版的《人类早期历史与文明发展的研究》（*Researches into the Early History of Mankind and the Development of Civilization*）一书里，喜用文明这个名词；到了一八七一年，他在其所刊行的《原始文化》（*Primitive Culture*）一书，又喜用文化这个名词。泰罗尔对于应用这两个名词上，前后虽是不同，然在意义上，却没有什么分别。其实，他在前书中的文明的定义，与后书中的文化的定义，就没有什么分别。这一点我们在下面还要说明，我们在这里，只要指出，就是在《原始文化》一书里，他自己就显明的表示文化与文明这两个名词的意义，是相同的。所以他劈头就把这两个名词相混而用，或是相并而提。

我们可以说，大致上，七十年前的英国人，都喜欢应用文明这个名词。巴克尔（H. T. Buckle）在一八五七年所出版的《英国文明史绪言》（*Introduction to the History of Civilization in England*）就是一个例子。直到二十世纪，比方，卡彭忒（Carpenter）的《文明》（*Civilization：Its Causes*）一书，以至培利（W. J. Perry）的《文明的生长》（*The Growth of Civilization*），还是喜用文明这个名词。然而最近数十年来，文化这个名词，已逐渐的流行起来。比方，斯密斯（G. E. Smith）

以及马凌诺司基（B. Manlinowski），都是喜用文化这个名词。同样，在法国近来也逐渐有人采用文化这个名词去代替以往所常用的文明这个名词。比方，百多年前的基佐（P. G. Guizot），其在《欧洲文明通史》（*General Historire de European Civilization*, 1828），与《法国文明史》（*L'Histoire de Civilization en France*, 1828—30）对于文明这个名词的普遍化上，有了不少的贡献。直到现在，大多数的法国学者，还是喜用这个名词。然而近来，已有些人像沙卢尼（E. Chalupny）在其一九三〇年所刊行的《社会学原理》（*Precisd'un Systeme de Sociologie*）不只喜用文化这个名词，而且提议一种文化学。至于美国的学者，在近年以来之喜用文化这个名词去代替文明这个名词，更为显明，虽则文明一字，并非完全没有人应用。

在我国，同样的有了这种趋势。文明这个名词，在我国用得很早。《易经》里就有"天下文明"的词句。然而数十年来，国人应用这个名词，大致是从西文的 Civilization 或 Culture 翻译而来。而且，在某一个时候，而特别是在民国初年，所谓文明的东西，往往是指着新的东西而言。所谓文明剧，文明结婚，都是这个意思。同时，所谓文明的东西，或是新的东西，往往也就是西化的东西。

文明这个名词在十多年前，既常为一般国人所应用，又常为一般学者所采用。比方，李大钊先生在民国七年七月所出版的《言治季刊》上所发表的《东西文化根本之异点》一文，就是一个例子。此外，又如屠孝实先生在《学艺》杂志第三号所译日人金子马治的《东西文明之比较》一文，伧父先生在《东方杂志》十四卷第四号所发表《战后东西文明之调和》一文，以及好几位学者，在上次欧战的时期中，在《东方杂志》上所发表的文章，以至其他的各种刊物，如《新潮》杂志，都是喜欢应用文明这个名词，而很少应用文化的字样。

然而近年以来，而尤其是十余年来文化这个名词的应用，在我国却逐渐的普遍起来而代替了文明这个名词。一般的人们所谓文明戏，文明结婚，固已少见，就是一般的学者对于文明两字，也较少用。反之，文化两字之见于刊物著作的，随处可举。就以民国二十四年马芳若先生所编的《中国文化建设讨论集》来说，里面所搜集的文章，共有一百六十篇。在这一百六十篇文章中，只有一篇的题目是叫作《文化与文明》。而且，这篇文章的目的是说明文化与文明的区别。其他的文章的题目差不多都用文化两字。这就可以见得文化这个名词流行之广，而与十余年前的国人之喜用文明两字的情形，恰恰相反。我所以说国人近来喜用文化两字，去代替文明两字，从此也可以看出来。

总而言之，有些人们或有些民族，虽喜用文化这个名词，有些人们或有些民族，虽喜用文明这个名词，然而在意义上，是往往没有加以什么的区别。同样，无论西洋也好，中国也好，从时间上看起来，从前喜用文明这个名词的，后来虽有了普遍的采用文化这个名词的显明的趋势，然而在意义上，两者也是往往没有加以什么的区别的。

其实，有许多的人们，在其同一的著作中，以至在其同一的章段中，对于这两个名词，虽是往往兼用，而对于这两者的意义，却又没有分别。比方，赫德在其《人类历史哲学的观念》一书里对于文化（Kultur）与文明（Zivilization）这两个名词的意义，就没有什么的区别。同样，斯宾塞尔在其《社会学原理》（*Principles of Sociology*，vol. II. part v Chapter 17）里对于这两个名词的应用，在意义上，也差不多是一样。就是好多的著名的人类学者，或社会学者也往往有意的或无意的去混用或兼用这两个名词。哥尔特威士（A. A. Goldenweiser）在其《早期文明》（*Early Civilization*）一书，以至泰罗尔（E. B. Tyor）在其《原始文化》一书，对于这两个名词，都有意的或无意的去混用或兼用。其实，这些的例子是太多了，太普遍了。这是稍为留意于这两个名词的应用的人们，随便有任何刊物或说话中所很容易听见的。

然而，也有好些学者，以为文明与文化这两个名词的意义是有了很显明的区别的。比方，德国的著名学者洪保德（W. V. Humbolt）在一百年前已经指出这两个名词的意义不同（参看 Über Kawi-Sprache I. Berlin 1832 S. XXX Ⅶ）。照洪保德的意见，这两者在社会里都有其作用，然而文明是人民的外表的制度与习惯以及其关系的内在的情性的教化，文化是这种社会的状态的改善而加上科学与艺术。洪保德又以为以社会的力量去统治与改善人类的基本的惰性，可以叫作文明（Zivilization），反之，以科学（Wissenschaft）与艺术或技术（Kunst）去统治自然（Die Beherrschung der Natur），可以叫作文化。他又指出这两者未必是有了密切的关系。比方，以中国而论，照洪保德的意见，从其孝敬的训练方面来看，中国有了不少的文明，然而从其技术的缺乏方面来看，中国却很少有文化。他又指出在西洋古代的犬儒学派的学者（Die Rynischen Philosophen），不只是宣讲其纯粹与严格的道德的观念，而且生活于这种道德的行为，所以他们有了很多的文明，然而除了伦理的智识之外，他们对于其他的智识或科学（Wissenschaft），以至所有经济的事物很少注意，结果是他们缺乏了文化。反过来看，在罗马共和国的最后的一世纪中，罗马人对于科学与技术（Wissenschaft und Kunst）虽很注意，然而他们既做了很多不道德与不人道的事情，我们只能叫罗马的这个时代为文化时代，而不能谓为文明时代。

又如舍夫雷（A. Schaffle），在其《社会体质的构造与生活》（*Bau und Leben des sozialen Körpers* 4 Bde 1875—1878），及其《社会学纲要》（*Abriss der Soziologie*，1907）二书里，对于文化与文明这两个名词的意义，也加以区别。在前一书里，他以为社会的发展的结果就是教化（Gesittung），而教化可以分为文化与文明两方面。文化是一切教化的物质的价值（Sachlichen Gehalt Aller Gesittung），文化是这种价值（Gehalt）的获得与保存，是竞争生存中的高尚的形式。所以文明也可以说是人类的内在的东西。舍夫雷又指出是从文明的性质与阶段中，我们找出进步的事实，也是从文明的性质与阶段中，我们找出适应的历程。

在《社会学纲要》里，舍夫雷又以为文化是外部与未知的世界的征服（Bewaltigung der Aussen und Fremdwelt），文明是在平静的团体与接触中的常常增加与常常平衡的容化作用的发展。

同样，倭铿（R. Eucken）在其《现代的基本观念》（*Die Grundbegriffe der Gegenwart* 2 auft. 1893），也以为征服自然的外表是文化，而统治自然的内在是文明。

巴尔特（P. Barth）在其《历史哲学与社会学》（*Die Philosophie der Geschichte als Soziologie* 4. aufl. 1922），也告诉我们道：大致上，人类征服自然的物质与自然的势力，谓为文化；而人类统制自己，这就是说统制自己的原来与基本的情性，谓为文明。文化表示一种外表的历程，而文明表示一种内在的历程。巴尔特又指出所谓精神文化（Geistes Kutur）这个名词，不外就是表示文化的范围的扩大，而包括内在的历程。同时，也可以说是文化（Kultur）这个名词的原来的意思，尚未完全消灭，故还有人以为文化是包括物质与精神两方面。

总而言之，照洪保德、舍夫雷、倭铿、巴尔特，以及好些德国人的见解，文明是偏于精神的，而文化是偏于物质的。美国的社会学者华德（L. Ward）在一九〇三年所出版的《纯粹社会学》（*Pure Sociology*, p.18），指出德文上的文化Kultur这个名词，是限于物质的东西就是这个意思。

在我国，也有人偏于这种的看法。比方，胡适之先生在民国二十四年三月三十一日在天津《大公报》所发表《试评所谓中国本位的文化建设》一文里，曾说"我们肯往前看的人们，应该虚心接受这个科学工艺的世界文化，和它背后的精神文明"。这就是以为文化是偏于物质方面的东西，而文明是偏于精神方面的东西了。

然而，也有些人以为文明是偏于物质方面的东西，而文化是偏于精神方面的东西。比方，张伯伦（H. St. Chamberlain）在其《十九世纪的基础》（*Die Grundlagen des 19 Jahrhunderts* 2. Aufl. 1900）一书里，以为工业经济、政治、教会，是属于文明，而世界观（Weltan-Schauung）（包括宗教与道德的观念）与艺术，是属于文化，可以说是趋向于这种看法。不过，我们也得指出，张伯伦以为发明（Entdeckung）与科学（Wissenschaft），是属于智识（Wissen）方面的东西。智识，从张伯伦看起来，既不属于文明，也不属于文化，而乃与这两者处于平行的地位。质言之，除了文明与文化两个概念之外，还有智识的概念，而成为三种鼎立的概念。

又如未柏（Weber）与马其维（R. M. Maciver）也可以说是偏于这种主张的。关于未柏的意见，我们当在下面加以解释，我们在这里先说马其维的看法。我们可以说马其维的意见，大致上与未柏的意见是相同的。马其维在一九一九年所出版的《社区》（Community）一书，已区别文化与文明这两个名词的意义。他以为前者是一种共有的机构，而后者是一种自足的兴趣。到了一九二五年，他又出版一本《现代的国家》（The Modern State），也对于这两种概念，加以解释。然而他解释这两种概念之比较透切的著作，是他在一九二九年所刊行的《社会——其构造与变化》（Society: Its Structure and Changes）一书。这本书在一九三七年又改订为《社会——一本社会课本》。我是根据其后一本，而特别是第十四章，以解释他的意见。

马其维好像是受过张伯伦与未柏的主张的影响。在《社区》一书里，他曾同意于张伯伦所谓只有科学而没有诗歌，与只有文明而没有文化，是一件对于人类的精神上最为危险的一件事情。在《社会》一书里，他自己就指出，他的文明与文化这两个概念的区别，是与未柏的文明与文化这两个概念的区别，是很相近的。

从马其维看起来，凡是人类努力去设法以统制其生活的状况的一切的机构与组织，可以叫作文明，而凡是人类努力去设法以满足自己的内在的结果，可以叫作文化。质言之，文明是利用的东西，而文化是自足的东西。文明是工具，而文化是目的，是价值，是时款，是情绪的结合，是智识的努力。打字机、印字馆、工厂、机器、电话、汽车、银行、学校、法律、选举箱，以至货币制度等等，都是文明。小说、图书、诗歌、戏剧、哲学、信条、教堂、游戏、电影等等，都是文化。

我们应当指出，照马其维的意见，所谓文明未必完全是指着物质的东西，而所谓文化也未必完全是指着非物质的东西。比方，教堂虽是列于文化的范围之内，可是教堂也可以谓为物质的东西。又如，法律虽列在文明的范围之内，可是法律不能谓为物质的东西。而且，我们也得指出，马其维的文化与文明这两个概念之于张伯伦的文化与文明这两个概念，也有不同之处。前者把智识当为文化，而后者把智识放在文化与文明的范围之外，而自成为一个范围。前者把教堂当为文化，而后者把教堂当为文明。然而大致上，我们可以说他们的看法是相近的，这就是文明是偏于物质的，文化是偏于精神的。参看斯宾格勒（O. Spengler）的《西方没落》（Der Untergang des Abendlandes，1918—1920）马利坦（Jacques Maritain）在一九三〇年所刊行的《宗教与文化》（Religion et Culture，p. 12）一书里，以为德国人与俄国人常用文明与文化为对峙的概念，而且从恶意来看文明，是指着社会生活的物质机械与外表方面而言，就是这个意思。

从上面所说的来看，我们知道有些人以文明为精神的，而以文化为物质的。又有些人以文明为物质的，而以文化为精神的。那么所谓这种文明与文化的意义的区别，可以说是不外随着各人的主观而不同罢。结果，是这种区别对于一般人，不但没有多大的用处，而且徒增其思想的紊乱而已。至如布利华特

（R. Briffault）以为社会与政治是文明，而艺术、科学、文学是文化，虽非完全以物质与精神去区别文明与文化（参看 *Society and Civilization Sees Breakdown*，1932），然而这种区别，也并没有什么合理的根据。

我们上面已经说过，从其语源与近来一般学者的意见来看，文化是包括物质与精神两方面的。又从一般人以至一些学者的用法来看，文化与文明并没有很大的差异。所以，以物质与精神去区别文化与文明，是很不得当的。而况物质之于精神，既有了密切的关系，所谓文化与文明，至多也不外是一个东西的两方面，事实上，是不能分开的。一些区别这两种概念的人，对于这种道理，也未尝否认。比方，马其维在其《社会》一书里，虽极力主张文化异于文明，而且往往处于相反的地位，但他又不得不承认这两者不但有了密切的关系，而且在好多东西中，两者是混而为一，而不易分开。

此外，我们也曾说过，德国人喜用文化这个名词，法国人与英国人喜用文明这个名词，而且这两者也固有其不同之处；然而，同时，也有其相同之处。关于这一点，我们可以把华德（L. Ward）的意见来说明。华德在其《纯粹社会学》（*Pure Sociology*）一书（页十八）里，虽然指出德国人所用文化这个名词，是指着物质方面而说，而与英国人所说的文明，是包括精神与物质两方面，而有了不同之处，然而他也承认，从文化的阶段方面来看，而尤其是较低的文化的阶段方面来看，德国人所说的文化的意义，是很近于英国人所说的文化的意义。同时，德国人所说的文化历史，是接近于英国人所说的文明历史。华德这种看法，是否妥当，固是一个问题，然而德人所说的文化，与英人所说的文明，华德一方面固指出其不同之处，然一方面也指出其相同之处。

其实，德国人并不完全以文化这个名词去指着物质方面的东西。德国的未柏（A. Weber）却以为文化是偏于精神方面的东西。就是德国的巴尔特（D. Barth）也指出德文上有所谓精神文化 Geistes Kultur 的用法。反过来看，未柏以为文明是偏于物质方面的东西，而与美国的马其维（R. M. Maciver）的用法相同。此外，德国的洪保德（W. V. Humbolt）以为文明是偏于精神方面的东西，这与法国的基佐（F. Guizot）在其《欧洲文明通史》与《法国文明史》里所用文明这个名词的意义，根本上可以说是相同的。

不但这样，德国学者之中之以为文化（Kultur）是包括物质与精神两方面的东西，也并不少。巴尔特已经指出这一点。此外，德国的近代的著名的历史学者拉姆普萨卡斯（K. Lamprecht）就以为，文化不只是指着物质方面的东西，而是包括了精神方面的生活。又如佐德尔（Fr. Jodl）在一八八七年所刊行的《文化史的写作——其发展与问题》（*Die Kulturgeschichtsschreibung. ihre Entwicklung und ihr Problem*，S. 112），也很显明的告诉我们，文化不只是指着人类对于自然的征服，而且包括社会的各种运动与人类追求于理想的努力（*Das Ringen der*

Menschen Nach dem Ideal）。

这样看来，德国的好些人们所用文化这个名词的意义，岂不是正与华德所说的英国人所说的包括精神与物质两方面的文明这个名词的意义，是一样吗？

此外，又有些人以为文化是具有普遍性的，而文明是具有特殊性的。比方威利斯（W. D. Wallis）在一九二七年所出版的《社会学绪言》（*An Introduction to Sociology*）一书，以及有些人类学者，就偏于这种主张。他们以为，比方，我们可以把整个欧洲的人们的成就，叫作文化，可是我们对于某一个国家或某一个民族的成就，叫作文明，因为前者是具有普遍性的，而后者是具有特殊性的。

然而同时又有些人以为文明是具有普遍性的，而文化是具有特殊性的。未柏与马其维就是这样的看法。什么是文明，什么是文化，我们在上面说及马其维的这两种概念的时候，已经说明。他们以为假使交通便利的话，文明像电话，像汽车，是很容易的从一个地方传到别的地方，而为世界各国所共有的东西。至于文化，像文学，像哲学，这是一个国家或一个民族的内心的表现的东西，不容易从一个地方传到别的地方，所以这些东西往往是一个国家或一个民族所独有的东西。为了世界的各国家各民族所能共有的东西是具有普遍性的，为了一个国家或一个民族所独有的东西是具特殊性的。照马其维的意见，文明是发明的，文化是创造的；文明是利用的，文化是自足的；文明是易于变化的，易于进步的，而文化却不是这样；文明是易于传播的，易于模仿的，而文化却不是这样；因而文明是具有普遍性的，而文化是具有特殊性的（参看 R. E. Park, Reflections on Communication and Culture, *American Journal of Sociology*, vol. XLIV）。

与这种的区别有了连带的关系的，是有些人以为文明是文化的一部分。一般的人类学者，以为世界上无论那一个民族，都有其文化，然而未必是个个民族有了文明，就是偏于这种的主张。至于这一点，我们在下面当再为说明，这里可以从略。

然而同时却也有人以为文化是文明的一部分。马考利氏（T. B. Macaulay）曾说过，文化是文明的理智方面（参看 *New English Dictionary* 文化条），就是这个意思。基佐（Guizot）在其著作里，以为文化是文明的一种不确定而普遍的上层的观念，好像也是有了这种意思。

又如，敦尔恩华尔德（R. C. Thurnwald）在《美国社会学评论》（*American Sociology Review*, vol. I No. 3, 1936）上所发表的《文化机构的分析的一个贡献》（A Contribution Toward Analysis of Mechanism of Culture）一文里，以为文明是物质或精神方面的整个的革新的东西，在这种东西的革新的历程中，凡是一切的制度或观念之成为一个团体中的行为的共同的标准，而不易于革新的，谓为文化；这也可以说文化成为文明的一部分。敦尔恩华尔德在这里，以为文明是易于变化的，而文化却是不易于变化的，这与上面所说的马其维的意见，有了相同之处。

再如，胡适之先生在一九三五年在《东方杂志》上所发表《我们对于西洋近代文明的态度》一文里，说文明是一个民族应付他的环境的总成绩，文化是一种文明所形成的生活的方式，也可以说是近于这种主张的。

又有些人，以为文明是较高的阶级，而文化是较低的阶级。敦尼斯（Tonnies）在一八八七年所发表的《社团与社会》（Gemeinschaft und Gesellschaft）一书里，以为就发展的历程来看，文化的发展在先，而文明的发展在后。这就是说，这两种东西的发展的程序，是从文化而到文明。从文化发展到文明，正像从社团（Gemeinchaft）而发展到社会（Gesellschaft）一样的。敦尼斯虽是注重于文化与文明两者的发展的先后的程序方面，然而这个发展的程序，已经含有多少的阶段上的高低的意义（参看 P. Barth, *Die Philosophie der Geschichte als Soziologie*, S. 444）。

提克松（R. B. Dixon）在其《文化的造作》（*The Building of Culture*，1923）一书里，说文化是人民的产物与动作，社会与宗教的规例，以及风俗与信仰的总和，假使这些东西都比较的进步的话，我们可以叫做文明。这是显明的指出文明是较高的阶段，而文化是较低的阶段。

又如福尔森（J. K. Folsom）一九二八年所刊行的《文化与社会进步》一书里，也以为文化是人类生活的一切的人为的，或超有机体的东西，而文明不外是文化在发展上达到某种阶段的东西。大致上，福尔森以为有了文字，与用了金属，就可以叫作文明。他又指出他这样的用了文化这个名词，是与一般人之用这个名词指明美术，好习惯，以及普通的教育是不同的。

又如，俄斯本（J. L. D. Osborn）在其《社区与社会》（*Community and Society*, 1933, p.386）里，以为比较正确的说，文明是文化的最后的阶段。所以野蛮人与半开化人都有其文化，可是他们却没有文明。同样乌克朋（W. F. Ogbum）在其《社会变迁》（*Social Change*, p.5）里也指出假使从历史方面来看，文明可以说是文化的新近的方面（The Late Phase），这就是说，文明是现代的文化。

然而同时，也有人以为文化是较高的阶段，而文明是较低的阶段。比方，黑斯（E. C. Hayes）在一九一五年所出版的《社会学研究绪言》（*Introduction to the Study of Sociology*）曾根据莫尔甘（L. Morgan）的《古代社会》（*Ancient Society*, 1876）以及斯忒兰德（A. Sutherland）的《道德本能的发生与生长》（*The Origin and Growth of the Moral Instinct*, 1898）二书中的社会进化的阶段，而加以增改，分为四个阶段：一为野蛮阶段（Savages Stage）；二为半开化阶段（Barbarian Stage）；三为文明阶段（Civilized Stage）；四为文化阶段（Cultural Stage）。这可见得在社会进化的阶段上，所谓文化阶段，是比文明阶段为高了。又如，库利（Coley）在一九二五年所出版的《社会过程》（*Social Process*）一书里以为文化的意义，至少从一方面看起来，一定是指明我们在我们的时代中，是超出特殊的环境，而使我们在最高层的水平线上，去呼吸那些平平静静的、变动的、伟大的、传统的空气。库利在这里虽然是没有把文明与文化这两个名词的意义来区别，然而从他在这里所说的文化的概念来看，文化是比起一般英美人所说的文明，较为高超，是无可疑的。

此外，还有人像杜威（J. Dewey）在一九一五年所刊行的《德国哲学与政治》（*German Philosophy and Politics*）一书里，以为德国人所说文明，是一种自然，而且大部分是无意识的（Unconscious or Involuntary）的生长的东西；而文化是一种考虑过（Diliberate）或有意识（Conscious）的生长的东西。杜威又以为文明是外表的东西，这就是因为人民为着生活上的需要，密切的住在一块，而产生出的一种副产品。文化并不是人类自然动机的果实，而是经过内在的精神所变化的自然的动机（Natural Motives）。他又指出，康德（E. Kant）也以为文明不外是社会上的所谓适宜与精美的外表的东西，而文化的要素却是道德，这就是理性的目的的规例。

杜威更指出在近代的德国的著作里，德国人所说的文化，是注重于团体与民族的性格。比方，商业、艺术、哲学、宗教，凡是以民族的才能为立场，而有意识的发展的，都可以叫作文化。至于文明是包括一切东西之不受有意识的目的的限制。比方，自然而然所产生的语言，以及流行的习俗、礼节，与政府的警察的动作等等。

然而同时，我们也可以指出，凡是一般的学者之以文明为文化的较进步的阶段的，往往以为文化愈进步，则理性愈发展，理性愈发展，则人类的动作愈趋于意识的管理。这样看起来，文明可以说是有意识的东西的原因，也可以说是有意识的东西的结果了。

我们在上面不过是随便的举出一些例子，目的是说明文化与文明这两个概念，虽有不少的人们，随了各个人的主观而加以区别，然事实上，这两个名词的意义，是常常的相混而用的。某一个人，或民族所谓文化，也许就是别一个人或民族所谓文明。我们在上面所举出那些例子，都是注重于这两个概念的两种与相反的意义，而指出不只是在了不同的民族中，两个不同的名词，可以有了相同或相近的意义，就是在了一个同一的民族中，两个不同的名词，也可以有了相同或相近的意义。反过来说，不只是在了不同的民族中，同为一个名词，可以有了不同或相反的意义，就是在了一相同的民族中，同为一个名词，也可以有了不同或相反的意义。而且，同时我们又指出，不但不是一般的人们对于这两个名词的意义，往往没有加以什么的区别，就是一般的专门学者，对于这两个名词的意义，也往往没有加以什么的区别。

可是，我们既然有了这两个名词，照我个人的意见，最好还是加以区别，而这种区别的标准，应当从其语源与其应用的趋向方面来决定。关于文化这个名词的语源及其应用的趋向，我在上面一章里，已经说明。我们现在且略为解释文明的语源与其应用的趋向，而找出文化与文明这两个名词的区别的要点。

部尔多（L. Bourdeau）以为文明（Civilization）这个名词是创造于十八世纪的丢哥（A. R. J. Turgot）（参看部尔多 L'Histoire et les Historiens，1888），可是巴尔特氏（P. Barth）在其《历史哲学与社会学》一书里（页六〇〇）曾指出从法文上看起来，这也许是对的，可是从拉丁文或德文看起来，却不是这样。菩斯韦尔（James Boswell）在其所著的《约翰孙》（Samuel Johnson）的传记里，虽曾告诉我们，当一七七二年，约翰孙预备其第四版《辞典》时，他只承认所谓礼仪（Civility）这个字，而不承认文明（Civilization）这个字。然而，这也正是显明的指出文明（Civilization）这个字，在那个时候，必定已很流行，而其起源也必定更早。因为，假使不是这样，菩斯韦尔必不会提及约翰孙不承认这个字这件事。并且，菩斯韦尔除了提及这个名词之外，还曾指出这个字的意义，这就是所谓文明是与野蛮（Barbarity）这个字的意义，处于对峙的地位。

大致上，英文与法文上的文明（Civilization）这个名词的应用，在十八世纪，必定已经流行。布卢诺（F. Brunot）在其《法国语言史》（Histoire de la Langue Francaise，1930），对于这一点，曾有详细的叙述。他指出在十八世纪的时候，在法国的字典（Lexiques）上，是没有文明 Civilization 这个字的。是在一七九八年，哥肯（Gokin）指出丢哥（Turgot）于一七五二年间用了这个名词。然而照库松（Counson）的意见，是在一七九八那一年，文明（Civilization）始正式的为了法国共和国与学术"共和国"（La République Francaise et la République des Lettres）所采用。

在英文与法文方面，这个名词的采用以至流行既在十八世纪的时候，那么这个名词的起源，也许是在十八世纪以前。巴尔特（P. Barth）以为文明这个名词的应用，是始于文艺复兴的时代。也许大致上是对的。他并且指出在十世纪的时候，在德国的威登堡（Wittenburg）的地方，已有人用了这个名词。

文明既像菩斯韦尔所说是与野蛮处于对峙的地位，那么文明的意义，比之文化的意义为狭，是无可疑的。因为人类无论怎么样的野蛮，总是有文化的。所以文明也可以说是文化的较高的阶段。至于黑斯（E. C. Hayes）以为文化（Cultural）的阶段是高于文明（Civilized）的阶段的说法，在一般的学者的说法中，可以说是很少的。

而且，我们知道 Civilization 这个字，是从 Civilize 这个字而来，而 Civilize 这个字又是从 Civil 这个字而来。Civil 这个字的意义，虽是很多，然而大致上，我们可以说：第一，是含有文雅的意义。我们常常说文明的生活（Civilized Life），或文明的国家（Civilized Nation），然而我们不大常说文化的生活（Cultural Life），或文化的国家（Cultural Nation）。德国人虽喜欢应用文化的人民（Kulturvölker）

这个名词，然而这个名词的使用，是对着自然的人民（Naturvölker）这个名词而言的，而这种用法，是很容易的引起误会。因为德国人所说的自然的人民（Natuvölker），并非没有文化的人民，而只是指着文化较低或所谓原始文化的人民罢。其实，在拉丁文上 Civilemque，也是表示较高的文化。上面所指出西塞罗（Cicero）所说的人文的文化（Humanum Cultum Civilemque）就是这个意思。

第二，Civil 是含有政治（Political）的意义。英国人所说的 Civil Society，或是 Civil Govemment，就是这个意思。十八世纪以前的好多英国的学者，往往是用 Civil 这个字去指明所谓 Political，固不待说，就是十八世纪以至二十世纪的好多英美的学者，也往往是用 Civil 这个字去指明所谓 Political。马利登（J. Maritain）在其《宗教与文化》（*Religion et Culture*，1930 D. 107ff.）一书里，以为从语源方面看起来，文明（Civilization）是指着政治的生活（La Vie Civile ou Politique），这可见得法文上所谓文明，也是含有政治的意义。

其实，Civil 这个字是从拉丁文的城市（Civitas）与市民（Civis）而来，与希腊文的 Polis 有同样的意义。而所谓政治（Politics），又是从 Polis 而来。希腊与罗马的城市，不但是政治生活的中心，而事实上，就是国家的本身。所谓"城市国家"就是这个意思。而从前所谓城市居民，或是现代所谓国民，在英文上都是叫作 Citizen，就是这个原因。而且，所谓市民，不但是在政治上享有特殊的地位，而且在生活的各方面，都较为文雅，较为进步，所以所谓文明（Civilization）在原来的意义上，也就是现代的人们所说的城市化（Urbanization）。

总而言之，从其文雅的意义来看，文明可以说是文化的较高的阶段。从其政治的意义来看，文明可以说是文化的一方面。所以从其语源来看，文明的意义，是比文化的意义为狭。若再就其应用的趋向来看，文化的意义也可以说是较文明的意义为广。近代对于文化的研究上贡献最大的，要算人类学与社会学人类学者。自泰罗尔（Tylor）用了文化这个名词去代替文明这个名词之后，一般的人类学者都喜文化这个名词。至于社会上现代所流行的文化学派，是喜文化这个名词是更不待说。为什么他们以至一般人都喜用这个名词，而少用文明这个名词，大概也不外是因为他们觉得前者可以包括后者，而后者却不能包括前者罢。

第四章 文化学史略

文化学（Kulturwissenschaft）这个名词，据我所知道，应用得最早的，是在拉弗日尼·培古轩（M. V. Lavergne-Peguilhen）在一八三八年所刊行的《动力与生产的法则》（*Bewegungund Productions-Gesetzen*）的第八页。关于培古轩的文化学的范围、意义，及其学说，我在下面当再加叙述。我在这里，只要指出，我是在民国十九年在德国的基尔（Kiel）的世界经济学院（Institute für Weltuirtschaft）的图书里，阅了这本书，而无意中看到培古轩在这本书里说及关于文化学的问题。他这本书，主要是一本关于经济方面的书，可是在第一部分的第一章里，他不只用了文化学这个名词，而且有意的要建立文化学。

培古轩虽然有意的要建立文化学，然而他所要建立的文化学，是社会学科（Gesellschaftswissenschaft）的一种。

到了一八五四年，格雷姆（Gustav F. Klemm）不只用了文化学的名词，与有意的去建立文化学，而且用文化学这个名词，去名他的著作，这就是他的《普通文化学》（*Allgemeine Kulturwissenschaft*，1854—1855）。格雷姆虽然用了这个名词去作他的著作的名称，但是他在这本书里所叙述的，是偏重于所谓原始的文化方面。

其实，在德文方面，自培古轩与格雷姆用了文化学这个名词之后，这个名词的应用，很为普遍。比方，牟勒来挨（F. Muller-Lyer）在其《文化的现象与其进步的趋向》（*Phasen der Kultur und Richtungslinien des Fortschritts*），敦尼斯（F. Tönnies）在其《社会学的研究与批评》（*Soziologische Studien und Kritiken*），俄彭海姆尔（F. Oppenheimer）的《社会学系统》（*System der Soziologie*），以及近来一般的社会学者、人类学者，以至经济学者、政治学者等等，在其著作里，都常常采用文化学（Kulturwissenschaft）这个名词。

利开尔特（H. Rickert）在其《文化学与自然学》（*Kulturwissenschaft und Naturwissenschaft*）以为文化与自然有了很显明的不同的范围，所以除了自然学之外，我们可以建立一种文化学。又如俄斯特发尔特（Ostwald）所著的《文化学的能力基础》（*Energeche Grundlagen der Kulturwissenschaft*）不只是用了文化学这个名词以为本书的名称，而且是从物理学的力学的观点去研究文化，这更可以见得文化学这个名词的应用之普遍。

此外，在德文方面，又有人用 Kulturlehre 这个名词。Lehre 也可以译为学，而与社会学（Gesellschaftlehre），或是政治学（Staatslehre）等等名词，一样的用法。

英国的著名的人类学者泰罗尔（E. B. Tylor）在一八七一年所出版的《原始文化》（*Primitive Culture*）一书的第一章的标题，是叫作"文化的科学"（The Science of Culture），这恐怕是英文方面，把文化当为一种科学，而最先应用文化的科学这个名词。泰罗尔是受过格雷姆的影响，他之所以用文化的科学这个名词，大概也是从德文的 Kulturwissenschaft 翻译而来，这一点，我们下面当再加解释。

文化的科学（Science of Culture）这个名词，自泰罗尔应用之后，在英文方面，近来应用的人，逐渐增加。英文译本的牟勒来挨（F. Muller-Lyer）的《文化的现象及其进步的趋向》里所用 Kulturwissenschaft 一名词，就译为 Science of Culture，而麦多克（G. P. Murdock）在一九三二年的三十四卷的《美国人类学者》（*American Anthropologist*）杂志上，曾发表了一篇论文，其题目就叫作《文化的科学》（Science of Culture）。

我们可以指出，文化的科学，在英文上是有了三个字。这把来当作一种学科的名词，是不大妥当。所以近来已有些人提议用 Culturology 去代替 Science of Culture。

Culturology 这个名词，是一个单一的名词，比起 Science of Culture 三个字，用来指明文化学，是高明得多。Culturology 在词源上，虽是拉丁与希腊二种文字所混合而成，这就是首部为拉丁，后部为希腊，然而这种用法，也有先例。比方，社会学（Sociology），就是一个很好的例子。只要一般学者能够采用这个名词，而同时对于文化学的本身上能够努力去提倡，则将无论在名词上，在实质上，文化学的发展，是没有问题的。

研究文化的著作，在法文方面，虽比较德文与英文方面为少，然而想把文化或法文上的文明（Civilization）来建立为一种学科，也并非没有人。雷翁得罗尼（Leon de Rosny）在一九〇〇年所刊行的《文明（或文化）的科学》（*La Science de la Civilization*），就是一个例子，虽则他这本书的研究重心，是偏于人类学上的理论与叙述方面，所以他的附题是叫作 *Traite d'ethographie théorique et descriptive*。此外，又如一九三〇年，沙律培尼（E. Chalupny）所著的《社会学的系统》（*Préeis d'un System de Sociologie*），也指出文化学是一门科学，目的在研究文明或文化。

上面是指出德文、英文与法文的文化学，或文化的科学这些名词的来源与应用，至于中文上的文化学这个名词，不只在日本有人应用，在中国近来也逐渐通用，作者在民国十七年间已在讲堂中与演讲会里用过这个名词。

十多年来，国人因讨论东西文化的问题，因而往往也谈到文化的根本问题，对于文化的研究的，固逐渐增加，而对于文化学这个名词的应用的，也逐渐的增加。又作者在民国二十八年以后，曾在国立西南联合大学里，开了一门功课，名字就叫作"文化学"。数年以来,这门文化学曾不断的开班,每年选读这门功课的人们,也很不少,所以文化学这个名词,在中国,无疑的今后应用的人们,也必更多。

我们在上面所说的,是注重于文化学这个名词的来源,与应用的概略。但是,我们也已指出,最先用了 Kulturwissenschaft 这个名词的培古轩,不只用了这个新的名词,而且有意的要建立一种新的学科,这就是文化学。

而且,很凑巧的,是在培古轩出版他的《动力与生产的法则》这部书的时候,也就是孔德(A. Comte)刊行其《实证哲学》(*Positive Philosophy*)的一年。孔德的《实证哲学》六大本的完成,是从一八三八年至一八四二年。但是,在一八三八那年所出版的《实证哲学》第一本,他已说明这部书的主要目的,是要建立一种新的学科,这就是社会学。

社会学之于文化学,虽是两种不同的学科,然而这两者却不只有了密切的关系,而且前者对于后者的发展上,却有了很大的贡献。这一点我们在下面一章里,要加以较为详细的说明。

我上面已经指出,文化学(Kulturwissenschaft)这个名词,据我所知道的应用得最早的,要算拉弗日尼·培古轩(M. V. Lavergne-Peguilhen)。培古轩于一八三八年在德国刻尼格斯堡(Königsburg)出版他的《动力与生产的法则》(*Die Bewegungsund Productions-Gesetze*)。这是一种政治经济的研究的著作(Eie Staatswirtschaftlicher Versuch)。这本书的第一部分,是解释社会及其要素。在第一部分第一章的第三节里,培古轩说明社会学科(Gesellschaftswissenschaft)的内容与范围。社会学科的目的,照培古轩的意见,是探求社会的法则,正如自然科学,是探求自然的法则一样。故从整个智识来看,我们可以分为二大类:一为自然科学;一为社会学科。

又照培古轩的意见,社会学科又可以分为四类:一为动力学(Bewegungswissenschaft);二为生产学(Productionswissenschaft);三为文化学(Kulturwissenschaft);四为政治学(Staatswissenschaft)。在《动力与生产的法则》这本书里,培古轩所研究的是动力学与生产学,前者是要明白动的社会的各种的动作的法则,后者是要找出为维持社会的必需的物品的生产的法则。至于政治学是探求在各种社会情况中所需要的国家的机构,与各种不同的政治制度的法则。

我们所要特别注意的是文化学这个名词,见于这本书的第八页。照培古轩看起来,文化学的目的是要确定或认识人类与民族的教化的改善(Vervollkommung)上所依赖的法则(Die Kulturwissenschaft, deren Aufgabe es ist die Gesetze Festzustellen, anf welche die Vervollkommung der Menschen und der Völker beruht)。

我们当然要承认,培古轩所用文化这个名词,在意义上,比较狭小。因为他所谓文化,不但包括政治、经济各方面,而且所谓教化的改善,是偏重于所谓精神文化中的一方面，这与我们所谓教育方面，比较相近。

然而我们已说过，培古轩不但是第一个人用文化学这个名词，而且是有意的要建立文化学。他自己很希望在他写完《动力与生产的法则》之后，能继续的写一本文化学。可惜这种志愿，始终没有实现。他所谓文化，虽是狭义的，然这是因为我们的时代所用文化的意义，与他的时代所流行的意义不同罢。

培古轩又以为文化学及上面所说的其他三种社会学科的发展，是筑在自然科学、生物学、心理学与数学的基础之上。这一点，也与孔德所谓社会学是筑在这些科学的基础之上，是有了相同之处。培古轩的著作，除了《动力与生产的法则》外还有《社会学科的原理》（*Grundriss der Gesellschaftswissenschaft*，1838—1841）一书，以及关于社会学科与政治学的其他的论文。

培古轩在经济学上既很著名，他在文化学上的贡献与企望，差不多可以说是没有人注意。一来，可以说是因为他始终没有把他所要建立的文化学写作起来。二来，可以说是因为脱不了当时的科学的两种分类，而分为自然科学与社会学科，同时把文化学列为社会学科之一种，因而使文化学的范围，弄得很为狭小。

其实，从我们看起来，与其说是文化学乃社会学科之一种，不如说是好多社会学科乃属于文化学的范围之内。政治、经济，像我们上面所说，就是属于文化学。培古轩所说的文化学，有些与我们现在所说的教育学相像，这一点我们上面已经提及，而我们之所以说他的文化学的范围是很为狭小，也就是为了这个原故。

然而，在他的时代，他不只创造出文化学这个名词，而且要建立文化学，这是不可多得的事情。文化学自他提倡之后，不只在十九世纪很少有人注意，就是在二十世纪，在十多二十年前，注意的人，也并不很多。可是，在一百多年前，培古轩已能这样的注意，这又不能不说他有先见之明了。

我们上面也曾指出，除了培古轩之外，据我们所知的，用文化学（Kulturwissenschaft）这个名词较早的，又要算格雷姆（Gustav Friedrich Klemm）。格雷姆除了用过这个名词之外，还用这个名词来作他的一部很大的著作的名称。这就是他所叫为《普通文化学》（*Allgemeine Kulturwissenschaft*，1854—1855）。

格雷姆是德国人，他是于萨克森（Saxony）的开姆尼兹（Chemnitz）人。他生于一八〇二年。在一八六七年，他死于德国的德累斯顿（Dresden）。自一八三一年以后，他在德累斯顿的皇家图书馆里作事，一八五四年至一八五九年间，他被任为该馆的馆长。

格雷姆是一位很热心于搜集博物院的标本的学者。他又是一位无书不欲读的学者。所以在他的著作里，直到现在，我们还可以找出很为宝贵的材料。

格雷姆的著作很多。关于文化方面的著作，除了我们上面所举出的《普通文化学》之外，他又写了一部《人类普通文化史》（*Allgemeine Kultur-Geschichte der*

Menschheit，1843—1852）。从这两部书里，我们可以看出格雷姆对于文化的观念。同时，也是由于这两部著作，他对于后来的研究文化的人，有了很大的影响。

格雷姆注意到地理环境对于人类的性格与观念的影响。他以为在南美洲的山林中的印第安人，是缺乏了友爱与谦逊的良好的情绪，而且他们是很怠惰的，是易昏睡的。这是因为气候炎热的原故，他又指出在大山深林里住的人们，眼界是不会很广的。反之，住在海旁的人们，眼光固是很广而受了海景的变化无常，他们也有了变换的观念。这种变换的观念，易使人们有了活动反省与独立的精神。也是为了这个原故，格雷姆觉得澳大利亚的捕鱼部落的人们，是比之住在山林中的美洲的印第安人，是高明得多。这种看法，是否是对，这是值得讨论的。然而格雷姆之注重地理的环境，在文化上的作用，可以概见。

格雷姆不只看重了地理的环境在文化上的作用，而且看重了种族的不同之于文化的关系。他分世界的种族为两类：一为活动的种族（Active Race），一为不活泼的种族（Passive Race）。前者能够创造或增长前代所传下的文化，后者不外只能效法人家已作成的东西，或是被了他人所强迫而这样的去作。欧洲的好多民族无疑的是属于前者，至于后者格雷姆以为芬兰人（Finns）、埃及人、印度人，以至蒙古的人种可以为代表。

格雷姆虽然觉得在文化上不活泼的种族，是比不上活动的种族，然而照他看起来，两者都是需要的，正像男女两性之互相补助。有了活动的种族，假使没有不活泼的种族，也不易生存。反之有了前者，而没有后者，也是不行的。

我们应当指出，格雷姆这种看法是错误的。现代的一般的人类学者，对于这种种族优劣的学说，已不相信，虽则在格雷姆的时候，这种学说，正在盛行。格雷姆在一方面，是超不出他的时代的。

格雷姆不只分人类为不活泼与活动两种，而且以为人类文化的进化，是由前者而趋于后者。他以为最初的人类是分布于整个地球的各处，首先从事于打猎与捕鱼，后来进而畜牧。待到人口增加起来，因为养料的缺乏，而始有农业。其结果是不活泼的人类，遂被活动人类所压服。

这种人类进化的阶段，是偏重于经济方面。格雷姆还把人类的整个文化的进化分为三个阶段：一为野蛮（Wildheit）的阶段；一为养驯（Zahmhelt）的阶段；一为自由（Freiheit）的阶段。在野蛮的阶段中，人们是萍踪匪定。他们既没有土地，也没有畜牧，靠着自然的物产以过活。同时，他们也没有承认一个最高的威权。到了养驯的阶段，家庭已联合起来，而成为部落，而统治部落的人们，是以为他们的威权，是由神所给与的。因此之故，所谓祭师的地位，也是很高，有了管理社会的力量。而且，在这个阶段里，不只是畜牧与耕种已发展，就是文字，也已发展。自由的阶段的特点，是神权祭师的威权被推翻，使在这个阶段的人们，能够充分的在各方面去发展他们的智力，使文化的各方面，都能有进展。格雷姆指出波斯人、阿拉伯人、希腊人、罗马人，而特别是日尔曼人，是这个阶段的种族的例子。

没有问题的，这个最后的阶段的解释，也是受了种族优劣的学说的影响，而同时好像染了黑格儿的历史哲学的讲演中的历史发展的理论的意味。格雷姆是德国人，所以日尔曼的精神，是在他的著作里，占了重要的地位。

然而同时，格雷姆这种文化的进化的阶段，又可以说是达尔文的生物进化论，与摩尔根（Morgan）的社会进化论的先锋。达尔文（Darwin）的《物种由来》（Origin of Species）是刊行于一八五九年，而摩尔根的《古代社会》（Ancient Society）是出版于一八七一年。前者是一本引动世界思想界的重要著作。达尔文是从最低的生物到最高的生物中，找出进化的线索。自达尔文这本名著发表之后，进化论不只为世人所乐道，而且影响于学术的各方面，而尤其是人类学与社会学。英国的人类学者马雷特（R. R. Marett）与好多人类学者，以为人类学是达尔文的孩子。马雷特在其《人类学》（Anthropology，1911）一书中，且进一步的说，人类学之所以能够成立，是得力于达尔文。假使我们取消了达尔文的观念，就等于取消人类学（参看其《人类学》第一章）。我们未必完全同意于马雷特这种说法，但是我们又不能否认，假使生物学没有发达，人类学也不容易发展。生物学在赖马克（Lamarck）发表他的《哲学的动物学》（Zoologie Philosophique，1809）的时候，虽已引起人们的特别注意，然而它之成立为科学，却可以说是在达尔文发表他的《物种由来》之后，这就是一八五九年之后。格雷姆可以说是一位人类学者，一位社会学者，也可以说是一位文化学者。他除了搜集了世界上的各种人种，及其社会文化，而加以有系统的叙述之外，还很确定的去指出人类进化的阶段。这是进化论上的要点，我们所以说他是达尔文的先锋，就是这个意思。

至于摩尔根在《古代社会》里的第一章，所提出的人类的社会进化的三个阶段，对于后来一般人之研究社会与文化进化的，有了很大的影响。摩尔根的社会进化的三个阶段之于格雷姆的文化进化的三个阶段，虽有好多不同之处，然而大体上，是有根本的相似之点，因为两者都把人类社会分为三个阶段，两者都以为社会文化的进化，是由野蛮的阶段开始，而两者对于野蛮人之依赖天然物产以过活，都是同意，虽则摩尔根是倾向于马克斯的唯物史观的进化论，而格雷姆是好像是倾向于黑格儿的唯心史观的进化论。然而格雷姆的著作之出版是较早于摩尔根的著作，所以前者也可以说是后者的先锋。

我说格雷姆倾向于唯心史观的进化论，一来因为他的日尔曼的精神，好像黑格儿在其《历史哲学讲演》中所说的日尔曼的世界一样。二来他以为智力的自由发展，是人类文化进化的最高的主要因素，而且照格雷姆的意见，基督教是进步的主动力。而且,这种宗教是趋于自由的方向。基督教的自由的精神,是打破国界的力量,而趋于世界化的途径,虽则我们也得指出,他的日尔曼的自由的精神,是不容易与这个基督教的自由的精神相调和的,因为前者是偏于种族主义,偏于民族主义,以至偏于国家主义,而后者却偏于超种族主义,偏于超民族主义,以及偏于超国家主义。

不但这样,格雷姆的种族主义,以至其注重于地理环境的作用,也可以说是有了唯物史观的倾向。然而我们也要指出,文化发展的因素,是多元的。只用唯心的观点去解释整个文化的发展,固是错误,只用唯物的观点去解释整个文化的发展,也是不对。格雷姆既染了种族优劣的学说,又受了基督教的影响,既有了黑格儿的唯心论的倾向,又看出地理环境的重要,然而,他又好像对于这些各种不同的文化发展的因素,没有加以通盘与深刻的考究,而说明其对于各种不同的文化的不同的影响。同时,又看不出文化本身是文化发展,而尤其是高度的文化发展的要素,所以在其解释文化发展的因素上,有了不少的缺点与矛盾。

然而格雷姆的著作,而尤其是他的《人类普通文化史》与《普通文化学》可以说是十九世纪的中叶之对于文化——而特别是对于原始文化的注意较早的著作。而且,是对于这个问题的较有系统的叙述。他虽然不是一个特出的天才,然而他的工作上的努力,使他成为文化研究的先锋,使他的著作,成为后来研究文化的人们的重要资料。

其实,他不只用了文化学的名词,不只用了这个名词去作他的书名,而且给了我们以一个较为准确的文化的定义。照格雷姆的意见,文化是包括风俗报告(Information)、技能、在平时以及在战时的家庭(Domestic)及公众(Public)、生活、宗教、科学与艺术,这个文化的定义,差不多可以说是泰罗尔(E. B. Tylor)的著名的文化定义的变身。同时又是近来好多的研究文化学的人们的文化的定义的前身。假使人们以为泰罗尔在文化学上的地位是差不多等于达尔文在生物学上的地位,那么格雷姆在文化学上的地位,却可以说是不下于赖马克在生物学上的地位了。因为达尔文虽也受过赖马克的影响,然而却不像泰罗尔之受过格雷姆的影响那么大,因为格雷姆不只是给与泰罗尔以一个新学科的名词,以及新学科的定义,而且给与后者以很丰富的资料,使其有所根据,而能够推进这个新学科——文化学。

然而很可惜的,是后来研究关于文化问题的人们,恐怕除了泰罗尔之外,对于这位文化研究的先锋,据我个人所知道,很少有人注意。这不只是说在德国以外的一般学者,少有注意,就是德国国内的学者,也少有注意。比方,在德国的一般著作里,除了像迈尔斯(Meyers)在其第七版《辞典》(Lexikon)里稍为提及外,一般学者对于格雷姆几乎完全忘记。迈尔斯且告诉我们,文化的研究,在十九世纪里经过人类学者的研究,始立了科学的基础(Die Wissenschaftlicher

Grundlage），这些学者所注重的，是偏于低级文化的研究，格雷姆却可以说是研究这种文化的先锋。无疑的，迈尔斯这种看法，是很对的，然而除了这位《辞典》学者，指出格雷姆在文化学上的地位的重要之外，能够注意到这点的人，实在是不容易找出来。

格雷姆虽被了一般的人们忘记，可是他在文化学的研究上的影响，却不因此而减少或消灭。我们知道，凡是研究文化，而尤其是原始的文化的人们，总不会忘记泰罗尔这个名字。他的著作，而尤其是他的《原始文化》（*Primitive Culture*, 1871）这本书，是近代研究文化的人们的经典，而他的文化的定义，又成为近代研究文化的人们所常常引用的文化的定义。所以，除了我们忘记了泰罗尔，我们就不要忘记格雷姆，因为后者不只是研究文化的前锋，而且可以说是泰罗尔的老师啊。

与格雷姆以及泰罗尔同时而对于社会文化的进化的观念加以特别注意的斯宾塞尔，也可以说是一位很为重要的代表人物，斯宾塞尔是社会学的先锋，在他的著作里，他虽然不常用了文化或文明这类名词，但是他的社会进化论，而尤其是他的超有机体的现象的概念（The Conception of Super-Organic Phenomenon），对于后来研究文化的人们的影响很大，所以他在文化学的研究的历史上，也占了很重要的地位。

自泰罗尔出版他的名著《原始文化》之后，人类学者对于文化，而尤其是所谓原始文化的研究的兴趣，愈为浓厚。他们的研究的趋向，是从原始人类的体质方面，而趋于原始人类的文化方面。而且，近年以来，有些人类学者，除了注意于所谓原始文化之外，对于历史上的文化的发展，以至于现代的文化也逐渐的注意起来。所以，直到现在，对于文化的研究上，其贡献最大的恐怕还是要算人类学者。至于他们的一些代表人物，及其学说的概要，我们在下面，当再加以比较详细的叙述。

自斯宾塞尔以后，社会学者也慢慢的对于文化的研究，注意起来。华德（L. Ward）及好多的早期的社会学者，对于文化上的研究，已很注意，而近年以来，又有所谓文化学派的社会学。这一派的人们，有的不只以为社会的动作或行为，是以文化为基础，而且以为文化就是社会学的对象。因为他们以文化为社会的基础，以至以文化为社会学的对象，他们对于文化的本身，或其根本概念，又不能不特别注意，其结果是使我们对于文化的认识，更加深刻。其实，照最近来的社会学上的趋势来看，所谓文化学派既占了很重要的地位，那么在文化研究上的贡献，也必占了很重要的地位。

此外，近代的历史学者而尤其是所谓新史学的史家，对于历史的研究，既不只是以政治史为重心，或对象，而放大其范围去包括了人类的整个文化的历史，他们对于文化的发展的历史上，也有不少的成绩，使我们对于文化在时间的动态，有较深刻的认识。

与历史有了密切的关系的考古学，在文化的研究上，也有了很大的贡献。考古学在广义上，也可以说是历史学。这种学问在近代，因为地下的史迹的发现，而愈为发达，使我们对于人类的文化的历史的智识，拉长了不知多少年数。以往的人们，往往靠着文字的记载而找出历史的材料，现在因为考古学的发达，我们对于人类早期的文化，除了文字的记载之外，还有好多地下的遗物，如石器，如铜器，如铁路，以及其他的古物，以资参考。

同样，所谓历史哲学的学者，对于这方面的研究的结果，也是值得我们的注意的。他们的目的，是从人类的文化的发展史中，找出一些普通的原则，这些原则，也是值得研究文化的人们去参考。此外，近年以来一般的哲学家，对于文化的研究，也逐渐的发生兴趣，所以在哲学上，也有了文化学派。

文化的研究，不只得了人类学者、社会学者的热烈研究，不只引起历史学者、考古学者、历史哲学者与一般哲学家的注意，就是科学家，像著名的物理学者俄斯特发尔特（W. Ostwald），就是一个很好的例子。他的《文化学的能力基础》（*Energetische Grundlagen der Kulturwissenschaft*），是从物理的观点去研究文化。

最后，近代的地理学对于文化的研究，也有不少的贡献。地理学由体质的地理学，而趋于人文地理学，是注意到地理的环境，对于人生的影响，所谓人生，本含有人类文化的意义，近来人文地理，有人叫作社会地理。最近来，文化地理这个名词，又逐渐流行。所谓文化地理，目的是从地理的观点，去研究文化，或是以地理的环境，去解释文化，这种研究的结果，是使我们明白地理之于文化的关系，这也是文化学上的一个重要问题。

上面不过略将近代文化的研究的历史，加以叙述，各种学科，对于文化学上的贡献，我们在下面还要加以比较详细的解释，而对于一些在文化的研究的先锋的理论，也要特别加以注意，所以在下面一编里，我们先从泰罗尔与斯宾塞尔说起。

第二编

第五章　研究的先锋

泰罗尔是英国人。因为他的父母是贵格（Quakar）教友，在那个时候，照例没有机会受大学教育。他游过墨西哥，回来写了一本书叫作《阿那瓦克：古代与现代的墨西哥与墨西哥人》（*Anahuac: or, Mexico and the Mexicans, Ancient and Present*, 1861）。他的重要著作有了三部：一为《人类早期历史与文明发展之研究》（*Researches into the Early History of Mankind and the Development of Civilization*, 1865）；一为《原始文化》（*Primitive Culture*, 1871）；一为《人类学》（*Anthropology*, 1881）。

这三本书中，声誉最隆与影响最大的，要算《原始文化》。可是从文化研究的立场来看，在这本书里，关于文化的根本观念，有了很多都可以从《人类早期历史与文明发展之研究》一书里找出来。这是读这两本书，而尤其是读了前者第一章，后者的序言的人，总能知道。事实上，我们可以说，《原始文化》是从《人类早期历史与文明发展之研究》放大而来。一八七〇所出的第二版的《人类早期历史与文明发展之研究》第十三页的注解中，泰罗尔告诉我们，在各种参考书中，他最得力的，是格雷姆的著作中的宝贵的材料。我们可以说，假使没有格雷姆的《人类普通文化史》与《普通文化学》，也许泰罗尔的《人类早期历史与文明发展之研究》，不容易公诸于世。同样，假使泰罗尔的《人类早期历史与文明发展之研究》没有刊行，也许他的《原始文化》也不会刊行。不但这样，《原始文化》第一章的标题是"文化的科学"（The Science of Culture）。这个名词的使用，在英文中，恐怕泰罗尔是第一个。可是，泰罗尔之应用这个名词，也许是从格雷姆的 Kulturwissenschaft 这个名词翻译过来。我所以说我们记得泰罗尔，我们也应该记得格雷姆，就是这个原故。

泰罗尔觉得文化学的需要与可能，而且有意的去建立这个学科。他用"文化的科学"这个名词，为《原始文化》第一章的标题，可以说是他这种信仰的一种表示。在方法上，文化现象的研究与自然现象的研究，在他的心目中，并没有什么很大的差异。若说文化现象，有不能应用所谓科学方法来解释的地方，那么生物现象，也有不能应用所谓科学方法来解释的地方。其实，从泰罗尔看起来，文化现象的理解，比之生物现象的说明，较为容易。一般人因昧于自由意志的学说，以为在自然科学中有了一定的法则，而在社会学科中却没有一定的法则，这是一种误会（参看《原始文化》页二）。其实，我们可以把各种不同的文化，来加以有系统的分类；同时从这种的分类中，我们可以明白从一种文化而发展为别种文化的历程。泰罗尔无疑的是受过十九世纪的进化论，而尤其是生物进化论的影响，而成为文化进化论者。所以，他以为除了无机科学与生物科学之外，我们应该进一步而建立文化科学。他相信这种科学，已经萌芽。同时，他也承认关于这种科学的材料，相当缺乏。所以，要写一本有系统的著作，是一件不容易的事（参看《人类早期历史与文化发展之研究》）。

泰罗尔很明白的指出人类要想认识自己，应当认识其文化。这就是说他们自己努力培养自己的结果。这种结果，不是片断的，而是整个的（参看 *Encyclopaedia of Social Science Article* by R. R. Marett or E. B. Tylor）。换句话来说，文化不是片断的，而是整个的。

文化是整个的。这个观念，在泰罗尔的著作中，是很重要的。在《人类早期历史与文化发展之研究》一书里，他劈头就说：文化是一个复杂总体，包括智识、艺术、宗教、神话、法律、风俗，以及其他的社会现象。在《原始文化》一书里，他也劈头就说：文化是一个复杂总体，包括智识、信仰、艺术、道德、法律、风俗，以及人类在社会里所得一切的能力与习惯。

这两个定义，可以说是大同小异。我上面所以说《原始文化》一书，是以《人类早期历史与文明发展之研究》一书为根据，这就是一个显明的例子。

我们上面曾经指出，泰罗尔对于应用文化与文明这两个名词，并没有什么差别。在《人类早期历史与文明发展之研究》里，他用的是文明这个名词，而在《原始文化》里，他用的是文化这个名词。这是从书名上，与文化的定义里，就可以看出来。同时，我们知道，泰罗尔用文明这个名词较先，用文化这个名词较后。说不定他后来觉得文化这个名词，比之文明这个名词，究为适宜，虽则习惯上，在英文中所常用的，是后者而非前者。

有些人以为泰罗尔这个文化的定义，忽略了文化的物质方面的要素。乌格朋（W. Z. Ogburn）在其所著《社会变迁》（*Social Change*，1922）里说，这个定义，并没有特别注意于物质方面，以致有一种倾向以为文化好像离开物质的（页四）。又如，威利（M. M. Willey）在其所著《社会与其文化遗产》（*Society and its Cultural Heritage*）（参看 *An Introduction to Sociology*，Edited by Davis and Bames，1925，p. 513）一文里，也有这样的批评。威利且略为更正其定义如下：文化是复杂的总体，包括物质、智识、信仰、艺术、道德、法律、风俗，以及人类在社会里所得的一切能力与习惯。

这种批评，若专从泰罗尔这个定义来看，当然很对。可是若从他的整个著作来看，却也有为着他而辩护的必要。因为泰罗尔在其著作里，常常以物质文化的例子来解释他所主张的原理。这是读过他的著作的人，总能承认的。总之，泰罗尔在其定义里虽没有明白的加上文化的物质方面，可是，他不但没有明白的主张文化可以离开物质，而且常常的谈及文化的物质方面。又况，他既相信文化是一个复杂总体，那么物质文化，自然不会被摈诸这个复杂总体之外。

因为文化是复杂总体，想明白文化，要从文化的整个上去研究。部分要以整个来解释，正如现在要以过去来解释一样。文化的发展是一种很复杂的现象，同时，又是一种很长久的历程。

然而我们研究文化，我们不应只研究在现代较为进步的民族的文化，或与我们较有直接的关系的历史，我们应该明白在现代较为低级的民族的文化，以至与我们较为间接的关系的历史而同时却与现代文化与我们自己都有密切的关系的。其实，所谓较为进步的民族的文化的好多方面，可以从所谓较为低级的民族的文化里，寻找出来。所谓较有直接的于我们有关系的历史，又是从所谓较为间接的于我们有关系的历史，演进而来。泰罗尔之所以特别注意于原始文化与早期历史的研究，就是这个原故。

其实，自泰罗尔特别注意于原始文化与早期历史的研究之后，一般研究社会学科的人，而特别是人类学者，对于这方面的研究，不但都感有特殊的兴趣，而且有了太过偏重于这方面的研究的趋向。

从我们所搜集的各种材料来看，所谓各种民族的文化的差异，与其说是来源的不同，不如说是发展的差异；与其说是种类的不同，不如说是程度的差异。比方，以姿势的语言（Gesture Language）而论，不但在原则上，到处有雷同之处，就是在细点，也到处有雷同之处。我们总以为人同此心，在不同的地理或生物环境之下，应该发生不同的文化。从我们所研究的结果来看，此种看法，并非无稽之谈。然而同时，我们也得承认，地理的隔离与种族的不同，并不能阻止文化的互相关系，也不能阻止文化的照样传播。质言之，照泰罗尔的意见，不但像我们上面所说文化本身，是一个复杂总体，而各方面有密切的关系，就是无论那一个民族或地方的文化，与其他的民族或地方的文化，都有密切的关系，都有雷同的地方（参看《人类早期历史与文明发展之研究》页三七二）。

又从我们所搜集的各种材料——尤其是关于各种实用的艺术的材料来看，人类的文化史，在整个方面来看，是有进步的。在世界上，无论在那一个地方，我们都可以找出人们从前所用的石器的痕迹，而现在却以金属的器具代替。人们从前的笨拙而费力的取火的方法，现在却以便当而较好的工具代替。人们从前结绳以纪事，现在却以文字代替。这些例子，不只是说明文化是变化的，而且说明文化是进步的。

总而言之，文化是复杂总体，故其所包括的各部分，是有了密切的关系。文化是能传播的，故在不同的民族或地方，可以找出雷同的特质。文化是有进步的，故在不同的民族或地方，可以找出相同的阶段。因为文化有了雷同的特质，与相同的阶段，故文化的现象，也可以用科学的方法去研究。文化学之所以能成为一种科学，也就是这个原因。哥尔特威士（A. A. Goldenueiser）在其所著的《文化人类学》（Culture Anthropology）一文（参看 H. E. Bames, *the History and Prospects of the Social Sciences*, 1925, p. 216）以为泰罗尔对于材料选择的小心，判定事物的谨慎，有了很多类似达尔文的地方，就是因为泰罗尔善于利用所谓科学的方法，去研究文化的现象。

为什么某种文化，或是文化的某一方面，能在某一个地方找出来，泰罗尔以为对于这个问题，可以有三个回答：一是独立发明，二是祖宗在隔离较远的地方遗传下来，三是从某一个种族传播到第二个种族。在文化的发生与发展上，泰罗尔指出，我们很不容易决定在这三种方法中，那一种是较为普遍的方法。在《人类早期历史与文化发展之研究》一书页三七六中，他虽以为有时独立发生的方法是一个最为可靠的方法，可是他对于传播的学说也相当的信仰（参看全书页三七一）。

在《原始文化》一书里，泰罗尔对于万物有灵魂的学说，或灵魂主义（Theory of Animism），特别加以注意。这个学说，孔德（Comte）在其著作里，已经加以解释（参看 *Positive Philosophy*, Martineau's translation, vol. IL p. 186）。不过这个学说的主张最力，发展较完备，与影响较广大，要算泰罗尔的。照泰罗尔的意见，原始的人类不明白自然法则，同时，又想解释一切呈现于他们目前的各种现象。他们觉得他们自己都有意识，都有灵魂，因而推想到一种自然现象，于山、岭、江、河、树木、石头等等，也必有意识，必有灵魂。把自然现象来当作人类一样的看待，而以为自然现象也同人类一样的有灵魂，就是这个学说的要旨。泰罗尔乃进一步的主张宗教的发展，是基于这种学说。其实，这种学说，也是宗教之一，同时是人类的最先的宗教罢。泰罗尔这种主张，当然有其错误，因为在原始人类里，信仰万物都有灵魂的，固很普遍，然而这种信仰，并不一定是最先的宗教。据现代人类学者的意见，各处文化较低的人类，并不见得通通都有这种信仰。这些错误，并不减少了泰罗尔的学说的影响。比方，斯宾塞尔（H. Spencer）的鬼神学说（Ghost Theory）虽有其与泰罗尔的灵魂主义的差异之点，然而斯宾塞尔不但不完全反对泰罗尔这个主张，而且，在某种意义上，却以泰罗尔这个主张，来补充他的学说。

此外，泰罗尔的文化留痕的学说（Theory of Survival of Culture），在文化的研究上，也是一种重要的贡献。所谓文化留痕，是从前代所遗下来的东西，往往得了一种新的意义，或差不多完全没有什么意义，而成为某种文化丛杂中的一种附属，或片断的东西。泰罗尔之所以注重于这些文化的研究，目的是要以这种东西，以建设文化的阶段。同时，证明文化阶段（Cultural Stages）的存在。我们已经说过，泰罗尔是一位文化进化论者，文化进化的程序，是由某一阶段变为第二阶段，研究前一阶段所遗下的文化，我们不但可以明白文化变迁的历程，而且可以推想文化进化的方向。

最后，在《制度的发展的探求的方法》（On Method of Investigation of the Development of Institutions, Applied to Laws of Marriage and Descent, in *Journal of Anthropological Institute of Great Britain and Ireland*, vol. XVIII, 1889, pp. 245 – 269）一文里，泰罗尔奠立了以统计方法来研究进化的现象。这可说是人类学文化学的研究方法上一个新途径。

我们在上面对于泰罗尔的学说的大概，略加叙述。目的是要指出我们研究文化的人，不要忘记泰罗尔的地位的重要。假如格雷姆是用文化学这个名的第一位，那么泰罗尔也可以说是奠立文化学的基础的最重要的人物。因为正如我们在上面说过，他不但只跟着格雷姆来用文化学或文化科学（The Science of Culture）这个名词，而且有意的去建立这门学科。

在泰罗尔发表他的重要著作的时候。对于文化研究的人，已逐渐增加起来。巴克斯（H. T. Buckle）的《英国文化史绪论》（*Introduction to the History of Civilization in England*, 1857—1861），巴斯提安（Adolph Bastian）的《历史上的人类》（*Der Mensch in der Geschichte, Zur Begründung einer Psychologischen, Weltanschauung*, 1859），都比泰罗尔的著作较早，可是前者太偏重于文化的地理环境，而后者却偏重于文化的心理要素。至于哥宾诺（Le Comte de Gobineau）的《人类不平等论》（*Essai sur L'inégalité des Races Humaines*, 1833），对于文化的问题，虽也提及，可是他之注意于文化的生物或种族基础，简直是一种偏见、一种妄说了。

泰罗尔虽是一位文化进化论者，可是他对于文化进化的阶级方面，并没有积极的去研究。在这方面的工作最努力的要算拉布克（John Lubbock）、莫尔甘（L. H. Morgan），而特别是斯宾塞尔（H. Spencer）等。关于斯宾塞尔，我们当在下面叙述。拉布克的著名著作，是一八六五年所出版的《史前时代》（*Pre-Historic Times*），与一八七〇所刊行的《文明的起源与人类原始状况》（*The Origin of Civilization and the Primitive Conditions of Man*）。莫尔甘的最著名著作，是《古代社会》（*Ancient Society*, 1877）。前者划分人类文化为四个时期，这就是古石器、新石器、铜器与铁器等。后者分人类文化为三个时期，这就是未开化、半开化与文明等。前者偏重于物质的进化阶段，而后者却顾及文化的各方面的进化阶段。然而两者和泰罗尔一样的，注重于原始文化的研究。又两者同样的相信人类在没有婚姻制度之前，曾经过一个乱婚时代。而且，他们都受过白浩芬（J. J. Bachofen）的《母权论》（*Das Mutterrecht*, 1861）的影响，以为在父系家庭尚没有发展之前，有了一个母系家庭的时期。这些主张，都可以说是拉布克与莫尔甘的文化进化的阶段的例子罢。

斯宾塞尔在其著作里，很少用过文化这个名词。可是研究文化进化论，与文化学的人，应当对于斯宾塞尔加以特别注意。

斯宾塞尔是英国人，生于一八二〇年，死于一九〇三年。他是一个个性极强的人，他反对所谓正教徒的信仰，他反对家长的劝告。他的极端的个人主义，可以说是由其个性与环境所养成。他从来没进过大学，但是对于土木工程学，曾感有兴趣。所以有一个时候，他很希望成为一个发明家。他对于一切事物，都喜欢找其因果，这是读过他的著作的人，很能容易看出来。他在三十多岁的时候，曾从马丁诺（Martineau）所翻译孔德的《实证哲学》的简短大纲里，窥视孔德的学说的大概。后来，他又到了法国与孔德见面，所以他受了孔德的影响很大。有些人说，斯宾塞尔的《综合哲学》（Synthetic Philosophy）是由孔德的《实证哲学》（Philosophie Positive）放大而来，是有相当的道理的。

斯宾塞尔从二十岁起，就从事于著作的工作。他的《关于政府的适当范围论文》（Essays on the Proper Sphere of Government），可以说是他后来各种重要著作中的根本思想的渊源。三十岁的时候，他出了一本《社会的静态》（Social Statics，1851），在当时，好多人以为像他这样的书籍，没有刊行的价值。可是，这本书可以说是他的著作中很重要的一本。歧丁斯（Giddings）且以为这本书可以与亚里士多德（Aristotle）的《政治学》（Politics）相比美。他的最大著作是《综合哲学》，共十大册。他的《述叙社会学》（Descriptive Sociology）八大册，是研究社会学的材料库。他的《综合哲学》中的《社会学原理》（Principles of Sociology，1876—1896）三大册的材料，也是根据这部书的。此外，如他的《进步论》（On Progress，1857），他的《教育论》（On Education，1860），与他的《个人与国家》（Man Versus the State，1874），都是他的重要著作。

斯宾塞尔不但是主张进化论最力者，而且是把自然进化与社会或文化进化成为一贯的先锋。在达尔文尚未刊行《物种由来》之前，斯宾塞尔已发表了很多关于进化论的言论。在达尔文刊行《物种由来》之后一年，斯宾塞尔开始陆续出版他的《综合哲学》。《综合哲学》所包括的著作是：《第一原理》《天文学原理》《地质学原理》《生物学原理》《心理学原理》《社会学原理》《伦理学原理》。因为时间的关系，斯宾塞尔始终没有写过《天文学原理》与《地质学原理》两部书。可是其余各部，均能按照原定计画，从一八六一至一八九六年，陆续公诸于世。我们只要看了《综合哲学》的各书名称，就能明白进化的程序，与进化的一贯。从天体的进化，而至地球进化、生物进化、心理进化、社会进化、伦理进化，不但有一定的程序，而且有一贯的原理。他在一八六一年所出版的《第一原理》一书里，就以为进化是由于物质（Matter）与运动的两种东西的互相交应的结果。由于某种第一因的作用的结果，物质变为完整现象，同时运动起了消耗的作用，结果物质由不定形与不相结合的同性，趋于定形与相结合的异性。在这种过程中，未被消耗的运动，也受着一种相似的变化。质言之，进化是由不确定与不相结合的同性，而趋于确定与相结合的异性。同时，进化是由简单而趋于复杂的，由低劣而趋于优高的。而且，从其进化的阶段来看，处处都有同样的程序。

斯宾塞尔这种的进化论，引起不少的批评。比方，哥尔特威士（A. A. Goldenweiser）在其《早期文明》（Early Civilization，1922）及其他著作里，就从社会与文化的进化方面来指摘他，以为不但整个文化，虽以分别为各种不同而有次序的阶段，就是从文化的某一方面来看，也不能说是有一定的阶段。例如，母系氏族，未必先于父系氏族；乱婚未必是最初的社会现象，群婚也未必是以前的普遍制度。

这种批评，当然有其价值。不过，斯宾塞尔的整个进化论，却未因此而被推翻。其实，进化论的根本观念，是先有天体，然后有生物；有了生物，然后有心理与社会现象。这是无论何人，都不能否认的。

斯宾塞尔又把他的天文、地质、生物、心理与社会等现象，分为三大类：这就是无机的（Inorganic）现象，有机的（Organic）现象，与超有机的（Super-Organic）现象。天文、地质所研究的，是无机的现象。生物、心理所研究的，是有机的现象。社会所研究的，是超有机的现象。

斯宾塞尔对于超有机的现象，特别加以注意。一来，因为超有机的现象，是各种现象进化的最后的阶段。二来，因为他像孔德一样的，要建立一种新的学科，这就是社会学。

不但这样，超有机现象这个名词，近来被了好多学者把来当作文化现象看，而成为文化学上的根本概念。超有机的现象，既把来当作文化现象看，而成为文化学上的根本概念，那么研究文化学的人，对于超有机的现象的观念，应当加以特别的注意。我们上面已经说过，斯宾塞尔在其著作里，很少用文化这个名词，可是我们在这里，对于斯宾塞尔所以特别加以叙述者，也就是因为他的超有机体的观念。

在一八六一年所刊行的《第一原理》第三编里，斯宾塞尔已用过超有机这个名词，并且略加以说明。但是对于这个观念的详细解释，却在一八七六年所出版的《社会学原理》第一册第一章及第二章里。

斯宾塞尔以为无论我们研究个体的生长、成熟与衰颓，或是研究这个个体与其他的个体的动作，或反应的作用的关系，我们并不超过有机现象的范围，就是父母养育小孩的行为，还是属于有机的现象。不过，照斯宾塞尔的意见，在这里，而特别是父母在养育小孩上的合作行为，已含有超有机现象的萌芽。此外，又如共同造巢的动作，都可以说是超有机现象的预示。然而真正的超有机现象的发生，是超过父母共同努力的结果。

有机的现象与超有机的现象，没有绝对的分开。进化论之所以能够成立，正是因为超有机的现象，是在不知不觉的，从有机的现象脱胎出来。然而，为着研究的便利起见，我们又不能不把这两种现象分开来解释。大致上，我们可以说，超有机的现象，是包括好多个体的共同的调整动作的历程与结果。这种共同的调整动作的历程与结果，必需好多个体才能做得到，而非单独个体所能成就的。

斯宾塞尔因而举出好多关于超有机的现象的实例来说明。他以为最能普通而最能提醒我们的，是有社会性的昆虫。

在这种的昆虫的世界里，我们不但可以找出合作的行为，而且可以找出分工的原则。蜜蜂与黄蜂，已有分工合作的团体生活。每个蜂巢中的蜂与蜂，不但只有密切的关系，而且有一定的关系。超有机的进化，在蚂蚁中，较为显明。分工制度，也较为显明。白蚁之中，除了男性、女性的不同外，又有工蚁、兵蚁，而且男性、女性中，又有有翼与无翼的分别。有些蚁 Sauba 除了男性、女性的分别，又有中性的内部工蚁与外部工蚁之分。此外，有些蚁且有奴隶与家畜，有等于语言的信号，有房屋，有道路，有桥梁等等。

蜂与蚁的好多动作，虽非纯粹的有机的动作，然斯宾塞尔又以为这种昆虫的动作，只能当作从有机的现象进到超有机的现象的中间阶段，而也非纯粹的超有机的现象。因为，事实上，所谓蜂或蚁的社会，只是一个大家庭，一个蚁与别的蚁在同一团体或蚁窟里，不外是同父母的子女，而非独立自由的来自他处的集合。斯宾塞尔的结论，是纯粹的超有机的现象，只能在脊椎动物中找出来。鸟类不但只有集合的本能，而且有调整（Coordination）的表示。白颈鸦除了维持其家庭过好多代外，政府的雏形，财产的认识，犯罪的惩罚以至驱逐，都可以说是已经萌芽。至于兽类，而特别是有的猿类，对于共同努力服从领袖，以及财产观念，社会情操，交换劳力，举纳孤子的各种社会行为，都可以说是很为发达。

我们在这里，不能不指出斯宾塞尔在上面所说的现象，只能叫作社会现象，而非文化现象，虽则超有机的现象，可以包括这两种现象。其实，不但斯宾塞尔对于这两种现象，没有区别，就是近来好多学者，对于这个区别，也往往看不出来。我们对于这一点，下面当详加讨论。在这里我们所要说的，是只有人类，才有文化。昆虫固没有文化，禽兽也没有文化。然而这不能说斯宾塞尔对于文化的现象，没有注意。在《社会学原理》第二章里，斯宾塞尔讨论社会现象的要因时，他曾叙述所谓超有机环境的影响（The Influence of the Super-Organic Environment），这些所谓超有机的环境，就是我们这里所讨论的文化现象。

斯宾塞尔很明白的指出，超有机的环境，是一种演生的要素（Derived Factor），是一种人为的产物（Artificial Products）。这种要素，或产物，若分析起来，可以分为几类：第一，是物质的用具，从最简陋的石器，以至最复杂的机器；从澳洲人所用的反投武器（Boomerangs）以至三十五吨重的炮；从草寮木屋，以至宫殿教堂；都属于这一类。第二，是语言，最初以姿势或声音代表意思，后来用象形文字，而至用机器，印刷。因此，智识也逐渐的发展，结果是有了科学。这可以说是文化的三类。比方：从用手指以计数，而至高深的算术，从月球的变迁，而产生太阳系的学说，这是科学的发展，这是科学的领域。此外，简单的风俗，可以变为复杂与确定的东西，而成为法律。又如迷信、哲学、艺术等等，都是文化的要素。

说明了文化的各门类，或各方面之后，斯宾塞尔又进一步的解释上面所说的超有机的现象，或是文化的各方面，以及对于个人，对于社会的关系。文化的每一方面，都自能进化而成为一个较大与较复杂的总体。同时，每一方面之于别的方面，都互有关系，互相影响，而成为一个更大与更复杂的东西。在社会进化的历程中，这些东西时时刻刻都影响个人，影响社会。同时，这些东西或文化，也受了社会与个人的影响。这些东西或文化，逐渐的成为社会本身上的非生命（Non-Vital）部分，或是添补的环境。这种环境，结果是比之原有的环境，如地理，生物等等，尤为重要。这种环境之所以特别重要，是因为它能使社会生活发展到较高的地位。

斯宾塞尔不但觉得文化现象的重要，而可以离开地理与生物的现象，而自成一个领域，他还觉得文化与个人与社会以及文化的各方面，是互有关系，互相影响。在一八六〇年所发表的《教育论》（*Education*）里，斯宾塞尔曾批评以往的历史，太偏重于政治史，他主张历史的范围，应该放大。他虽没有明显的叫作文化史，然而从他所要建立的历史范围来看，就是我们今日所说的文化史。总而言之，斯宾塞尔在文化学上的地位，是不可忽视的。因为他不但对于文化的范围，性质，分类等的横的方面，有了新鲜的观念，就是对于文化的进化与历史，也有特殊的贡献。

第六章　人类学研究

我们在上面，对于泰罗尔与斯宾塞尔的文化观念，特别加以注意的，是因为他们对于当时与后来之研究文化学者，有了很大的影响。泰罗尔是人类学者，斯宾塞尔是社会学者。两者都是他们所研究的学科中的先驱。社会学虽创自孔德，然而没有斯宾塞尔，则其发展，恐怕不会那么快。泰罗尔不但是英国的人类学的鼻祖，也可以说是现代人类学的鼻祖。

从文化学的历史来看，对于文化研究的成绩最多与贡献最大的，恐怕要算人类学与社会学了。在时间上，对于文化现象的研究，人类学者比之社会学者为早。在兴趣上，人类学者所特别注意的是早期的文化，社会学者所特别注意的是近代的文化。这是从这两门学科的起源与发展上来说其密切的关系。不过，这种研究的注重点，现在已逐渐的难于分开。好多人类学者，如路威（R. H. Lowie），如马凌诺司基（B. Malinowski），都以为文化是人类学的对象。而好多社会学者如威利（M. M. Willey），如开西（C. M. Case），又以为文化是社会学的对象。

人类学的对象与社会学的对象，照这些学者看起来，既难于分开，所谓人类学者与社会学者，要加以严格的区别，也不容易。有了不少的人类学者，同时又是社会学者。相反的，有了不少的社会学者，同时也是人类学者。然而为着研究的便利起见，我们对于这两者应当分开来叙述。

我们现在先来说明人类学者，对于文化学上的贡献。

人类学是研究人类的科学，巴斯提安（A. Bastian）在其《人种学古史》（*Die Vorgeschte der Ethnologie*，1880）这样的告诉我们，卫士莱（C. Wissler）在其《社会人类学》（*An Introduction to Social Anthropology*，1920），也这样的告诉我们。这是一个最简单的定义。然而正是因为最简单，所以也太笼统，太广泛。马雷特（R. R. Marett）在其《人类学》（*Anthropology*，1912）第一章里，以为人类学是研究进化观念的人类的整个历史，进化中的人类。人类学要研究一切已知的时代中的人类，与一切已知的世界中的人类。人类学要以人类的体质与心理一并来研究，质言之，人类学在描写人类在其进程中所受的体质与心理的变化。菩阿斯（F. Boas）在其《人类学》（*Anthropology*）（参看 *Encyclopedia of the Social Sciences* 第二卷），以为人类学是当人为社会动物来研究。故其题材是包括人类所有的社会生活的现象，而没有时间与空间的限制。

马雷特所注重的，是人类的体质与心理的变化，而菩阿斯所注重的，是人类的社会的生活。马松（O. T. Mason）教授与有些学者，却以为人类学是关于人类的一切研究的总名，包括人类剖解、生理、心理、种族与个人的特性的叙述，以及人类的历史、风俗、宗教、语言、艺术、技术与各种社会活动。

人类学所研究的东西，虽是很多，然大致上可以分为二大类：一为体质人类学；一为社会人类学，或文化人类学。严格来说，社会与文化既有不同之处，社会人类学与文化人类学，也应该有区别。可是，事实上，这两者却往往没有分别。比方，卫士莱喜用社会人类学这个名词，而哥尔特威士（A. A. Goldenweiser）又喜用文化人类学这个名词，但二者所研究的对象，却大致相同。

从人类学的历史来看人类学的研究兴趣，是从体质方面而趋向文化方面。在人类学发展的初期，有些人类学者，把人当作自然的一部分来研究，这就是偏于体质方面。又如，上面所说的人类剖解与生理，现在都属于生物学的范围之内，至于个人或种族的外表特性，如体格的高矮、颜色的各异等，据近来一般的人类学者的见解，因为与文化的发展少有密切的关系，所以人类学者对于这方面的研究，也不若对于文化方面的研究那样的注重。我们只要看看社会人类学或文化人类学的书籍的出版数量的增加，便能明白。

又按民俗学（Ethnology）一字，照其语源来看，本指体质人类学中一部分，而特别是关于种族的特性方面。可是这种意义，现在已完全失掉。好多学者，而特别是德国的学者，以民族志（Ethnography）与民俗学分开来研究。前者是研究人民的各种活动，而后者专为叙述一部分的社会活动，如家庭组织与幻术等。布林吞（D. G. Brinton）在其《人类学》（*Anthropology*，1892）一书里，且告诉我们，民俗学把人类当社会动物来看，其所要研究的，是关于人类的心理方面，多过于体质方面，从研究人类的政府、法律、艺术、语言、宗教、社会，而找出其团体的理智的发展（页六）。路威（Lowie）在其《文化与民族学》（*Culture and Ethnology*，1917）里更进一步的说，文化是民俗学的独有与唯一的题材。

从此，我们可以明白，人类学之偏重于文化的研究。不过所谓文化，究竟是那一种的文化呢？从地域上看起来，人类学的研究的趋向，是从欧洲以外的地方的文化而趋于包括欧洲的文化。卫士莱在其社会人类学第一章里，对于这一点，说得很清楚。他以为人类学的观点，是欧洲人观察其他人类的观点。他们起初研究初民的文化，但在他的发展历程中，却觉欧亚两洲的文明人的文化，也成为它的整个对象的一部分。从文化的发展的程度方面来看，人类学的研究的趋势，是从低级的文化而趋于包括高级的文化。马雷特在其人类学里说，前此人类学者专注意于文化较低的——就是较简单的——人民，这就是俗人所谓为野蛮人。……人类学要做整个的人类科学，决不能有一种历史适用于野蛮人，别有一种历史适用于我们自己。只有同一的历史，而贯通以同一的进化原理，适用于所有的人类——文明的以及野蛮的、现在的以及过去的。

总而言之，人类学不但只偏重于文化的研究，而且包括整个文化的现象，而没有空间或时间上的限制。

人类学自泰罗尔之后，对于文化的研究，注意较早而贡献较大的要算拉最尔（Friedrich Ratzel，1844—1904）。哥尔特威士且以为文化人类学史，应始于巴斯提安与拉最尔。关于巴斯提安我们在前一章里已略为提及，我们现在且来谈谈拉最尔。

拉最尔的早年训练，是偏于地理学方面。他在幼年时候，又当过新闻记者，因为他在地理学上的成就很大，后来被请在来比锡大学（Leipzig Universität）当地理学教授。他是研究各种文化要素的地理的分配的先驱。同时，他对文化的区域的观念，与文化的传播的问题，不但感觉有兴趣，而且是最先注意的一位。骚厄教授（K. Sauer）以为他是近代文化人类学的鼻祖，就是这个原因。

拉最尔的著作，而尤其是关于地理方面的著作很多。在人类学方面，他最大的著作，是一八八五——一八八七年所出版的《人类学》（Völkerkunde），英译为《人类的历史》（The History of Mankind），在这书的第一卷第一部分里，拉最尔给我们以文化的普通概念。

文化与文明这两个名词，在他的著作里，常常并用，然在意义上，并没有什么区别。文化是人类智慧在某一时代中所获得的一切总和。同时，又受地理、生物、心理，各种环境的影响。地理环境，如房舍，乡村的隔离太远，或孤立；生物环境如动植物，或人口的稀少；心理环境，如理智的低劣；对于文化的发展，都有关系。然而拉最尔并不像一般地理学者、生物学者或心理学者之太偏重于这些环境或某一种环境的影响。他虽然也是一位地理学者，然对于地理环境在文化上的作用，也不像一般地理学者那样的太过看重。因为他觉得文化虽然受各种环境的影响，然文化本身，是自成一系统，自成一阶段。文化是各种环境的发展的最后的环境，正如人类是地球与生物的发展史上的最后的一章。

文化是有阶段的，如高级文化，低级文化，或半开化的区别。可是拉最尔同巴斯提安一样的，对于文化进化论，不甚注意。同时，人类也可以分为文化民族（Kulturvölker）与自然民族（Naturvölker）二大类，然而所谓自然民族，并非完全没有文化，因为他们也有语言、有宗教、有器具、有武器、有火。所谓自然民族，正如一个成人到了某种阶段，因为有了某种限制而不能再有发展，只有文化的民族，在文化上，发展的机会较多。文化的发展，是一种贮藏或堆积的历程，某种文化如能与他种文化常常接触，则其所贮藏与堆积的东西，也必愈多。文化的传播之于文化的发展，有了密切的关系，就是由于接触的作用。

文化是处处相异的，然而同时又是处处相同的。在原始文化中，而尤其是在政治与经济制度方面，有了很多各异之处。这些各异之处，不但因为起源不同，而且因为在文化发展过程中的变迁的关系。此外，各种文化的互相接触，互相影响，也是原因之一。然而，比方，在达马拉斯（Damaras）有了好多风俗习惯，是与别的地方如新西兰（New Zealand），却有相同之处。文化各异固有由于传播的作用，文化相同，也有由于传播的作用。

文化的程度愈低的人，其与自然的接触愈多。而且，愈近于禽兽的生活。同时，在这种文化之中的人类，其互相依赖的地方也较少。反过来说，文化愈进步，则不但在这种文化之中的人类互相依赖地方愈多，就是文化本身的进步的速度，也愈增加。

所以，文化的本质，是包括了三个步骤：第一，是在于经验的堆积；其次，是在于文化本身的固定性，使这些经验能够留存起来；最后，是在于有一种能力，使这些经验，不但继长增高，而且能够传递到较远的地方。

在拉最尔发表他的重要的著作的时候，有好几位文化人类学者对于文化的研究，很为注意。比方，勒诺蒙（Lenormant）的《原始文明》（*Les Premières Civilization* 2 vols 1874），恩尼（O. Henne Amrhyn）的《普通文化论》（*Allgemein kulture* 2 ed 1877—1897 7 vols），科尔布（G. F. Kolb）的《人类的文化》（*Kultur der Menschheit* 3 ed 1884 2 vols），格尔培（G. Gruppe）的《文化系统与历史》（*System u. Geschichte der Kultur* 1892 2 vols）。

又如，舒尔兹（H. Schurtz）的《文化古史》（*Urgeschichte der Kultur*, 1900），与其《老年阶级与勇士会社》（*Altersklassen und Mannerbunde*, 1902），在人类学与文化学上，都有不少的贡献。舒尔兹是拉最尔的门徒，生于一八六三，死于一九〇三。他的《文化古史》是一本对于文化方面很广博的书籍，直到现在，还不容易找出一本超越其上的著作，虽则他所搜集的材料，缺乏了时代性。这本书分为五部分，第一部分是解释文化的普通原理，第二是注重于文化的社会方面，第三是文化的经济方面，第四是文化的物质方面，第五是文化的精神方面。舒尔兹以为文化不只是反乎自然，而且反乎人类。他很主张传播论，然而同时他又舍不了斯宾塞尔与泰罗尔们的有计划的进化论，这当然有了多少矛盾，但是同时，为了这个原故，他也可以说是从文化的进化论至文化传播论一个承上启下的人物。

哥尔特威士在其《文化人类学》一文里，以为主张文化传播论最显著的要算德国的格拉那（F. Grabner）。格拉那一九〇五年在《德国民族杂志》三十七卷（*Zeitschrift für Ethnologie*, vol. XX—XVⅡ pp. 28-54）发表《海洋洲的圈线与文化层叠》（Kulturkreise und Kulturschichte in Ozeanien）一文，一九〇九年又在《人类杂志》（*Anthropos*, vol. Ⅳ pp. 726-780, 998-1032）发表《美兰尼西的弓文化及其类似物》（Die Melanische Bogenkultur und ihre Verwandten）。此外，又如他与法伊（W. Foy）所合著的《民族学的概念问题与历史》（*Begriff, Aufgaben und Geschichte der Volkerkunde*, 1908），都成为文化传播论上的重要著作。

格拉那以为民族学的任务，是寻求人类接触的历史的事实，与文化漂泊的痕迹。人类接触，是文化漂泊的先决条件。文化漂泊，就是文化由一个地方传播到别的地方，而同时发生文化影响的作用。不但因为原始社会缺乏历史的记载，而且因为历史的记载太少，与不可靠文化的漂泊或传播，所以要从各地方的文化的类似中去推想文化的传播。为了这个原故，格拉那以为发见与估量文化的类似，是一个极重要的问题。类似可分为质的类似，或量的类似。质的类似，就是形状的类似，实物的外形，以至信仰的内容，都属于这方面。量的类似，就是质的类似点的多少。比方，以某个地方的宗教，或整个文化的各点来与别的地方的相比较，而找出类似点。

文化的传播，是没有空间的限制的。一个地方，也许与别的地方隔离很远，然而对于文化的传播，并不因此而阻止。隔离是相对的，只要找出类似之点，就可以知道是传播的作用。因此，格拉那极力反对独立发生的学说。他不但反对文化进化论，而且很不重视人类创造文化的能力。发明是少有的事，在不同的地方，而有类似的发明，更是少有的事。

安格曼（B. Ankermann）以为我们要时时记得文化中的各种原素，是没有独立生存的，而却是有机体的整个中的互有关系的部分。我们很容易的找出一种单独的文化要素，分布于世界各处，然而为着找出某种结论，而这样的深求，我们不要忽略去观察这种文化要素的出生，是和别的文化要素，互相联系。安格曼的重要著作，是在德国《民族杂志》三十七卷所发表的《菲洲的文化圈线与文化层叠》（Kulturkreise und Kulturschichten in Südamerika, 1913），也是主张传播论的。什密特（Schmidt）最初是反对格拉那的，后来却变为一个很热心提倡传播论者。他以为在各种不同时间与不同的地方的文化，大致可分三种：一是由妇女发明种植而发生的母权社会，与关于妇女方面的神话；二是由于狩猎法的发展，男子技术，与父权社会，图腾制度，关于男子方面的神话，都因之而发生；三是从狩猎而进为畜牧，因而发生游牧民族的文化。从这三种不同的文化的互相传播，互相影响，而发生其他各种文化。比方，第一与第二种混合起来，便发生村落文化，若再加以第三种，便发生近东的"原文化"。

在英国利维尔斯（W. H. R. Rivers）对于传播论也很注意。利维尔斯在一九一六年所发表的《美兰尼西亚的社会历史》（The History of Melanesian Society, 2 vols），与一九二一年所演讲的《社会组织》（*Social Organization*）（一九三二年出版）与许多著作，都有关于传播论的主张。此外，一九一一年他在《自然杂志》所发表的 The Ethnological Analysis of Culture，对于文化研究方面，尤为重要。

利维尔斯觉得文化的分析，是民俗学的基本工作。在好多种学科中，新的发见，是要从实验而来，在人类学里，新的发见要由探察（Exploration）而来。而且，我们不只是探察仍然存在的文化，还要探察藏匿在过去时代中的文化。

利维尔斯最初偏于文化的进化论，到了后来，又注意到文化的传播论。他研究旅行的路线，对于漂泊文化的特性的影响。他以为文化与文化接触，会引起一种复杂与各异的情形。而且在历史上，二种文化接触之后，往往会发生一种新的文化。这种新的文化是那二种文化中所找不出来的东西，他以为部落的互相接触，是文化进化的要素。他对于文化的解释，是站在偏重于心理的立场。

英国人之主张传播论最力的，要算斯密斯（G. E. Smith）与培利（W. J. Perry）。前者的重要著作是《早期文化的迁移》（*The Migration of Early Culture*，1915）与《文化的传播》（*The Diffusion of Culture*），后者的重要著作为《巫术与宗教的起源》（*The Origin of Magic and Religion*）、《太阳的儿子》（*The Children of the Sun*）与《文明的发生》（*The Growth of Civilization*，1924）。斯密斯与培利以为所有文化的基本要素，在世界上无论那个地方，都是来自埃及，然后逐渐的传播到别的地方。斯密斯在一本书里，特别研究埃及文化的保存生物不腐的方法，以及文化的其他方面的传播，他以为这些文化从埃及传播至亚洲南部海洋洲，或者南美洲，他从拉最尔的著作里，找出很多的例子，以证明其学说。培利以为除了一个地方外，无论那个社会的文化，都是从别的地方传播而来。文化在其本身上，是一件东西，而有其自己发展的方式。当我们说中国文化，印度文化，我们总以为他们是独立发生的，其实，这是一种错误。无论那种文化，凡是超过自然食物的搜集的阶段（Food-gathering Stage）的文化，所有各种基本的手工、艺术等，都是来自别个地方。而这个地方，照培利的意见，就是埃及。自然的，也许有人要问，世界各处的文化，既由埃及传播而来，为什么有些文化却比埃及的文化为低呢？培利以为这是文化退步的关系。他指出历史上有好多文化从一个地方传播到别的地方，往往退化。比方，迈西尼亚希腊（Mycenaean Greece）的文化，主要是来自克利特（Crete），然在其传播的历程中，失了不少的要素，这是一件很普通的原则，因为没有文化，是真正永久的。

传播论者与进化论者，是处于对峙的地位，对于这两种理论，加以修正的，要算美国人类学中的批评派，或历史派。这一派的先锋与领袖，是菩阿斯。菩阿斯的著作很多，惟在这里我们要特别注意的是他的《原始人的心理》（*The Mind of Primitive Man*，1911）与在《社会科学百科全书》（*Encyclopedia of Social Sciences*）里所写《人类学》（Anthropology）一篇长文。

菩阿斯批评极端的进化论者，以为他们主张文化的发展，是成一高升直线，低级与高级文化，都有一定的程序与阶段，这是错误的。我们现在明白文化的现象，很少有一个来源。比方，在文化的经济方面，就有两种不同的来源，一是男子的职业，一是女子的职业。菩阿斯虽反对极端的进化论，他却相信文化是有进步的。他且相信在文化发展的方向上，是有法则的。植物食品的搜集，是先于田园的种植；石器的利用，是先于铜器；近代科学的发展，大致上也有一定的方向。假使这种的看法是对的，那么将来文化发展的方向，也可以预料。

菩阿斯对于极端的传播论，也极力反对。某种文化发展到相当的地步，不一定是来自一个地方或策源于一个地方，这就是说，这种文化是要经过好多民族的改变，而始能发展到这个地步。其实，两种类似的文化，也不一定是来自一个地方，然而同时菩阿斯却也承认文化是能传播的。比方，在欧洲的物质文化之影响于世界各处，就是一个例子。

其实，菩阿斯可以说是进化论与传播论的调和者。

照菩阿斯的意见，文化是包括一个社区中的社会的习惯所有的一切表现，个人在团体里所受团体的习惯的影响，而发生的反应，以及由这种习惯所决定的人类动作的结果。

菩阿斯以为在动物世界里，也有类似人类文化的现象。事实上，人类对于环境的好多特殊的调整，可以在动物世界里找出来。昆虫、鸟兽，能保留食物，能建造住处，就是显明的例子。菩阿斯是与斯宾塞尔一样的感觉到超有机的现象，可是他也好像一样的承认在动物世界里，也有文化。

菩阿斯反对专以地理环境来解释文化。地理环境固可影响文化，文化也可以改变这种环境的好多方面。他又反对以种族的不同来解释文化的差异的学说，这一点，他在《原始人的心理》一书，说得很清楚。而且，人类的心理，也并没什么差别的地方。我们研究每一民族地方的文化，我们应当从其有限制的历史地理的地方去探求，同时，也要注意到物质与文化的环境以及文化各方面的许多错杂的心理的关系，这种研究，是文化区域的观念。

哥尔特威士以为菩阿斯这种观念，是客观的，是心理的。客观的，因为在某一区域内的各方面的文化，是一个集成的图画（Composite Picture）；心理的，因为文化的各方面的互相关系，也是每个区域的特性。除了文化区域的观念，又有所谓边缘区域的观念，凡是一个部落居于两种文化区域的中间，则其文化，往往为二者的混合品，而成为边缘的文化。

在美国，自菩阿斯极力提倡人类学后，人类学很为发达。而且，人类学的研究的重心，是偏于文化方面。路威（R. H. Lowie）、哥尔特威士（A. A. Goldenweiser）、威士莱（C. Wissler）、克娄伯（A. L Kroeber）、萨皮尔（E. Sapir），以及好多的人类学者，都是很显著的代表人物。

路威在一九一七年所出版的《文化与民族学》（*Culture and Ethnology*），以为文化是民族学的独有与唯一的题材。在一九二〇年所出版的《原始社会》（*Primitive Society*）一书，又以为文化是民族学上的术语。路威指出文化的各方面有了密切的关系，我们要想明白文化，我们对于文化的各方面，都要注意。假使我们集中研究任何一方面，而摈绝其他方面，都是事实上所不许的。他又指出近来许多事件，使我们明了在表面上，似不相关的文化的各方面，在事实上，却互相依赖。比方，军事行动，假使没有实验室里的科学家和田里的农夫协助，是不能成功的。这个原则，不但只能应用于较高的文化，也可以应用于较低的文化。

总而言之，文化是一个联贯的系统（Closed System），我们也许不能解释所有的文化现象，可是我们要想解释文化的话，那么我们不但要明白文化的各方面的互相关系的原理，而且要从文化本身去解释文化。

反过来说，一般人想以心理状态，种族区别，或地理环境，去解释文化现象，都是不对的。这并不是一种神秘的道理，而是一种科学的方法。然而这也不是说我们研究文化，完全可以不必顾到心理，或地理的要素。比方，伊士企摩人（Eskimo）不吃椰子，海洋洲人不造雪屋，就是表明地理环境，对于文化的限制。换句话来说，地理环境，对于文化的影响，只是消极的而非积极。

路威同菩阿斯一样的反对极端的进化论者。这一点他在他的《原始社会》的最后一章里，说得很清楚。然而同时，他也非积极的主张传播论。

从进化论与传播论的观点来看，哥尔特威士也可以说是批评者与调和者。他在《早期文明》（*Early Civilization*，1922）一书里，对于斯宾塞尔的进化论就加以严格的批评。在《文化人类学》一书里，他又指出进化论者与〈传〉播论者的缺点。哥尔特威士虽不像路威一样的轻视心理要素对于文化的影响，然而他指出以种族的差别，与地理环境，来解释文化的变迁，是没有多大意义。

哥尔特威士以为我们的态度、信仰、观念、判断、价值，我们的制度、政治、法律、宗教、经济、伦理、礼节，我们的书籍、机器、科学、哲学、哲学家——所有这些东西，以及其他的好多东西，在其本身上，或其许多方面的互相关系，组成我们的文化。

文化的特性是耐久（Persistence）。大部分的文化，是从一个时代传到别的时代。同时，文化又是变化的，在时间上没有二种文化是完全相同的。其实，二个时代的不同是容易看出来的。所谓文化的变化，无论是从一方面来看，或从整个来看，都是由于新东西或新观念的发生，可是这些新东西或新观念的发生，又是由于个人的心理作用。因为除了个人的心理作用外，没有别的心理作用。

此外，文化是累积的。文化无论是物质的，或是精神的，都可以累积。文化所以能累积，是特别得力于教育。无论是家庭教育也好，学校教育也好，社会教育也好，都能使过去的文化，影响到现在的文化，同时，又可以成为将来的文化的模式。

威士莱（C. Wissler）的重要著作是一九二二年所出版的《人与文化》（*Man and Culture*），与一九二九年所出版的《社会人类学》（*Social Anthropology*）。罕金斯（F. H. Hankins）在《社会学》（Sociology）一文中（参看 H. E. Barnes, The History and Prospects of the Social Sciences），列威士莱为传播论者。无疑的威士莱是偏于传播论的主张，他以为借用文化的特性的趋势，是很普遍的现象。从最广义来看，传播论解释了人类文化全体的分布过程，可是他也不是一个极端的传播论者，他指出文化是很复杂的东西，并不是任何一个人，或一个团体的努力所能把它发展到相当的地步。

威士莱以为人类学所要研究的是文化。事实上，文化在客观的意义上，是唯一的明显的人类现象。人类学者把文化当作一种历史的现象，这种观念，可以说是人类学的方法的灵魂｛参看威士莱著《美国印第安人》（*The American Indian*），1917，pp. 387–388）｝。

文化是包括民族或社会的一切团体活动，或一切风俗习惯，并不含有高下荣辱，智愚贤不肖等等价值或等级的意义。威士莱对于文化区域的研究，很为注意。他以为人类学的研究单位是部落文化。当部落依照其文化的类似点来分类时，它们就成为区域的分布。所谓部落文化，就是部落所遵行的标准、信仰与行为方法的总和。

文化因为要适应环境，所以各部落文化也因之而各异。不过文化在形式上和范围上，也很相同。语言是各处不同的，然而似乎都能表达相同的情绪与观念。部落组织虽各有微细的区别，但是衣、食、住、教育、娱乐、行为、规则等等方面，却也大致相同。威士莱从这个观点而拟出一个文化的普遍模式，其中包括语言、物质特质、艺术、神话与科学智识、宗教、动作、家庭与社会制度、财产、政府、战争等九大类。照威士莱的意见，这九类文化，是无论在那一个社会里，都可以找出来。文化之所以有其同处，是因为人性有其同处。

克娄伯的重要著作，是一九一五年在《美国人类学者杂志》（*American Anthropologist*，vol. XVII）所发表的《十八条宣言》（Eighteen Professions）。一九一七年，在同杂志十九卷所发表的《超有机论》（The Super-Organic），与一九一八年在《美国社会学杂志》所发表的《社会心理学的可能》（The Possibility of a Social Psychology，*The American Journal of Sociology*，vol. XXIII No. 5）。

在《十八条宣言》里，克娄伯指出，（一）历史的目的，在于明白社会事实，对于文明全体的关系。（二）历史所研究的材料，不是人，而是人的工作。（三）文明虽由人类挈带与由人类而存在，然却自成一体，与生命也有不同。（四）历史家应当知道，人有某种心理构造，但不应当用之以解决社会现象。（五）真的本能，存于社会现象的底面与来源，但不能由历史来研究。（六）人格或个人，除用为例证外，没有历史的价值。（七）地理或物质的环境，是文明所利用的材料，而非形成或解释文化的要素。（八）历史家应当主张所有人种，都绝对同等或同为文明的负担者。（九）遗传历史上，完全没有力量。（十）后天遗传，只是生物学上与历史上的怪事。（十一）淘汰与其他的有机的进化，都不能影响文明。（十二）所谓野蛮人，并不是动物与受过科学教育的人的中间人物。（十三）没有社会的种类，或标准的文化型态，或阶段。（十四）无所谓种族心，只有文明而已。（十五）在历史上，没有像理化科学的定律。（十六）历史只研究为一定条件的境况，不研究原因。（十七）历史原因论，便是终局论。

（十八）总之，生物学的心理学，或自然科学的定命论和方法，都和历史没有关系，好像历史的方法之于生物学一样，没有关系。

照克娄伯的意见，文化是自成范围的，自成一体的。故文化是超有机的。他在《超有机论》与《社会心理学的可能》二文里，分现象为四大类：这就是无机的现象、生命有机的现象、心理有机的现象与超有机的现象。物理、化学、天文、地质都属于第一类。生理学与自然历史，属于第二类。心理与传记历史，属于第三类。而社会心理学与文化历史，属于第四类。

我们上面曾述及斯宾塞尔的超有机现象的观念，对于这个观念说明得最透切的，要算克娄伯了。

萨皮尔在一九二五年所发表《文化：真与假》（Culture, Genuine and Spurious）一文（参看《美国社会学杂志》二十九卷），指出民族学者，对于美国印第安的部落中的一般人，能够享受一种各方面都很平衡的文化生活，只有羡慕，因为在这个部落里，文化的各方面，如经济、宗教、社会、美术等等，都打成一片，而成为一个有意义的总和。比之美国人在其文化中，所得到的片断的生活，大不相同。后者是伪的文化，而前者才是真的文化。因为所谓文化生活，应该包括文化的全部，而非偏重或只限于文化的某一方面。

英国马凌诺司基（B. Manlinowski）与美国拉得克里夫布郎（Radcliffe-Brown）主张功能论。前者的重要著作是在《社会科学百科全书》（*Encyclopedia of Social Sciences*）的《文化》（Culture）一文，后者在《美国人类学者杂志》三七卷三期（一九三五）对莱撒尔（A. Lesser）《文化人类学中的功能主义》一文之答辩，他这篇文的名称是《社会学中之功能观念》（The Functional Concept in Social Sciences）。

在另一方面看起来，功能论也可以说是修正进化论与传播论。正如马凌诺司基说，除非以功能论为基础，传播论者与进化论者，都不能建立其文化史。功能文化论承认文化的差异性，不问文化的起因，而只问文化是什么，怎么发生作用，与怎样变迁。

文化是一种手段性的现实，文化的存在，是为了满足人类的需要，而且创造新的需要。文化给与人类以一种构造器官以外的扩充，一种防御保卫的甲胄，一种躯体上原有设备所完全不能达到的空间中的移动及其速度，文化是人类的累积的创造品，可以提高个人效率的程度与动作的力量，又给人类以很深刻的思想与远大的眼光，同时又使许多个人成为有组织的团体，而使之无止境的继续存在。这是任何动物中所梦想不到的。总之，文化是功能，功能论的根据，就在这里。

文化是自成一格的一种现象，文化历程与文化要素的关系，是遵守功能关系的定律的。马凌诺司基分文化为四大主要成分：这就是物质、社会、语言、精神。这四大主要成分，都有了密切的关系。照他的意见，研究文化可以使我们对于人性有更深刻的了解。所谓人性是着受了文化的影响而言，他不相信世间有自然人。各种文化，固有其差异之处，然也有很多相同的地方。我们愈明了在差异性之中的雷同性，则我们愈能推测社会进步的趋势，而且或能在实际上对于人事有所指导。

此外，又如卡尔弗顿（V. E. Calverton）在一九三一年出版的《人的造作》（*The Making of Man*）一书里，又主张文化压力说。他以为，比方，某一种理论未必有充分的证据，而却能有很大的影响，那便是文化压力的作用。比方，所谓急进派，握住了莫尔甘的学说，并不是因为他代表人类学的最后结论，而是因为他很适合他们自己的社会进化论。同时，给予普罗列太利亚学说以新的历史意义。又如，未斯忒马克（E. A. Westerwark）在《人类婚姻史》（*History of Human Marriage*, 1891）所主张的学说，很适合于中等阶级的道德观念，所以也很受中等阶级的拥护。这两个人的学说，虽处于相反的地位，然而两者的著作，都成为文化压力（Cultural Compulsives），而不可以客观来考察。像其他的文化潮流一样，情绪方面驱逐了智慧方面，批评只发生于敌人，而不见于同僚之中。

可是，卡尔弗顿却觉得文化压力对于社会思想的需要，没有这种压力，社会思想不但不能统一与完成，而且没有意义。所以人类学的价值，不在于搜集了关于原始人的事实，而在于有关于我们的文明的事实。因而人类学的学说，也同别的社会科学一样的，充满了文化压力。我们虽知道文化压力的存在，然而同时却又不能避免这种压力，了解社会思想的压迫性，便可以在文化压力的范围内，发展较多的伸缩与批判。

第七章　社会学研究

上面已说明人类学对于文化的贡献，我们现在且来叙述社会学对于文化学的贡献。

社会学（Sociologie）这个名词，虽创始于孔德，但是孔德的社会学的主要思想，却受了圣西门（Saint Simon）的深刻的影响。圣西门以为文明是自然的一部分，孔德也以为社会是自然的一部分。孔德对于文化学上虽没有直接的贡献，可是他的社会观与进步律，在文化学上，可以说是对于文化学有了间接的贡献。社会现象，从孔德看起来，不但是自成一个范围而成为社会学的对象，同时，社会现象的各方面，又是互有关系的。圣西门所谓文明与孔德所谓社会，大致上都与我们今日所谓文化相类似。孔德的进步律的三个阶段是：神学、哲学与科学。这是属于文化的范围，因为孔德以为人类整个智识，整个社会，都要经过这三个阶段，而智识与社会，可以说是文化的主要部分。

孔德希望社会学能达到科学的阶段。同时，我们也可以用科学的方法，去改革社会。因为社会现象，既是自然现象一部分，那么在自然现象里所应用的科学方法，应当也可以应用于社会现象。孔德最初叫社会学为社会物理学，就是这个原故。

孔德所代表的社会学，可以说是属于物理派。也虽把现象分为无机现象，与有机现象，而列社会为有机现象的一部分，然而他研究社会的方法，主要是物理学上的方法。到了斯宾塞尔才把现象分为无机、有机与超有机三方面。斯宾塞尔虽把社会当作超有机的范围之内，可是斯宾塞尔研究社会的方法，主要却是生物学上的方法。斯宾塞尔的社会学之所以被人目为生物学派，就是这个原故。斯宾塞尔的超有机现象的观念之于文化的关系，以及在文化学的贡献，我们在上面已经说过，我们现在且来谈生物学派中的利柏特（J. Lippert）与罗柏地（Roberty）的文化观念。

利柏特是德国人，曾在菩希密阿（Bohemia）及德国各大学当教授，并且在菩希密阿及奥国的议会里当过议员。他对于当时的关于人类与社会学上的各种散漫材料，都很会溶化与利用，所以他的著作，对于学术界有了相当的贡献。

利柏特的主要著作有好几种。《欧洲文明民族的宗教》（*Die Religionen der Europäischen Kulturvölker*）是一八八一年出版的。后来他又刊行《教士史》（*Allgemeine Geschichte des Priestertums*，1883—1884），《家庭史》（*Geschichte der Familie*，1884）与《有机的构造中的人类文化史》（*Kulturgeschichte der Menschheit in ihrem Organischen Aufbau* 2 vols.，1886—1887）。最后一书，是在文化学上的一

种重要著作。我们一看这本书的名称，就能明白他离不了生物学的色彩。英译为 The Evolution of Culture，译者为美国耶路大学（Yale）麦多克（G. P. Murdock）教授。

利柏特与斯宾塞尔一样的相信超有机的现象。其实，他可以说是斯宾塞尔的超有机的现象的学说的一个门徒。他又同斯宾塞尔一样的相信文化的各方面的互相关系与互相依赖。然而，他却进一步否认生物要素与心理要素在文化上的重要性，所谓人种遗传，所谓天才本能，对于社会都没有什么意义。人类社会的发展的要因，常常是文化的，而非生物的，非心理的。在文化的各方面中，利柏特最着重的是经济的状况，与宗教的观念。这可以说是他对于宗教研究特别加以注意的原因。他以为，我们可以找出关于宗教方面的好多的普遍的法则，而这些法则，与整个文化的进化有了密切的关系。利柏特以为所有的宗教都来自灵魂的崇拜（Seelenkult），而宗教的仪式，又来自宗教的观念。

利柏特与白浩芬同样的相信人类最早的家庭是母系家庭。父系家庭代替母系家庭的结果，是妇女变为男子的财产，家庭组织是人类生活的常态，因为是在这里，人类得到心理上的安宁与幸福的期待。国家的来源，是由于战争，因为战争是野蛮的行为，而又是难免的现象。所以文明社会，往往易为野蛮社会所争服。

得·罗柏地是俄国人。他也可以说是社会学的先驱。当斯宾塞尔发表其《社会学原理》第一卷那一年（一八七六），罗柏地已用俄文写一本社会学。他的著作很多，可是最重要的是《社会学的新计画》（Nouveau Programme de Sociologie, 1904）。

得·罗柏地最初是孔德的门徒，可是后来他对于孔德的社会学说，持了不少异见，因而自名其学说为新实证主义。他曾在国外教了好多年书。一九〇九年当彼得斯堡的心理神经学院教授，一九一五年被人暗杀死。

得·罗柏地分现象为无机、有机与超有机三种。无机现象是分子内与分子间的互相作用的结果。有机现象是细胞内与细胞间的互相作用的结果。社会或超有机现象，是脑子的互相作用的结果。每后级的现象，表现前级的特殊的错杂情形，从一级现象变为他级现象，是逐渐的，而且只是相对的。我们可以感觉得到这不但是无机与有机间的界线是这样，就是有机与超有机间的界线，也是这样。

得·罗柏地以为超有机的现象的本质，不是初级的心理的历程的表现，如刺激性、感觉、感情、情绪以至空泛的具体的想像表征，而是思想与抽象的智识。超有机的现象的最高的形式是抽象与真正的概念。科学的畴范与法则，哲学或宗教的概括，艺术的象征与想像应用，思想的理性的规定，伦理上的行为的理性学说，所有这些，都是社会思想或智识的各种方式，而是文化的本质，而且只能在人类中可以找出来。

总之，思想与概念之于纯粹的刺激感觉或具体的想像，是完全不同的。换句话来说，超有机的现象，在其纯粹的形式上，乃是所谓心理现象的最高的形式。

照得·罗柏地的意见，文化是有四种要素的。这就是科学、哲学（包括宗教在内）、艺术与行为（伦理）。智识常常是文化的直接的原因，而这四种要素，不但与智识有了密切的关系，而且是属于智识范围之内。

社会学是超有机现象的根本科学，得·罗柏地这样的告诉我们。得·罗柏地不说社会学就是超有机的科学，而加入根本两字，也许因为他觉得超有机现象或是文化的范围，是比社会学的范围为大，然而他没有意思去建立文化学。因为他与孔德一样的特别注意于社会学。同时，又与斯宾塞尔一样的用生物学的方法去研究社会学。所以他以为社会学的基础是筑在生物学上。得·罗柏地虽然把生物的心理学当作生物学，然而他却以为心理的人类不是社会的一种原因，而是社会的一种动作；不是社会的一种要素，而是社会的一种结果。

社会学在孔德的时候，染着不少的物理化学的色彩，所以我们称为物理学派的社会学。到了十九世纪中叶，生物学逐渐发达，而尤其是达尔文（C. Darwin）的《物种起源》（*The Origin of Species*，1859）发表以后，智识界受了很大的影响。好多社会学者，在这个时期，喜欢用生物学的方法，来解释社会现象，而成为社会学上的生物学派。斯宾塞尔、利柏特、得·罗柏地，以及好多著名的社会学家，都属于这一派。

到了十九世纪末叶，社会学又趋于别一个方向，这就是以心理的要素，来解释社会，而成为社会学上的心理学派。

在这一派中的著名的社会学者，而同时又对于文化的研究有了很大的贡献的，如德国的敦尼斯（F. Tönnies）、费尔康德（A. Vierkandt）等，美国的华德（L. F. Ward），罗斯（E. A. Rose）与马其维（R. M. Maciver）等。

敦尼斯是德国近代社会学的鼻祖，他的名著《社区与社会》（*Gemeinschaft und Gesellschaft*），虽出版于一八八七年，可是在一八八一年，敦尼斯已写了一篇《社区与社会的大纲》，这篇文章现在刊入他的《社会学的研究与批评》（*Soziologische Studien und Kritiken*，1923）的第一卷第一篇。这一篇文有一个附题，叫作《文化哲学的定理》。而且，在一篇文里敦尼斯用了文化学（Kulturwissenschaften）这个名词。他又以为文化学科是自然科学（Naturwissenschaften）的对峙的学科，而且这种对峙，是真实的，因前者的对象是文化，而后者的对象是自然。此外，所谓以自然（Natur）与精神（Geist）为根据而建设自然科学与精神学科（Geistwissenschaft）的二种的对峙学科，都是假的。敦尼斯感觉到除了自然科学外，文化学的成立，是必要的。同时，他又感觉到近代的人们，对于这二种对峙的对象努力，加以研究，是一件显明的事。而且，每种对象都当作一个实验上的整体（Eine Empirische Einheit）去理会与研究。

敦尼斯的社会学是建在心理学的基础之上。在社会学上，他是最先注意到心理要素的一位。他是社会学里的心理学派的先驱。社区与社会的观念是社会学上的根本观念。形成"社区"的心理要素是自然意志（Wesenwille），而形成"社会"的心理要素是自由意志（Kürwille）。社区是好像自然的象征，而社会好像是人为的象征。社区是有机体的，社会是机械的。从空间上来看，社区是出世在乡村，在部落，在民族里，而社会是出现在大都市，在国家。从时间上来看，社区是长久的，社会是暂时的，而且后者是从前者发展而来。所以社区处处都是人类的故乡（Mutterboden）。

不但这样，照敦尼斯的意见，社区是文化（Kulture），而社会是文明（Zivilization）。所以他用了社会的文明（Gesellschaftlichen Zivilization）这个名词，好像是针对着社区的文化（Gemeineschaftlichen Kultur）而言。在历史上，由社区而发展社会，正像由民族的文化而发展国家的文明一样（Von der Kultur des Volkstums zur Zivilization des Staatstums）。换句话来说，文化发展较先，文明发展较后。

敦尼斯这样的区别文化与文明，究竟是否妥当，当然是一个问题。又这种区别，从他所谓文化学的立场来看，是否妥当，也是一个问题。这些问题，我们不能在这里讨论，我们所要特别注意的，是敦尼斯觉得文化是自成一种对象，而这种对象，就是他所说的文化学的题材。

费尔康德的著作很丰富。在社会学方面的最重要的著作，是一九二三年所出版的《社会学》（*Gesellschaftlehre*）。他可以说是属于社会学的社会关系的形式学派。他这本社会学在一九二八年曾改订再版。在意思方面也有了不少变更。关于文化方面的重要著作有了两本：一为一八九六所出版的《自然人民与文化人民》（*Naturvölker und Kulturvölker*）；一为一九〇八年出版的《文化变迁中的连续性》（*Die Stetigkeit im Kulturwandel*）。前者有了一个附题，叫作一个《社会心理的贡献》（*Ein Beitrag zur Sozialpsychologie*），后者也有一个附题，叫作《一个社会学的研究》（*Soziologische Studie*），而在后这一本书里，有了一部分也是从心理方面，去探求文化变迁的连续性。

在《自然人民与文化人民》这本书里，费尔康德的主要目的，是从社会心理学的立场去解释自然人民与文化人民的不同。照他的意见，所谓自然人民，并不是没有文化的人民，也不定是低级文化的人民。在自然人民的社会里，风俗、习惯与文化各方面的发展与恒久，是一种自然的因果，而很少加以理性的成分。每后一代的人们，于不知不觉与自然而然的，遵守着前一代的人们的信仰与动作。

在进步或复杂的文化里，也可以有这种自然的人民。一个人对于穿衣、吃饭、说话、交朋，以至其所有的宗教、政治、伦理，各种观念与动作，都没有一种批评的态度，只是随波逐流，沿旧踏常，这是一个自然人。

文化人民，却不是这样。他们因为有过自由与批评的智慧的训练，结果是认识了很多的生活方式，而能选择其观念与动作。同时，他们每个人都有每个人的特性，因为他们能从不合理的社会压迫中解放出来，在某种程度上，他们又能够明白社会进步的普通趋向，而且能用普通的理解去领导这种趋向。好像文明人耕田园，下种子，能预知其收获时期，而异于野蛮人之依赖于自生自长的植物，以过其生活。

总而言之，文化人民之所以异于自然人民的要点，是因为他们以个体为社会的单位，以理性为动作的标准，以自由意志为生活的衡量，以批评态度为文化的尺度。简单的说，二者的分别正像机械与机体的不同（Als der Gegensatz Zwischen Mechanismus und Organismus），费尔康德这种见解，与敦尼斯的学说，是很有关系的。

在《文化变迁中的连续性》一书，费尔康德指出后一代的文化，都是从前一代的文化变迁而来。从历史上看起来，无论那一种文化或文化的某一方面或某一单位与特性，都有其历史的连续性。一般浅见的人，每以为某种东西是由某人或某代与某地所创造，遂以为这种东西的起源，就是由这个人，或这个时代，与这个地方。其实，文化的发展，并不是这么简单的：所谓某人，或某时与某地创造某种东西，事实上，往往并非创造于这个人，或这个时代与这个地方，而乃经过好多人，或好多时代，与好多地方而始能成为某种东西。费尔康德因而举很多的例子来证明这种理论。在这本书里，他分为历史社会与心理几方面来研究。我觉得这是一本关于文化很重要的著作。比方，在俄格朋（W. F. Ogburn）的《社会变迁》（*Social Change*，1923）里的好多见解，就可以在费尔康德这本书里找出来。俄格朋那本书是一本很流行的著作，而费尔康德这本却很少有注意，这是很可惜的。

费尔康德不但对于文化的研究有了很大的贡献，而且觉得文化学的需要。所以在他的《社会学》里，他主张除了社会学（Gesellschaftlehre）之外，应该建立文化学（Kulturlehre）。

罗斯（E. A. Rose）在一九〇一年已刊行《社会约制》（*Social Control*）一书，以后继续刊行《社会心理学》（*Social Psychology*，1908），《社会学的基础》（*Foundations of Sociology*，1912），与《社会学原理》（*Principles of Sociology*，1920 2nd ed. 1930）。

罗斯受了华德（L. F. Ward）的不少影响。以欲望（Desires）为社会与文化的主动力。他分欲望为二大类：一为自然欲望；一为文化欲望。自然欲望又分为五种：一为色食欲望，如饥饿、口渴、性欲等；二为快乐欲望，如避苦、爱易、喜暖与觉官的快愉等；三为自私欲望，如羞耻、嫉忌、爱自由、爱荣耀、爱武力等；四为情感欲望，如同情、社会性、爱情、憎恶、嫉忌、怒、复仇等；五为游戏欲望，如运动的冲动，与喜自表彰等。

文化的欲望，也分为四种：一为宗教的；二为伦理的；三为美感的；四为智识的｛参看罗斯的《社会学上的论点》（The Moot Points in Sociology）一文（in American Journal of Sociology vol. Ⅷ, Ⅸ. Ⅹ）｝。

罗斯在三十五年前（一九〇四）已经注意到文化的研究的重要。他以为文化之于种族，正像经验之于个人一样，正如在较高层的社会生活中，心理的要素与原因，比之物质与生理的较为重要，在较高层的社会生活中，地理与种族的要素与原因，失却了重要性，而社会的命运大多数是决定于有组织的经验的各方面，如语言、宗教、道德、法律、艺术与科学等。所谓有组织的经验，不外就是文化。质言之，在文化较高的社会里，文化的环境，对于社会的影响的力量愈大｛参看《美国社会杂志》（The American Journal of Sociology），1904，p. 534）｝。

在《社会学原理》里，罗斯指出一个时代之所以异于别个时代，是由于文化；一个民族之所以异于别个民族，也是由于文化。甚至男人所以异于女人，在好多方面，也是由于文化。他又分文化为物质与非物质二大类。工具、机器、飞艇，是属于前类；宗教、科学、艺术、民俗（Folkways）、礼俗（Mores）、法律与社会制度，都属于后类。物质文化的进步，是显而易见，可是非物质文化的进步，是不容易看出来的，因为这是需要人类去养驯自己（to domesticate himself）。

罗斯相信文化传播的事实。可是传播的力量大小，是与物质文化与非物质文化有了密切的关系。物质文化的特性，大致上最容易传播，而且其传播的范围，也容易广远。宗教也容易传播，因为其所信仰的对象，是视而不见的东西，少有人去考究其存在的问题。制度与社会组织较难于传播，因为这些东西，往往影响到一个社会里的利权阶级。总而言之，非物质的文化在其传播的历程中很容易变其本来的真面目。

爱尔华德（C. A. Ellwood）在其各种著作，也很注重于心理的要素，他以为我们一切的社会生活，与社会行为，不但包括于感情里，而且大部分是受感情的指导与约制。此外，他又以为智力是社会进步的动力。

爱尔华德关于文化方面的重要著作，是一九二七年所出版的《文化进化论》（Cultural Evolution）。据他在这本书的自序里说，他在这本书里所主张的社会与文化进化的学说的背景，可以从他以往的著作里，而特别是他的《人类社会的心理》（The Psychology of Human Society），与他的《宗教的改造》（The Reconstruction of Religion, 1921）两本书里找出来。

爱尔华德以为具体的说，文化是工具与制度的造作。从其广义来看，文化包括从社会里所习得与传递的行为的模型。他极力的指出，只有人类，才有文化。动物是没有文化的。文化进化，虽是社会进行的一种产物，而成为宇宙进化的一种显明的方面，然而文化进化与社会进化，却有其根本差异之处。比方，在人类社会中，有了很多关于生死、人口发展、种族、食物与地理环境，以及天然选择等现象，都是很重要的社会现象，然而这些现象，不是文化现象。文化现象当然可以变换这些社会现象，然而这些社会现象，在其本身上，与未受文化影响之前，却非文化现象。这些社会现象是文化进化的条件；同时，又受文化的影响。比方，求爱配偶与家庭生活，在其本身上都非文化现象，因为在动物的世界里，也可以找出这些现象。这些现象是社会现象，可是在人类社会里，这些现象，都深受文化的影响。

因此，社会进化的历程，比之文化的历程为大，因为没有人类之前，老早已有社会进化的历程，而文化的进化，是与人类的进化是同时的。文化进化是一个较小的历程，因为这种历程，不但是包括于社会进化的历程之内，而且是从社会进化的历程里产生出来。正如社会进化的历程，是包括于有机的进化的历程之内，而同时又是从有机的进化的历程产生出来。而且，正如有机的进化，处处规定了社会的进化，社会的进化，也处处规定了文化的进化。

爱尔华德这里的区别社会现象与文化现象，可以说是在文化的研究上一种很重要的贡献。因为一般学者如华德（L. F. Ward），如开勒（A. G. Keller），以至克娄伯等都忽略这一点。

爱尔华德以为所有的文化，都是由社会学习而来，因为学习的方法很多，所以一种同样的东西，可以用不同的方法去学习。因此除了广义外，文化进化是没有一致的路线。可是，因为在我们的学习的历程中，心里方面有了步骤，所以学习文化，也免不少有了步骤。爱尔华德在这本书里，把文化分为各方面，同时又将每方面的进化分为各阶段。在大体上，他又采纳了莫尔甘（Morgan）与斯忒兰德（Sutherland）的文化进化的阶段，所以他可以说是一个进化论者。所谓进化，照爱尔华德的意见，是有秩序的变迁，或有秩序的发展。

我们上面已将社会学上的物理、生物与心理三个学派的代表人物，对于文化的研究上的贡献，略为解释。我们现在且来谈谈社会上的文化学派。

在社会学上，文化学派可以说是一个发展最晚的学派，而同时也是一个流行较广的学派。其主要观点是以文化来解释社会，而且有的是以文化为社会学的题材。

这一派里的先驱，要算美国的华德（L. F. Ward）。

华德可以说是美国社会学的鼻祖。孔德、斯宾塞尔与华德是建立社会学的最大功臣。从研究社会现象的方法来看，孔德注重于物理学的方法，斯宾塞尔注重于生物学的方法，而华德却注重于心理学的方法。所以华德又是社会上的心理学派的先锋。然而华德不但以心理的要素去解释社会与文化，他且以文化为社会的题材。我们所以列华德为文化学派，就是这个原故。其实，华德不但只是这两个学派的中间人物，而且是这两个学派的先锋。

华德最大的著作，是一八八三年所出版的《动的社会学》（Dynamic Sociology）。而关于文化研究上贡献较大的要算一九〇三年所出版的《纯粹社会学》（Pure Sociology）。

华德以欲望为社会与文化的主要动力。欲望好像火一样。假使人类能善于利用，那么对于人类的好处，是无限量的。从这种欲望而产生出来的一切结果，华德以为这种结果是人类的成绩（Human Achievement）。照华德的意见，人类的成绩，是社会的题材。华德在其《纯粹社会学》的"社会学的题材"一章里，劈头就很直率的说：我的论题是，社会学的题材，是人类的成绩。

然而所谓人类的成绩，照华德的意见，又不外是文明（Civilization），或就是我们所说的文化。

所谓人类的成绩或文化，并不是人是什么，而是人做什么，不是注重于文化的机构，而是注重于文化的功能。他指出所有的社会学家，差不多完全着重于社会剖解学（Social Anatomy），而事实上，他们应当着重于社会生理学（Social Physiology）。好多人以为生理学是动的，而与社会进步有了关系，所以他们都不敢研究社会生理学。因为他们恐怕会牵连到社会改造的问题。照华德的意见，生理学所注重的不外就是功能。我们所要研究的是机构做的什么。机构只是工具，而功能是目的。华德并没有区别社会与文化，所以从他看起来，社会的功能，也可以说是文化的功能。从这一点来看，华德又可以说是文化的功能学派的先驱。

社会学所要研究的是人类怎么样的创作各种的成绩。这种成绩，一经创造，就变为永久的东西，而不会丧失。这些东西也许会慢慢的改变而至于完备的地位，然而他们同时又成为新的成绩的基础。这样的延长不断，使人类的成绩，或文化，日积日多。

这种延长不断的人类的成绩，是区别人类社会与动物社会的要点。正于无机进化是根本的异于有机进化，有机进化也是根本的异于社会进化。环境改变动物，而人类改变环境。在历史上，重要的有机的变迁，是没有的。所谓变迁，都是文化。工具补充爪牙，望远镜与显微镜补充目力，铁道代翼，轮船代鳍。人类生活的特点，就是人为改变天然。所谓人为，就是成绩，就是文化。文化可以当作有意识的历程，也可以当作无意识的历程。无意识的（Unconscious），因为人类之所以能够有继长增高的成就，是人类的天赋的结果。有意识的（Conscious），因为这也是人类的意志观念与智慧的结果。文化的进化，是从无意识的历程，而趋到有意识的历程的表示。是从欲望的冲动，而趋于理性的发展的表示。文化愈理性化，社会不但愈进步，而且是愈趋于有目的的进步。从这一点看起来，华德是属于文化论上的乐观派。

华德所说的成绩，当然是包括物质与非物质两方面。不过他却偏于非物质的成绩。他对于财富，不大重视，因为他觉得财富是物质的，是暂时的，而成绩主要是非物质的，是永久的。其所包括的重要成分是语言、制度、文学、哲学、科学等。此外一切的工具、器皿，以至电力、机器等，都是科学的产物。这也就是文化的物质方面。总而言之，华德所轻视的是财富，是金钱，而非物质文化。因为财富固是物质文化，但是物质文化不只是包括财富罢。

在华德出版他的《纯粹社会学》之后五年，牟勒来挨尔（F. Müller-Lyer）刊行他的《文化的现象与进步的趋向》（*Phasen der Kultur und Richtungs linien des Fortschritts*）。这本书还有一个附题，叫作《社会学的观点》（*Soziologische überbicke*）。其在第一编，且用"社会学概论"的标题，以为全书的绪论。

牟勒来挨尔是有意的去建立一种文化学（Kulturwissenschaft）。而且，在他的计划中，除了这本书外，还有十一本，合而为《纯粹社会学》的全部，此外，还计划写作《应用社会学》。可惜著者于一九一八年逝世。只有《应用社会学》一本与《纯粹社会学》七本出版。社会学与文化学这两个名词及其内容，在牟勒来挨尔的心目中，没有什么分别。他在序言里就告诉我们，所谓文化学的全体，就是孔德所谓为社会学的全部。他又告诉我们，他所研究的方法是从社会学的事实，这就是包括世界上各地方、各时代、各民族所有的事实，而研究文化的现象。从文化的现象，研究进步的方向。从进步的方向，再进而研究文化发展的定律。他又说，我们从远处慢慢的，与一步一步的，循着这条路进到社会学的目的，从此我们可以明白社会学的题材，就是文化，而研究文化的重心，是文化进步的定律。牟勒来挨尔可以说是一位进化论者。他在这本书里，也变用莫尔甘的文化进化的阶段，这就是野蛮、半开化与文明三阶段。他又加了第四个阶段，这就是社会化的阶段。这本书是偏重于经济的方面的研究。从经济的立场来看野蛮阶段的特点，是依赖自然食物。半开化阶段的特点，是依赖人工食物。文明阶段的特点，是男子工作的分工。社会化的阶段的特点，是女子工作的分工。

牟勒来挨尔是偏于马克斯的经济史观的主张。他以为文化发展的程度，常可以用经济发展的标准去量度，故经济的进化的阶段，也可以当作文化的发展的阶段。

牟勒来挨尔指出文化各方面的发展速率，不一定是一样。他明白地注意到社会组织的发展，比不上技术与经济生活的发展那么快，结果是物质的资源，虽因此而充裕，可是贫穷无产阶级，却处处存在。所以他主张生产要能完全集中，要有完备组织，使与消费得其平衡，才是社会进步的鹄的。然而要达到这个鹄的，我们就要先用社会学的眼光来研究文化的发展，只有这样的研究，才使我们得到乐观的结论。

未柏（A. Weber）在一九一二年德国社会学会开第二次会时曾演讲《社会学的文化观念》（Der Soziologische Kulturbegriff），到了一九二一年他又发表一篇《文化社会学原理》（Prinzipielles zur Kultursoziologie, *Archiv für Sozialwissenschaften und Sozialpolitik* Bd. 47）。一九二七年他又搜集他早年所发表的一些文章印为单行本，名为《国家与文化社会学的观念》（*Ideen zur Staats-und Kultursoziologie*）。

未柏的文化社会学，也可以叫作历史社会学｛参看《国家与文化社会学原理》里所收入《文化社会学与历史意旨的解释》（*Kultursoziologie und Sumdeutung der Geschichte*）一文｝。我们自己的命运的问题，使我们从事于历史的研究。我们应当明白，而且一定要明白，我们自己在历史的潮流上的地位，何种变动，是我们所不能改造，而受其统制。何者我们能够改造，这不是以往的纯粹的个人化的历史所能解明的，而社会学的需要，也就在这里。社会学的任务，是从历史上的认识，而找出现在的方针。未柏也可以说是一个历史哲学者。他是从多元的世界历史的文化，解释世界历史的统一性。质言之，就是建立一种普通的历史事实的机构的理论，而找出文化的性质的体态，以及其所以形成的各种原素与其发展的法则。

总而言之，这种普通的历史事实的机构的理论，是未柏的文化社会学的基础。他以为历史的事实，有了三种范围、三种历程与三种不同的变动的形式，互相关系，互相混合而成为历史事实上的一种一致的生活的整体。从这种生活的整体的实质方面来看，这三种不同的东西，是一种共同与互相作用的，可是从其概念方面来看，却是可以分析的。

未柏分这三种东西为社会的历程（Gesellschaftsprozess），文明的历程（Zivilizationsprozess）与文化的历程（Kulturprozess）。社会学的目的，要在社会的实体里，研究与探求这个社会的实体里的历史上的文化。这种文化，虽有其各种不同的机构与命运，然而却有重复的形态与发展的程序。社会不只是文化的传递者，而且文化的发展与社会发展的普通原理是相关系的，所以社会机构的内部的变动，往往会引起文化的变迁。

在社会的发展里，我们可以找出两种东西的发展，这就是文明的历程与文化的历程。文明的历程范畴是发明，文化的历程的范畴是创造。人类智力的进步、科学的认识，以及从这种认识而产生出的征服自然的技术工具，以及社会组织，都是文明的历程。宗教、哲学、艺术都是文化的历程。文明是人类利用以达到的某种目的的东西，文化是为满足人类自己的东西。文明可以从一个地方传到别的地方而不失其原有的意义与形式，文化是一种自足的范围（Eine Geschlossene "Welt"）而与其民族的精神不能分离。

此外，又如俄格朋（W. F. Ogburn）在一九二三年所出版的《社会变迁》（*Social Change*）也可以说是以文化的立场去解释社会的变迁。他以为超有机现象、社会遗产与文化三个名词，都可以交互替用。所以文化的变迁，也就是社会的变迁。可是在文化的变迁中，俄格朋觉得物质文化的变迁，是社会变迁的主要原因，而物质文化的变迁，又是由于发明而来。他曾把近代的各种发明，列为一表，以说明文化的发展发明，固是依赖于智力，但同时也依赖于已有的文化。机器需要轮轴，所以一定是先有轮轴，然后才有机器。同样，有好多别的技术的发明，一定是产生于熔铁智识之后。又如，现代印刷机器的构造所包括的文化要素，决不是一朝一夕的结果。总而言之，每种文化都有其悠久的历史，与连续性，关于这一点，飞尔康德在其《文化变迁中的连续性》一书中，说得很为详细。

文化是一种变迁不断的历程，然而物质的文化的变迁，往往比非物质的文化来得厉害。一部分变迁得很快，一部分变迁得很慢，结果是形成社会的失调，而产生所谓文化落后（Cultural Lag）。文化落后是俄格朋这本书里一个很重要的概念。比方，自工业革命以后，西方的物质文化，在一百年中，发生剧烈的变化，可是同时西方的家庭制度，与其他的社会与政治的组织的形式，直到现在还是适合于工业革命以前的物质文化的形式。所以，这些非物质的文化是落后。社会的失调，以及很多问题，也因之而发生。

俄格朋以为在尖锐的社会失调的状况中，与其去改变人性，不如改变文化。因为假使改变人性，人的本能受了抑制，则所引起社会问题必定更多。他又指出文化的生长与变迁所给我们的暗示，是社会的进化，不能加以计划与控制。不过我们并不需要去改变文化的全部，只要将文化中某一小部分，加以改变，也就可以得到较好的适应与和谐。这些改变，虽是很难，不过是有希望的，只是一个时间的问题罢。

一九三二年《美国人类学者杂志》（American Anthropologist）第三十四卷第二期曾发表麦多克（G. P. Murdock）的《文化的科学》（The Science of Culture）一篇论文。麦多克以为人类学、社会学并不是两种不同的科学，两者可以合而为一来研究其不同之处，至多只可以说是观点上的不同。因为两者有了共同的题材，这就是人类的文化行为。因为人们不注意到这种相同的题材，所以社会学者往往偏重于空中楼阁的社会哲学方法论与乌托邦主义，而人类学者又急急去寻找民族志的事例。假使人类学者的错误，是见树而不见林的话，那么社会学者的错误，是见林而不见树了。

不过这两种科学的领袖，虽然是各自研究，也能依赖于归纳方法的研究，而得到好多值得我们重视的普通结论。假使我们能够利用这些普通的结论，而再用事实来证明，我们可以建立一种真实的、文化的、科学的、广泛的大纲。

文化是人类独有的现象，离开生物或心理的定律，而独立存在，而成为社会科学的正当的题材。这是人类学者与社会学所公认的事实。除了一般极端的民族学者、优生学者、本能学者外，大家都承认文化的行为，是受社会要素的决定，而少受生物的定律的支配。其次，因为文化是超个人的，所以超出心理学的范围之外，而且只有人类，才有文化，麦多克以为语言是文化的重要因素，动物之所以没有文化，主要是因为缺乏了语言。

上面不过随便举了几个例子，说明社会学中的文化学派。其实这一派里的代表人物很多。比方，开西（C. M. Case），在其《社会学大纲》（*Outlines of Introductory Sociology*，1924）就主张文化或超有机现象为社会学的题材，虽则开斯也以文化为社会学科的题材。又如德国的著名经济学家索姆巴特（W. Sombart）在其《社会学》（*Soziologie*，1924）指出社会学在其广义上，是包括人类的共同生活，人类的历史，与人类的文化。再如发利斯（W. D. Wallis）在其《社会学绪言》（*An Introduction to Sociology*，1927）及其与威利（M. M. Willey）所合编的《社会学选读》（*Reading in Sociology*，1929），都可以说是以文化为社会学的对象。而这些书里所研究都是文化的现象。威利在其《文化观念的真实性》（The Validity of the Culture Concept）一文里（参看 *American Journal of Sociology*，vol. 35，1929）告诉我们，文化的研究——文化的起源与发生的历程，以及文化的传播与延续——是社会学的研究。此外，又如敦发尔得（R. Thunwald）也主张社会学是一种特殊的科学与文化科学﹛参看其所著的《现代的社会学》（*Soziologie von Heute*，1932）﹜。他如，康托劳尔维克兹（H. Kantorowicz）在琪尔（Kiel）大学里所演讲的《文化社会学》（比较其所著 Der Aufbau der Soziologie in Erinnerungsgabe für M. Weber，1921 vol. I.），沙累皮尼（E. Chalupny）的《系统社会学原理》（*Précis d'un Systeme de Sociologie*，1930），以至孙末楠的《民俗》（*Folkways*，1906），汤麦史（W. I. Thomas）与忍尼基（F. Znaniecki）所合著的《欧洲与美洲的波兰农民》（*Polish Peasant in Europe and America*，1920），孟汉（K. Mannheim）的《意态与乌托邦》（*Ideologie und Utopie*），谢勒（M. Scheler）的《智识形式与社会》（*Die Wissesformen und Gesellsschaft*，1926），夫来伊尔（H. Freyer）的《社会学与实在科学》（*Soziologie als Wirklichkeitswissenschaft*，1930），以及其他的许多著作，都是偏向于这个学派的。

第八章　其他的研究

除了人类学与社会学外，其他的科学对于文化的研究上，有了相当的贡献的还有很多。其实无论那一种学科的本身，都可以说是文化的一方面。它是文化的产物。同时，又是文化的动力。而且，除了以自然现象为对象的自然科学外，别的学科都可以说是以文化为题材。这就是说，其所研究的对象，是文化的某一部分，或整个现象。

然而，我们不能把所有与文化现象有关的学科，或把凡对于文化研究有贡献的学科，加以叙述，我们在这里，只能把与文化学的关系较切，而同时对于文化学的贡献较大的学科，略为说明。我在上面已经说过，对于文化的研究贡献最大的，是人类学与社会学。我在上面不厌繁琐，而特别对于这两个学科在文化的研究方面，加以叙述，就是这个原故。

我以为除了人类学与社会学外，对于文化学的贡献较多的，恐怕要算历史。此外，又如考古学、哲学与历史哲学、地理等，对于文化的研究，也有相当的贡献。我们现在且分开来加以说明。

每本历史都可以说是文化史。但是文化的范围既很广，过去的历史家所记载的历史的事实，往往是偏于文化的某一方面。比方，我们中国历代的历史，至少在量的方面，不能说不丰富，然其所记载者，多为帝皇的琐事，臣僚的言行。不但对于民众，很为忽略，对于文化的好多重要的方面，也很少注意。在西洋，黑罗多塔斯（Herodotus）的《波斯战争史》（*History of the Persian Wars*），可以说是历史的渊源，而著者是西洋历史的鼻祖。然而黑罗多塔斯不但是太偏重于战争的记载，而且所记载的战争，也太过琐碎，太过散漫。同样，修西提得斯（Thucydides）的《培罗波尼西因战争史》（*History of the Peloponnesian War*）也是偏重于军事与外交上的琐碎事件。波利俾阿斯（Polybius）的《罗马史》（*History of Rome*），对于历史的事实方面，包括较广，对于历史的方法上，也能注意，可是因为他的文体，比不上黑罗多塔斯与修西提得斯，他在历史方面的成就，很少有人注意。至如利维，很直率的承认他的目的是要唤起罗马的青年，明白其国家的伟大与广大，而表现罗马的民族主义。中世纪的历史的记载，深染了宗教的色彩，这也是偏于文化的一方面。宗教改革以后，国家主义与民族主义，逐渐膨涨，历史的重心，又移到政治方面。所谓历史，简直变为政治史。夫利曼（E. A. Freeman）以为历史是过去的政治，政治是现在的历史，就是这个意义。

总而言之，旧史学是偏重于文化的某一方面的叙述，而特别是偏重于军事与政治方面的记载。新史学是要把人类整个文化来作研究的对象。质言之，它的任务是指出历史上的重要事件的真实的因素。它既不注重于历史的琐碎与外表的事情，它也不偏重于文化的某一方面。所以，它的范围，是包括整个文化。

这种新史学的发生，是在十九世纪的下半叶。巴克尔（H. T. Buckle）在其《英国文明史》（History of Civilization in England，1857—1861）里，已指出我们应当朝着这个方向上走。所以，巴克尔可以说是新史学的先驱。他以为人类不过是自然的一部分，这是近代科学上所公认的事实。所以，人类的历史或文化，都受自然的支配。可惜以往的历史家，对于这点，都很少注意。历史的真实因素，既找不出来，历史的真正意义，也无从表现。巴克尔又以为过去的历史家的最大缺点，是他们都眩惑于个人的传记、政治的事实、军事的动作。同时，又因在过去的时代，关于统计方面的材料太过缺乏，所以历史没有法子成为一种真正的科学，而像其他的自然科学一样的有一定的定律。

巴克尔无疑的是想建立历史成为科学。然而历史能否成为科学，而像自然科学一样的有一定的定律，当然是一个值得讨论的问题。不过这个问题，我们不能在这里讨论。我们所要注意的，是他在消极方面，反对旧的史学，而使在积极方面，能够产生一种新的史学。

除了巴克尔之外，主张这种新的史学较早而且最力的，恐怕又要算斯宾塞尔（H. Spencer）了。

我们在上面已经说及斯宾塞尔的超机的观念。斯宾塞尔在一八六〇年，曾刊行一本《教育论》（Education）。在这本书的第一章里，他不但在消极方面，极力的反对以往的旧史学，而且在积极方面，具体的计划出一种真正的文化史。

斯宾塞尔以为在学校里，名义上虽有些科目是给青年以政治上及社会上的职务的智识，然而在这些科目中，最重要的要算历史这一门。但是历史课本所能给与我们的智识，是没有什么价值。比方，帝皇的传记从社会的科学的立场来看就没有多大意义。明白了宫庭的各种阴谋、篡夺，以及其有关系的各种人物，我们也找不出一些原则，以为改造国家的张本。从历史的课本里的战争的记载中，我们认识了不少的将领与其部下的名字，我们又知道有了多少步兵，有了多少枪炮，以及各种详细的纪录，这都是事实。然而这些事实，并不定是有价值的，因为这些事实，往往是不能成为系统与组织的事实，所以从这些事实里，我们找不出结论来。

真正的历史，所包括的范围，不是这么狭小。以往因为帝皇是一切，人民是等于零，所以以往的历史所记载的，全是帝皇的行为。现在呢？国家民族的利益，既比之帝皇个人的利益，较为重要，历史家才感觉到他们对于社会进步的现象，不可忽视。我们所要知道的，是社会的自然史，我们所要明白的，是国家民族怎样的生长与组织。

然而要想明白这些事实，我们不只要明白文化的某一方面，如政治，或军事，或宫庭等等，而且要明白这些东西以外的好多东西。斯宾塞尔因而把历史所应当记载的东西，分类加以解释。

斯宾塞尔以为历史的事实可分为下列各类。第一，为政府。关于管理政府的人物，我们不应太过注意，而所要特别注意的是政府的机构原理，与政治的偏见与腐败等事实。我们不但只要注意到中央政府的性质与动作，而且要注意到地方政府的性质与动作，以及其有关系的各种事实。其次，为宗教。凡关于教会政府的组织、行为、权威，以及其与国家的关系，以至其仪式、信条与宗教观念等，都属于这一类。第三，是阶级。一个阶级怎么统治别的阶级，以及各种衔头与称呼的方法等等。第四，为风俗。包括各种不同的风俗，以至男女、父母、子女，各种不同的关系。第五，为迷信。重要的神话，以至日常生活中的各种迷信，都要研究。第六，为工业的组织与制度。这一类包括分工的程度，商业的管理，是属于阶级，或是属于商会，或是属于别的机关，以至工人与雇主的关系，与分配货品的机关，与交通的工具等。第七，是与工业有关系的各种技术，应该注意，而指出其应用的历程与出产的性质。第八，为一国的智识的概况。这不只是关于教育方面，而且要明白其科学的进步与思想的流行的情况。第九，为美感方面的文化之表现于建筑、雕刻、图画、衣服、音乐、诗歌与小说里，要加以叙述。第十，为人民的日常生活。如他们的食物、住所，以至娱乐等，也不要忽视。最后，为各种实际与理论道德之表现于法律、习惯、格言与事业者，都要留意。

我们已经说过，斯宾塞尔虽不常用文化这个名词，可是像他在上面所举出的各种事实，可以说包括文化的全部，而且斯宾塞尔以为我们应当把上面所说的各种不同的事实，加以有系统的排列与组集，使我们不但明白这些事实是一个整体（Ensemble），而且可以了解这个整体的各方面的互相依赖。质言之，我们的目的，是找出各种事实中的一致生活的意义，与某种事实，与他的事实的共和生存的原理。此外，我们还要明白前一代的各种事实，怎样的变化而成为一代的各种事实，在前一代的各种事实中的一致生活的意义，与共同存在的原理，怎样的发展而成为后一代的各种事实中的一致生活的意义，与共同生存的原理。

总而言之，照斯宾塞尔的意见，历史的范围，应该包括我们所谓文化的全部，而其任务是解释文化发展与互相依赖的原理。

在德国，至了十九世纪的末叶，历史家所注重的事实还是偏于政治方面。特赖什开（H. Von Treitschke）可以说是这种历史的最显著的代表人物。至于像雷曼（Mar Lehmann）所谓人类历史不外是英雄与个人的历史（参看 Zeitschrift für Kulturgeschichte, herausgegeben. von G. Steinhausen Bd. I. S. 245），这与卡来尔（T. Carlyle）的《英雄论》（*On Heroes, Hero-Worship and the Heroic in History*,

1840），与部多（L. Bourdeau）的《历史与历史家》（*L'histoire et les historiens*, 1888 P. 15 ff）的历史观，同出一辙。

自柏恩海姆（E. Bernheim）而特别是拉姆普累赫特（K. Lamprecht）以后，德国的历史，也从狭义的个人与政治史，而趋于广义的集团文化史。柏恩海姆在其《历史方法教本》（*Lehrbuch der historischen Methode*，1889）主张历史所记载的东西，应当包括人类的一切社会的动作的全部与文化的各方面。拉姆普累赫特在一八九一年所出版的《德国史》（*Deutschen Geschichte*）里，已放大历史事实的范围，而包括德国文化的全部。在一八九六年所出版的《历史学上的旧的与新的方向》（*Alte und Neue Richtungen in der Geschichtewissenschaft*），他以为历史学上的旧的方向是个人主义的（Individualismus），而新的方向是集团主义（Kollektivismus）。在一八九六至一八九七年间，他在《德国历史学杂志》（*Deutsche Zeitschrifi für Geschichtswissenschaft*）发表一篇《什么是文化历史》（Was ist Kulturgeschichte?）。

拉姆普累赫特反对所谓个人主义的历史。历史所应当注意的事实，不是个人的传记，也不是英雄的事迹。其实，所谓英雄，不过是时势（Zustanden）的产物，虽则个人对于时势，也可以影响。但是个人不能把来当作历史学的对象，因为，第一，个人无论从那方面来看，是不容易认识的，至多只能当作艺术家的看法来看。第二，个人的历史是永无止境，而不易解释的问题。第三，就使个人可以认识，就使这种历史是可能，个人之所以为个人，在历史上也不够重要。历史的要素，与历史的多少的不变的形态，是存在于时势之中。同时，个人之于时势，又互相有作用（参看 *Deutsche Zeitschrift für Geschichtswissenschaft*, S. 21）。

照拉姆普累赫特看起来，所谓政治，不外是文化的一方面。政治史不过是文化史的一部分。政治既不能离开文化而独立，政治史也不能离开文化史而独立。为了这个原故，我们光是明白政治史，我们对于整个历史的解释，是不够的。质言之，我们除政治之外，我们对于语言、文字、经济、艺术、风俗、道德、法律等等，都要注意。

我们不但是要注重个人以外的集团生活，我们不但是要注重政治以外的文化的各方面，我们还要注意到一个民族、一个国家的文化，与别的民族、别的国家的文化的关系。把世界各民族各国家的文化，互相比较，而找出其模型，以建立人类的历史。人类历史（Menschheitsgeschichte）这个名词，拉姆普累赫特后来改为普通历史（Universalgeschichte）。

拉姆普累赫特最初曾把德国史分为五个阶段，而指出其在心理上的强度的增进，这就是征象主义（Symbolismus）、模型主义（Typismus）、俗例主义（Konventionalismus）、个人主义（Individualismus）与主观主义（Subjektivismus）。这五个阶段不但是在艺术方面可以发现，就是在文化的其他方面，也可以找出来。

所以在每一个阶段中文化的各方面，都有一个历史的和谐（Ein Geschichtliches Diayason oder ein geschichtlicher Akkord），而其结果是成为五个不同的文化时代。照拉姆普累赫特的意见，德国的历史，固是这样的演进，所有各民族各国家的历史的演进，也是这样。若把西洋的历史来看，古代或原始时代所表现的是征象主义；中世纪的前期所表现的是模型主义；中世纪的后期所表现的，是俗例主义；文艺复兴与宗教改革的时代，是个人主义；从宗教改革以后所表现的是浪漫主义，或主观主义。自工业革命以后，无论在精神文化或物质文化上，所表现的是整个神经的紧张（Reizsamkeit），然而这种趋势尚未成为一种主流，所以还可以说是从第五个时代，变为别一个时代的一种趋向。

美国鲁滨孙（J. H. Robinson）在一九一二年所出版的《新史学》（*The New History: Essays Illustrating the Modern Historical Outlook*），对于新史学极力提倡。他反对旧史学的理由是：第一，旧的历史家很不小心的包括了好多名字，这对于读历史的人，是没有什么意义的。这些名字，不但不能引起读者的思想与兴趣，反而降低其读书的精神。第二，旧的历史家往往有一种趋向，这就是偏于记载政治的事件，而忽略了好多比较重要的事件。第三，旧的历史家，有了一种习惯去叙述某种事件，并不是因为这种事件指示事务的普通趋向，或某一时代的流行情况，而乃因为在过去的纪录中，这种事件，是显而易见。

鲁滨孙以为自巴克尔的《英国文化史》发刊至现在（一九一二），虽然有了五十年，可是没有历史家能够大胆的说，我们对于历史学上所得的成就，超过巴克尔的期望。在各种社会科学中，而特别是政治、经济、社会学、人类学、心理学的有系统的研究，使我们能够解释好多事物。然而从天文学家、物理学者，或化学家看起来，历史始终是一种很散漫而不正确的智识的总和。我们当然可以用严格的科学的精神去研究历史，不过关于人类过去的事迹，就我们所知道的，还是不能把来整理，而成为正确的科学。虽则从这些事迹里，我们可以找出很多而且很重的真理出来。新史学的目的，也不外是指出这些真理罢。

新史学是要避免以前加于过去的时代的研究的种种限制，使能按时产生以应付我们的日常需要。同时，利用人类学者、经济学者、心理学者、社会学者之关于人类的各种发现。这种发现，在过去五十年内使我们对于种族的起源，进步与前途的观念，起了重大的变化。过去的五十年中，无论是有机科学，或无机科学，没有一样不经过很显著的变化。在好多的社会学科中，连了好多名称，也为十九世纪中叶的历史家所不认识。现在都成为独立的社会学科。在这种的变化的历程中，历史不能不受其影响。可惜现代的好多学者忽略了这种需要，结果是对于历史的范围与性质，仍然存了旧的观念。其实，历史不能视为一种静止的学科。其进步不只是限于方法的改善，也不只是限于收集批评，与编订新的材料，而且必须改变其理想与目的,以适应社会与社会学科的进步,使其在我们的思想生活里,将较以前发生极重要的作用。

鲁滨孙在其《创造中的心理》(The Mind in the Making,1921)里,曾把人类的历史分期加以叙述其大概。这是一个很大的计划,所以他曾告诉我们,在这本书的每一章,都可以放大而成为一巨著。他在这里虽然偏重于心理的历程,可是他也指出新史学的对象,是文化的全部,而非限于政治,或文化的某一方面。明白心理的历程,可以使我们明白历史事件的因素。

又如班斯(H. E. Barnes)在其《新史学与社会研究》(The New History and the Social Studies,1927)与其他好多著作里,也以为史学的目的,在于介绍过去时代的事实于现代,使现代的人们,了解现在文化成立的经过与原因。惟有这样我们始能明白我们文化中的重要实质与进步,以及原始时代在遗下之关于阻碍进步的残余。

新史学探求人类过去的整个史迹。所谓政治史、军事史,或某一国家的过去的史迹,从新史学看起来,都是次要的。因为政治军事,既不外是文化的很多方面的一二方面,而某一国家的过去的史迹,又不过是人类过去的整个史迹的一部分。

新史学一方面固要明白过去的文化,别方面又要指导现在的文化的改进,以及将来的文化的计划。因为,史学的功用,是发现我们的文化中的各种不良的原素,如不合时宜与障碍的东西等,并指出文化中的某种动力,或因素,在扫除这种不合时宜与障碍东西的工作上,发生最强烈的作用。

班斯以为新史学视文化为一大有机的混合物。这就是说文化本身是一个复杂体。所以文化的各方面,都有密切的关系。过去的历史家,只注意到文化的某一方面,而忽略了其他的有关系的方面,结果是不但不能了解历史的事实,而且把历史的范围,弄得太狭。新史学是要把历史的范围放大起来,使能包括人类过去文化的全部,并将其研究所得的结果,加以整理,使我们明白过去的整个时代的完整图像,而找出每一时代的特点。

这种新史学的范围的扩大,据班斯的意见,可以从三方面来看:一是人类利益,与动作的种类,已经增加;二是人类的历史的时期,已向后推移而延长;三是历史所占领的空间,已经增大,所以近代的历史,逐渐的变为世界史。

在班斯所主编的《社会科学的历史与前途》(The History and Prospects of the Social Sciences,1925)中,班斯曾写一篇论文,叫作《历史》(History)。他指出从历史学的发展史来看,历史家对于历史有了六种观念:一是以历史为记载神圣事迹的;二是以历史为宣示神的意志与目的的;三是以为历史为文学一部分,故历史对于冒险浪漫的事迹,应当尽力发挥;四是以历史为集合的、传记的;五是以历史为一种严格的、批评的、训练的；六是以历史为解释文化各方面的发展的。最后，这种历史观，就是新的历史或综合历史。同时也就是班斯所提倡最力的史学。

除了班斯以外，近代历史学者之以过去整个文化为历史的对象的很多。比方，马尔文（T. S. Marvin）的《活的过去》（*The Living Past*，1921）以为历史是记载人类的成绩的学科，所谓人类的成绩，无非就是文化。

总而言之，文化学的对象是文化。研究文化的人，不但只要明白现代的文化，而且要明白过去的文化。新史学的目的，既是把人类过去的整个文化，加以有系统的叙述，那么不但文化学的大部分的资料，是依赖于历史，就是文化学的好多原理，也可以从历史上找出来。

与历史有了最密切的关系，而对于文化的研究，也有不少的贡献的，要算考古学。已往的历史学所注意的历史事实，是有文字记载的事实。对于所谓史前（Pre-Historie）或文前（Pre-Literary）的文化，很少注意。考古学者，从人类在文前所用的器具，与所留下的遗骸，以考查原始文化的情况。据一般考古学者所得的证据来看，与现在的体格相同的人类，至少于三〇〇〇〇年前已存在于欧洲，而这种人的人形始祖，已生存于二五〇〇〇〇年以前。从这种证据中所给与我们的观念，是使历史编年与文化分期，起了大革命。希腊文化固非上古的文化，埃及与东方文化，也非上古的文化。所谓真正的古代文化，起于前期石器时代，约在三〇〇〇〇〇年前，终于后期石器时代，约在一五〇〇〇年前。这种证据，不但打破神道学者的文化退化学说，而且提示今后文化的发展，是未可限量的。总而言之，考古学者对于人类文化的历史，既已向后推移，而又在传统派所谓有史时期里发现了不少的已失的文化，这是对于历史与文化学，都有重大的贡献。

泰罗尔在其《原始文化》第一章里，以为历史哲学是解释过去与预料人类生活的将来的现象，而找出其普遍的法则，故对于文化的研究上，有了密切的关系。赖德（R. T. Wright）在其《社会科学的基础》（*Principia or Basis of Social Sciences*）以为当我们把过去的文明来做一种不断的进步来看，那么历史哲学，就变为文化历史。巴特（P. Barth）虽把历史哲学当作社会学，而以为这两者是同一的东西而不能分开（参看 *Philosophie der Geschichte als Soziologie*），然而他也觉得历史的对象，是整个文化。所以历史哲学的任务，不但是解释社会的法则，而且是说明文化的法则。巴特又以为历史哲学（La Philosophie de L'histoire）虽创始于佛尔泰（Voltaire），然而它的来源是始于奥古斯丁（Augustinus）。因为奥古斯丁是第一位把世界历史当作一个单一的东西。我们已经说过，所谓历史事实，不外就是文化历史。历史哲学既是把文化历史当作连续不断的历程，同时又把世界的整个文化历史，当作一个单一的东西，这对于文化的研究上，当然有了不少的帮助。又如黑格儿（G. W. F. Hegel）在其《世界历史哲学演讲》（*Vorlesungen über die Philosophie der Weltgeschichte*）中，以为历史思想的考察是历史哲学。思想虽是文化的一方面，却为文化的要素与动力。其实，人类之所以异于禽兽，就是因为前者有思想，而后者没有思想。黑格儿虽以思想来解释文化，然在这本书里，对于思想以外的文化其他方面，如政治、法律、家庭、风俗、科学、艺术，都能加以注意。所以他的历史哲学，不但包括世界的文化历史，而且包括文化的各方面。黑格儿在这本书的绪言里，除了解释文化的意义之外，对于文化与文明也加以区别。文化是某种纯属形式上的东西，文明却是偏于物质的方面。这可以说是德国人对于这两者的区别的一种普通的看法。

研究历史哲学的人，对于文化的研究，固很注意，哲学家对于文化的研究，也很注意。杜威（T. Dowey）在一九三一年曾出版一本书叫作《哲学与文明》（*Philosophy and Civilization*）。光从这个书名来看，就能明白这位著名的哲学家，觉得哲学与文化的关系的密切。杜威曾告诉我们，哲学正如政治、文学与模型的艺术等，其本身就是人类文化的一种现象，杜威是实验学派，在《经验与自然》（*Experience and Natuire* ed．，1929）一书里，他又以为经验有了相等的东西，这就是历史生活与文化。其实，从我们看起来，所谓历史、所谓生活，也不外就是文化。杜威的哲学，是注重于经验的，换句话来说，是注重于文化的。他同意于泰罗尔的文化的定义，以为文化是一个复杂总体。文化在某种意义上，是一个总体，然而却是一个丛杂，这就是说一个各异的总体（A Diversified Whole）。所谓各异，因为文化可以分为宗教、幻术、法律、美术，或有用的艺术、科学、哲学、语言、家庭，与政治的关系，以及其他的好东西。

杜威又同意于哥尔特威士以为文化的实质，是并非完全决定的，也非完全偶然的。并非完全心理的，也非完全客观的。并非完全昨日的，也非完全今日的。而在其生存的实质里，却是混合所有这些东西。在必然的陷于分析的离散的历程中，我们要有一个建设的综合去再造综合的和谐。这是人类学上的问题，然而也是哲学上的问题。杜威并不觉得哲学要消没于人类学的文化的观念中，可是在一种不同的语气，与一种各异的方法中，经验的分析离散（Analytic Dismemberment）与综合的建设（Synthetic Reconstruction），哲学也有其本身的工作。人类学者所供给关于文化现象的材料，是哲学上一种很宝贵的材料。其实，这些材料，对于哲学，比之对于心理学，较为有用。

忍尼基（F. Znanieeki）在一九一九年所出版的《文化实质》（*Cultural Reality*）中，曾想以所谓文化主义（Culturalism）来调和哲学上所谓唯心主义与唯物主义。他以为在我们的历史上，有了二种思想，垄断了人类的心理。一为唯心论，一为唯物论。唯心论者以为一切现象是心的作用，唯物论者以为一切现象是物的作用。这两种学说，争辩不休。其实从文化主义看起来，心与物都不外是文化的方面两者，都表现于文化里。物固不能离心而独立，心也不能离物而存在。只有文化主义，可以调和这两种偏见，只有文化主义，可以代替这两种学说。

此外，德国的哲学上的文化学派斯普兰格（E. Spranger）的《人生的型式》（*Lebensformen*，1914），与《文化与教育》（*Kultur und Erziehung*，1919），西麦尔（G. Simmel）的《哲学的文化》（*Philosophische Kultur*，1913），文特尔班特（W. Windelband）的《文化哲学与先验观念》（*Kulturphilosophie und Transzendentaler Idealismus*，1910），利开尔特（H. Rickert）的《文化科学与自然科学》（*Die Kulturwissenschaft und Naturwissenschaft*，1910），以至狄尔泰的《精神科学绪论》（*Einleitung in die Geisteswissenschaften*，1883），都是对于文化的研究上有了密切的关系的著作。这不过是随便的举了几个例子，然而哲学家对于文化研究的注意，可以概见。

最后，我们愿意略为说明俄斯特发尔特（W. Ostwald）的文化观念。

俄斯特发尔特本来是一位著名的化学物理学家，他以接触作用的研究，曾获得诺贝尔（A. Nobel）奖金，然而他同时又是一位著名的哲学家。在文化学上的研究，他于一九〇九年曾发表一本《文化学的能力基础》（*Energetische Grundlagen der Kulturwissenschaft*）。

在这本书的序言里，俄斯特发尔特告诉我们，若照他以往的见解，则这本书所用文化学这个名词，应该以社会学这个名词来代替。可是经过详细精密的思考之后，觉得文化学所研究的好多事实，并非社会学的范围所能包括。因为社会学所研究的问题，乃社会构成的现象，而社会的构成，至多不过为人群达其共同目的的一种方法。照俄斯特发尔特的意见，人群共同的目的，就是文化。这是他所以采用文化学这个名词的原因。俄斯特发尔特是受过孔德的科学分类的影响，所以他觉得社会学与文化学在学术中，居于最后的等级。他以为若把文化学与其他的科学相比较，其他科学好像塔的层级，文化学是塔的尖顶。各学科为文化学奠其基，文化学为各学科集其成。

俄斯特发尔特不但觉得文化学的成立的必要，而且觉得文化学与社会学的区别。他告诉我们，这本书是以能力来解释人类文化的起源与演进。所谓文化学的能力的基础，乃他从研究化学、物理两种科学所得而应用到文化方面。他以为能力的基础，最初曾应用于生理学与心理学，而其所得的结果很好，所以最后乃应用于文化问题的研究。

文化是指人类所有的一切事物而言。文化演进的原理，是本于能力的定律。能力之所以成为文化学的惟一基础，就是这个原故。由能力的观点来看，文化演进史，不过是工具与机器演进史，我们的心力，是高尚的能力，受感于外，生动于内，然后传递其动力于肢体，使由动力而工作。所谓工具的创造，机器的发明，体力与物力的转变，都是从这里来的。他又指出化学的能力，是人类文化的本源。人类的食物是化学能力的集体，人类的燃料是化学能力的形成。这不但是文化进步的人类是这样，就是人类的最初祖先，也晓得利用这些东西以生活。

总而言之，人类文化的全部，无非就是人类能力的结果罢。

不但这样，人类文化进化的程序，也可以从人类利用各种能力的次第中找出来。第一个时期，是人类利用人力的时期；第二个时期，是人类利用有机力（如动植物）的时期；第三个时期，是人类利用无机力的时期。而所谓无机力的最大来源，就是由化学作用所产生的热力。人类所以能存在至今日，及今日所以尚有大部分的新兴工业，皆由火而来。上古的时候，除热力外，尚有风力与水力，这也是无机力的本源。然所谓风力与水力，也是太阳光力所产生出来的。俄斯特发尔特推论人类的将来文化，必以无机力为其原动力。他又以为电的能力的存在，与人类对于电的能力的性质，有了相当的认识，也是将来的人类的文化的发展的主要因素之一。故文化演进的趋向，可以说是电的能力的增加。至于文化演进的结果，可以说是能力的节省与效力的增加。人类今日用了一种方法做一样东西，明日又用别种方法做这样东西与别样东西，经过好多年月，得了很多经验，这就是文化的演进，这就是生活的目的。

此外，又如卡弗（T. N. Carver）在其《人类能力的经济》（*The Economy of Human Energy*，1924）一书里，也以能力去解释文化。所谓文化，不外就是能力转变的累积，或结果，而所谓文化的进步，不外是善于利用能力罢。

古代希腊的塞利斯（Thales of Miletus）、埃拉托斯塞尼斯（Eratosthenes）、希波克拉提斯（Hippocrates）与亚里斯多德（Aristotle）对于地理的研究，虽感有兴趣，然他们大都以哲学的眼光去探求，而对于地理学上的实际问题，少有注意。罗马人作了旅行指南编纂地形字典，可是他们的目的是偏重于商业上的盈利，与政治上的威柄，因而理论的地理学，又无从发展。

十六世纪的下半叶，布丹（J. Bodin）在其《共和国》（*De La République*，1576）里，曾指出酷热的地方，产生各种迷信；僧侣、诗人与艺术家，多在这里产生。寒冷的地方，养成坚强的意志，战士与工人，多在这里产生。温和的地方，易使理性发展，立法家、司法家与学问家，多在这里产生。十七世纪的中叶，发楞尼斯（Bernhard Varenius）发刊《地理泛论》（*Geographia Generalis*，1650），这可以说是近代纯粹地理学的嚆矢。十八世纪的中叶，孟德斯鸠（C. De Montesquieu）在其《法意》（*De L'esprit des Lois*）一书里，除了稍加修正布丹的学说外，又以气候去解释人口的多寡，婚姻的迟早，家庭的形式，国家的政体，以至宗教上的态度的不同。这可以说是近代人文地理学的发轫。又如巴特（Paul Barth）在其《历史哲学与社会学》（*Die Philosophie der Geschichte als Soziologie*，1921）里，指出赫德（H. Herder）在其《人类历史哲学的观念》（*Ideen zur Philosophie der Geschichte der Menschheit*）里觉得不但是人民的生存，就是人民的思想行为，以至整个历史，都依赖于物质的环境，所以从赫德看起来，历史是延绵的地理（Eine fortlaufende Geographie），而地理是静止的历史（Eine Stillstehende Geschichte），而所谓历史，大致就是我们所谓文化。

自洪保德（A. Von Humbolt）的《宇宙论》（*Cosmos*）而特别是利忒（Karl Ritter）的《比较地理学概论》（*Allgemeine Vergleichende Erdkunde*）发刊以后，地理学的发展，增加了不少的速度。洪保德是一位著名旅行家，数次环游世界，故其地理的智识，很为丰富。而且，他很小心的注意到土壤与文化的关系。利忒是居地理学教席的最先的，他特别注意到地理环境对于人类行为的影响。利忒虽主张历史的现象，要以地理为基础，然而他也感觉到除了地理的因素外，还有别的因素。人类的心理的因素，就是一个例子。

至于巴克尔的《英国文化史》（*The History of Civilization in England*，1857—1861），对于地理各种要素，如气候、食物、土壤，以及自然界的普通现象，对于文化的影响，特别说得很详细与透切。又如，法国的著名史家密什雷（J. Michelet）的《法国历史》（*Histoire de France*）以为历史究竟就是地理。土地是像一切动作的舞台，食物与气候等，对于历史的影响，是处处都可以看出来。

然而所谓人文地理学的最大功臣要算拉最尔（F. Ratzel）。拉最尔的《人类地理学》（*Anthro-Geographie*）是一八八八年出版的。后来他又写一本《政治地理》（*Politiche Geographie*）。拉最尔在前书的第一卷的标题，是地理史观，这就是说以地理去解释历史的事实，或文化。但是拉最尔并不极端的以地理去解释文化。地理固可以影响文化，文化也可以影响地理。关于这一点，我们在上面已经说过，这里只可从略。

又如布隆汉（J. Brunhes）的《人文地理》（*Géographie humaine*，1912）对于地理与文化的关系，更为注意。其实，布隆汉的人文地理的分类，大致上是以文化为标准的。这些文化，是为满足人类的根本需要。人类在地面上所经营的结果，其最为显著而为地理家所不可忽略与易于观察的，布隆汉分为三纲六目。一为地面上建设的事业之不能生产者是：（a）房屋与（b）道路。二为植物与动物的征服的事业，是（a）种植与（b）畜牧。三为经济的破坏的事业，包括各种开发富源对于植物动物矿物但有采取而无补偿者，如（a）伐木、打猎与（b）开矿。

布隆汉所注重的文化是物质的文化，然而这些物质文化，是文化成分中的重要部分。

地理可分为二部分：一为地文地理，或自然地理；一为人文地理，或文化地理。从地理学的发展史来看，以往的地理学者，对于地理与文化的关系，虽也注意，然研究的重心还是偏于地理的自然状态方面。自拉最尔以后，地理学者，对于文化的研究，逐渐加以特别的注意。所以，我们可以说，地理学的趋向是从自然地理而趋于文化地理。连了拉最尔、布隆汉等所用的人类地理、人生地理、人文地理等名词，现在也趋于采用文化地理这个名词。文化地理这个名词，就可以表示其研究的内容与重心，而所谓文化区域、文化中心、文化传播等观念，不但是地理家很为注意，而且是文化学上的重要观念。而且，所谓政治地理、经济地理、方言地理、都市地理等科目，无一不是属于文化的范围之内。因为政治、经济、方言、都市，不外是文的几方面。这些科目的发展，也可以说是文化地理的发展。

第二册

目　　录

第一编 ·· 89
　第一章　伦理的观点 ··· 89
　第二章　宗教的观点 ··· 99
　第三章　政治的观点 ·· 109
　第四章　经济的观点 ·· 119
第二编 ·· 129
　第五章　地理的基础 ·· 129
　第六章　生物的基础 ·· 139
　第七章　心理的基础 ·· 149
　第八章　社会的基础 ·· 159

第一编

第一章 伦理的观点

所谓伦理史观,或伦理的文化观,大致上,是以道德的立场,去解释文化,虽则伦理与道德也有了差别之处。文化的优劣高低,要以道德的优劣高低为标准。道德优高,则文化优高,道德低劣,则文化低劣。质言之,道德是文化的主体,文化的其他方面是文化的副品。一般的卫道先生,以为文化的衰落,由于人心不古,世道日非,就是偏重于这种主张。

事实上,这种主张的历史,至为悠久。比方,《尚书·虞书·尧典》里劈头就告诉我们:"曰若稽古帝尧,曰放勋,钦明文思安安,允恭克让,光被四表,格于上下,克明俊德,以亲九族,九族既睦,平章百姓,百姓昭明,协和万邦,黎民于变时雍。"帝尧之所以能够亲睦家族,昭明百姓,以至协和万邦,固是完全由于他的高尚的人格与优美的道德而来,就是他之所以能够设置制度,发展百业,以至通导河流,使他的时代的文化的各方面,臻于优高的地位,而为后世所景仰与效法,也是由于他的高尚的人格,与优美的道德而来。总而言之,《尧典》所给与我们的要义,是帝尧是一位至善至美的道德化的模型,而这个道德化的模型,就各古时唐代的文化的标准与主体。

照《书经》的记载,唐尧时代的文化的解释,固以道德来做标准与主体,虞舜以至夏禹周公的时代的文化的解释,也是这样。至于孔子、孟子更进一步的以道德为人生与文化的唯一鹄的。比方,他说:"朝闻道,夕死可矣。"又说:"君子不器。"再如:"士志于道,而耻恶衣恶食者,未足与议也。"这一类的话,都是说明道德足以支配一切。此外,又如,老子、庄子的理想文化,也是偏重于道德方面,虽则在程度上,老子与庄子所说的道德,和孔子、孟子所说的道德,有了差异之处。

大致的说,我国人二千余年来的思想,跳不出老子与孔子所画的圈子。所以,自老子、孔子以后中国人之解释历史或文化的,也是以道德为标准与主体。汉高祖曾便溺儒冠,然登极以后,却宣传孔教,提倡道德。晋初七贤虽为儒者所诟病,可是他们也并不公然主张做不道德的事情。至于宋儒所谓"失节事大,饿死事小",那是这种主张的最明的例子。连了中国人所目为野蛮的民族,如蒙古,如满洲，入主中国以后，也受了这种观念的影响。东西海道沟通以后，而特别是太平天国失败之后，国人之所谓识洋务者，如曾国藩、李鸿章、薛福成等，皆以为西洋所精者是"器"，中国所胜者是"道"。质言之，中国的文化的基础是道德。此外，一般人以为西洋文化重在物质，中国文化偏于精神，而所谓精神文化，无非也就是伦理的文化观点。

然而在近代的国人中，对于所谓伦理的文化观主张较力而解释较详的，要算辜鸿铭。

辜鸿铭在八国联军之后，就发表了好几篇论文，名为《总理衙门论文集》（*Papers From a Viceroy's Yamen*）。第一次欧战发生后，他又写了一本《春秋大义》（*Spirit of the Chinese People*）。此外，尚有一本《中国牛津运动史略》（*Story of a Chinese Oxford Movement*）。这三本书，都是用英文发表，而且可以说是辜氏的思想的代表著作。

照辜氏的意见，文化的价值的估量，并不在于物质的建设、制度的造作、艺术的发展，或是科学的发明，而乃在于道德的观念的优美，以及道德的生活的养成。因为，所谓物质制度、艺术与科学等，虽也可以叫作文化的必要条件，但是这些东西的本身，却不能谓为文化。换句话来说，只有优美的道德的生活，才可以叫作文化。

辜氏是一位极力辩护孔子的道德的观念的。因此，他所说的优美的道德的生活——文化的主体与标准——也就是孔子的道德的主张。他以为，不但复兴中国，要保存着这种的道德，就是拯救欧美的文化的纷乱与沦亡，也要这种道德。简单的说，只有孔子的道德化的文化，才是真正的文化，而且只有这种文化，才能使人类避免坠落于野蛮的地位。

在欧洲，古代希腊的思想家，对于道德的生活，都特别的提倡。苏格拉底（Socrates）以为在各种不同的风俗、习惯与法律、政治的生活中，我们可以找出一种雷同与普遍的道德的法则，因为后者不但是人类的天性的表示，而且是社会文化的基础。他相信德行是真正的智识。真正的智识既是治理国家的条件，与发展文化的工具，道德当然成为国家文化的基础。道德是一种用之万世而不变，施之四海而皆准的东西。因此，从苏格拉底看起来，道德是没有个人与团体的区别。质言之，个人的道德就是团体的道德，而团体的道德，也就是个人的道德。

柏拉图（Plato）在其《共和国》（*Republic*）里，以为政治不过是达到道德生活的一种工具。所以正义（Justice）是国家的基础。他反对一些哲人所谓权力就是正义的主张。没有正义的人们，是不会快乐的。同样，没有正义的国家，也是不会发达的。正义是各人做其所能，做其所应做的事。国家的存在，是筑在分工的基础上。所以，比方，有了耕田者，也必有了造房子，制衣裳，以及治理国家与保护国家的人们。能够这样的分工而合作，国家就可以存在。同时，也就合于正义的原则。柏拉图是苏格拉底的学生，他受了他的老师的影响很大，所以他的著名的理想国也是以道德为基础。

同样，亚里士多德（Aristotle）在其《政治学》（Politics）一书里，以为一切的社会或生活的目的，在于求善。国家是各种社会与生活的总和，所以国家的目的，在于寻求至善（Highest Good）。人是政治的动物，人既不能离开政治的社会与生活，人就不能不要伦理。因为所谓至善，是伦理的。至善是固定的，是永久的，是普遍的。所以，从亚里士多德看起来，在伦理的思想里，进步是不可能的。亚里士多德是柏拉图的学生，直接上他受了柏拉图的影响，间接上，可以说是受了苏格拉底的影响。三者可以说是古代希腊的特出与代表人物，他们的学说，当然有了很多差异之点，然而大致上，他们都相信伦理或道德的生活，是国家文化的基础。

希腊人而特别是柏拉图与亚里士多德所谓国家，是包括人类的一切生活的。换句话来说，就是包括人类的一切文化。所以近来有好多人，以为希腊人所说的政治这个名词，应当翻为社会，而这些人所谓为社会，也就是我们现在所说的文化。因为人既不能离开国家而生存，那么人的一切生活，应当是在国家里找出来。质言之，国家是人类的一切生活的总和，所谓文化，无非就是这种生活的总和。国家的目的既是德行，既是正义，既是至善，那么所谓文化的基础，也无非就是筑在德行、正义、至善的原则上。

在古代希腊文化衰落的时候，有了一般学者叫作斯多亚（Stoic）学派，极力提倡世界主义。他们以为理性是自然的表现，而自然是有法则的。这些法则，是固定的，不变的，而且是处处都可以发现的。人类是有理性的动物，所以人类是到处相同的。他们既同样受了自然法则的支配，他们应当处于平等的地位。因此之故，四海之内，皆是兄弟，而人类的国家、社会、文化之所以成立，也是这种理性的结果。质言之，这种世界主义的提倡，是以伦理为基础的。后来罗马帝国的产生，也可以说是这种世界主义的实现。罗马在文化上的最大贡献，是法律，然而罗马法律所以有普遍性，与永久性，也是受了斯多亚的学说的影响。因为这些法律的理论上的根据，是自然的法则与平等的观念。至于中世纪的文化的基础，虽筑在宗教的原则上，可是宗教的骨子里，还是偏于伦理方面。去恶劝善，是宗教的要旨。而且，基督教的本身，也受了斯多亚的世界主义与罗马的实际文化的不少的影响。

近代欧洲人之以伦理的立场去解释文化的很多。德国的唯心学派，固不待说，法国的实证主义的代表人物，如孔德也很注重予伦理的生活。此外，英国的如斯宾霍布斯也很注重于伦理的原则。斯宾塞尔的系统哲学，是以伦理原理为殿军，而霍布浩斯简直就是以伦理的原则去衡量文化的发展。这可见得伦理在文化上的重要。

可是，对于这种所谓伦理的文化观的解释，比较透切与比较详细的专门著作，恐怕要算什维兹尔（Albert Schweitzer）的了。

据什维兹尔在其《序言》里告诉我们，他从一九〇〇年，就注意到这个问题。从一九一四年至一九一七年，他在炎热与静默的菲洲的山林里，对于这一个问题，详加考虑，使他的思想，达到一个成熟的阶段，得到一个确定的结论。

什维兹尔是亚尔萨斯人，他是一位慈善家、一位音乐家、一位医学者、一位历史家、一位哲学家。又因为他是亚尔萨斯人，所以他对于德法二国语言、文字，都能运用自如。

关于这个问题的著作，什维兹尔预备了四本书。这四本书的总名，是叫做《文化哲学》（The Philosophy of Civilization）。第一本叫做《文化的衰败与复兴》（The Decay and the Restoration of Civilization），第二本叫做《文化与伦理》（Civilization and Ethics），第三本是《为生活而信仰的世界观》（The Worldview of Reverence for Life），最末一本是关于《文明国家的问题》（Problem Concerning the Civilized State）。

我现在手里所有的，是第一和第二本。这两本都是一九二三年的英文译本。第一本的译者是卡姆彼翁（C. T. Campion），第二本译者是那伊斯（J. Naish）。这两本书虽不是他的文化哲学的全部，可是他的文化观，而特别是他的伦理的文化观的要旨，都可以从这两本书里找出来。

什维兹尔这些著作，本来是在乌普萨拉（Upsala）、牛津（Oxford）、科彭黑根（Copenhagen）、普黑格（Pragne）各处的公开演讲稿。他演讲的时候，正是欧战方完，所以欧战之于他的著作，可以说是有了不少的影响。事实上，我们可以说这些著作，是欧战的产物，虽则照他的意见，欧战并非欧洲文化衰败的原因，而是欧洲文化衰败的一种表示。

欧战对于欧洲的物质文化，既破坏不少，菲洲的原始生活与自然景色，又引起我们的著者的潜思冥索。什维兹尔之偏重于所谓精神的生活而蔑视物质的成就，是并非没有原因的。

不但这样，在《文化与伦理》一书的"序言"里什维兹尔对于中国的思想家，如老子、庄子、孔子、孟子、列子的理论，给与相当的羡慕。他指出这些人的世界观，正是欧洲的思想界所寻求的，所以欧洲人对于这些思想，应该努力去研究，使欧洲人能够明白其自身所应当处的地位。

而且很奇怪的，是什维兹尔的思想有了很多以至细微的地方，是与辜鸿铭的见解，有了相同之处。二者都看重了中国的伦理生活，固不待说，二者同时也觉得十八世纪的欧洲的思想，是比较健全的思想。我们阅了二者的著作，免不了要以为什维兹尔是受了辜鸿铭的影响。

我们上面曾说过，有好多学者，每把文化（Culture）与文明（Civilization）

分开来说。还有些人把这两种概念,当作对峙的概念。照在《文化的衰败与复兴》一书里页三五,什维兹尔好像也区别这两个名词,然在同书页三十八,他很明白的指出,从这两个字的语源,及历史来看,这两个字,并没有这么样的区别。他以为英法文上所用文明这个字,是与德文上所用文化这个字,有同样的意义,这就指明人类发展到一个社会组织较高,与道德标准较高的地位。德人喜用文化,而法人喜用文明,那是习惯使然,并没有别的原因。我们可以说,合于伦理的文化(Ethical Kultur),或不合伦理的文化(Unethical Kultur),我们也可以说合于伦理的文明(Ethical Civilization),或不合伦理的文明(Unethical Civilization),然而我们绝不能像一般普通人所谓,文化是偏于精神的,偏于伦理的,而文明是偏于物质的,偏于非伦理的,而有文化与文明的区别。我们在这里所以译什维兹尔所用 Civilization 为文化,就是因为这个原故。

照什维兹尔的意见,从很普通的定义来看,文化可以说是进步的。这就是个人与群众,在精神上,与在物质上的进步。所谓进步,正如上面所说,是指明人类发展到一个社会组织较高,与道德标准较高的地位,而且文化的进步,不只是靠着群众方面,而尤其是要靠着个人方面,不只是靠着物质方面,而尤其是靠着精神方面。关于个人与群众两方面的关系,我们在下面当再申述,我们现在先说文化的精神与物质两方面的关系。

什维兹尔以为在我们这个时代里,唯物主义盛行,使一般人错解了物质与精神的关系。他们以为精神的东西,是从物质的东西产生出来。更有些人,以为精神的再生,可以从那次的欧洲大战而实现。然而,事实上,物质与精神的真正关系,恰恰是与这种的见解,处于相反的地位。因为,真正的精神的要素的实现,可以影响到实际方面,而产生预期的结果。总之,精神是一切事物的基础,一切的制度、一切的物质,都是精神的表现,我们的制度上与物质的缺点,都是因为所谓野蛮主义的精神所造成,只要改造精神,则一切改造都有办法。

什维兹尔无疑的是一位唯心论者,而且是一位极力主张理性主义(Rationalism)的。他告诉我们,十八世纪晚年至十九世纪的初年的理性主义,不只是思想的运动,而是超思想的运动。这种运动,是一切常态的精神生活(Normal Spiritual Life)的必要的现象。世界上所有的真正的进步,归根究底,都是从理性主义产生出来。他承认那个时代的理性主义的运动,不能谓为十分完备,而令人十分满意,然其所确定的原则在思想上,也惟有在思想上,所给与我们的世界观,是无论那个时候,都是对的。因为,这些原则,是我们生活中所不可缺乏的精神生活。

因为什维兹尔极力的主张理性主义,所以他才极力的反对浪漫主义(Romantism)。他以为我们的文化的衰败,与浪漫主义是有关系的。我们直到现在,还是受了浪漫主义的影响。我们直到现在,还是浪漫主义的子孙。浪漫主义所给与我们的，是枯燥的智识主义（Intellectualism），是简单的实用主义的感化，是一种虚伪的乐观。这些东西，直接上，是遍掩人类的才能与热诚，而间接上，是阻止我们的文化的进步。因为，人类既缺乏了理性，而盲目的服从情感的冲动，结果只有互相残杀，互相斗争。欧洲大战的产生，也不外是这些情感的冲动的结果。所以，要想拯救人类复兴文化，就不能不提倡理性主义。

理性主义，是有计划的，是重伦理的。因为他是有计划的，所以他能预期进步，因为他是重伦理的，所以他是去恶求善。文化的真正意义，与主要原素，是精神的，是理性的，而尤其是伦理的。没有精神，没有理性，而尤其是没有伦理，文化就失了要素。所以，除了伦理以外，其他一切东西，虽也可以叫作文化，然而这些东西，只是文化的副品，而非文化的要素。

在《文化的衰败与复兴》一书的"序言"里，什维兹尔以为美术与历史的原素，以及我们在物质上的智识与力量的伟大的伸展，不能算作文化的本质。因为文化的形成，是靠着生存在这个世界上的个人与民族的精神的表示。所有的其他的一切东西，不外是文化的陪衬物。这些陪衬物之于文化的真正本质（The Real Essence of Civilization），是没有什么关系的。文化是不断的生存的，而且是继续的发展的。然而这种文化，是要以真正的伦理，以为精神的基础的，才使所谓创造的、艺术的、理智的，以及物质的成就，充份的与实在的，表现其效果。只有为着伦理的生活而奋斗的人，始能达到真有价值的人格，只有受了伦理的感化的影响的各种社会的关系的个人或人们，始能发展而达到理想的状态。假使没有伦理的基础，就使在别的方面的创造与理智的力量，无论怎么样的伟大，或怎么样的坚强的发展与作用，文化也免不了要崩坠。

在同书页三六至三八，他又以为所谓竞争生存，是有两方面的。人类当然要明白他们自己是在自然的世界里，而且是与自然的世界处于对抗的地位。然而，同时，他们也要明白他们自己是在人群的世界里，而且是与人群的世界处于对抗的地位。因为了这个原故，要想减轻竞争的危险，必需增强理性的力量，去征服自然与人性。同样，文化的性质，也有了两方面的。文化的本身的实现，是要从高超的理性中找出来，这就是说，一方面要征服自然的力量，一方面要征服人类的性格，能够征服这二种势力，文化才有意义，文化才能进步。

但是那一种的进步才是文化的真正的进步呢？照什维兹尔的意见，无疑的是后者。这就是征服人类的性格方面。因为，第一，以理性去征服自然的外表，并非代表一种无条件的进步，而是一种利害兼有的结果。从其害的方面来看，它也许会使人类趋于野蛮的地位。在我们这个时代里，我们的文化，有了不少的危机，这是因为在我们的经济的状况之下，我们太注重于机器所给与我们的利益。我们忘记了除了这种的进步之外，还要利用理性去征服人类的性格（Disposition of Men），使我们与我们所组织的国家，不要以征服自然的工具，去自相残杀。

因为，这一种的竞争的结果，比之在自然的世界中的人类的竞争的结果，尤为残酷。所谓文明的人类，至少要明白这种的区别，而了解什么是文化的要素。

自然的两种进步，都可以叫作精神的进步。因为二者都是人类的精神的活动。然而两者究竟有了不同之处。所以我们可以叫征服自然为物质进步，而征服人性为精神进步。所谓征服人性的意义，是要各个人以及群众，能够以团体与组成这个团体的个人的物质与精神的利益，来决定其意志。这就是说，他们的动作，是伦理的。所以伦理是文化的本质，而伦理的进步，才是文化的真正进步。同时，只有这种进步，才是有利益的。反之，则物质既不是文化的本质，而物质的进步，也非文化的真正进步。因为这种进步的结果，固然可以有利益，然也可以有弊害。而况，这些利益，未必就能抵着这些弊害呢。

总而言之，只有伦理的文化观点，是真正的观点，而所谓伦理的真谛，照什维兹尔的意见，就是他所说的世界观（Weltanschaung）。他以为精神上的最大的事业，是世界观的养成。因为在一个时代的观念，感化与动作都以这种世界观为根据。何谓世界观？什维兹尔以为世界观是社会与组织成社会的个人对于他们所生活的世界中的性质与事物，以及人类与个人的地位与命运，所发生的思想的内容。

世界观的特点是生活的敬仰（Reverence for Life）。所谓伦理，无非就是生活的敬仰、生活的信仰，供给我们以道德的原则，而这种道德的原则，不外是求善。善的实现，就是生活的维持、生活的救济与生活的滋育。反之，毁坏生活、损害生活与妨碍生活，都是恶的。总而言之，劝善去恶，是伦理的任务，而道德的发展，是复兴文化的途径。

文化的复兴的责任，照什维兹尔看起来，是不能靠着一般无知的群众，而要靠着一些头脑较为清醒的个人。一般无知的群众的经验，只是事物外表的反应。文化的复兴是要有些人能够不为在这种群众中所流行的意识所影响，而产出一种新的意识，使这种新的意识，逐渐的影响到这种群众的全体，而终于决定其意识与性格。

什维兹尔无疑的是偏于个人主义的，照他的意见，以伦理为基础的世界观是要从各个人去实现。他恳切的相信，假使群众团体，对于个人压力，很为强烈的时候，则结果必使文化衰落。因为这么一来，则个人的精神与道德上的优点，必被限制。道德与精神的生活，一经衰败，则社会中所产生的一切问题，都难于解决。我们目前所发生的好多问题都是由于群众团体的过分的干涉个人的行为。所谓公共意见，都是由报馆，由宣传机关，与金融等等势力所垄断。这是传统观念的最不自然的方法，而且是历史上所少有的现象。

以伦理为基础的生活的敬仰的世界观的养成，既要从个人着手，国家主义（Nationalism）的错误，是显而易见的。什维兹尔以为国家主义只是一种卑鄙的爱国心（Ignoble Patriotism）。国家主义的发展，是文化与正义变为权力的表示。每个国家，既都从事于权力的扩张，结果是必引起争端，而使世界陷于悲惨的状态。所谓文化，在这种状态之下，变为国家文化、民族文化。其实，所谓国家文化，或民族文化的本身，就是真正文化的敌人。所以，前者的发达，就是后者的衰败。因为，所谓国家文化，或民族文化，无非是以一个国家的文化，或一个民族的文化去压迫别的国家或别的民族，这是不合伦理的原则，这是纯粹唯物的观点。

　　文化的本质，既是伦理的，那么我们要想明白人类的生活史，是否为文化的，我们就要看看其是否为伦理的。什维兹尔以为希腊罗马的时代，以至中世纪的时候的生活的敬仰的世界观，是不完备的。自文艺复兴以后，思想偏重于伦理方面，而其伦理观念，又能以理性为根据。所以，在这个时代中，在社会里，无论是个人的发展，以及其在社会上的地位，以至物质与精神的问题，国家与国家的关系，与其对于整个人类的观念，都能趋向着最高的道德与精神的途径上。这种趋向，不但是从当时的哲学里可以找出来，就是从一般的普通的思想里，也可以看得到。结果是使三四百年中的人类，不但在文化的基础的道德方面有了不少的进步，就是在物质方面，也有不少的进步。这样一步一步的向前发展，好像是没有止境，而使人类也好像要达到真正的文化的地位。

　　总而言之，自文艺复兴以至十八世纪下半叶，与十九世纪的初期的理性主义的数百年间，欧洲的文化，所跑的路，是对的。但自十九世纪的中叶以后，情形就不是这样了。文化的其他方面，逐渐的离开伦理的标准，使数十年后伦理的观念，不但处于孤立的地位，而且完全为人们所蔑视。结果是逐渐的趋于消灭而无存。因此之故，从文化本身方面来看，没有经过反抗，没有经过抗议，文化也就宣告退位。

　　什维兹尔又进一步而考究道德之所以沦亡，与文化之所以崩坠的原因。他以为其所以致此之由，大概的与主要的，是因为哲学放弃其本身责任。他以为在十八世纪和十九世纪的初叶，人类的一般的普通思想，是在哲学的指导之下。哲学既是偏重于理性主义，而以伦理为鹄的，一般的普通思想，也是跟着这个途径而发展。同样，文化的各方面，也以这种思想为主流。在十九世纪中叶以后，这种哲学既逐渐的衰微，人们所孜孜焉以探求的，乃是科学。科学愈发达，文化的物质方面的愈为人们所醉心。一方面既缺乏以伦理为基础的精神文化，一方面又发展了过份的崇拜的物质文化，结果是产生物质文化与精神文化的失调。

　　原来，哲学的任务是发展理想。质言之，就是说明应该怎么样的问题。但是应该怎么样的问题，又是伦理的问题，伦理之所以与哲学有了密切的关系，就是这个原故。伦理既是文化的本质，哲学可以说是文化的导师。哲学本身，若不健全，若是空虚，那么文化必然衰败，必然退位。文化哲学的任务就是发展一种不空虚而健全的哲学，使文化能够复兴，使文化能够进步。

上面不过简略的把什维兹尔的学说的大概，加以叙述。我们所要特别注意的点，是他以文化的本质，是伦理的。文化的其他方面，只是陪衬的东西。

我们上面不过随便的举出几位以伦理的观点来解释文化的代表人物，而特别的注重于什维兹尔的学说。自然的，主张这种观点的人，当然很多。又就我们所举出几位代表人物来看，他们的见解，也有了不少的差异之点。比方，就以辜鸿铭与什维兹尔来说，我们虽像上面所说惊异两者的雷同的地方之多，然而他们也有其相异之处，而且这些异点，往往也许是处于相反的地位。辜鸿铭从中国的不孝有三无后为大的信条，而拥护多妻的制度，固不为什维兹尔所赞同，什维兹尔所主张的个人主义，也未必为辜鸿铭所服膺。不过我们的目的是注重在他们的根本的思想，这就是以伦理为文化的要素。

我们上面虽曾指出伦理与道德有了差别之处，不过这种差别，不但一般普通的人们，没有注意，就是好多学者，也多不注意。以辜鸿铭与什维兹尔的著作来说，大致上，他们对于伦理与道德，也并没有加以区别。严格的说，道德是包括那些人们无意中所采纳的风俗，而伦理是各个思想家努力去寻求人类共同生活需要的智识。然而广义来说，所谓伦理的概念，也就是道德的概念。

上面是说明伦理或道德的文化观点，我们现在要看这种观点，是否妥当，但是要想回答这个问题，我们首先要明白伦理或道德与文化的关系。

从文化的立场来看，伦理或道德，可以说是文化的很多方面的一方面。辜鸿铭、什维兹尔都承认文化是有多方面的。同时，也承认除了伦理或道德之外，文化还有其他的方面。伦理或道德，既只是文化的一方面，伦理或道德，固可以叫作文化，文化的其他方面，也可以叫作文化。辜鸿铭与什维兹尔以为只有以伦理或道德为基础的文化，才能叫作文化，这是一种错误，这是一种矛盾。因为，一方面既承认文化是有好多方面，他方面，又以为只有伦理与道德，才能叫作文化。这岂不是一种错误吗？这岂不是一种矛盾吗？

我们承认伦理的观念道德的标准，可以影响到文化的其他方面。比方在中国，老子与孔子的伦理的观念与道德的标准，对于中国的文化的其他方面，都有深刻的作用，然而，同时，我们也得承认，文化的其他方面，也可以影响到伦理或道德。什维兹尔自己也承认近代物质文化的发达，对于西洋的伦理与道德有了很大的影响。伦理或道德既是随着文化的变化而变化，那么伦理与道德就不能算做施诸万世而皆准，用之四海而全适的东西了。然而，最奇怪的，是大体来说，主张伦理的文化观的人，往往以为伦理或道德是不变的。辜鸿铭欲以孔子的道德去拯救世界的没落，固不待说，什维兹尔欲以十八世纪晚年的理性主义的伦理或道德，去复兴现代的文化，也是陷于同样的错误。

因为，每个社会，有每个社会的伦理或道德；因为，每个时代有每个时代的伦理或道德。以一个社会的伦理，去衡量别个社会，或以一个时代的道德，去衡量别个时代，都是错误。不孝有三，无后为大的信条，不但不能施诸西洋各国，而且不合现代中国。我们现在都能明白这种信条的缺点，所以反对这种信条。也许还有人相信，这种信条是应该保留的，然而在我们现代的文化之下，这种信条也难于实现。因为，不但我们对这种信条的信心，已经动摇，就是客观的条件，也往往不容许我们去实现这种信条。

而且，我们不能不指出主张伦理的文化观的人们，对于物质文化，太过忽视。他们不但以为物质文化，不是文化的要素，而且往往以为物质文化的发达，是伦理或道德衰败的表征。他们忘记了，在古代物质文化尚未发达的时代，道德也并不见得优高，他们忘记了，在现在的好多原始社会里，物质文化虽很简单，道德也不见得优高。

而况，事实上，却有好多社会，正是因为物质文化太过贫乏，结果是不但发生了不少的不道德的行为，而且往往弄到人吃人的恶习。"衣食足而知荣辱，仓廪实而知礼节"①，是含有不少的真理的格言。所以物质文化，在某种意义上，不但是必要，而且是伦理与道德的基础。

---

① 编按：《史记·管晏列传》原话为："仓廪实而知礼节，衣食足而知荣辱。"下同。

第二章　宗教的观点

严格的说，所谓宗教，至少必须具有下面三种条件：一是信仰天地万物的主宰；二是相信天堂地狱的存在；三是实行某种崇拜的仪式。但是广义来看，宗教可以包括一切的迷信与神秘的信仰。从后种意义来看，我们可以说没有一个民族，是完全没有宗教的。

其实，在所谓野蛮民族，或原始社会里，差不多一切的生活，都直接的或间接的受了宗教的支配。因为在这种的社会里的人们，自早至晚各种动作，都受最严格与最繁琐的宗教的仪式的管理。据布林吞（D. G. Brinton）在其《原始民族的宗教》（*Religions of Primitive Peoples*，1897）一书里告诉我们，在婆罗洲的代阿克人（The Dyaks of Borneo），无论是耕种或收获，无论是打猎或捕鱼，无论是定婚或战争，无论是为经商而旅行或为其他的事情，都要预先询问上帝或神灵。同时，对于礼物的贡献、酒筵的庆祝、预兆的研究、护符的领受，以及各种的仪式，都要实行与遵守。而其结果，往往有因拘于这种繁琐的仪式。而所需要的时间太多，使其所要做的事情的本身，不得不一再迁延，而失了好多很好的机会。

不但在所谓原始的社会里的人们的一切生活，差不多完全受了宗教的支配，就是基督教统治之下的西洋，回教统治之下的近东，佛教印度教统治之下的印度与远东各处其人民的生活与文化，也深受了这些宗教的影响与支配。因而有好多著作与好多学者，以为文化的基础，是筑在宗教上。只有了解宗教，才能了解文化。这种观点，我们可以叫作宗教的文化观。

在较早的著作中，如《东方的圣书》（*Sacred Books of the East*），与耶教的《圣经》（*Bible*），此外，又如奥古斯丁（St. Augustine）的《上帝城》（*The City of God*），以及中世纪的一般的教父的言论与著作中，都充满了这种观点。

孔德在其《实证哲学》一书里，以为人类的思想智识与文化的发展，是有三个时期的：一为神学时期；一为哲学时期；一为科学时期。这就是他的著名的进步律。所以，照孔德的意见，人类文化，在其发展的途程中的初期，是受了宗教的支配，这就是说，宗教不只是文化的要素，而且是文化的基础。

而且，从孔德看起来，在神学的时期中，又可分为三个阶段：一为拜物教（Fétishisme）的阶段；一为多神教（Polytheisme）的阶段；一为一神教（Monthéisme）的阶段。每个阶段，产生与代表每种特殊的文化。拜物教是原始社会里的人们，对于自然事物的一种观念，以为万物是像人类自己一样的有灵魂。这种教对于家畜，特别重视。因为这是与人类的生活有了特别的关系。此外，又如居住的房屋，与耕种的土地，以至各种的用具，都有神的存在。从社会的组织方面看起来，在这个阶段里，只有家庭的组织。艺术在这个阶段里，也少有发展。

从拜物教到多神教，可以说是人类从信仰物质与自然的东西，而趋于信仰非物质与超自然的东西。而且，信仰事物的范围，也放大起来。这就是说，从很近的事物，而趋于很远的事物。星宿、国家或民族等等都各有神。各国家或民族，既各有其神，结果是仇敌爱国的观念，因之而生。同时，继续不断的战争，也因之而来。古代的战争，大致上，都是宗教的战争。战争的结果，是有胜有败，胜者为统治者，而败者为被统治者。前者是主人，而后者是奴隶。前者利用后者去做工作，因而阶级上的不平等与物质上的奢华与贪求无厌，都因之而发展。

人类智识的逐渐发展，使人类从多神教的阶段，而趋到一神教的阶段。在这个阶段里，人们觉得世界的创造与统治，是由于一个超自然的力量。有了这一个超自然的力量，应当有其代表人物。这个代表人物，在中世纪的时代，是叫作教皇。一切的文化，如艺术，如阶级，以至人民的各种生活，都受了这种一神教的影响。战争在一神教的阶段之下，是要受限制的，因为在理论上，人类既皆为上帝子孙，皆为兄弟，而不应互相征伐，在实际上，教皇是世界的法官，是人类的领袖，代表上帝来调解与处理人类的争端。

一神教是神学时期的最高阶段。再发展下去，就是哲学的时期。哲学时期是一个过渡时期，思想智识与文化的发展的高峰，是科学或实证时期。在孔德的系统里，神学时期，不过是人类的文化的发展的一个时期，然而这个时期无疑的是一个很重要的时期。因为这个时期，不但是人类文化发展的起点，而成为人类文化发展的基础，而且在人类的文化发展的历史上，其所占的时间很长。从人类文化的发生以至中世纪的时代，究竟经过多少万年。我们不必去计算，单从有文字纪载的人类的文化的发展的历史来看，神学时期所占的时间，比之哲学及实证两个时期所占的时间，也多了数倍。这么一来，我们要想明白文化的发展的历史，我们不能不了解神学的时期。换句话说，就是要知道宗教在文化的发展的历史上的重要。

总而言之，从孔德看起来，在神学的时期里，文化无论在那一方面，都受宗教的支配。宗教是文化的基础，连了所谓各种科学的进步，也要经过神学的时期。孔德分科学为算术、天文、物理、化学、生物与社会。算术进步最早，科学性也最为准确。天文学、物理、化学次之，生物与社会学发展最晚。从孔德的自己的时代看起来，社会学尚未超过神学与哲学的时期。至于其他的自然科学，以至算术本身，在其发展的历史上，无一不受神学的影响，无一不以神学为起点。所谓纯粹的或自然的科学，尚以宗教为起点，尚以宗教为基础，文化的其他方面之要以宗教为起点，要以宗教为基础，更是显而易见的。

孔德的《实证哲学》影响于后来的思想很大。在法国固不待说，在英国，相信他的理论的人也很多。从他的进步律看起来，宗教既占了很重要的地位，相信所谓实证主义的人，或受过这种主义的影响的人，都以宗教为文化发展的起点与基础，或以宗教为文化的要素，而加以特别的注意。法国与英国的好多学者都是孔德的忠实信徒。就如法国的都海姆（E. Durkheim），以至英国的斯宾塞尔（H. Spencer）以及好多学者，都以为宗教是文化的要素。

但是以宗教的观点来解释文化的著名的代表著作，恐怕要算库隆日（Fustel de Coulanges）的《古代城市》（*La Cite Antique*）与基德（B. Kidd）的《社会进化》（*Social Evolution*）了。

库隆日是法国的历史家，对于西洋上古史与中古史的研究的成绩，尤为显著。这本《古代城市》尤为学术界所重视。《古代城市》所研究的对象，是希腊罗马的《古代文化》。中文译本的译者李玄伯先生译其书名为《希腊罗马古代社会研究》，大概就是因为库隆日所说的城市，就是我们今日所说的社会。进一步来说，也就是我们今日所说的文化。

从某方面看起来，库隆日可以说是把孔德所谓神学时期的原则而加以尽量的发展，与丰富的史料证明。库隆日究竟受过孔德的多少影响，或是否受过影响，我们在这里不必加以考证，我们所要指明的，是在根本的思想上，两者都有其雷同之处。

在《古代城市》的"序言"里，库隆日就指出，要明白古代的制度与文化，我们首先要研究古代的宗教信仰。他指出，近代人有了一个错误，这就是往往把我们今日的社会，去与古代希腊与罗马的社会相比，以为两者是相同的。其实，以现代的眼光，去解释古代的事物，是最易陷于错误的。因为两者在其信仰上，有其主要不同之点。

所以，研究古代的制度文化，若不研究其宗教信仰，必以为古代的思想事物，是迷濛怪诞而不可解。只有从信仰上考究，我们就很能容易明白古代宗教，不但形成希腊罗马的家族，建立婚礼及父权，制定亲属的次序与固定所有权与承继权，而且更扩大家族的范围，而组织其他或较大的团体，如氏族（Gens），如法老亚里（Phraterie）或居里（Curie），以至国家城市等。宗教在国家城市中所占的地位，正像它在家族里所占的地位一样。家族的各种制度，既因宗教而产生，国家城市的各种信条、习俗、制度与法律等等，也是由宗教而发展。这些东西，既由宗教而发展，那么宗教本身，既因历时既久而发生变化，这些筑在宗教的基础上的一切东西，也必随之而变化。

库隆日以为假使我们远溯至最古的时代，我们找不出人死即止的思想。因为那个时候的人类，已相信死后尚有第二的世界。而且以为人死了后，并非人体的消解，而是生活的变迁。但是在古代希腊与罗马以至东方的亚利安人，既不相信人死了后可以投生于别体而转生，而所谓灵魂升天的学说的发展，在西洋也为较晚。所以，古代希腊罗马人所说的第二世界，并不在现世以外，而仍在人类之间。所分别的，是生人住于地上，而死人住于地下而已。不但这样，住在地下的死人的灵魂，并不离开其肉体，因为他们相信，灵魂既与肉体同生，死后也不能使之离开，而必同住于坟墓里。

因为有了这种信仰，所以才有了所谓葬礼。在历史上，葬礼的留传，比之信仰的留传，较为久长。所以研究葬礼，也可以明白信仰。从心理上的信仰，而产生葬礼上的制度，而葬礼上的制度，又包括了各种物质上的供应。古代所谓精神社会与物质各方面的文化，就这样的发展起来。

除了葬礼的仪式与坟墓的建筑外，生人对于死人还有应尽的义务，这就是祭祀。祭祀是一种制度，是必要的，是固定的。死人所以要祭祀，是因为死人所要的东西，并不大异于生人。所以，对死人的饮食的供奉，与其他的贡献，都是生人所不可忽视的。

不但这样，希腊罗马人的屋内，皆有一个祭台，祭台上常有燃着的煤块与炭块，屋里的主人的责务，是要使这些火日夜都燃着。因为这些火若消灭，则房子里的人们，必定不幸。每天晚上，要把煤块埋在灰里，使火缓燃而不灭。每天起来，就要加添燃料，使火力光耀。只有家人断绝的房子，才没有火。所以在古人的语言中，所谓家火消灭的意义，就是等于家族绝亡的意义。

屋子里的火是神圣的，所以叫作圣火。圣火就是家神。这种神，不但受人爱敬，而且受人祭祀。祭祀时是用花、果、香酒等物，因为这些东西，都是神所喜欢的。这个家神是降福的神，是富贵的神，是强健的神。

库隆日以为古代崇拜圣火与鬼神的宗教，与后来一般人所谓宗教，有了很大的差别。所以他反对后代的宗教去推论古代的宗教。近代的人们往往以为宗教是必须一神的，而且对于各民族各阶级是一律平等传授的，因而有好些人相信，古代的宗教，也是这样。其实，这是一个错误。因为古代的神，不但非一尊，而且不要大众去崇拜。所谓神，并非人类普通的神。照库隆日的意见，最古的神，与印度的婆罗门以至希腊后来的修斯（Zeus Panhellenien），也不相同。因为婆罗门还是一个阶级的神，而修斯还是一个国家的神。最古的神，只是一家所崇祀。而所谓宗教，完全是家族的。库隆日以为我们对于这一点，假使没有充分的了解，则我们对于古代的宗教信仰，以及希腊罗马的家族组织的关系，不能有深刻的认识。

宗教既完全是家族的，所以每个家族，只能崇祀与其血统有关的神。葬礼的举行，只许最近的亲族参加。定期的祭祀，亦只许其家族参加。因为，他们相信，死人只能享受其族人的供拜，而外人参加，必使其鬼不安。库隆日又指出古人关于称呼鬼神的祭祀的名词，是很值得我们注意的。希腊人叫作 μαα ριχη-ειμ，拉丁文叫作 Parentare，其意义皆专指其父母祖先而说。所谓鬼神的祭祀，就是祖先的祭祀。父母祖先死后既需要供奉，没有子孙的人们，死后必定饥渴。所以，在希腊罗马，觉得生子孙永世不断，是必需的。

总之，罗马人、希腊人，以至印度人，都相信儿孙祭祀其祖先，是一种职务。疏忽了这种职务，乃是最大的不孝与不敬。因为子孙不祭祀，则许多代的死者，必至于无所依归，而受苦痛。这样的子孙，照他们看起来，是等于杀戮祖先。子孙既不孝与不敬，祖先也必降以灾祸。反之，子孙若依俗祭祀，按时供奉，则祖先必予以幸福。

有了这种的信仰，所以生人与死人有了密切的关系。死人固不能离生人而存在于第二个世界，生人也不能离死人而安居于这个世界。生人与死人既不能分离，前代与后代也有了联贯。所谓家族的整个的意义，也从此而表现出来。

这是从宗教的信仰方面来说。宗教信仰与道德观念，是有了密切的关系。所以道德也受宗教的影响。若再从实际的生活方面来看，上古的人类，每个家族，都有一个祭台，在祭台的周围，是整个家族所聚集的地方，每天早上与晚上，他们共同祷告圣火，白天吃饭的时候，他们也齐集在这个地方，先祷奠而后吃。而且每次举行仪式时，他们都同唱他们的祖先所遗传的歌曲。

在他们的房屋的左近，是他们的田园。田园有界石（Teumes）。界石的设立，最初有宗教的仪式。后来且变为独立的神。他们的田园里，有他们的族墓。这可以说是家族的第二住宅。历代的祖先皆卧息在这里。他们虽已死，然仍生存于第二个世界，他们既与生者不能分离，他们还是家族的人员。所谓家族中的生人与死人，不过是房屋与坟墓的区别。每个家族，在一定的日期，祭祀其祖宗，供以饭食，奠以酒乳，献以水果、点心或肉类，呼他为神，求他降福，使田禾丰收，使家族繁盛，使人心良善。希腊古字叫家族为 εποιου，直译就是"环圣火旁者"。因此，我们可以明白家族乃崇拜同一圣火而祭祀，同一祖宗的人们所组成的团体。

精神上的信仰与物质上的生活，固以宗教为基础，家族里的各种关系与制度，也以宗教为基础。父亲是离圣火最近的，火的燃烧与火的维护，都是他的职务。他事实上就是家族的主教宗祀。在他一身，他可以照印度人的说法"我就是神"。所以他死以后，亦为子孙崇拜之神。

宗教对于男子既给以主教的地位，家族的形式，可以说是父系的。因此，父亲不只是主教，又是家长。同时，又是家族的业主与家族的判官。在雅典与罗马法中，父亲不但可以管理儿子工作的收入，而且可以出卖其子女。他甚至可以杀戮妻子。不过父权既由宗教信仰而来，父权也为宗教信仰所限制。比方，父亲虽有逐子与杀子的权力，可是他若真的这样的做，家族就要中断，而他自己与其祖先，就没有人祭祀。他虽有以继人为子的权力，可是他若已有子，宗教不准他以他人之子承继。他虽可以出妻，可是他要有打破婚礼所生的宗教的关系的勇气。

他虽是产业的唯一主人，但至少在最初时期，他没有售让之权。所以宗教虽给他以很多的权利，然也与他以不少义务。

因此，出自宗教信仰的印度、希腊、罗马法，都视妇人为不成年者。她不能自有家火，她永远不是主教。在罗马她虽有主母（Mater Jamilia）的称呼，但是只限于其夫存在的时候。她既没有独立的家火，没有主教的权力，她在家里，自然没有主权。她不能指挥他人的力量，她没有自由自主的权利，她童年从母，少年从夫，夫死从子，无子须从其夫的最近亲属。她只崇拜他人的家火，诵读他人的祷辞，这都是因为在宗教的信仰上，男子是高于女子。所以，不但在宗教的生活上，她须有教主，就在社会的生活上，她也须有管理人。

圣火与祖先的宗教，虽由男子历世传继，但女子也可以参加祭祀。女子在未婚以前，她崇拜她的父亲的宗教；结婚以后，她信奉她的丈夫的宗教。因此，我们可以明白，宗教之于婚姻的关系。宗教以为凡是参与祭祀的，都是家人。现在男的要引一位别族的女子到他的家里，接近其圣火参与一切秘密的祖传的仪式，与祷词，这是一件很重要的事情。结婚是男子的义务，因为独身不娶，是大不敬与大不幸的事情。所谓大不敬，因为独身会使全家族的祖先的幸福，发生危险。所谓大不幸，因为独身会使他本身在死后，没有人奉祀。结婚固受宗教的影响，离婚也受宗教的限制。其实，为了宗教，人们必结婚，同时只有宗教的力量，可以使夫妇分离。所以离婚时，夫妇必须同教士及证人齐在圣火之前，才有效力。

宗教既说结婚是为着延续家族的系统，无子的妇人，可以离婚。这种离婚，不只是一种权利，而且是一种义务。库隆日曾举出黑罗多塔斯（Herodotus）所记两位斯巴达王子因无子而被迫出妻的故事以为证。此外，他又举出罗马文法及批评家欧卢（Aule-Gelle）所载吕加出妻以为证。吕加虽很爱其妇，可是他不能不出妻，因为他的妻子没有小孩。

不但这样，就使无子的原因，是由于丈夫的死亡，从宗教的立场来看，家族还要继续。于是丈夫的弟兄或亲族可以代替其夫。妇人在这种情形之下，也只有服从。因此而生的儿子，就当作其夫的子。库隆日以为古代法律，并令无子的寡妇，与其丈夫的最近亲属结婚，使能生育孩子，以继前夫的血统。

总而言之，强迫男子结婚，无子之妇，可以离婚，男子不能生子的，或男子死而无子的，皆可以用宗教的力量去补救绝祀。此外，为避免断嗣的不幸，宗教又与家族以最后的方法，这就是承嗣的权利。库隆日曾指出雅典一个演说家，辩护承嗣的理由以证明承嗣与宗教的关系。这个演说家说，每内克赖斯不欲死后无子孙，他要以后有人葬他与祭他，假使每内克赖斯的承嗣的权利，被了取消，则他必至于死而无子，结果是没有人祭他，而他的享祀，也要断绝。总之，承嗣是为家族，宗教的继传，圣火的保护，祭祀的不绝，与祖先的安宁。

承嗣的反面是出继。一个人要承继别人而变为别人的家族的人员，必须先脱离其自己的家族。所谓出继的结果,就是脱离其本来的家族宗教。所以罗马人当出继为反教(Sacrarum detestation)。出继的儿子,在宗教上,既是反教,在法律上,也再不能享受其本来的家族的利益。结果就是不能再当作其本来的家族的人员。

总而言之,宗教是家族的基础。在家族文化之下,无论是在精神方面,物质方面,以至社会方面,都受宗教的支配。

家族的宗教,不许两个家族混合。但是几个家族联合起来,组成一个较大团体,是历史所尝见的事实。在这种团体中,除了各家保存其固有的宗教以外,又有共同的宗教。希腊的法老德里(Phraterie)、拉丁的居里(Curie),都证明新的团体的组织,是与新的宗教的发展,有了密切的关系。在这种团体没有发展之前,每个家族,只崇拜其家族的神,后来各家族觉得崇拜一种较各家族的神为大的神的必要,这种新的团体,也逐渐的发展起来,因而各家族,除了崇拜各家族的神外,又共同祭祀。这个较大的团体的神,他们建立公共祭台,燃烧公共圣火——创造新的宗教。所以,每个居里,都有其共有的祭台与保佑的神。其崇拜的仪式与性质,与家族的神的,没有分别,而其最重要的是共餐。

居里发展为部落的历程,正像家族发展为居里的历程一样。所以,从居里的宗教发展为部落的宗教,也正像家族的宗教发展为居里的宗教一样。部落的神,大约是与居里或家族的神相似,所异的,是前者比后者的范围为大,这个神,是一个领袖、一个英雄,希腊人叫部落为冠名英雄,就是这个原故。这个英雄,每年有其祭祀的日子,而祭祀的典礼的重要部分,也是全部落的人的聚餐。

由部落而扩大到邦国与城市,也就是宗教的范围的放大的表示,库隆日以为邦国与城市,在古语中意义,并不一样。邦国是各家族各居里与各部落结合的宗教与政治的团体,城市是这个团体集会的地方及住处神庙。邦国不是个人的结合,而是若干团体的结合。这些团体,早已存在。邦国成立之后,他们仍然存在。古代城市与现代城市又很不相同,现在的城市,是由村落的人口与房屋的逐渐增加而发生的,古代的城市,并不是这样的长成。因为城市是能在很短的时间内建造的。有了邦国,就建立城市以为祭神之所。但由各部落觉得有组织邦国的必要的时候,他们也觉到较邦国的神为大的神的必要。库隆日以为宗教的进步,是否促进社会的进步,自然无从确定,不过二者同时发生,且有相同的节度,是无可疑的。

照库隆日的意见,从家族的成立到邦国的产生之前,宗教在范围上,固然放大,在性质上,也有变化。最古的宗教,是祖先的崇拜,而以圣火为其主要象征。然而从祖先的崇拜,他们又逐渐的趋于自然的崇拜。自然的崇拜的形式,是修斯(Zeus)、雅典尼(Athene)与朱诺(Juno)等。所以,古代宗教的信仰,实在有了两种:一为祖先的崇拜;一为自然的崇拜。最初是前者为主,后者为副。所以自然神往往位于家火之旁，后来宗教愈进展，社会也愈扩大，可是社会的扩大，也可以说是从祖先的崇拜而趋于自然的崇拜的表示。自然之神最先虽位于祖先之旁，可是后来这个自然之神，逐渐的离开家火而有独立的居处，专门的祭祀，结果是成为邦国的公神，有了伟大的庙宇。而所谓家火，却置于庙宇的旁边，而成为附庸之神。

从宗教本身上看起来，固有崇拜祖先与崇拜自然的分别，从社会文化的立场来看，宗教的变迁，也就是社会文化的变迁。家族里的文化的各方面，固然像我们在上面所说，都受宗教的影响，居里、部落，以至邦国、城市的社会文化的各方面，也同样的受宗教的影响。希腊罗马的社会文化的各方面，固然是受了宗教的影响，中世纪的社会文化，也同样受宗教的影响。因为基督教的兴起，使旧的宗教，逐渐衰落，而新的宗教信仰，逐渐发展。因此，旧的社会文化，也逐渐的衰落，而新的社会文化，又代之而发展。

库隆日的结论是，只因家族已无家族的宗教，家族的组织与法律就自然而然的改变，只因国家已无正式的宗教，政府的信条也因之而改变。总而言之，宗教信仰发生，人类社会始行组织，人类文化始因而发展，宗教信仰变化，社会乃经过屡次革命，文化乃经过不少的变化，宗教信仰消灭，社会又改变形状，文化也改变内容，这是古代的法则。

这是库隆日的理论的大概，这是以宗教的观点去解释古代社会文化一个举例。

我们现在且来略为说明基德的学说。

库隆日在其《古代城市》里所研究的对象，是西洋古代的文化，而他所谓为文化的基础的宗教是祖先与自然的崇拜，以至中世纪的基督教。基德在其《社会进化》里，以至其《西洋文明的原理》（*Principles of Western Civilization*，1902）一书里所研究的对象是西洋整个文化，而他所谓为文化的基础的宗教，是广义的宗教，是爱他的情绪，所以，巴特（P. Barth）叫他做情绪的生物的社会学派（Die Emotional Biologische Soziologie），是一种最高的合理的信心（Ultra-Rational Faith）。照基德的意见，人正像生物一样的要靠生存竞争的因子，才得进化。然人类能够战胜其他的动物，是因为在猛烈的竞争的历程中，发展了理智。不过自私的理智，并不是进化的唯一的因子。因为假使这样是对的，那么最有智识的社会，应该永远存在，而一般智识较低的社会，应该灭亡。可是事实上，并不一定是这样的。比方，希腊人是一般人所公认为理智超越的民族，然而他们却早已没落。反之，好多智识较低的民族，却也生存。于是我们可以明白文化的进步，不只是靠着人类的自私的理智，而是同时靠着别的因子。这个因子，就是个人要不断的牺牲自己，以为团体。同时团体又要牺牲本身，以为人类。这种牺牲自己，博爱人类的情绪，据基德的意见，就是宗教的要素。

宗教是一种信仰的形式。它的功用，日见增加，人类的一切的博爱的行为都从此发轫。它的力量愈强，则团体的社会性愈为显明。因而团体的生存的机会，也必较大，而文化的进步的速率，也必较快。总而言之，在文化的发展的历程中，宗教的重要愈为显明，理智在文化上的作用的力量，也愈为减少。

宗教与理智是处于相反的地位。宗教是超理性的，它的最大的作用，是引起博爱的情绪，与牺牲的精神。愿意去牺牲自己，而博爱人类，决非自私的理智所能为。人类过去的历史，既证明文化之所以进步，是由宗教的力量，那么人类将来的文化的发展，也无疑的要靠着宗教。

基德不但反对理性主义，而且反对唯物主义。他以为人类是偏于宗教的。同时，也是趋于伦理的。马克斯所提倡经济的唯物主义，既是偏于物质上的争斗，结果不但不会使文化进步，反而加强人类的斗争。

照基德看起来，西洋的文化是筑在博爱的情绪的基础上。博爱的情绪，是宗教的要素。在西洋，这种情绪，得了基督教的推动，而推动西洋的文化。它不但软化了强烈的竞争，而且解放了不少的束缚。奴隶的解放，阶级的推翻，都是这种情绪的表现。宗教的改革，法国的革命，都是这种情绪的作用。这些运动，不但在宗教，在政治上有了重大的意义，就是在整个社会，在整个文化的发展上，也有了重大的影响。

此外，又如埃尔武德（C. A. Ellwood）在其《文化的进化》（*Cultural Evolution*, 1927）一书里，以为宗教是文化的最含糊而同时又是最重要的原素。在《宗教的改造》（*The Reconstruction of Religion*, 1922）里，他更指出一个没有宗教的社会，是一个空泛的社会。缺乏热情与远见，结果是成为只顾个人利益的死的社会。他很肯定的相信一个民族的进步，都在其宗教的进步上表现出来，而一种文化的没落，常有宗教的没落为先兆。宗教的灭亡，也就是所有较高的文化的灭亡。个人可以要道德而不要宗教，可是整个社会，决不能只要道德而不要宗教。一般浅见的人，也许不觉得宗教在文化上的重要，然而事实上，在我们这个时代里，宗教革命的重要，比起二千余年的任何革命都要伟大，都要根本。

又如丢克海姆（E. Durkheim）在其《宗教生活的基本形式》（*Elementary Forms of Religion*）以为差不多一切的伟大的社会制度，都由宗教产生。思想以至科学的根本范畴，都是属于宗教的体系。直至进化到了相当的时期，道德与法律还不见得与宗教有了显明的区别。宗教生活是整个集群生活的显著的形式与集中的表现。如果宗教产生了社会里一切的重要东西，这是因为社会的观念，就是宗教的灵魂。

以宗教的观点去解释文化的人很多，然而上面所举出几个代表人物的学说，已使我们明白这种观点的要旨。

我们上面曾批评过伦理的文化观点，或是道德的文化观点，同样的我们可以说宗教不过是文化的一方面。宗教固可以影响到文化的其他方面，文化的其他方面也可以影响到宗教。我们承认，宗教在某一社会或某个时期里，也许很为重要而为整个文化的重心或基础，然而同时我们不要忘记，所有的社会与所有的时代，未必都以宗教为重心或基础。

其实库隆日自己就说过，宗教进步是否促成社会进步，自然无从确说。他只能指出，他所确知的，是二者同时发生，并有相同节度。这种看法，根本就是否定了宗教是文化的唯一的基础的理论。而且库隆日以宗教的立场去解释文化，在时间上，也只限于古代与中世纪。近代的文化的基础，是否也筑在宗教的信仰上，就成了一个疑问。至于基德虽然以为近代的文化的发展的主要因子是宗教，然而他这种理论，并不见得很对。因为近代的政治与经济的要素，对于近代文化的影响，比之宗教的，重要得多。而况，基德自己也相信，除了宗教以外，理智也是文化进步的主因之一。

这不过是从所谓宗教的文化观的代表人物的根本理论上略加批评，至于细微之点，可以商榷之处，当然很多，我们这里只好从略。

第三章 政治的观点

人是政治的动物，这是亚里士多德的名言。因为人是政治的动物，所以人必定在政治社会或国家里生活。假使他因自然而非偶然的不在政治社会或国家里生活，他必定是超越或低于人类。换句话来说，他必定是上帝或是禽兽。

这可以说是政治的文化观点。因为照亚里士多德的意见，人类不只是要在政治社会或国家里生活，而且所谓政治的生活，是高于其他的生活，是包括一切的生活，是先于个人的生活。

亚里士多德以为国家是先于个人，因为整个是先于部分。比方，一个人的整个身体，如果受了伤害，则其手足也必受了伤害。国家没有了，则个人与家庭也要灭亡。而且，国家既是自然的产物，所谓自然的意义，就是完全发展的意义。一个小孩在未成年以前而死亡，我们谓之夭殇，意思就是他尚未发展到自然而然的地位。人类既是政治的动物，那么假使他们不在国家里生活，也可以说是未达到自然而然的地位。因为从自然的真谛来看，个人没有产生与家庭尚未成立之前，就有了国家的观念。正像一个人尚未成人之前，已有人的观念。换句话说，自然是有目的的，先有了国家的观念，然后有个人，有家庭，使国家观念能够实现。正像先有了成人的观念，然后有胚胎，有小孩，使成人的观念能够实现。所谓个人，所谓家庭，只是国家的发展的历程中的阶段。正像所谓胚胎，所谓小孩，只是成人的发展的历程中的阶段。国家是整个，而个人与家庭是部分，国家是目的，而个人与家庭是工具，所以没有国家，就没有个人，没有家庭。要有国家，才有个人，才有家庭。

因为国家先于个人，先于家庭，所以国家可以包括个人，包括家庭，以至其他的团体，及其生活。文化是个人与团体的生活的总和，政治生活既是包括一切的生活，所谓文化的各方面，都可以说是政治的表现。人是政治的动物，人的生活既不能离开政治，人所创造的文化，也不能不受政治的支配。国家的目的是寻求至善（Highest Good），所以道德不能离开政治国家。宗教不但不能离开政治，而且是国家的要素。所以，宗教的建筑物，应当与政府机关，位于城市里的最高的地方。经济生活是必要的，可是重农或重商，都要以国家需要来决定。亚里士多德虽然是主张重农，可是他也看到商业的好处。总而言之，因为政治生活包括其他的生活，所以其他的生活，都要以国家为依归。凡足以有益于国家的生活，都应加以提倡。反之，凡足以有害于国家的生活，都要加以取缔。

国家不但是先于一切，包括一切，而且是高于一切。所谓国家至上，就是这个意思。后来所谓主权一元论发展起来，国家至上的观念，不只是有了理论上的根据，而且有了法律上的根据。

主权一元论，可以说是始于菩丹（J. Bodin）。菩丹在一五七七年所刊行的《共和国》（*De Six Livres de la République*），以为主权是最高的权力，统治国民与臣民，不受法律的限制。因为主权是最高的权力，所以主权是绝对的，是永久的，是不能让与的，是不能分开的。

主权不只是国家的要素，而且是国家所独有的东西。国家有了这种最高的权力，不但可以统治国民与臣民，而且可以统治国内其他一切的团体，以及支配文化的其他方面。

不但这样，主权的主要功用是颁行法律。菩丹所以说主权不受法律的限制，就是因为法律是主权的创造品，法律虽是主权的创造品，可是法律本身却是一种力量。因为凡是法律，人民都要遵守。同时，国家可以用法律的力量去发展或限制某种文化。

这是从对内方面来说。对外方面，主权的功用是宣战，讲和遣派代表，修订条约。而且因为国家有了主权，国家在国际的关系上，才有独立自由的地位，而不受其他国家的统治。国家对内既有了最高的权力，对外又有独立自由的地位，那么国家在人类文化上，所占的地位的重要，可以概见。

从表面上看起来，菩丹的主权，虽是绝对，然事实上，他也承认有了限制。照他的意见，主权是受上帝法，自然法，国际法，以至国家的根本法（Salic Law）的限制。至霍布斯（Thomas Hobbes）在其《巨鲸》（*Leviathan*，1651）一书里，对于主权的理论，又加以发挥，使主权成为真正至高无上的权力。照霍布斯看起来，国家是一个巨鲸、一个大人，由人类组织而成；同时，是一个绝对统一的团体与一个包括一切的权力。在国家里，所有一切的团体，正像巨鲸的肠里的小虫，所谓市镇、侯国、商会、教会等等，都要绝对的受主权的统治。主权不但不受国家的根本法，国际法，自然法的限制，而且不受上帝法的限制。

一元主权论，自菩丹以后，得了霍布斯、卢梭及好多的政治学者极力的发展，再加以民族主义的澎涨，使国家成为至高无上的团体，使政治成为一切文化的重心。而一般唯心论者，像黑格儿（W. Hegel）及其徒众，更把国家当作神圣，当作上帝。结果是国家的地位愈为高上，愈为重要。照黑格儿的意见，国家是一个人，是一个有机体，是世界的历史的历程的表现，是人类发展的最高的目的。他与斐希特（J. Fichte）一样的相信，每个民族国家，都有其特殊的文化，而对于世界文化有了特殊的贡献。世界的进步，是表明世界观的逐渐发展，在每个时代里，都有某种民族国家表现出这种世界观。所以政治的发展，也就是文化的发展。因此，从政治的发展的阶段中，我们可以找出文化的发展的阶段。黑格儿的《世界历史哲学演讲》（*Vorlesungen über die Philosophie der Weltgeschichte*，1832）可以说是为了说明这种理论而写的。他把世界历史分为东方的国家，希腊罗马的国家，与日尔曼的国家。自由的发展，是进步的标准。在东方的国家里，只有专制君主，没有自由。在希腊罗马的国家里，只有少数人是自由。只有在日尔曼的国家里，人人都得自由。他觉得在他的时代里，他的国家也就是德国是代表人类进步的最高的阶段。换句话说，就是代表文化最高的国家。

国家既是一个人，是一个有机体，国家也有了意志。这种意志是完善的，理性的，表示普遍及个人的自由的综合。所谓个人的实体，只能在国家里找出来，而所谓完满的生活，也只能从国家里找出来。个人是为国家的生存而生存。文化既是人类所独有的东西，文化的发展，自然不能与国家的发展相背驰。其实，所谓文化，是为国家的发展而发展的。所以，从文化的各方面，如宗教，如科学，如艺术，我们可以找出国家的意志。每个国家都有其独立的意志，这种意志，无论是对内或对外，都不受法律的限制。

总而言之，从黑格儿及好多的唯心论者看起来，国家不只是万能的，而且是万有的。

凡是政治学者，都可以说是有意或无意的主张以政治的观点去解释文化。亚里士多德、菩丹、霍布斯、卢梭、黑格儿固是如此，其他的政治学者，也是这样。可是，对于这种观点主张较力，而解释较为透切的代表人物，要算特赖什开（H. V. Treitschke）。

特赖什开的政治的文化观点的主要著作，虽是他死后所刊行的《政治学》（Politik），但是他的学说的来源，却可以从他在一八五九年所出的《社会学科：批评的研究》（Kritischen Versuch：Die Gesellschaftswissenschaft）〈中找到〉。这本《社会学科》，是特赖什开的博士论文。在十九世纪的中叶的前后，德国有了好多学者，如摩尔（R. V. Mohl），如斯泰恩（L. V. Stein），如利尔（W. H. Riehl），觉得社会学科，应当成为一种独立学科，而与政治学脱离。特赖什开觉得这种的主张，是全无根据的。他以为所谓社会学科的对象，老早已有人注意，可是这种对象，实际上是属于政治学的范围之内。只有持了这种观念去研究所谓社会学科，始有意义。而且事实上，从来也是这样的研究。一切的会社（Sozialen Genossenschaften），都可以说是国家的一部分。所谓里、区、县、府等区域社会，不但只是国家的一部分，而且直接受了国家的管理。所谓品位（Stände），所谓阶级（Klassen），同样的是受了政治势力的支配。所谓历史学、人类学与语言学，所研究的宗族（Stämme）或种族（Rassen），其发展与对象，归根究底，也是要由政治的力量而实现。

总而言之，所有这些现象，只有在国家与从国家里，始能表现其形态（Gestalt）与意义。换句话来说，所有这些现象，都是政治学的对象。政治学的对象是国家。在国家里的各种生活，都是属于政治或有关政治的。人类既不能不在国家里生活，人类生活的方式与结果，都与政治有了关系。

不但这样，所谓社会学科的对象的本身，就不能分开得十分清楚。所谓经济的生活，所谓教育的团体，以及各种的社会关系，都没有其确定的范围，而成立为一种或数种社会学科。

而且所谓社会的现象，既不是新的现象，又不是重要的现象。就如斯泰恩所说的第四阶级，从特赖什开看起来，也不见得是新的，或重要的。群众的穷苦与社会主义，是常常有的，至多只能在政治紊乱与变动的时候，这种阶级的力量，才能表现，而与政治处于对峙的地位。

总而言之，从历史上看起来，人类共同的生活的各方面，是有了密切的关系。国家是人民的统一与有秩序的共同生活，所谓社会生活，只是这种生活的某方面。政治生活既可以包括其他的生活，那么要把所谓社会生活与政治分开来看，而建立所谓社会学科，是没有什么意义的。

特赖什开在《社会学科》这本书里，目的虽是反对社会学科的成立，说明政治学可以包括所谓社会学科，可是这种抗议，与这种主张，完全由他相信政治的原因，可以解释其他的现象。这就说，他是相信政治是社会生活的基础。他在这本书里，虽没有用了文化这个专门名词，可是他所说的政治生活、社会生活、共同生活，就是我们现在所说的文化。

后来他在柏林大学演讲政治学时，他对于政治的文化观点，极力加以发挥。我们现在且根据这本《政治学》里所说关于这个观点的要旨，略为叙述。

特赖什开在其《政治学演讲》的"绪言"里，就指出近代的人们，因为忙于各种社会生活，如科学，如工业等，结果对于政治，少有注意。假使人们不是在政府里做事，那么除了选举的时候外，对于国家，多不过问。只有在战争的时候，政治之于人们，才直接有了关系。其实，政治不但在古代的文化里，占了最重要的地位，就是在现代的生活中，也是占了很重要的地位。特赖什开觉到一般人，只能在战争的时候，始能注意到政治。大概也是因为要唤起一般人的政治的兴趣，他是被认为一位极力辩护战争的人物。听说他在柏林大学演讲政治学的时候，每上讲台，必对着一般听众说：诸君，你们知道国家的主要功用是什么吗？国家的主要功用，就是战争。因此之故，有些人说，一九一四年的欧洲大战，是由特赖什开弄出来的。这种看法，是否错误，我们这里不必讨论，但是特赖什开无疑的是一位主张强权论者，是一位极端的国家主义者。

特赖什开极力反对卢梭的《契约论》，以为这种学说，没有历史的根据。因为没政治经验的人们，决不会由一个契约而建立一个政治团体。其实，人类从来就没有离开过政治的生活，而独立生存。人类的来源，是始于两性的结合，而两性的结合是家庭的开始。在家庭里，我们可以找出政治上的服从原理，所以最古的家庭（Die Urfamilie），可以说是最古的国家（Der Urstaat）。父亲是一个元首，执行元首的权力，他统治妻子的权力，就是后来君主或政治权力的渊源。关于国家的来源的学说，特赖什开是深受了亚里士多德而特别是达尔曼（F. C. Dahlmann）的影响。他以为最好政治学的著作，是达尔曼的《政治学》（*Politik*，1835），也就是这个原故。

最古的家庭，就是最古的国家。而其要素，就是权力。那么国家可以说是由法律而统一的民族的独立的权力。换句来说，权力（Macht）是国家的原理。权力之于国家，正如信仰之于教会，与爱情之于家庭。总而言之，国家是一种权力，是一种公共的权力，目的在于保护与防御公共的利益，维持国家本身的存在。

国家固是权力，然照特赖什开的意见，它并不一定像黑格儿那样的当作上帝看待，而包括人民生活的整部。人民生活的整部，并非完全由国家里发展而来，可是因为国家是权力，国家可以用了这种权力去保护与围范人民的生活的各方面。国家所要问的，在根本上，不是意识，而所要求的，是服从。国家的法律就是命令。无论人们喜欢不喜欢都有遵守的义务。

从法理方面来看，国家的权力是主权。主权是国家的独立而不受其他的国家的统治的权力。可是这种主权，也不像黑格儿那样的当作绝对的东西，而乃相对的东西。每个国家既不能独立生存，而必与其他的国家互有关系，那么各种条约的修订，就是主权受了限制的表示。不过这种限制，也是相对的。一个国家不能永远的受了某条约的限制，因为并没有比国家本身为高的权力，故所谓限制，还是一种自己默认的约束。所以事实上，假使两个国家宣战起来，那么两国所有的各种条约，都因之而失其效力。国家固有权宣战，国家也有权讲和。

总而言之，所谓国际条约的修订，虽对于国家主权有所限制，然这种限制，非绝对的，而是自约的。自然的，一个国家要保存这种主权，不能不有武力作后盾，因为从战争法的观点来看，一个国家没有武力作后盾，必为他国所征服，而变为他国的臣民。

特赖什开虽不像黑格儿那样的当国家为万能与万有，但是国家既是权力，而要求国家内部的人民与团体的服从，国家还是人民生活的重心，各种动作的基础。

而且，每个国家，都要有一个首都。首都是人民精神文化，与物质文化的重心。这个重心可以使人民觉得民族是整个的，国家是整个的。没有一个文化的中心点：一个伟大的民族国家，不会永久的存在。伦敦、巴黎、罗马、马德里（Madrid）、斯托克、荷尔姆、哥本哈根（Copenhagen）都是城市，可是国家的政治的生活，就集中在这里。这些城市是必要的，虽则在这些城市里，我们也可以找出不少的罪恶。十九世纪以前的德国，既找不出这样的城市，十九世纪以前的德国，也找不出一个政治的重心，与文化的中心。

不但这样，假使我们进一步去研究文化的发展，我们觉得文化的进步，往往是与政治的发展,有了很密切的关系。特赖什开以为关于这一点的最可羡慕与最有价值的例子,要算英国。超瑟(Chaucer)是与那位黑色的王子与战胜法国的英雄同时,到了依利萨伯(Elizabeth)的时代,政治的权力,固达到高峰,文学也因莎士比亚而茂盛。连了克伦威尔(Cromwell)的时代,也有像密尔顿(Milton)的诗人。在西班牙的继袭的战争的时候,英国的文学,又有其特殊风格,而其代表人物是爱迪生(Addison)及一般散文家。他们的著作的风格,是趋向于娴雅的小说(Sittenroman),与生活的写实,到了反抗法国革命的时代,又有了斯科特(Scott)与拜伦(Byron)。

特赖什开也承认学术与艺术的发展,不一定靠着政治的力量。意大利在政治紊乱的时候,却出了好多有名艺术家。所以他说,一个国家可以建设大学与学术机关,可是学术与艺术的工作,应当使其自由发展。不过历史所告诉我们的事实,是高度的文化,是往往在伟大的民族与强盛的国家里找出来。所以琉西珂德信(Lusiaden)是生在葡萄牙发现了半个世界的时候,松窝尔德新(Thorwaldsen)并不是一个丹麦人,因为他早年就到罗马。在他的成就中,找不出丹麦的特性。假使你问他生在那里,他自己也不知道。他所知的是一七九七年三月八日,他始到罗马。十八世纪的德国,好似是一个例外,然而大致上,我们还可以说十八世纪的普尔士是德国的斯巴达,而德国的雅典却在其他的德国国家。除了康德以外,所有那个时候的著名人物,都是周游各处的,所以他们都可以说是属于大德国的。因此,我们可以说,精神文化的发展,主要还是依赖于伟大的民族与强盛的国家。

所谓精神的文化与政治的关系,固如上面所说,至于文化的社会方面,我们在上面叙述他的《社会学科》一书,也已提及。我们在这里所要稍为补充的,是在《政治学》一书里,特赖什开以为国家是一个整个的,而且有了一个人格,一个意志。至于其他的社会,却不是这样。各种社会所代表的兴趣既多,社会的自然趋势是竞争,他们不但不需要统一,而且不能统一,只有服从国家,这种互相争竞的社会,才能得到和谐。因此之故,欲在政治学之外,别有社会学科,至多只是名词的游戏而已。

同样,在文化的物质方面之于政治的关系,也很显明。国家的目的既是改善人民的生活,国家不能漠视人民的物质生活。在文化较低的国家里,土地国有的观念,还是存在。其实,没有国家及其法律,则所谓商业、交通,固不易发达,财产及其他的物质生活,也不能发展。同样,国家对于老弱贫困的人们,也应当注意,所以国家不只是物质文化的保护者,而且是这种文化的改善者。

所以,从特赖什开看起来,所谓文化国家(Kulturstaat)对于人民的精神与经济(物质)的整个生活,都要加以积极的改善。而且从历史上看起来,国家的功用(Tätigkeit)的范围愈广,文化的增长愈速。所谓国家行政的真正意义,最重要的还是实现文化的进步。国家功用的范围的放大，并不是把人民的整个生活并吞起来，因为文化的进步，是人民个性增长的表示。而且，这也是对于人民幸福的增加，与理性的发展，有了密切的关系。国家之于人民，犹如家庭之于子女，父母管理子女，教养子女，表面上好像压制，其实是要使他们得到自由，能够自立。

积极方面，特赖什开既主张政治的文化观点，消极方面他又反对所谓文化的历史。他以为马考利是第一个觉得所谓政治的历史，已成过去，而我们现在应当注重于文化的历史。不过马考利（Macaulay）自己既没有从事予这种工作。事实上，凡是认识历史的性质是永久存在（Ewige Werden）的人总能明白所有的历史，最初都是政治的历史。人们必要叙述一个民族的事实，而政治家与军事家是历史的英雄。学问家与艺术家，虽也属于历史，可是历史的生活，并不以这种理想的成就为出发点。假使人们对于政治的兴趣愈少，那么人们对于历史的生活，愈觉得隔膜了。

而且，以为文化的历史是现代的一种新产物，是一种无稽之谈。假使一个历史家，缺乏了政治的认识，则他对于历史的核心的认识，不会深刻。他必定有了政治的眼光，始能看到在国家的生活里所谓时代的精神，是否适合。纯粹的文化的历史的著作，总免不了有缺点。部克哈特（J. Burckhardt）的《意大利的文化复兴》（*Kultur der Renaissance in Italien*）是一本很好的著作，然而读过这本书的人，都感觉到这本书总有些缺点，这就是缺乏了活动的人物。人们完全不会明白意大利的文艺复兴，假使人们对于意大利的国家的繁盛，没有充分或相当的认识。

特赖什开是一位政治学者，一位历史学家，同时也可以说是一位政治的历史学者。他之所以主张政治的文化观点，或政治史观，是自然而然的。其实，过去的历史学者，差不多都可以说是主张政治的文化观点，或政治史观的。夫利曼（E. A. Freeman）以为历史是过去的政治，政治是现在的历史，这简直是把历史当作政治，政治当作历史。两者所异的，不过是时间的区别，而其内容与范围，却是一样。西利（J. R. Seeley）以为有了历史没有政治学，好像没有果实，有了政治学没有历史，好像没有根蒂。这种见解虽没有夫利曼那么极端，可是政治在历史上的重要，还是很为显明。罗楞兹（O. Lorenz）在其《历史学的主要趋向与问题》（*Die Geschichtswissenschaft in Hauptrichtungen und Aufgaben*，1886）一书里告诉我们，国家常常是历史家所研究的唯一的对象，而且这样的去研究国家，是很对的。舍斐（D. Schäfer）在其《历史的真正的工作的范围》（*Das Eigentliche Arbeitsgebiet der Geschichte*，1888）以为历史的任务，是明白国家的起源，变化，与其存在的条件，以及其问题。这是历史的中心工作。以往固是这样，现在与将来还是这样。人类文化的各方面，从历史家看起来，只能研究其与国家有关的各方面，只有这样的去研究历史的工作，才成为活的工作，只有这样的去解释历史，历史的真谛才能表现出来。

历史是人类过去的成绩人类过去的成绩，是人类过去的文化。历史家既以为历史是叙述过去的政治，那么政治就是文化的重心或基础。其实，以往的历史家所叙述的，多是帝王个人的事迹，或其臣僚的行为，拉姆普累赫特（Lamprecht）以为政治的历史，就是英雄的历史，就是这个意想。中国以往的历史，固是这样，外国以往的历史，也是这样。帝王与其臣僚的史迹，从整个文化看起来，固是文化的很小的部分，就是从政治的立场来看，也不过是政治的一部分。因为广义的政治，除了帝王臣僚的动作之外，政治的机构，以及其功用，都是研究政治的人所不可不注意的。

以往的历史家所以注意帝王或臣僚的事迹，是因为他们相信这些人物，是历史的主动者，是文化的创造者。以我们自己的历史而论，所谓燧人取火，所谓有巢造室，所谓神农教耕种、尝百药、设市廛，所谓黄帝备舟车、立制度、奠国基，以至仓颉造字，周公制礼，蒙恬制笔，蔡伦做纸都是表示每代的文化的发展，是依赖于几个英雄，而特别是在政治的舞台上居了重要的地位的人物。所以，比方从孔子、孟子看起来，尧、舜不但是政治上的理想的人物，而且是文化上的理想的人物。所谓人亡政息，政息不只是政治衰落，文化也随之而衰落。所以一般西洋的学者，像亚里士多德、波和比亚斯（Polybius）所谓政治的变化，是由君主而暴君，由暴君而共和，由共和而寡头，由寡头而民主，由民主而暴徒，这种政体的变化，照这些学者的意见，主要固是政治的兴衰，然而同时也是文化的兴衰。因为他们都有意的或无意的相信政治是文化的轴心，政治是文化尺度，所以以往的历史，所给与我们的印象，是希腊文化最繁盛的时代是国家最强盛的时代，希腊国家倒霉了，希腊文化也随之而没落。罗马文化最繁盛的时代，是帝国最强盛的时代，帝国瓦解了，罗马文化也随之而衰败。此外，葡萄牙、西班牙、荷兰、英国、法国、德国、美国等国的文化的兴衰，皆以国家的兴衰为衡量，国家兴盛，文化兴盛；国家衰弱，文化衰弱。西洋的文化固是这样，巴比伦、埃及以至东方的中国、日本也是这样。

其实，历史的教训，是一个民族或国家的政治的兴衰，不但对于本国的文化的兴衰，有了密切的关系，而且对于文化的向外发展，也有了重大的意义。一个国家，在政治上如能统治别的国家，则其文化，也必能影响别的国家。西班牙统治菲律宾的时候，后者乃受了西班牙的文化的深刻的影响。到了美利坚统治菲律宾的时候，后者又变而深受美利坚的文化的影响。这是一个很显明的例子。至于英国文化之于马来半岛，荷兰文化之于爪哇群岛，法国文化之于安南，日本文化之于朝鲜，都是说明文化是跟着政治而跑的。特赖什开以为自然的法则，是战胜的国家的文化，征服战败的国家的文化，而开化野蛮民族，是文明国家的最好的任务，所谓"白种人的负担"（White Man's Burden），也无非就是这个意思。

历史上有了这么多的例证，有了这么多的教训，历史家而特别是以往的历史家之所以往往主张政治文化观点，或政治史观，可以说是自然而然的。

政治学者与历史学者，既以政治为文化的重心，一般的政治改革者，或社会改良者，也往往以为政治苟能改善，文化也能改造。在我国维新时代的康梁相信政治开明，是文化启明的先决条件。到了失败以后，他们还相信假使光绪在政治上是有力量的话，则中国的维新运动，早已成功。革命时代的孙中山也相信，假使满清①能够推翻，则中国不但在政治上，可以澄清，在经济上、在法律上、在教育上，以至文化的其他方面，也可以改善。人们相信政治是一种权力，而且是社会与文化上的最重要的权力。得了政权，一切的社会改造、一切的文化发展，都可立即实现。政党的领袖，到处宣传，以为苟得政权，必能为人民造福，都可以说是深信这种观点。孔子所谓"如有用我者，期三月而有成也"，是深信这种观点。近代所谓民族主义、所谓国家主义，以至所谓帝国主义，也是深深相信这种观点。

上面是说明政治的文化观点，我们现在且把这个观点的主要方面，加以简短的批评。

我们的意见是，政治固可以影响文化的其他方面，文化的其他方面也可以影响政治。在某个时代里，或某个社会里，政治固可以为文化各方面的重心，然在别的时代里，或别的社会里，未必就是这样。比方，中世纪的时候，文化的重心，就偏于宗教方面。一个人属于那一个国家，是无关重要。最要紧的，是他必定属于某个教会。因为不属某个教会，是被人目为叛徒，宗教上的叛徒，在社会上所受的责备，比之现代的政治的叛徒，犹为严厉。所谓政治在中世纪，既并无重要，所谓国家，照一些学者的意见，不外是教会的警察厅。帝王在公共的行为上，固受教皇的支配，在私人的动作上，也处处受教皇的干涉。政治学者兼历史学者像特赖什开也要承认在中世纪的时候，宗教的力量，比之政治的力量为大。其实，他还且以为在我们的时代里，除了国家在战争的时候，与在选举的时候，政治之于一般普通的人民，就没有很多的关系，可见得专以政治的观点去解释整个文化，与全部历史，是一种错误。

在历史上，与现代的国际关系上，一个战胜的国家，固有不少把其文化去统治战败的国家，然而历史上，也有战胜的国家的文化，在政治上，虽统治战败的国家，然而在文化的其他好多方面，却为后者所征服。罗马不是在政治上统治了希腊吗？然而罗马在文化的其他方面，又岂不是受了希腊的很大的影响吗？满洲

---

① 编按："满清"之说，在清朝末年兴起，盛行于辛亥革命时期，是清代非满族人士对清政府的称呼（清王朝为满人所建立，故名），是在反抗清朝的斗争中逐渐提出的一个概念，带有强烈的排满情绪，可以说是当时大汉族正统观念的反映。为保持历史文献原貌，此处不做改动。下同。

岂不是在政治上统治了中国吗？然而满洲在文化的其他好多方面，又岂不是受了中国的很大的影响吗？其实，满洲不但只在文化的其他好多方面，受了中国的很大的影响，连了在政治的制度与思想上，也受了中国的很大的影响。这又可见得专以政治的观念去解释整个文化，与全部历史，是一种错误。

若说只在国家里，才能达到完满的生活，那也是一种偏见。国家既不是人类最大的团体，也非人类最小的团体。一个国家，无论怎么大，决不能够单独生存于世界；一个国家，无论怎么样小，决不能使全体国民直接参加政治的工作。国际的关系日加密切，一个国家所依赖于别的国家的地方愈多，各种文化的团体的生活愈多，则人类对于政治的兴趣，必愈为减少。因此之故，国家既不能包括人民的整个生活，政治只是文化很多方面的一方面。一元主权论者也许还想把所谓至高无上的权力，去统制人民的一切生活，然而多元主权论者，早已告诉我们，这不但是事实上所做不到的事，就是理论上，也是不通。其实，不但是伦理学者、宗教学者、经济学者，对于传统的主权论，有了不少，施以严厉的攻击，就是好多的政治学者，也给以严厉的批评。更有些学者，简直就觉得主权的观念，是没有什么用处，而主张完全取消。

政治改革家，或是社会改良者，应当明白政治的改善，要有相当的文化基础。辛亥革命，虽把满清推倒，然而北洋军阀的种种把戏，无非是中国旧的文化的反应。因为新的文化的基础尚未建立，政治上，虽换了一个形式，正像换汤不换药，结果是不但整个文化的改造，有了很多的障碍，就是政治本身的改革，也有了不少的阻力。反观德国在前次欧战时，无论在国际政治上，或国内政治上，虽受了很大的打击，然而不够二十年，又成为一个侵略的国家，主要的原因，不能不说是由于德国整个文化所造成。

总而言之，我们并非否认政治在文化中的力量，我们所要指出的，就是政治固可以影响文化的其他方面，文化的其他方面，也可以影响政治。

第四章　经济的观点

凡是以经济的立场去解释文化，或是主张所谓经济史观的人，总不会忘记了马克斯（Karl Marx）。马克斯对于这个学说的注意与宣传，虽是在十九世纪的前半叶，这就是八十年前，然而在十九世纪的下半叶，这就是五十年前，罗泽斯（James E. T. Rogers）在其《经济史观》（Economic Interpretation of History，1888）一书里，劈头就告诉我们：差不多所有的历史，对于经济因素的重要性，都没有加以注意。他又指出每个历史家，都曾详细的记载英国十四世纪的叛乱、十五世纪的内战、十七世纪的革命，可是他们通通都忘记了这些史实，无一不有其经济的背景，无一不受经济的影响。罗泽斯是特别看重这一点的，所以用了他生平的黄金的时间，专门去研究这个问题，希望能因此而引起人们对于经济因素，在历史上的重要性。

这是五十年前一个经济学家的看法。五十年来，而特别是二十年来，不但是一般学经济的人，往往以这个观点去解释历史与文化，就是好多不是学经济的人，也往往以这个观点去解释历史与文化，而相信这个学说。

经济史观常常也叫作唯物史观。马克斯虽是曾被有些人所认为这个学说的创始者，然而在马克斯的著作里，他对于这个学说，并没有给与一个特别的名称。唯物史观（Materialistische Geschidhteauffassung）这个名词，却是最先见于恩格斯（F. Engels）在一八七八年所发表的《丢林格的科学的革命》（Herrn Eugen Dührings Umwälzung der Wissenschaft S. lo）一篇论文里。此后，采用这个名词的人，逐渐增加。有些人而特别是考兹基（K. Kautsky），且用了这个名词为其巨著的名称（Die Materialische Geschichtsauffassung，1927）。

至于经济史观（Ökonomische Geschichtsauffassung），在英文方面，据我所知，用得较早的，恐怕要算罗泽斯（J. E. T. Rogers）在一八八八年所出版的《经济史观》（Economic Interpretation of History）一书。后来塞利格曼（E. R. A. Seligman）发表《经济史观论文》（The Economic Interpretation of History，1902），各国争相翻译，对于这个名词的流行，很有效用。德文方面，柏恩斯泰恩（Ed. Bernstein）在一八九九年所出版的《社会主义的假定》（Die Voraussetzungen des Sozialismus），曾用过经济史观（Ökonomische Geschichtsauffassung）。阿德勒（Max Adler）在其《马克斯主义者的问题》（Marxistische Probleme，1913）一书里，觉得叫马克斯主义的根本观念，不当叫作唯物史观，而提议以社会经济的决定论（Soziolokonomischen Determinismus）这个名词来代替。此外，好多法国的学者，又喜欢叫作经济的决定论（Determinisme Economique）。

严格的说，以经济史观来当作唯物史观，或是这两个名词的混用，显然是一种错误。因为经济既未必全为物质，而物质也未必就是经济。比方，一家商店，其所交易的货品，固是物质的东西，可是除了货物以外，也是一种社会的组织。至于一个商会，完全可以说是一种社会的组织，而非物质的东西。他如所谓商法、商业习惯、商人道德，那更不是物质的东西，我们所以说经济未必全为物质，就是这个原故。

又比方，以生物的立场去解释历史，固然可以叫作唯物史观。然却不叫作经济史观。同样，以气候、土壤、河流等地理要素的立场去解释历史，也可以叫作唯物史观，然也不能叫作经济史观。我们所以说物质未必就是经济，就是这个原故。

所谓经济与生物或地理的根本的差异，是前者的本身是文化，而后者的本身是自然。经济史观既与唯物史观有了根本的差异，两者当然不能随便混而为一。

经济史观是以经济的观点去解释历史。历史虽可以说是过去的文化，然而我们研究文化，不但是研究过去的文化，而且要研究现在的文化。因此之故，与其叫作经济史观，我们愿意改为经济的文化观，而与上面所说的伦理的文化观、宗教的文化观、与政治的文化观等成为一致。

广义的说，这个理论的历史，相当久远。《管子》的头一篇就有下面几句话："国多财则远者来，地辟举则民留处，仓廪实则知礼节，衣食足则知荣辱。"希腊的哲学家如亚里士多德（Aristotle）在其《政治学》（*Politics*）里就觉到经济因素在政治上与文化的其他方面的重要；历史家像修西提斯（Thucydides）在其《培罗波尼西亚战争史》（*The History of the Peloponnesian War*）里，曾指出海滨居民，因为利用经营商业所得的财富，不但使其能建筑城垒，建造战舰，而且使其日常生活，得以稳定。此外，因为财富的增加，不但使各处的税收因而增进，就是各处的专制政体，也因而树立。普利尼（Pliny）以为意大利的没落是由于大的地产（Latifundia Perdidere Italiam, Jam vero et Provincias）。同样，萨拉斯特也以为人民对于国家的利益，当作买卖的东西，是由于他们的土地被占夺而致于贫困的结果。

在十七世纪哈林顿（J. Harrington）在其名著《海洋共和国》（*The Commonwealth of Oceana*, 1656）里，曾说领土或地产的比例或均衡是怎么样帝国的性质也便如此。他又指出如果一个人是唯一的地主，或者是比民众都有权力，那么他就是大王公，并且他的国家是一个绝对的君主专制政体的国家。如果少数人，或者一些贵族是地主，而比民众都有权力，那么这也是不平衡的，并且这个国家，就是一个混合的君主专制政体的国家。如果所有的民众都是地主，或者他们把土地分配得很得当，所以没有人能够比他们的权力更大，那么这个国家用不着以武力去统治，这个国家可以叫作共和国。又如，编辑哈林顿《海洋共和国》的杜灵特（Toland）在其《哈林顿传记》里说，无论何时何地，凡是有钱的人，都能指挥一切的法律。这与现代一些人所谓，金钱造法律（Money Makes Law）是同一口气。

又如十八世纪密拉（John Millar）在其《社会品级的区别》（*Observation Concerning the Distinction of Ranks in Society*，1771）里，对于经济因素的重要，曾详加说明。索姆巴特（W. Sombert）以为密拉是马克斯的先导（参看 W. Sombart, Die Anfange der Soziologie in Erinnerungsgabe für Max Weber, vol. I）。此外，又如达尔利姆普尔（Dalrymple）的《大不列颠封建产业通史论文集》（*An Essay Toward a General History of Feudal Property in Great Britain*，1757），德国麦塞尔（Möser）的《倭士那布吕克历史导言》（*Vorrede zur Osnabrukschen Geschichte*，1768），与法国加尼挨（G. Garnier）的《财产对于政治法律的关系》（*De la Proporiété dans ses Rapports avec le droit Politique*，1792），都很注重于土地产业之对于政治的影响。

在一八三七年，劳麦（G. W. von Raumer）对于经济因素之影响于文化的各方面，做过很深刻的研究。培娄（G. V. Below）在其《社会学的起源》（*Die Entstehung der Soziologie*，1928）一文里，索罗坚（P. Sorokin）在其《现代社会学说》（*Contemporary Sociological Theories*，1928）一书里，均以为劳麦的学说，与马克斯的学说，差不多完全相同。

劳麦以为所有一切政治的变迁，不外是由于生产的条件，生活的状态，以及因商务的关系（Verkehrsverhaltnisse）而引起在新情况中的各种不同的阶级的结果。政治的变迁，在最后的分析，只是在变迁中的人民的社会与经济的情形的结果。而且，是必然的结果。这些情形的结果，不只是改变了道德、礼俗、思想以及生活的状态，而且改变了各种社会的阶级的互相关系。总而言之，生产的方法的一经改变，则社会的关系，必定受了影响的（Dass eine Veränderung in Produktionsart die Sozialen Verhältnis beeinflusst，参看 *Raumer Von neu-märkischen Landbuchs*，1837以及 *Die Insel Wollin und dos Seebad Misdroy*，1851）。

我们应当指出，劳麦并非完全否认所谓精神（Geistigen）动作的力量，可是他却以为这些动作在大多数的实例中，是由于经济变迁所影响，或是跟着这种变迁而变迁。

此外，十九世纪初叶的社会主义者，而特别是斯泰恩（L. Von Stein），对于经济因素在文化上的重要，都能有相当的认识。

然而主张这种学说最力，而同时其影响又最大的，要算马克斯了。

马克斯在一八四二年，当他做《莱因新闻》编辑的时候，对于经济的问题，已很注意。马克斯曾受过黑格儿（G. Hegel）的影响，而这个新闻，又是少年黑格儿派所创办的。后来因为这个新闻被封，一八四四年，马克斯到了巴黎，又和少年黑格儿派别一个朋友创办《德法年书》。这个时候，马克斯又受了圣西门（Saint Simon）、蒲鲁东（Proudhon）、斯泰恩（L. Von Stein）的影响，而变成一个社会主义者。在《德法年书》里，马克斯发表文章，一方面批评黑格儿的法律哲学，一方面解释无产阶级革命的必要，他指出革命需要一个被动的原素，这就是一个物质的基础。同时，他又指出工业和一般财富界，对于政治界的关系是现代的重要的问题。此外，他又指出法国革命的重要，不但是解放社会的政治势力，而且是解放政治上部机构所依赖的经济基础。

一八四五年，马克斯又与恩格斯（F. Engels）合著了一本书，叫作《神圣的家庭》（*Die Heiligen Familie oder Kritik der Kritischen Kritik Gegen Bruno und Konsorten*）。有些人说，这本书差不多完全是马克斯所写的，而且在这本书里，他所受福厄巴赫（L. Feuerbach）的唯物主义的影响很大。又在这本书里，马克斯也说到法国革命的经济基础。他以为法国革命时代的人，与古代的人不同，因为经济与工业的关系的不同。马克斯又指出一般人对于历史不能了解，是因为他们不了解各时代的工业情形，与日常生活的生产方法。

据恩格斯在一八八八年所订注的英文本的《共产党宣言》的"序文"里告诉我们，马克斯在一八四五年的春天，已把经济史观的学说，有条有理的讲给他听。可是在他的著作里，这种学说的解释之比较有系统的，是在一八四七以后。

在马克斯发表其《神圣的家庭》之后二年，他又刊行一本《哲学的贫困》（*Misére de la Philosophie, Réponse à la Philosophie de la Misére de M. Proudhon*）（德文 *Elend der Philosophie*）。是在这本书里，马克斯的经济史观，始具了一个概要。马克斯很明白的指出所谓民法（Zivilrecht），不外是财产发展的表现，而政治也不外是经济关系的表征。此外，所谓原理、观念、范畴等等，都不外是生产方法的反照。马克斯又指出人类是随着生产方法的变迁而改变其一切的社会关系。他说手磨时代产生封建诸侯的社会，汽机时代产生工业资本的社会。他又说，没有对抗，没有进步。这是从古至今的文明的法则（Ohne Gegensatz kein Fortschritt；das ist das Gesetz, dem die Zivilization bis heute gefolgt ist）。

马克斯与恩格斯在一八四八年所发表的《共产党宣言》（*Kommunistisches Manifest*）对于对抗的原理，或是阶级争斗的理论，说得更为透切。他们以为直到现在，所有的社会历史，都是阶级争斗的历史。自由民与奴隶、贵族与平民、领主与农民、行东与伙计、压迫者和被压迫者，都处于对抗的地位，继续不断的明争暗斗。这种争斗的结果，若不是因革命而重新建设整个社会，便是这种争斗的阶级，同归于尽。因封建社会的倾覆，而产生的现代中等阶级社会（Modern Bourgeois Society），也免不了。阶级的对敌，因为新的阶级的树立，新的压迫的情况，新的争斗的形式，代替了那些旧的。我们的时代，就是中等阶级的时代，而其特点是简单化了阶级的对敌。整个社会，正是逐渐分裂而成为两大对抗的壁垒,直接的互相仇视的阶级,这就是,中等阶级(Bourgeoisie)与无产阶级(Proletariat)。

恩格斯对于这个宣言的根本原理,曾作过这样的解释:在每个历史时期里,其所存在的经济生产与交易的形态,以及从此形态而产生的社会组织,乃是整个社会的基础。要想解释那个时代的一切政治的知识的历史,必先认识这个基础(参看一八八八年恩格斯所订注的《共产党宣言》的英文序言的第五页与第六页)。

此外,马克斯在一八四九年在《新莱因报》(*Neue Rheinische Zeitung*)所发表的《佣工与资本》(*Lohnarbeit und Kapittd*)一文里,对于经济史观,又加以解释。他以为古代社会,封建社会,与中等阶级社会,都不过是复杂的生产的关系的结果,而且每一种社会,在人类的历史的发达中,都能表示出一个重要的特性。

然而马克斯对于经济史观的解释,比较的详细与比较有系统的著作,恐怕要算他在一八五九年所刊行的《经济学批评》(*Zur Kritik der Politischen Ökonomie*)一书了。在这本书里,马克斯自己曾把其经济史观,做了一个概要的叙述。我愿意将其"序言"里一大段的大意译述于下。

> 人类因为在其社会生产的历程中,遂有了必然的与离自己意志而独立的确定的关系。这种生产的关系,与他们的生产的物质力量的发展的确定阶段,是互相符合的。而且,这种生产的关系的总和,组成社会的经济的机构,而为法律与政治的上层机构的基础。同时,这种基础,又与社会的认识的确定的形式是相符合的。物质生活的生产方法,决定社会的政治的与精神的生活的历程。不是人的意识决定人的生存,反之却是人的社会生存决定人的认识(Die Produktionsweise des Materiellen Lebens bedingt den Sozialen, Politischen und geistigen Lebenprozess überhaupt Es ist nicht das Bewusstsein der Menschen, das ihr Sein, Sonder umgekehrt ihr gesellschaftliches Sein, das ihr Bewusstsein bestimmt)。在其发展的某阶段上,社会生产的物质力量,与当时存在的生产的关系,发生冲突,或者可以说是与法律上所谓财产的关系发生冲突,而在这种财产的关系里,社会生产的物质力量,也曾有过作用。从生产的力量的发展的形式,这些财产的关系,变为他们的阻碍物,因而产生社会革命的时代。因为经济基础的变迁,所有的巨大的上层机构也或快或迟的起了变化。我们研究这种变化,我们应当把两件事分开来看。一是生产的经济状态的物质的转变,这可以用准确的自然科学来决定的。一是法律的、政治的、宗教的、美术的、哲学的,或者换句话来说,观念的(Ideologischen)形式,在这种形式里,人们不但意识到这种冲突,而且要决战以找出一条路来,正如我们不能以某人自己觉得自己怎么样去判断这个人,我们不能以某

时代的自己意识去判断这个时代的转变。反之，这种意识，应该从物质生活的矛盾去解释，就是从当时所存在的生产的社会势力与生产的关系的冲突去解释。社会的秩序，非等到没有发展的余地，决不会消灭。新的高度的生产关系，当其存在的物质的状态，在旧的社会的胎里尚未成熟之前，也决不会发现。所以人类只能注意到其所解决的问题。因为小心的看看，我们就知道问题的本身，必等到解决其所必要的物质情况，已经存在，或至少也在其构成的历程中，始会发生。大致上，我们可以把亚细亚的古代的封建的以及现代中等阶级的生产方法，当做社会的经济的构成的进步的阶段。这个中等阶级的生产关系，是生产的社会历程的最后的对抗的形式，而所谓对抗，并非个人的对抗，而是社会中各个人的生活的环境所产生出的对抗。同时，是在中等阶级的社会的胎中所发展的生产的势力，造成物质的条件，以解决这种对抗，这种社会的形成，是造成人类社会的文前历史的阶段的最后一章｛参看《经济学批评》的"序言"（Zur Kritik der Politische Ökonomie, Vorrede S. Ⅳ–Ⅴ）｝。

在马克斯的名著《资本论》（Das Kapital）第一卷里，他指出所有的历史的著作，对于物质生产的发展，这就是一切社会生活的基础，与所有真正的历史，很少注意。他在同处又指出，劳动的方法（Arbeitsmittel），不但是人类的劳动的力量（Arbeitskraft）的发展的度量，而且是社会关系的表征。此外，在《资本论》第三册第二部分里，他于劳动的方法之于社会各方面的关系，也加以说明。不过，大体上，经济史观的解释，在《资本论》里所占的地位，远不及在《经济学批评》里所占的地位的重要。

这是马克斯的经济史观，或是他以经济的立场去解释文化的概要。从文化的成分方面来看，文化的其他成分，如法律、政治、宗教、美学、文学、哲学等都是筑在经济的基础上。从文化的发展方面来看，文化是跟着经济情况的变迁而变迁。经济的发展的阶段，是由封建的阶段而进到资本的阶段，再由资本的阶段而进到社会主义的阶段。所以，文化的发展，也可以分为封建的文化，资本的文化，与社会主义的文化三个阶段。马克斯虽不常用这个名词，然他所说的历史的事实，与社会的各方面，可以说是等于我们所说的文化。

马克斯这种学说在其生时，能够注意的人，固然很少，就是在其死后的十年内，也未见得有什么影响。马克斯是死于一八八三年。我们在上面曾指出，罗泽斯在他死后五年，写了一本《经济史观》，宣传这个学说。然而就是在这个时候，这个学说在智识界中，并没有什么势力。直到马克斯死后十一年（一八九四），恩格斯把马克斯的《资本论》第三卷整理出版以后，欧洲大陆的智识界，才逐渐的注意到这个学说。从此以后，对于这个问题的讨论，也逐渐的热烈起来。

马克斯的重要著作，都是用德文发表。所以他的学说，在德奥各国的影响之大，是自然而然的。在法国，因为马克斯早年在那里住了好久，《共产党宣言》是在这里刊布，而《哲学的贫困》一书，且用法文发表，所以他的学说，在法国也有相当的势力。至于俄国，在大致上，是要把马克斯的学说实现起来，其影响之大，用不着说。马克斯的最大著作是《资本论》，《资本论》的背景是英国的经济状况，而其材料也是在英伦搜集。可是因为这本书是用德文发表，直到二十世纪初年，各种重要著作，有了英文译本之后，才引起人们对于这个学说的注意。在中国，自从民国八九年间胡汉民、戴季陶在《建设杂志》（一卷二三四五号），陈独秀在《新青年》杂志介绍这个学说以后，二十年来，这个学说不但在思想界有了重大的影响，就是在实际上，也发生了不少的作用。至于出版书籍之解释这个学说的，可以说是汗牛充栋。所可惜者，是这些著作，主要是从日文方面间接介绍过来，而马克斯的主要著作，直到最近，才有中文的译本。

对于马克斯的学说信仰最笃而宣传最力的要算恩格斯。恩格斯不但与马克斯合写过书册与宣言，马克斯的名著《资本论》的第二第三两卷，是得恩格斯的苦心整理，而始能公诸于世。而且，从《马克斯与恩格斯的交换信件》（*Der Briefwechsel zwischen Friedrich Engels und Karl Marx*）里，我们知道马克斯之所以能够专心致志于著作，不但得了恩格斯的学问上的鼓励，而且得了恩格斯的经济上的帮忙。马克斯太太没钱去付房租或是维持日常生活的时候，她讲给与马克斯知道，马克斯又把她的话讲给恩格斯知道，所以实际上，往往为马克斯解决经济的困难的，是恩格斯。恩格斯可以说是马克斯的恩人，恩格斯所以常常和马克斯相提并论，就是因为这些原故。

恩格斯的著作很多，其最重要的为《福厄巴赫德国古典哲学的结果》（*Ludwig Feuerbach und der Ausgang der Klassischen Philosophie*）、《社会主义的发展：从乌托邦到科学》（*Die Entwicklung des Sozialismus von der Utopie zur Wissenschaft*）、《丢林格的科学革命》（*Herrn Eugen Dührings Umwälzung der Wissenschaft*，1878）与《家庭的起源》（*Der Ursprung des Familie, des Privateigentums und des Staates*，1884）。

恩格斯在《家庭的起源》一书里，应用经济的立场，去解释家庭的起源。恩格斯写这本书时，深受了莫尔根（L. H. Morgan）的《古代社会》（*Ancient Society*，1878）的影响。莫尔根虽然没有受过马克斯的影响，可是他也偏重于经济的立场。他以为人类进步的大时代，或者多少是与食物的来源的增加，有了关系。他又指出由母系制而变为父系制，是与私有财产制的演进，有了关系。恩格斯对于莫尔根这种看法，不但很为赞同，而且进一步的把莫尔根与马克斯的思想，联合起来。后来有些人，喜把这两个人相提并论，大概是受了恩格斯的提示。又从此以后，以经济的立场去解释家庭的，有科发雷夫斯基（M. Kovalevsky）的

《家庭与财产的起源与进化的图表》（*Tableau des Origins et L'évolution de la Familie et de la Propriété*，1890），格罗斯（Ernst Grosse）的《家庭的形式与经济的形式》（*Die Formen der Familie und die Formen der Wirtschaft*，1896）。

此外，以经济的立场去解释图腾制度的，如壁克勒（J. Pikler）的《图腾制度》（*Die Ursprung der Totem*，1900）。以这种立场去解释奴隶制度，如尼布尔（H. J. Nieboer）的《奴隶与工业制度》（*Slavery as an Industrial System*，1910）。以这种立场去解释风俗与法律的，如希尔得、布朗特的各种经济时代里的法律与风俗。

至于以经济的立场去解释政治的，更是举不胜举。以这种立场去解释整个的社会的，如罗利阿（A. Loria）的《社会的经济的基础》，英译为 *The Economic Foundations of Society*，1899。古诺（H. Cunow）又以经济的立场去研究政治哲学。

挨琉塞罗蒲罗斯（A. Eleftheropoulos）又以这种立场去解释哲学｛参看其所著《经济与哲学》（*Wirtschaft und Philosophie*，1898）｝。卢塞（H. Lux）说，我们的思想是资本主义者的环境（Kapitalistischen Milieus）的功用（参看其所著 *Etienne Cabet und der ikarische Kommumsmus*，1889）。又如，考次基在《新时代》杂志（*Die Neue Zeit*，Jahrgang 1885 Ⅲ band S. 481, 529）发表《基督教的产生》，以为基督教的产生，也是由于经济因素的影响。

总而言之，照这些学者的意见，文化的各方面，都以经济为基础。

上面是解释这个学说的大概，我们现在且来指出这个学说的缺点。

我们以为所谓经济的本身，不外是文化的一方面。经济的变迁，固可以影响于文化的别的方面，文化的别的方面的变迁，也可以影响于经济。假使福厄巴赫（L. Feurbach）所说，人吃什么就是什么（Man ist was er isst），是有了相当的道理，那么人是什么，就吃什么（Man isst was er ist），也有了相当的道理。伯夷叔齐宁愿饿死，而不吃周粟，与相信"失节事大饿死事小"的人，显明的不能以经济的原因去解释其行为。一个人相信了佛教，或回教，而不吃某种东西，是证明信什么是因，而吃什么是果。又如法国革命与德意独裁之对于经济方面的影响，这无论是谁都不能加以否认。所以专以经济的原因去解释文化，正如专以伦理，专以宗教，或专以政治的原因去解释文化一样的，陷于错误。文化的各方面是互有关系的，互相影响的，在某个时代中或某个社会里，也许经济的因素，比之其他的因素，较为重要，然而在别的时代中，别的社会里，经济的因素，未必很为重要。这是研究历史与文化的人，所应当特别注意的。

总而言之，经济概不外是文化的很多方面的一方面。文化可以包括经济，而经济却不能包括文化。与其说经济是文化的基础，不如说文化是经济的基础吧。

其实，马克斯在其《资本论》第三卷第二部分，曾告诉我们，在同一的经济基础，因为各种自然的情形和种族的关系，与各种经验的事实和外表的历史的影响，所以在实际生活上，也可以表出无数的变象与无数的等级（参看 *Das Kapital*, Ⅲ Band, 2 Feil, Herausg. von. F. Engels. 1894 S. 324）。所谓自然的情形，无非就是我们现在所常说的地理因素，所谓种族的关系，无非是近我们现在所常说的生物因素。至于所谓经验与历史，无非就是我们现在所常说的文化因素。所谓同一的经济基础之上，或者比较妥当的说，同一的经济情形之下，而却有了无数的变象，与无数的等级，就是指明专以经济的因素去解释文化，是不对的。因为假使经济是唯一的因素，那么同一的经济情形之下，应该产生出同一的现象，与同一的等级。换句话来说，就是同一文化。马克斯因为看到在同一的经济情形之下，有了不同的文化，于是不得不承认在经济的因素之外，尚有别的因素，如地理、生物与文化的其他方面。然而这一来，所谓专以经济去解释历史或文化的理论，可以说是不攻而自破了。

恩格斯在一八九〇年写信给一个学生，曾直率的承认青年人，有时对于经济因素，太过注意。马克斯与他都负了一部分的责任。他又指出马克斯与他所主张的唯物史观（经济史观）的原则，世人多不承认，所以他们二个人，为了辩驳反对者的攻击，故不得不极力主张。他又告诉我们，经济以外，还有各种因素，相互之间，各受影响，他们早已承认，不过因为没有工夫、地方或机会，所以没有提及。

在别一封信里，恩格斯又指出如果有人牵强附会的去说经济因素，是唯一的因素，那就是弄成一句空虚无意识与不近情理的话。他又说，各种政治、法律与哲学的学说，与宗教的观念，对于历史的发展，都有影响，并且有时还决定其样式。

此外，研究马克斯主义很深刻的考次基（K. Kautsky）在其名著《唯物史观》（*Die Materialische Geschichtsauffassung*, 1927），也承认在经济的因素之外，还有别的因素，对于文化有了影响。比方，他曾指出有好多婚姻，固由经济的兴趣而决定，然而性的原因，更为重要。

马克斯与恩格斯既因人们对于这个学说太不注意，而极力提倡。又因后来人们对于这个学说，加以攻击，而张大其词，本来就免不了有了多少错误。一般之自命为马克斯徒众或是相信经济史观的人，对于经济以外的其他因素，既不加以注意，而同时却把马克斯的夸张，再加以夸张，这可以说是错误中的错误罢。而况，马克斯、恩格斯以至考次基们自己，也于无意的或有意的承认所谓经济因素以外的别的因素呢。

我们承认人类要生存，然而我们也得承认禽兽也要生存。然惟有人类，才有文化，而禽兽却没有文化。可知文化不专是筑在生存的条件之上。而况，生存的条件，不专是经济的。比方一个人数日不吃东西，未必就死，可是一个人数分钟没有空气，恐怕就要死。一般之主张经济史观的，以为生存的条件，就是经济的条件，这是一个错误。

我们上面曾指出马克斯，因为看到在同一的经济情形之下而有不同的文化，所以不得不承认在经济以外的别的因素，菩阿斯（F. Boas）在其《人类学及现代生活》（*Anthropology and Modern Life*）一书里，曾指出在好多的原始社会里，经济的情形是一样的，可是文化却各不相同。他的结论是，与其说文化的各方面是依赖于经济，不如说是后者依赖于前者。

不但这样，在好多社会里，而特别是原始社会里，文化的其他方面如宗教、艺术、语言、政治等往往发展到相当的程度，而其经济生活，却很为简单。这是由于天然物产的丰富，所以经济问题，易于解决，经济方面的进步，既赶不上文化其他的方面进步，那么经济的条件，不能解释文化，更为显明。

反过来说，文化的经济方面进步很快的社会，在文化的其他方面，未必能有同样的进步。比方，欧洲二百年来的经济状况，虽有了重大的变化，然而宗教方面，却大致沿旧蹈常。

不但这样，无论在那一个社会里，经济的问题，若有了相当的办法，那么经济的因素，在文化上的重要性，也必减少。人类的经济生活的需要，在质的方面，固无止境，可是在量的方面，却有限度。俗人所谓"夜眠不过三尺，日食不过三餐"，就是这个意思。科学发达、机器发明、经济生活的量的问题能够解决之后，再从经济制度方面，加以改善，使人类的经济生活得到完满的解决，那个时候，经济之于人类，犹如空气之于人类，对于人类的重要性，固然存在，然在文化的发展上，却没有多大意义。

塞利格曼（E. R. A. Seligman）在其《经济史观》（*Economic Interpretation*, 1902），对于这一点，曾作这样的解释。正当的经济史观不能包括一切的生活与进步，不能解释人类发达的一切的条件。经济史观所注意的，不过是那些引起国家与民族的起伏盛衰与成败吉凶的势力。这种学说是一个相对的，而非绝对的解释。它在以往，是完全实在的，可是它在以后，却渐渐的不十分实在了。

考次基在其《唯物史观》一书里也有这样的意思。他以为待到人类的经济生活有了办法，则经济原因，不甚重要。比方，一个人找不到衣食住的时候，固然觉到经济的压迫与经济生活的重要，但是一个人对于这方面的生活有了余裕的人，却不觉到这个问题的重要。

略

第二编

第五章　地理的基础

　　大致的说，文化的地理基础或环境，是包括了气候、江海、山岭、平原、沙漠、矿产等等要素。

　　地理的环境之于文化的关系，在我国的古籍中，如《管子》这本书里，也有多少提及。不过，其所说的，只是片断的举例，而非有系统的解释。在西洋，在古代希腊的著作中，而尤其是亚里士多德（Aristotle）的《政治学》（*Politics*）这本书里，对于这一点，也曾注意。亚里士多德在其《政治学》的第六册里，曾指出住在欧洲北部的人们，因为气候的寒冷，而有充满的精神，但是他们却也因此而缺乏智慧与技能。因此之故，他们虽保持了他们的自由，可是他们却缺乏政治的组织，而同时不能统治其他的民族。至于亚洲的人们，虽因气候的关系而机敏与有发明的能力，可是他们又因此而缺乏精神，而其结果，是他们常常受制于人，而成为奴隶。

　　亚里士多德以为只有希腊人是处在这两种的极端的气候的中间，因而在性格上，也有了这两种人民的好处。这就是既有了很好的精神，又有了机敏智慧。因此之故，希腊人既能保持其自由，又有了很好的政治组织。假使希腊人而能联合起来，那么他们必能统治整个世界。

　　不但这样，亚里士多德又指出海洋与大陆，对于一个城市国家的影响。亚里士多德是主张城市国家的土地不要太大的。他以为城市国家的理想的幅员，是能够一目了然，而易于保护。其地位最好是既近海洋，又在肥美的陆地。肥美的陆地，可以出产丰富的物产，如食品与木材之类。至于城市国家之所以要靠近海洋，这不只是为着安全起见，使敌人不易侵犯，而且在商业上，有了重大的意义。一个国家，有些需要的东西，既未必通通都有，同时，出产太多的东西，又不得不畅销于外国。海洋的交通比较便利，所以近海的国家，可以把其所有与所剩的产品去换其所无与所缺的东西。一个城市国家，从亚里士多德看起来，应该也是一个市场。这个市场，并不是为着他人而成立的，而是为着自己的人民而建设的。此外，亚里士多德对于城市国家的港口与船坞的所在地，也曾注意。他以为港口与船坞，应该处在城市的较近的地方。这也可以说是为着交通的便利起见。

亚里士多德的看法，照现在的眼光看起来，当然有了不少的错误，然而大致上，地理的环境对于文化，是有了影响，这可无疑的。

自亚里士多德以后，比方，在十六世纪的菩丹（J. Bodin）在其《共和国》（*De Republica Libri sex*, 1576）里，十八世纪的孟德司鸠（Baron de Montesquieu）在其《法意》（*De L'Esprit des Lois*, 1748）里，而尤其是十九世纪的巴克尔（H. T. Buckle）在其《英国文明史绪言》（*Introduction to the History of Civilization in England*, 1859），拉最尔（Fr. Ratzel）在其《人类地理学》（*Anthro-Geographie*, 1888）里，以及二十世纪的塞姆柏尔（E. C. Semple）在其《地理环境的影响》（*Influences of Geographie Environment*, 1913）里，布隆汉（J. Brunches）在其《人文地理》（*Geographie Humanie*, 1912），以及罕丁吞（E. Huntington）在其好多著作里，于地理环境对于文化的影响，都有了详细的解释。

在这一章里，我们并不预备把各家所研究的结果来作一个详细的叙述，而只想将地理的环境的几种要素，对于文化的影响的要点，加以简明的解释。

我们先从气候方面说起。

据一般学者所有的意见，气候炎热的地带，多为文化发源的地方；气候温和的地带，却多发展高度的文化。原因是在炎热的地带里，自然物产易于生长，也很为丰富。人类在这些地方，在日常生活上，既比较易于解决，故多有余力去创造文化，故文化的发生较易。我们知道，世界最古的文化是策源于埃及，而埃及却是在气候较热的地方。此外，巴比伦以及印度的文化都是较久的文化，而同时这些国家，也都是位在较热的地带。人们之所以指出文化的发源，是多在炎热的地带，就是为了这个原故。

炎热的地带，固是适于文化的发源，却不一定适宜于文化的高度的发展。这是什么原故呢？照一般人的观察，气候炎热，容易使人疲倦，而物产丰富，又容易使人怠惰。结果是在这些地方的人们，在文化的发展上，不只是因为疲倦而不容易去努力振作，而且是因为容易满足而不愿意去努力求进。

至于气候寒冷的地方，文化的发生，固不容易，文化的发展，也很为困难。因为气候寒冷，物产不易于生长，人类所赖以生活的各种资料，固是缺乏，或甚至于完全没有。像在北冰洋那些地方，终年都为冰块所遮盖而不能生长物产，使人类在这些地方，难于生存，难于居住，结果是文化的产生，既不容易，文化的发展，更谈不到。

所以，只有在不寒不热的温带，同时又有了所谓春夏秋冬的四季的变化，与因了这些变化而给与人类以身心上的刺激的地方，使人类能够不断的加以努力，加以振作，加以求进，使文化能够得以高度的发展。

我们应当指出，所谓气候对于文化的影响，多是间接的影响，而少有直接的影响。这就是说，因为气候的炎热或寒冷而影响于各种物产的丰富或缺乏，或是因为气候的炎热或寒冷而影响于人类身心的怠惰或兴奋，因而各种物产的丰富或缺乏，或是人类身心的怠惰或兴奋，而又影响到文化上的能否发生或发展。这种影响，不只是少有直接的，而且往往是间接而又间接的。而且，我们也得指出，文化的创造或发展，固要有适宜的气候，然而文化既是人类的产品，那么不但没有人类的地方，不会产生出文化，就是在了同样的气候之下的人类，也不一定产生出同样的文化。所以，人类是否能够努力于文化的工作，却是文化的能否发展的重要因素。

然而照一般研究气候与文化的关系的人们所研究的结果，是在某种气候之下，工作的效率始能增加。比方，美国得克斯忒（E. G. Dexter）在一九〇四年所出版的《气候的影响》（The Weather Influences）一书里，而特别是罕丁吞（E. Huntington）在一九二一年所刊行的《文明与气候》（Civilization and Climate）一书里，都以为在工作上的理想的气候的平均温度，约在华氏表六四度之间。因为在这种温度之下，既不太冷，也不太热，使人类的身心既感觉舒适，因而在工作上，可以收到高度的效能。

罕丁吞并进一步去说明体力的工作，与精神的工作的理想的温度，也有不同之处。他以为体力的工作效率的最好的户外温度，在日间约为七十度，而在晚间约为五十五度。至于最适宜于精神的工作的温度，约为三十八度或四十度之间。又据罕丁吞的意见，湿度对于工作的效率，也有影响。过度的干燥，或过度的潮湿，都不适宜于工作。最适宜的是约为百分之八十的相对的湿度。总而言之，气候的变迁，如无过度是适宜的。假如成为永恒的过度的约制，都是不适宜。罕丁吞的研究的结果，是根据了好多统计的材料，而其目的是要证明气候之于身体的康健工作的效率，以及精神的要素的互相关系。同时，说明气候之于文化的特性生长，以及没落的互相关系。

罕丁吞又主张所谓气候跳动的学说（Theory of Climatic Pulsations）。他在一九〇七所刊行的《亚洲的跳动》（Pulse of Asia），与一九二三年所出版的《地球与太阳》（Earth and Sun）两书里，对于这个学说，都有所解释。

照他的意见，气候的变迁，是波动的，或是循环的。而这种波动或循环，是与历史上的文化的发展，有了密切的关系。而且，在较大的波动或循环之中，又有小的波动或循环。而在小的波动或循环之中，又有较小的波动或循环。好多千年的冰期，是代表一个大波动或循环，这是一个长期的气候的变化。这种气候的变化，对于文化有了极明显与澈底的影响。在冰期里，绝不会有欧洲北部，或美洲北部的现代的文化。至于较小的跳动，可以用中亚细亚与地中海的盆地的迟慢而却确定的雨量的变化以为例子来解释。据罕丁吞的意见，这两种雨量的变化，是与古代的文化的生长与没落，有了关系。他以为在二千年前的巴雷斯泰恩

（Palestine）以及底格里斯（Tigris）与幼发拉特斯（Euphrates）河流左近的地方的雨量，比起现在的这些地方的雨量，是多得多。所以在那个时候，在这些地方的文化，也很发达。后来呢？雨量逐渐的减少，于是食物与原料也随之而逐渐的减少。结果是产生出贫穷的现象，而影响于文化的各方面。此外，罕丁吞又指出雨量的变化，在每三十年中以至每八年中，都成了一个波动或循环。这对于人类的生活的各方面，也有影响。近来还有一些学者，以这种气候的波动或循环的学说，去解释经济上的兴盛与不景象。比方，摩尔（H. L. Moore）在一九一四年所出版的《经济的循环——其法则与原因》（*Economic Cycles: Their Laws and Causes*），以及其在一九二三年所刊行的《经济循环的造成》（*Generating Economic Cycles*）两本书，就是说明在经济方面，因气候的波动而引起循环的现象的例子。经济是文化的一方面，经济既因气候的波动而有循环的现象，那么文化的其他方面，也许因了气候的波动或是经济的波动，而有循环的现象。

罕丁吞的研究的结果，是否完全可靠，当然是成为问题。然而大体上，过度的炎热，或是过度的寒冷，对于人类的工作都有不利的影响，这是一种显明的事实而无可疑的。至说气候有了好多大小的波动或循环的现象，而影响于文化各方面的学说，虽有了不少的学者，加以非议，可是因为气候的变化，而使雨量减少，是对于文化有不少的影响，这也是历史上所有的事实，而无可疑的。就以我国的西北而说，以前的关中，至少据古籍所载，是一片物产富裕的地方，然而这些地方，在近代，却成为贫乏的地方，这好像是与雨量的减少有了多少的关系。

其实，大致上，高度的文化是发展于气候较为适宜的地方，也是一件非无根据的事实。不只是在以往，好多高度的文化的国家，是处在温带，就是直到现在，好多高度的文化的国家，还是处在温带。所以充满的精神、机敏或智慧，未必是像亚里士多德以至孟德司鸠所说，是由气候的差异而来，体力的工作与精神的工作，也未必是像罕丁吞所说是要在一定的温度之下才能增加效率，然而假使一切的条件，都是相等的话，那么在较为适宜的气候的环境之下，当然可以占了多少的便宜。所以大体上，亚里士多德、孟德司鸠与罕丁吞以为温带是适宜于国家的发展，并非完全是凭空造说的。

我们若再从文化的各方面来看，文化之受气候的影响，也是很显明的。比方，在物质文化的衣食住方面，在气候炎热的地方的人们，所穿的衣服，是较为简单。在马来半岛的比较荒野的地方的土人，有的一年四季，只用一小幅布遮掩下体，固是至为简单，就是像在暹罗的俗语所说，"一条布可以过活一生"，也是很为简单。至于南洋各处的通都大邑，一般所谓社会上有了地位的人物，不只终年穿了白色的衣服，而且在办公室，或日常生活中，上身也往往只穿了内衣。帽多是草帽，鞋是可以见得脚面的大部分，棉衣皮袍的生意，在热带的南洋，是少有的。连了毛织呢绒的布料，在这些地方，也是少有人过问。反之，在寒带的人们，在冬天在睡觉时所盖棉被，固是一件笨重的行李，就是冬天在身上所穿的衣服，往往就有十多磅，这都可以说是气候的使然。

又如，在食的方面，在炎热的地方，一年四季，一个人可以依赖天然的丰富的物产以过活，像在暹罗、安南各处的丰富的稻米，在其国内的人民，固少无米的忧虑，就是国外的好多人民，也是仰给于这些地方。万一一个在没有人烟的深山僻壤而迷途，那么随处可找到各种水果，如芭蕉之类，也可以充饥，而不会因饿而病死。反之，在寒冷的地方，一个人不只要靠着手足胼胝的劳力，去培养动植的食品，而且要格外去努力劳作，预备长期的冬天的食物的贮藏。我们知道，就以我国的北方来说，每年差不多有了七个月是草木不能生长的，不只是人的食品易感缺乏，就是家畜野兽的养料，也感缺乏。这又可以说是气候所使然。

至于住的方面呢？比方，在热带的南洋各处，住屋的构造是很为简单，斩木为椽，编竹为墙，就可成为一间房子。这些的房子，差不多是人人所能造作的，而且在必要时，是随处可以迁移的。所以，比方在暹罗的某个地方，一个男子要结婚，要学了盖起一间房子的能力，这虽然是一种能力，然而这也是一种简单的能力。因为房子的建造，并非一件很难的事情。假使不是这样，那么恐怕就有了很多的人们，就不能结婚了。就是以现在的南洋各处，以至大都会大市镇的一般的房舍来看，还是一种适应于热带的建筑物。一般人所盖的浮脚屋或是Bungalow，几乎六面通风，以及其广大的窗户，这是热带的房屋的特色。反之，在寒冷的地方，像我国的北方的少有窗户的泥屋，不能说是与了气候是完全没有关系。至于一般的人们所睡觉，以至户内工作的土炕，中间往往是通入厨房的炉灶，以及吸取炉灶的暖气，使睡觉或坐在土炕上的人们不会感觉太冷，这是寒带的房舍的特色。

我们在这里，不过随便的举出一些的例子，然而气候对于物质文化的衣食住方面的影响，已可概见。

此外，在文化的非物质方面，其所受气候的影响，也很为显明。比方，在婚姻方面，在炎热的地方的男女，而尤其是女子发育较早，生活较易，故早婚的制度，也较为流行。关于这一点，孟德司鸠在其《法意》里早已提及。反之，在寒冷的地方的人们，发育较迟，生活较难，所以迟婚的制度，也较为普遍。我国民族，本来发源于西北，古人所谓男子三十而娶，女子二十而嫁，说不定也是古人受了气候的影响而然。又如，有人以为在热带或暑天的人们，犯罪较多，而在寒带或冬天的人们，犯罪较少，这与气候也许是有了关系。至如游戏之类，在热带的人们不会像在寒带的人们之溜冰玩雪，这更是由于气候的影响了。

在思想方面，人们以为热带的人们，偏于玄想，而寒带的人们，偏于实际，也是由于气候的作用。梁启超在其《中国古代思潮》一文里，对于中国的南方与北方的思想的差异，曾举出十一点，他以为北派宗实际，主力行，贵人事，明政法，重阶级，重经验，喜保守，主勉强，畏苍天，言排外，贵自强，而南派宗虚想，主无为，贵出世，明哲理，重平等，重创造，喜破坏，明自然，任苍天，言无我，贵谦弱。他以为这些差异，根本是由于中国的南北的气候的不同而来。我们对于梁先生的说法，虽不一定完全同意，然而大体上，在春秋战国的时代，南北思想上的差异，像老子的思想之于孔子的思想的不同，也不能说是完全与气候没有关系。

上面是解释气候对于文化的影响，我们现在且来说明江河、海洋对于文化的影响。

大致的说，较高的文化，主要是发展于江河海洋或是大湖的左近或傍边。比方，古代的埃及的文化，是发展于尼罗河的流域，而古代的巴比伦的文化，却发展于底格里斯与幼发拉特斯的两河的区域。我国的文化，也是发展于黄河、长江以至珠江的流域，而印度的文化，也是发于印度河与恒河的区域。这是从江河与文化的关系来说。至于文化与海洋的关系，也很为显明。古代的希腊的文化，与古代的罗马的文化，都是繁盛于地中海的海岸。十五与十六世纪的葡萄牙与西班牙的文化，是繁盛于大西洋的海岸。至于法国与英国的近代文化的发达，也是靠近于大西洋的海岸。美洲自哥伦布发现以后，其文化的繁盛也是在大西洋的海岸。所以美国的东方海岸一带，直到现在，还是美国的文化的中心。自美国扩充其版图到西方的海岸，这就是太平洋的海岸之后，沿着这些海岸的一带地方，在很短的时期之内，文化的发展的速度之快，也很为显明。我国近代的文化的发展也是在东南沿海一带。至于日本本为岛国，然而日本的近代的文化的中心，还是靠近海边的地方，这都不能说是海洋与文化是没有关系的。故总而言之，江河与海洋不只是文化的策源地带，而且是文化发达的枢纽。

城市是文化的中心，所以无论在政治上，在经济上——商业工业或交通方面——在教育上，在宗教上，以至在艺术上，都占了很重的地位。然而从古代以至现代，差不多所有的大城市，以至好多的小城市，都是位在江河、海洋或是沼湖的旁边或左近。

在我国历史上的都市，如开封，如洛阳，以至西安，而近代的重庆、汉口、九江、南京、上海、桂林、南宁、梧州、广州，无一不在河流的旁边或左近。在西洋，德国的柏林、法国的巴黎、英国的伦敦，固无一不在河流的旁边，就是其他的好多著名与小城市之在河流的左近的，更不胜枚举。

至于靠近海洋的大城市，在近代之多，也不胜枚举。在我国的天津、青岛、上海、厦门、汕头、香港；在日本的大阪、长崎、神户与横滨；在南洋的西贡、马尼剌、新嘉坡、槟榔屿，在缅甸的仰光，印度的卡尔卡塔与孟买；意大利的热那亚，法国的马赛，西班牙的巴斯伦尼，葡萄牙的里士本，比利时的安特渥普，荷兰的罗弎达姆，德国的汉堡，美国的纽约、旧金山与洛斯安哲尔斯，这都不过只是随便的举了一些例子，然而城市与海洋的关系，已可概见。所以现在的国家之有长海岸、好海港者，在地理上，固占重要的地位；在城市的发展上，也占重要的地位。至于沼湖之于城市的关系，也很为显明。我国的昆明、美国的芝加哥不外只是一些比较显著的例子罢。

城市固为文化的中心，而与江河海洋沼湖有了密切的关系，就是乡村的繁盛，也往往是要靠近江河或沼湖。所谓乡村，主要就是农村，而以农业为其主要的职业。然而农业的发达与否，往往依赖于是否有了河流或沼湖以为灌溉之用。从前的黄河流域，近世的长江流域与珠江流域的农村，比较繁多，比较富庶，就是因为有了河流的关系。而且，就以一条河流的本身来说，凡是河流交错的地方，农村必较为繁多，较为富庶。长江下游的江浙各处，珠江下游的广州左近，就是很好的例子。又如，四川灌县的水利，也是利用原有的河流以发展，至如云南昆池的周围的农村，比较繁多，比较富庶，也是由于昆池的水利。至于昆明盘地的农业，也是利用昆池的水利。故总而言之，江河沼湖，不只是有益于城市，而且有益于农村。

不但这样，江河沼湖，为渔利所出的地方，而近海的地方，不但为渔利所出之所，且为盐利所产之地。春秋时代的齐国，是以渔盐之利而致富。盐为日常食品的要素，我国从来对于盐政，就很注重。然而盐的大宗出产，还是要靠着海盐。而况盐的用途，不只是限于食料，近代盐在化学用品上所占的地位，愈见重要，其在经济方面的作用，不只是限于工业与商业两方面，而且对于农业上，也有重大的意义，因为农田所用的肥料，已有用盐去制造的。

反过来看，缺乏河流而又没有海岸的国家与地方的文化，是很不容易发达的。所以，山岭杂多的地方，多为文化落后的地方。就以我国的贵州一省而说，既远离海洋，而无论在省内或省外又没有交通便利的江河航线，全省几全为山岳的地方，贵州人所谓地无三尺平，就是这个意思。而且，高山峻岭，层叠无穷，在贵州旅行的人，只见过了一山又有一山，登了一峰又有一峰，结果水路的交通，既几等于零，就是陆道的交通，也很为困难，而与比方河南中州的平原一片之较便于陆道的交通，大不相同，因而贵州在全国的文化上，也较为落后。

又如，以世界著名的山岳国家的瑞士而论，在文化上，瑞士的地位，比之欧洲的好多国家，虽并非很低下，然而瑞士要想成为世界文化的先锋，是很不容易的。瑞士是欧洲一个小国家，其幅员不及我国的江苏的三分之一，而却有了三种主要不同的语言，这就是德语、法语与意语。这不能说是与了山岳完全没有关系的。又从经济方面来看，瑞士在家畜培养与小品工艺的成就上，固有可观，然而在整个经济的发展上，所受的限制，相当的多。因为农业的产品，既因山地较瘠与耕地较少而使其工业的原料因而缺乏，再加以交通的较为困难，而使外来的原料的输入，较为昂贵，所以瑞士人之所以偏重钟表的制造，与旅店的经营，不能不说是受了山岳的多少的影响。

总而言之，山岳杂多的地方，交通至为不便，因而不但其本身的文化，不易发展，就是外来的文化，也不易传播。比方，我国之与西洋的文化的接触，远在唐朝以前，但因我国的西北与西南都为多山的地方，交通比较困难，所以唐代的景教的传入，虽在唐初呈过繁盛的现象，然而终不免于衰微，以至差不多完全消灭。这虽是有了很多原因，然而西北方面的陆道的交通不便，也是主因之一。元朝版图跨驾欧亚，在东西文化的传播上，本有很好的机会，然而到了元朝的势力衰弱的时候，东西陆道的交通，又逐渐的隔绝。而况，事实上，就是在元朝势力正盛的时候，东西陆道的交通，也很为困难。我们只读当时像教皇所派到元廷的代表所写的游记，就很容易明白一般旅客在其途中所受的苦况。所以，元代的基督教的传入，也是昙花一现，转瞬即灭，直到明末东西海道沟通以后，西洋文化，始不断的趋入中国，而西洋的宗教，也因之而不断的传入中国。

又如，我国西南各省，如云南如广西本与南洋的缅甸安南相接壤，若以常情来看，云南与广西两省的人民之到南洋的，应当比之广东与福建两省的人民之到南洋的为多。然而事实上，不只在南洋的其他各处，固少有广西与云南两省的人民的足迹，就是在与这两省接壤的缅甸与安南，还是福建与广东两省的华侨，占了大多数。而中国文化之输入南洋各处，如安南，如暹罗，主要的路线，乃从广东与福建，而非从云南与广西。这是由于后者在地理上，虽与南洋接壤，可是在接壤的地方，既有山岳所障碍。就是这两省而尤其是云南之于国内的其他各处，也因山岭的阻隔，而使其本身的文化，较为落后。反之，广东与福建之于南洋各处，距离虽远，然而有了海道的交通的便利，所以自汉朝以后，就成为中外交通的枢纽。对于中国文化之输到南洋各处，固占了最重要的地位，就是在印度佛教的输入，而尤其是近东的回教的输入，以至西洋的耶教及其文化的其他方面的输入，也占了很重要的地位。

在平原的地方，陆道的交通，较易发展，因而文化的各方面，也易于趋于一致。在这些地方，不但在语言方面，易于统一，就是政治方面，也易于统一，而成为一大帝国。我国所谓中原，以及俄国大帝国就是些例子。又在平原的地方，假使有了充足的雨量，则其农业与商业以及文化的其他方面，也较易于发展。

在沙漠的地方，天然食料的供给至为缺乏，农业很难发达，因而畜牧遂成为住在沙漠的人们的主要职业。又因在这些地方的天象变化无常，容易引起人类的玄想，故宗教的观念，易于发展，回回①教，以至基督教，都是策源于这些地方。

至于矿产之于文化的发展，也有了很大的影响。我们知道，一般的人类学

---

① 编按：史籍中的"回回"，不能认为即指我国现代回族、回民，其在不同时期的含义有所不同。新中国成立后根据民族意愿和历史传统，确定了各民族的名称，那些不科学甚至带有歧视、侮辱性的民族称谓已成历史名词。为保持历史文献原貌，此处不做改动。下同。

者，曾把文化的发展分为石器时代、铜器时代与铁器时代。这就是以矿产的利用去解释文化的发展的阶段，而表示矿产对于文化有了深刻的影响。我们应当指出，若专以矿产的利用，而解释一切的文化的现象，以及其发展的阶段，是免不了要陷于所谓广义的唯物史观的错误，然而在相对的意义上，矿产之于文化的各方面，都有密切的关系，而有不少的影响，是无可疑的。

我们知道，在所谓石器的时代的文化，不只在物质方面，是很为简单，就是在非物质方面，也很为简单。因为用石去作各种工具，既不易捕杀多量的野兽与砍伐各种的植物，以发展其物质的文化，而增加其物质的生活的幸福，又不易征服多数的人类，与统治广大的地方，而组织较大的团体机构与政治社会。

至于在所谓铜器的时代，就不是这样。用铜去做工具，如刀剑之类，不只是可以补救了石器的种种缺点，而且可以用以制造各种精细的物件。因为铜器除了像砍伐木料之外，还可以用以为雕刻的工具。其实，铜器本身的利用，就是文化进步的一种表示。因为，镕造铜器的方法与制造铜器的样式，都要一种较高的智识，与较多的经验，而智识与经验的进步，也可以说是文化的进步。

铜器的制造，固比石器的利用较为困难，较为复杂，铁器的镕铸，又比铜器的制造，较为困难，较为复杂。所以铁器的利用，不只是表示人类的智识的提高，与经验的增加，而且表示人类所用的工具进步得多。

用了铁器物质的文化，才能很速的发展。铁器就是工业的一种，而且是工业发展的重要条件。又用铁去制作农具，农业也得以发展。工业农业既发展，商业也随之而发展。此外，用铁去制造武器，在军事上，也有很大的效用，而对于征服多数与统治广大的帝国，也比较的有了办法。所以铁器的利用，是人类文化发展史上的一个新纪元。

铁器时代之所以发展较迟，正如上面所说，是因为镕铸铁的方法，较为困难，较为复杂。我们知道，铜质较软，故镕铸较易。只用木料去烧铜，就能使其熔化。可是若用木料去烧铁，则不易熔化。一来因为木料的火力不够强烈，二来因为木料的燃烧不能耐久。不过在人类尚未懂得利用煤炭的时候，木料还是熔铁的主要的燃料。因而在那个时候，工业发达的国家，是一些有了纯粹的铁矿与广大的森林同在一个地方的国家。据说，在英伦在十八世纪的中叶以前，因为好多森林都被人们破坏，所以英国在那个时候的铁工业，也因之而衰落。故英国在十八世纪的初期，从外国输入英国的铁，比英国所自镕的铁却多得多。

到了人类用煤炭以为燃料的时候，工业的中心，又从广大的森林的左近，而移到产煤丰富的地方，而尤其是煤矿与铁矿都同在一块的地方。比方英国的煤炭的地层很多，而且有些地方煤炭是露出地面的。同时在英国大量产煤的地方，又往往是大量产铁的地方，因而这些地方，遂成为英国近代工业的中心。同时，又使英国成为近代世界的工业的领袖与先峰。

我们知道，在近代工业发展的初期，凡是煤矿与铁矿都同在一处的地方，在工业上必占了优越的地位。工业革命是得力于机器的发明，机器的发明，除了由于科学或学术的发达之外，也是得力于煤炭的利用，与大量的铁矿的采掘。铁是制造机器的原料，而煤是熔铸铁的很好的燃料。而且，新式交通的工具，如火车，如轮船，固是要铁去制造，而新式交通的机器的发动力，又要依赖于煤炭。故铁与煤实为近代新式工业的要素。近代的文化有些人叫作工业的文化，假使这种说法是有了道理的话，那么近代的文化也可以说是煤铁的文化了。事实上，一般学者之所以把我们的时代当为煤铁的时代，也就是这个原故。这么一来，煤与铁在现代文化上，所占的地位的重要，可以概见。

除了铁与煤之外，又如石油，在近代的工业上、交通上、战争上，所占的地位的重要，也很为显明。石油的利用，虽比煤炭的利用较晚，然其重要性，在二十世纪，恐怕还胜于煤炭的重要性。所以有些人以为十九世纪可以叫作煤炭的时代，而二十世纪又可以叫作石油的时代。

我们上面曾说过，城市是文化的中心，我们知道，比方在英国，以往凡是有很多与很大的教堂的地方，都是有名的大城市。牛津就是一个例子。然而现在所谓大城市，多起于铁煤的产量很富的地方，而同时也多是工厂很多的地方。换句话来说，以矿产与工业为重心的城市，已代替了以宗教为重心的城市了。

英国的近代的新兴的城市，固与矿产有了关系，美国以及其他的国家，也差不多是这样。美国的旧金山，最初岂不是因了金矿而趋于发达吗？现在则好多地方，是因石油或其他的矿产而兴起。在我国，就以云南的个旧来说，差不多完全是由于锡矿而发展。因为了锡矿，不只个旧本身成为云南第二最大的城市，而且与个旧到碧石寨的铁道，以及近来在开远所计划的水电厂，都有了不少的关系。此外，又如著名四川的自流井，所出的盐矿，以至新兴的云南的一平浪的盐矿，都是成为繁荣这些地方的主要的条件。至于唐山井陉各处之因矿产而发展，也是很显明的。这样看起来，矿产在文化上所占的地位的重要，是无可疑的。

第六章　生物的基础

　　文化不但是筑在地理的基础上，而且是筑在生物的基础上。文化是人类的创造品，只有人类，才有文化。除了人类之外，其他的生物，是没有文化的。这也可以说是人类与其他的生物的根本不同之处，而这种不同之处，也可以说是由于人类与其他的生物，无论是在生理上，或心理上，都有不同。关于这一点，我们在下面，还要说及，这里只好从略。

　　人类之于其他的生物，虽有不同之处，可是人类也是生物的一种。人类既是生物的一种，人类之于其他的生物，而尤其是人类之于高等的动物，却也有了好多相同之处。人类既与了其他的生物有了相同之处，那么有些支配其他的生物的原则，也就是支配人类的原则。而况，人类本身既就是生物的一种，支配人类的好多原则，根本就是生物的原则。这些支配人类的原则，可以说是人类的行为与思想的基础。文化是人类的创造品，也可以说是人类的行为与思想的结果。人类本身的行为与思想，既不能不受生物的一些普通与基本的原则的支配，那么为了人类所创造的文化，也不能完全脱离了生物的一些普通与基本原则的支配。

　　而且，人类是要靠着其他的生物而始能生存的。在人类的生活中，差不多时时处处都不能离生物。举凡人类无论是吃的、穿的、住的，以至于其他的好多需要，都是要靠生物，而与生物有了密切的关系。假使在我们这个世界上，没有了生物——动物与植物，恐怕人类就不能够生存，恐怕人类就要消灭。人类本身既不能生存，既要消灭，人类所创造的文化，也不能存在，也要消灭。

　　人类既要靠着生物而始能生存，那么人类所靠着以为生存的生物是什么样，是与人类所创造的文化是什么样，是有了密切的关系的。德国有一位哲学家曾说过："人吃什么，就是什么。"（Mann ist was er isst.）这也许未必尽然，可是人类的食品，对于人类的本身的行为与思想，不能说是没有影响的。

　　人类的食品，而尤其是人类的动物与植物的食品，对于人类的本身的行为与思想，既不能说是没有影响，那么人类的文化，也不能说是没有受了这些食品的影响。因为不只是人类的文化，是像我们上面所说，是人类的行为与思想的结果，就是人类的行为与思想的本身，以至人类所依赖以为生存的动植物的食品的本身，往往就是所谓文化的本身。至少这些东西，往往就是文化的某一方面，或某几方面。

　　我们可以举出一些例子来说明，我们在上面所说的话。比方，我们说：南人吃米，北人吃麦。这可以说是南人与北人的食品的不同。可是，因为食品的不同，遂产生了文化上的好多差异。所以若从农业方面来看，种稻与种麦，不只在耕种的方法上有了不同之处，就是耕种的工具，以至时间与次数等等，也有不同之处。再如，肥料的施用，水量的多少，以及其他的方面，也有了很多的差异。若从工业方面来看，碾磨谷米的方法与制造面粉的方法，以至米厂面厂，固有不同之处，就是如装置米面的口袋，也有了差异之处。又若从商业方面来看，米商、米店与面商、面店，以及在转运上，在量衡上，都有其不同的方法或器具。

又因为吃米与吃麦的不同，所以在吃的品类上、吃的预备上、吃的方法上，都有了不同之处。在吃的品类上，吃面的地方，有如面包、面条、馒头、烧饼等等，而吃米的地方，有如干饭、稀饭、米面、米糕等等。在吃的预备上，吃饭的要煮而吃面的要烤。在吃的方法上，吃饭就要用筷子，而吃馒头烧饼，都可以用手。

我们在这里不过是就我国的吃米与吃面的地方的不同，而产生出文化上的差异来说。若再就中国人的吃米与西洋人的吃面来比较，则其在文化上所产生的差别，更为繁多，更为显明了。

又如，在中西文化尚未沟通之前，西洋人重吃牛肉，我国人少吃牛肉，因而在文化上，也有了很多的差异。因为西洋人重吃牛肉，因而不只是用以牛皮制造各种物品，与用牛肉去制造各种食品，而且有了牛奶厂、牛油厂、干酪厂等等的设立。这些东西，在西洋人的日常食品中，可以说是很重的食品，不只一日之中的午晚二餐，常常要有牛奶、牛油、干酪，或是牛肉，就是早间的早餐，以至午后的茶点，也往往离不了牛奶、牛油、干酪等等。因此之故，西洋人养牛，与其说是为着耕田之利，或是交通之用，不如说是为了食品之用。同时关于牛的饲养，不只在农业上有了重要的意义，在工业上与商业上，更有了重要的意义。

反之，在我们中国，牛的作用，主要是耕田。此外有些地方，用为交通工具，或是像在古代用为祭祀物品。牛肉既很少有人吃，牛奶以及由牛奶而制造的各种物品以为食品，几为我们所不知道。所以，牛在农业上固有了重要的地位，在工业上与商业上，却没有多大的意义。

其实，照一般的人民生活来看，在西洋人的一日三餐之中，肉食与油质的成分，是比较的多，而在我们的日常食品之中，蔬菜与谷类的东西是比较的多。这虽然是由于西洋各国与我们国家，在贫富上，有了不少的差异，然而所谓贫富的经济现象，不只是文化的现象的一方面，而且贫富的现象，对于文化的其他方面，往往也有了影响。

动物与植物，固为人类的吃的主要物品，而占了文化上的重要的地位，动物与植物，也为人类的衣的必需原料，而占了文化上的重要地位。比方，棉类、麻类，以至树胶，皆可用以做布料衣服的植物，而棉纱在现代的穿的问题上，更为重要。就以我国目前的情形来说，推广种植棉花的区域，是农业上的急务，而怎样供给纺织工厂以原料，也是工业上的重要问题。其实，棉纱纺织工业，在抗战以前，是我国的重要的重工业，那么这种工业，在我国的经济上，以及文化的其他方面的重要性，可想而知。又如，英国在工业革命的初期，棉纱纺织工业，是英国的最重要的工业。这不只是对于当时的英国的国民生活，有了很大的影响，就是与了英国的殖民地，这就是供给这些工厂以原料的殖民地，也有了不少的关系。

棉花本产于印度，在唐朝其种始传入于我国，然而直到近代，我国对于种植棉花，始特别加以注意。在棉纱尚未大量采用的时候，除棉布以外，麻布也是我国制作衣服的主要原料。麻布亦叫作夏布，人们所说布衣，也就是麻衣。树胶用为衣服，乃是最近的事，而主要是用为雨衣、鞋帽等物。近来这种用途，很为流行。此外，近来科学发达的国家，还用木料树皮为衣料的。德国自欧战发生以后，这种化学工业，很为发达。这么一来，植物在穿的问题上的重要，更为显明。

动物之可以为衣服的原料的，如蚕丝、兽皮、兽毛。蚕丝的利用，在我国历史很久，据说是黄帝之妃嫘祖所发明，而在古代希腊的时代，已传入欧洲。罗马时代的贵族，以及后来的一般欧洲人，都把丝当为宝贵的东西看待。故丝的输入欧洲，在中西文化接触史上，占了很重要的地位。古代的欧洲人，还因此而叫我国为丝国。主要的是欧洲人需要中国的丝，故中西的陆道交通，虽有了许多的困难，经过许多的间接转送，始终能够通达。一部分的，也是因为欧洲人需要中国的丝，所以引起中西海道的沟通，以至美洲大陆的发现，而与近代的西洋文化的发展，有了不少的关系。至于丝在我国的历史上、在农业上、在工业上、在商业上，所占的地位的重要，是用不着说的。

兽皮兽毛，本是原始民族而特别是在寒带的原始民族所常用以御冷的。在文化进步的社会中，兽毛，而尤其是羊毛，却用以为布料。英国的羊毛织物，是世界闻名的，而在英国的工业上，也占了很重要的地位。羊毛为我国西北出产的大宗，故光绪初年，左宗棠曾在甘肃兰州设立织呢总局。这个工厂虽没有什么成效，然而也是我们毛织工业的嚆矢。至于我国男女所穿的皮长袍，而特别西洋女子所穿的皮外套，虽是只用原来的各种兽毛而略加以人工的修饰，然而却成为现代的最时款而较贵重的衣服了。

从住的方面来看，树、竹、稻、草，都可以说是建房舍的主要的材料。原始人类，栋梁门窗，固多要用木用竹，墙板地板，也多要用木用竹。此外，用板、竹、稻、草以敷盖屋顶的，也随处可见。我们知道，在原始社会的房舍的材料，多是采用植物，至于植物稀少，像蒙古各处的人民，又用兽皮以为房舍，所谓蒙古包，就有用兽皮做的。

其实，就是在文化进步的国家，像在美国在一般的大城市的近郊，而特别是在小城市与乡村中的住房，大半是用木盖的。至于热带地方，如南洋各处，木屋草屋之普遍，更为显明。至于我国，凡是木材较富的地方，还是多用木材去盖房。四川、贵州、湖南、云南各省，在乡村里，建造房子固多用木用竹，在城市里，也多用木用竹。又如海南岛的椰树很多，故用椰树去盖房子的，很为普遍。

近代钢铁水泥工业发达，有些伟大建筑，差不多完全可以不用木料，然而地板、门户，还是多用木材，就使整个房舍可以不用木材，而各种家具，恐怕有了不少还不能不用木料，或藤竹之类的。

从行的方面来看，在机器尚未发明的时候，或是机器尚未普遍的地方，所谓水行用舟，陆行用车，可以说是主要的是用植物的材料，或是动物的力量，以为交通的工具。船是用木作的，古人所谓刳木为舟，就是这个意思。这无论是文化较低的社会，或是文化较高的社会，都是一种很普遍的现象。所以就在机器发达、汽船盛行的现代，不只是木船是到处可见，就是轮船也多是用木。所以，比方暹罗的著名的柚木，直到现在，还是大宗的输到欧美各国，以为造船之用。此外，如竹，如草，也可以作船桅、船帆之用。至于木料、竹草缺乏的地方，有时也用兽皮以作船的。

造船固多要用木，造车也多要用木。无论用人力或兽力去推拉的各种车，多是用木作的。车轮、车身，在机器与树胶尚未通用之前，车的一切材料，很少有不用木材的。直到现在，火车的车兜、铁路的枕木，还是利用木料。

至于拉车的动力，在机器尚未发明的时候，或在机器尚未通用的地方，主要是利用各种兽的力量，而最普通的是马车、骡车、牛车等。利用各种兽类以为交通工具，这是古今中外的陆地交通的最普遍的事情，各地方的人类，都会利用其本地所出产驯善的兽类，以为交通工具。

比方，在暹罗、缅甸、印度各处多产象，故象变为这些地方的重要的交通的工具。在象的背上，置了一个木架，以为行旅座位。从前在这些地方的皇帝出巡，也是往往乘象，而近代在暹罗的森林中，用以转运笨重的木材，主要也是用象。

又如在亚剌伯各处的沙漠中，人们又常用骆驼以为交通的工具。骆驼不只是性温顺而力强，而且在其胃中附了累累的小囊，可以预贮饮料，在旅途中，可以用此以解渴，而能于数日中不饮水，故最宜于旅行沙漠。

至于美洲北部的依士企摩人所住的地方，因为别的兽类缺乏，人们遂用犬以为交通的工具。

除了兽类之外，鸟类之中的白鸽，也可以用为交通的工具。白鸽可以带信，故从前的军队中，常常饲养白鸽以传达消息，后来因为人们发明了无线电，故白鸽的效用，差不多完全废止。

动植物的原料，除了在人类的衣食住行各方面，占了很重要的地位之外，在物质文化的其他方面的用途，也很广大。人们医治疾病的各种药品，主要的是动物与植物。相传神农尝百草以治病，可见得用植物以为药品的历史是很久的。现在最普通用的金鸡纳，也岂不是一种植物吗？至于比方国人所用的鹿茸，外人所制的鱼肝油的种种补药，也岂不是动物的东西吗？

此外，人类所用的各种工具、玩具，也是多用动物植物的原料。木材、竹、藤，与各种兽骨、兽皮，都可以作各种工具与玩具。写字的毛笔，办公的皮袋，装东西的木盒、竹篮、藤箱，以至骨纽、牙签，以及幼稚园里小孩所玩的东西，无一不是用动植物的原料的。

上面是从物质文化的衣食住行以及其他方面的生物的基础来看，我们若再从所谓渔猎、畜牧与农业各种社会的文化来看，那么我们更会觉得文化是深受生物的影响的。所谓渔猎的社会，根本是以捕渔与打猎为生的。所谓原始的人类，文化尚未发展，而其主要的食品，是自然的产品，而鱼与各种兽类，就是他们的主要食品。他们的渔猎团体，既不很大，他的社会组织，也并不完密，而且在这种社会里，连了固定的领袖，也不一定是有的。在渔猎的时候，那一位是比较的技术精明，或体力强壮的，就是领袖。可是，除此以外，他在社会里，并不一定有了特殊的地位。至于所谓固定的政府组织，或其他的社会组织，更是谈不到的。所以，总而言之，从文化的物质方面来看，这种渔猎的团体，是依赖着自然的鱼兽为生的。从文化的社会方面来看，这里渔猎团体是为着渔猎上的合作而存在的。

至于畜牧或游牧的社会，也是以生物而特别是动物为生的。这种社会与渔猎的社会的不同之处，是前者是依着渔猎或自然的动物以为生，而后者是靠着饲养动物以为生。我国的蒙古各处的民族，直到现在，还是一种游牧的民族。牛、马与羊，可以说是他们所饲养的主要的兽类。他们的衣食住行的原料与工具，主要的也是他们所养的动物。他们在经济上，以至在社会上的地位，也是以他们的畜物的多少以为标准。

渔猎与游牧的团体，都是流动的团体，而非固定的社会。前者是随着有鱼有兽的地方而迁移，而后者是随着有水有草的地方而迁移。饲养动物的人们，除了饲养动物以为自己的食品之外，还要寻找食物去供给畜物。畜物所要的是水草，所以他们不得不寻找有了水草的地方而居住。假使某个地方的水草缺乏了，他们又不得不迁移到其他的地方。

至于农业的社会，就不是这样。农业的社会的人民，虽也饲养家畜，如牛、马、猪、羊、鸡、鸭之类，然其主要职业，可以说是耕种。家畜往往是一种副业，而且牛马又往往是为了耕种之用。植物中的蔬菜五谷的栽种，是要在一个固定的地方的，而且要候到一定的时期才得收获的。所以从事耕种的人们，不能不有固定的住所。又农田的耕种，若能善于保持土壤的生产力量，则世世代代，都可以在一个地方居住。因此之故，社会的组织，比较完密，而乡土观念，也比较浓厚。同时居住既能固定，则从一个地方而逐渐的扩充其范围，也比较容易。因而较为固定，而又较为广大的社会组织，也较易产生。

农业社会的文化，在其内容上，既较为丰富，在其发展上，也较为进步。因为农业社会，除了耕种植物之外，也多饲养家畜，而与畜牧的民族有相同之处。反之，畜牧社会，除了畜牧之外，并不耕种植物，至于渔猎社会，除了靠天然的渔兽之外，不只不会耕种植物，而且不会饲养家畜。专只捕渔打猎以为生，其所需要的智识、经验与工具，是比较的简单，若是依赖饲养家畜以为生，其所需要的智识、经验与工具，又必比较的复杂。至于以耕种而兼畜牧为生的，其所需要的智识、经验与工具，又必更为复杂。而所谓智识、经验与工具的繁杂，就是表示文化的内容的丰富，就是表示文化的发展的进步。

我们这里所说的渔猎、游牧与农业的各种社会的文化，不只是在物质方面，是靠着生物为基础，就是社会方面，也是靠着生物为基础。至于所谓工业社会中的工业品，以至商业社会中的商业品，也是多为植物与动物。世界海道沟通以后的一班商人，从西洋运到东方的工业品，如呢绒之类，岂不是从生物的原料而来吗？同时，这些商人从东方运到西洋的主要商品，如香料，如丝布，也岂不是从生物的原料而来吗？自机器发明，而特别是科学发达之后，我们日常生活中所用的工业品与商业品，才逐渐的有了好多是从无机物中制造出来。然而这也并不是说动植物之可以为商业品与工业品的，遂因之而减少。反之，动植物在以前之为人们所不会利用的，现在却因了科学的发达而多为人们所利用。树胶就是一种很好的例子。树胶的利用，历史虽是很短，然而其在工业与商业上的重要性，是很显明的事情。

动物植物对于所谓渔猎、游牧、农业、工业与商业各种社会文化，固有很大的影响，就是对于文化的社会的其他方面，也有很大的影响。比方，以家庭而论，家庭是社会的一种，而又是社会的基础。家庭的成立，是由于男女两性的结合，而这种结合，根本就是基于生物的原则上。家庭是一个社会的组织，也是人类的生理的关系，这种组织，这种关系，一方面是为着满足性的欲望而存在，一方面也是为着遗传子孙后代而存在。所以父母子女的关系，是生理的关系，而受了一般的生物上的遗传的原则所支配。所谓父母子女如骨肉，兄弟姊妹如手足，这不只是一个比喻，而也是一个生理的关系的事实的表示。

家庭的组织，固有其生物的基础，所谓宗族、氏族、以至种族、民族的团体，也可以说是以生物为基础。因为这些团体，主要的都以血统的关系而成立。所谓血统的关系，也是一种生理的关系，也受了一般的生物的原则的支配。所以同了一个宗族或氏族上的人们，固有其生理上的相同之处，就是同了一个种族或民族的人们，也有其生理上的相同之处。

我们所谓宗族的制度的形成，是由于同祖同宗，而所谓同祖同宗的宗族，除了有了血统的关系之外，也可以说是家庭的放大。因为既是同了祖宗，那么追源逐本，是由于一个父亲传递下来。一个人生了几个儿子，儿子又生了好多孙，孙又生了好多曾孙，继续不断生传下去，使原来那个简单的家庭，在几代相传之后，就成了一个宗族。至于民族的社会，虽不一定是从所谓父系的家庭传递下来，然其传递下来的关系，也是血统的关系。其实，就是原始民族中所流行的图腾制度，也是可以说是有了生物的基础。因为在同一图腾的人们，是同一的祖宗，所谓祖宗，照原始的民族看起来，有时也许是一件无机的东西，如石头之类，然而最普通是植物，而特别是动物。比方，以龙为祖宗的是拜龙，以蛇为祖宗的是拜蛇。

同样，种族或是民族，也有其生物的基础。因为种族与民族都有了血统的关系。其实，种族这个名词，根本就是生物学上的名词。至于民族的组成，虽以语言、宗教、历史、风俗等等为要素，可是血统的关系，也可以说是形成民族的要素之一。所以，所谓汉族，或英人、美人、德人、法人，除了政治上的意义之外，往往是有了种族或民族的意义。一个中国人与别的中国人，有其相同之点，一个英国人与别的英国人，也有其相同之点。这也可以说是生物上的一种共同的现象。一个中国人别于一个英国人，这也可以说是生物上的一种差异的现象。

近代的国家主义，大致上，是以民族主义为基础。英文上的 Nationalism 在中文上，可以译为国家主义，也可以译为民族主义这个意思。因为，近代国家的形成，大致上是以共同的民族为基础，民族既有了生物的意义，民族国家，也不能说是没有生物的意义。此外若照亚里士多德的说法，人是政治的动物，那么政治的组织，或是国家，就已含有生物的意义的。

文化的物质方面，与文化的社会方面，固有其生物的基础，文化的精神方面，也有其生物的基础。比方，崇拜祖宗是一种宗教的信仰，然而这种信仰，是基于血统的关系。又如崇拜生物，也是一种宗教的信仰，然而这种信仰，是以生物为对象。暹罗人崇拜象，马来人崇拜虎，这也是宗教的信仰，这种信仰，也以动物为对象。陶渊明爱菊，周敦颐爱莲，或是一般人都喜牡丹，或是普通人都爱花木，这种喜爱，除了有了一种审美上的精神之外，还有了一种人生观的表示。我国人的好多诗歌、词赋，以至图画、雕刻，都喜欢写作花草木竹，这是受了植物的影响的一种表示。至于西洋人好多小说故事，以及图画、雕刻，较喜欣写作动物人物，这又是受了动物的影响的一种表示。这是否由于中国民族很久以农业为生，而西洋民族本偏于游牧过活，我们不必在这里加以讨论，然而两种民族的喜好不同，不能说是与生物完全没有关系。至少，我们可以说，一个爱花的人，与一个爱犬的人的观念，总有多少不同之处，而这种不同之处，也就是文化的精神方面的不同。

不但这样，我们知道，一个地方的出产大宗，若是某种植物，或某种动物，那么这种植物或是这种动物，对于这个地方的文化的各方面，都有不少的影响。比方，在马来半岛的出产大宗是树胶，因而在马来各处，不只是树胶园林遍地，树胶工厂林立，树胶商店很多，而使树胶在这个地方的经济上，占了最重要的地位，而对于这个地方的政治、立法、教育、娱乐等等，都有关系。树胶价值很好，则整个马来半岛都呈了繁荣的现象，树胶价钱不好，则整个马来半岛又呈了衰落的现象。又如，广东顺德的蚕丝，是全国闻名的。蚕丝价钱若好，不只整个顺德的农田，都差不多变为桑田，同时顺德的各处的学校经费也有办法，大良各处的茶楼酒馆，人山人海，演戏祝神，种种娱乐节期，倍加热闹。而且因为采桑抽丝，多用女工，使女子在经济上有了办法，因而顺德的女子有了很多遂不愿结婚。就是结婚，他们愿意自己出钱而为丈夫讨姨太太，而自己却老是住在娘家或姊妹会，自吃其力，这就是不落家的风俗。反之，若是蚕丝无价，则桑田变为蔗田稻田，甚至掘为鱼塘，学校大受影响，茶楼酒馆，顾客零落，戏也不演，神也无运，女子多要跑到广州当老妈。

这不过只是随便的举了两个例子。此外，又如泰越的米木、西北的羊毛，对于这些地方的经济以及文化的其他方面，都有同样的影响。

我们上面是指出动物与植物对于文化的各方面的影响，我们现在再来看看人类自己对于文化的影响。我们已经说过，人类本身就是生物之一种，动物的一种，文化既是人类的创造品，那么人类的品质如何，与人类的数量多少，对于文化的各方面，也免不了有影响。

从人类的品质方面来看，有些学者以为人类因受遗传律的支配，所以人类所创造的文化，也受了遗传律的支配。遗传好的人，对于文化上的贡献，必较多较大。遗传劣的人，在文化上的贡献，必较少较微。由这种理论推衍起来，而应用到人类种族方面，遂有人类的种族不平等与文化的优劣的学说。哥宾诺（A. De. Gobineau）的《人类不平等论》（*Essai Sur L'inégalité des Races Humaines*，1853—1855）与张伯伦（H. S. Chamberlain）的《十九世纪的基础》（*Grundlagen des Neunzehnten Jahrhunderts*，1899）可以说是解释这种学说的代表著作。他们以为文化的优劣，是由于种族的遗传的不同。照他们的意见，世界上最优秀的种族，是白种人，而在白种人之中，又以诺迪克（Nordic）族为最优秀。因此之故，世界上最超越的文化，是由这个种族所创造的。张伯伦以为十九世纪的文化的基础，是由于这种种族所建立，而哥宾诺以为白种人假使要在文化上保持其超越的地位，必需先保持其优秀的种族。反过来说，假使这个优秀的种族，而与别的低劣的种族混合起来，如互通婚姻，则必不能保持其固有的优秀的品质，而其结果是这个种族在文化上的超越的地位，也必因之而失掉。

我们应当指出，人类在个人与个人之间，固有其智愚的区别，然而在种族与种族之间，并没有优劣的不同。所以，文化的高低，并非由于种族的不同。关于这一点，我们当在下面，加以解释，这里只好从略。

此外，近代又有些优生学者，以为人种可以改良。优生学者之所以这样看法，是因为在动物与植物上，用了科学的方法，去改良其种类，曾有显著的效果。因而应用这种方法于人类方面。我们不能不指出，动物与植物的改良效果，就我们所看到的，只是躯体方面，人类在躯体方面，若加以适当的调养，无疑的可以使一个柔弱的躯体，变为一个强壮的躯体。可是这种躯体的改善的方法，是否也可以应用到智力方面，而使人类的智力也得以改善，这是一个很大的疑问。

自然的，我们不能否认，智力是与他人一样而同时躯体却比别人为好的，在工作的成就上，当然占了较好的地位。所以，在一个社会里的人们，若能人人对于身体的康健，都能注意，那么这个社会的人们，在其工作的成就上，也当然占了较多的地位。从这方面看，身体的康健与否，不能不说在文化上是有了多少的直接或间接的影响，而所谓优生学对于人类的功用，至少是有根据的。

人类的躯体的强弱，对于文化固有了多少的影响，人类的年龄，以至性别，对于文化，也有了多少的关系。其实，强壮的身体大致是寿命延长的表示，而寿命的延长，在个人的成就上，固有了关系，在文化的贡献上，也有关系。反之，因为身体的衰弱而早夭，而同时其智力聪明并无有超越他人之处，则无论在个人成就上，在文化贡献上，都必有限。这是一个有了事实证明的浅白的道理。

不但这样，在一个社会里，假使老人或小孩的数目过多，而壮年的人们的数目过少，这是一个不健全的社会，而对于这个社会的文化的发展上，必有多少的影响。因为壮年的人们太少，而老弱的人们太多，不只是缺乏了发展文化的中坚份子，而且过多的老弱的人们，必变为少数的壮年的人们的过度的负担，而阻碍文化的发展。

至于男性太多，或女性太多的社会，则两性的匹配上，必有了问题。同时从这一个问题而必引起好多其他的问题。比方，在这次战争中，德国已经感觉人力的缺乏，然而这里所谓人力，主要是指男性而言。有些人说，德国也许为了人力的缺乏而至于失败，这是战时的影响。至于战后男性的剧烈减少，对于今后国力的恢复上，与文化的建设上，无疑的也有很大的影响。

从人类的数量方面来看，在一个社会里，人口若太过稀少，而又分散在各处，则所谓分工合作的原则，既少能实现，则专门技术的发展，必不容易。文化的进步，是依赖于分工合作的历程，与专门技术的发展。所以，人口众多而集中，是文化发展的一个条件。都市无论是在历史上，或在现代之所以成为文化的中心，成为文化的高度，也就是由于人口的众多而集中。

我们也得指出，人口若过剩而物资的供给若太少，也是文化的病态。百多年前马尔萨（R. T. R. Malthus）在其《人口原理》（*Essay on the Principles of Population*，1799）一书里，以为人口的增加，是几何式的，而食物的增加，是算术式的。因此之故，在最近的将来，人类若不赶快去设法限制人类的增加，人类的前途，是很危险的。我们知道，百余年来，世界人口虽增加得很多，然而因为科学的发达，物资的增加，人类直到现在，并不像马尔萨所预料的那么危险。

然而，又有些人以为世界上的土地与资源，究竟有限，无论科学怎样发达，总不能取之不尽，用之无穷。而同时人口的增加，若还是继续不断，那么总有一天，世界有了人满的大患与缺乏物资的危险。所谓新马尔萨主义（Neo-Malthusianism）的理论，就是根据于这些事实而产生。

假使这种理论是对的话，那么到了人类太多，而物资太少的时候，不只文化不能发达，就是人类也难生存。然而我们以为这种看法，也是有些杞人忧天的看法。因为科学的发达，不只在节制生育上的办法，较善得多，而且在开辟新世界的理想，也较易实现。四百五十年前的哥伦布，可以用了帆船去发现美洲，四百五十年后或是一百五十年后，安知不会有人乘了飞机去漫游月球。而况，在今日文化较高的国家的人口的增加的速度，已较为减低，而这种趋势，是随着文化的进步而愈为显明，所以世界要有人满的忧虑，至少还是过早罢。

第七章　心理的基础

除了文化的地理与生物的基础之外，文化又有其心理的基础。孟子说"作于其心，害于其事，作于其事，害于其政"。孟子这里虽是指出邪心对于政治上的恶影响，然而也可以说是以心理的现象，去解释文化的政治方面。至于一般的唯心论者，以为世界的一切，都是心的反应，这种看法，无疑的，也以为文化是以心理的现象为基础。

心理的现象的起源，并非始于人类。从一个单细胞的动物，像阿米巴（Amoeba），以至高等动物像人猿，都有其心理的现象。然而既只有人类，才有文化，那么人类的心理的现象之于其他的动物的心理的现象，也必有其差异之点，而这些差异之点，就是人类的心理之所以成为文化的基础的根本原因。

我们知道，从一个单细胞的动物，以至高等动物，都有其心理的现象。然而，我们也知道，单细胞的动物心理的现象，是与高等动物的心理现象，也有其差异之点。其实，一个阿米巴的心理的现象之于一个人猿的心理现象的差别，比之一个人猿的心理现象之于我们人类的心理现象的差别，较大得不知多少千万倍。可是，阿米巴固是创造不出文化，人猿也创造不出文化。只有人类，才能创造文化。从此，可以见得人类的心理现象之于人猿的心理的现象的差别，也许是微乎其微，然其所包含的意义，却至为重大，而其所产生的结果，也正如天壤。

从动物的演进的历程来看，单细胞的动物的心理的现象，至为简单。鱼类的心理现象，较为复杂，哺乳动物的心理现象，更为复杂。至于人猿的心理现象，则又更为复杂。然而心理现象之最复杂的，还是人类。

头脑是心理活动的中心，从理论方面看起来，人类的头脑，虽比较人猿的为大，与比较人猿的为复杂，然而大致上是没有很大的差别的。人类的脑子所有各部分，与人猿的脑子所有各部分，都很相似。所以，我们若把人猿的脑子去解剖而研究其生理与其功用的所在，我们也可以明白人类的脑子的生理及其功用的所在。

人类与人猿的脑子，在生理上既不大容易找出区别，在心理上，从某方面来看，也不大容易找出区别。比方，有些动物的知觉，比起人类的知觉，还较为灵敏。页基斯（R. M. Yerkes）教授以为菲洲的大人猿，能表出好多种的情绪，刻勒（W. Koehler）教授又以为这种人猿，有了与人类的同样的解决问题的智力。

然而在心理上，从别一方面看起来，人类与其他的动物与人猿，却有了分别之处。因为前者的创造的智力，特别显明，而后者的创造的智力，少有表现。而且，因为前者的记忆的能力特别发达，而后者的记忆的能力，不能耐久。

因为人类的创造的智力，特别显明，使人类有了机械的发明，有了哲学的思想，有了审美的兴趣，高等动物，而尤其菲洲的大人猿，虽然可以利用现成的工具，如棍，如石，如绳，然却不能创造出这些东西。人类能够创造各种工具，使其物质文化能够发达，这些物质文化，是使人类统治其环境的。人类有了哲学、思想，所以对于事物现象，能够加以分析，能够加以概括，而所谓幻术、宗教，以至科学等等，都因之而产生。又据一般研究动物的行为的人的观察，动物虽有审美的兴趣，然其兴趣是消极的，人类除了有了这种消极兴趣之外还有积极的兴趣，使图画、雕刻、音乐种种得以产生。

总而言之，人类因为有了特殊的创造的智力，使人类有了文化，而动物却没有文化。但是假使人类只有了这种创造文化的智力，而没有记忆的能力，则人类的文化，是不易发展的。因为人类有了记忆的能力，人类对于以往所作的事情，及其所作的事情的方法，都成为人类在目前或在将来所作的事情，以及其所作的事情的方法的先例。能够记忆这些先例，人类可以进一步去发明或创造新的事情、新的方法。这样的继续不断的累积起来，文化才有发展，才能进步。

反之，动物所能思想的东西，往往只限于目前，或至多也不过是最近的现在。他们对于过去的事情或方法，既很容易的忘记，他们对于将来的计划，更少有准备。

这种的差异，在最原始的人类的社会中，人类的文化既很为低下，很为简单，其生活若把来与高等动物相比较，未见有什么的很大差异，可是若把现代的最高的文化的社会中的人类生活，而与最高等的动物的生活来比较，则其相差之远，那是不可想像的。

此外，人类的语言，也是动物所没有的。人类之所以能够说话，无疑的也是由于人类的发音器官，是与动物的发音器官，有了不同之处。然而也不能不说是由于心理上的区别。这不只是因为人类有了特殊的记忆的能力，而也是因为由于人类有了特殊的创造的智力。假使人类不能创造各种的意义的声音，那么语言是很简单的。同时，假使人类没有这种特殊的记忆的能力，那么说话之后，不久就要忘记，则语言也是不会发展的。语言是文化的要素，然而同时又是人类的心理的表示。

人类之所以有文化，虽由于人类的心理有了特殊的地方，然而一般的研究心理学的人们，对于文化的心理的基础的解释，意见很为参差。我们在这里只能把一些比较重要的心理的要素，加以说明。

有好多学者，以为欲望是文化的发生与发展的原动力。美国的社会学者如华德（L. Ward），就是这样的主张。华德以为文化是人类的成绩（Human Achievement），而人类的成绩，是由于欲望而来。欲望是社会原动力，也是文化的原动力。换句话说，就是人类一切行为的主要的基础。

欲望是天赋的冲动未得满足的表示。大致上，可以分为三种：一为保持个体的欲望；一为绵延种族的欲望；一为发展社会的欲望。所谓保持个体的欲望，也就是要求营养的欲望，有了这种的欲望，人类乃从事于劳动。同时，为着要求劳动的有效，人类必须继续的对着一定的目的而加以努力，以求实现这种目的。实现这种目的的历程就是发明。工具的利用与食物的贮藏，都是这种努力的结果。

绵延种族的欲望，也就是所谓生殖的欲望。性欲的恋爱，是这种欲望的表现。人类从天然的性欲的恋爱，而产生了所谓浪漫的恋爱，再进而产生了所谓婚姻之爱。婚姻之爱，是比较固定的。这种婚姻之爱，是人类日常生活与社会生产的基础，而使社会达到高度的精良与完密的组织。

婚姻之爱，是男女两性的结合，而成为家庭的表现。从母性所产生出的母爱，表现了异常高度的勇气。为了保护她的子女的原故，母亲往往做出好多可为惊讶的行为，而这种行为，也是人类成绩的一种表示。

从男性方面来看，所谓父系的家庭以至从父系的家庭，而产出各种的血统的团体，以至种族的观念，都可以说是由于父亲兄弟方面的慈爱而来。华德以为在原始的社会里，母权是较大的，父权是后来才发展的。故人类家庭的发展，是从母系而趋于父系。在父权统治的社会里，男女是不平等的。这不只是在经济、政治、法律、教育各方面不平等，就是在服装方面也不平等。妇女所负载的各种装饰品，就是一种束缚和痛苦的表征。华德以为在未来的文化里，男女是应该平等。华德提倡所谓女性中心论，就是引起近代妇女运动的一种理论。

假使我们把文化分为物质、社会与精神三方面，那么大致上所谓营养的欲望，是物质文化的动力；而所谓生殖的欲望，是社会文化的原动力；华德把这两种欲望当为体质力的。至于他所谓发展社会的欲望，华德叫作精神力，或是我们所谓为精神文化的原动力。

发展社会的欲望，照华德的意见，可分为三种：一为道德的；二为审美的；三为智识的。

道德的欲望，是有两方面的：一为民族的；一为个人的。个人的道德，是筑在互爱的基础上。所谓互爱是愿意牺牲自己的时间、精力，以为他人谋利益。同时，希望他人这样的去待遇自己的心理。民族道德，大都是风俗的产物。华德以为所谓责任，就是有益于种族的安全的行为，而所谓美德，就是生活与品格上的适合于人类的保存与继续的态度。人道主义，就是一种道德。这种道德的目的，是改善社会，使人类保持最大的享乐，减至最少的痛苦。

所谓美感的欲望，是一种要求显著与深刻的平衡，与对称的形式的欲望。一切风景都有其平衡与对称的形式，然后能够引起人们的美感。图画、雕刻，以至园艺，固是这样，就是自然的景色，也是这样。其实，所谓图画、雕刻，而特别是园艺，大都是自然的模仿，自然的缩影。

从视官而引起的美感，固要平衡与对称的形式，从听官而引起的美感，也要有平衡与对称的形式。音乐上的声调，能够喜悦人们的耳鼓，必有其抑扬高低的声调。华德以为普通乐器的发明，已使音乐逐渐成为一般普通人所享受的东西，但是图画与雕刻，还是少数天才的作品，与少数富有的专利而不易通俗化的。

华德又把智识的欲望，分为三种：一为探求智识；二为发现真理；三为传播智识。人类在少年的时候，对于探求智识的欲望，至为热烈。不过少年在探求各种事物的智识的时候，往往缺乏辨别的力量，是要候到发见真理的欲望的时候，人们才感觉到愉快。于是他们又进一步而努力于智识传播的工作。华德举出四种传播智识的方法，这就是谈话、教训、演讲与著作。

上面是从欲望的分析方面来看。从欲望的发展方面来看，人类在早期的时候，其所需要的东西，是偏于物质的文化方面，后来才逐渐的致力于非物质的文化。这种文化的发展，也是表示人类是从盲目的欲望而趋于理性化的欲望。所以文化的进步，也就是理性的发展的表示。

华德以为文化的发展，是有目的的。而且，文化的发展，是无限量的。欲望的本身，固不能使其完全理性化，而往往有了很多的情感的作用，然而在社会的导进（Social Telesis）的原则之下，情感也可以利用以为推进文化的力量。从这方面看起来，华德是属于乐观派的思想家。

以欲望去当为文化的发生或发展的学者，不只是华德一个人。罗斯（E. A. Rose）以及好多的学者，都偏于这种看法，虽则他们也有了很多差异之点。我们在这里，所以只举出华德的见解，以当作一个例子来解释，主要是因为华德的见解，是一种发展较早而影响大的见解。

又有好多学者以兴趣去解释文化的发生与发展。奥国的拉山荷斐（G. Ratzenhofer）在其《社会学的认识》（*Die Soziologische Erkenntnis*，1898），及其《政治学的性质与目的》（*Wessen und Zweck der Politik*，1893）里，曾指出所谓社会的生活，或是人类的文化，不外是由于各种兴趣所组成的。兴趣是内在的必要，是社会的原动力，是文化的原动力。

拉山荷斐分兴趣为五种：一为种族的，或性的兴趣；二为食物和自存的，或生理的兴趣；三为个人的兴趣；四为社会的兴趣，这是包括家庭上、阶级上、以及国家上的兴趣；五为超越的兴趣，这是一种不可见与最后的绝对的，或是宗教与哲学上的兴趣。

美国的司马尔在一九〇五年所出版的《普通社会学》（*General Sociology*）一书，曾把拉山荷斐的兴趣的学说，加以修改，而分为六类：一为求康健的兴趣，这可以说是为着保持生存的整个意义中产生出来，而包括了食物的兴趣，两性的兴趣，工作的兴趣，以及用体力以求满足的一切欲望；二为求财富的兴趣，这就是财富的获得，与支配的欲望；三为社会性的兴趣，各个人对于精神生活的沟通的欲望，就是这种兴趣的表示；四为求知的兴趣，这是从好奇的心理中所产生出来的；五为求美的兴趣，这就是欣赏物质现象或精神现象的兴趣；六为求公正的兴趣，这是贯通所有其他的兴趣。

又如，近来马其维（R. M. Maciver）在其《社会学》（*Society*）一书里，也是以兴趣去说明文化的。马其维以为兴趣是意识的对象（Object of Consciousness），而与态度，这就是意识的方式（Mode of Consciousness），有了密切的关系。

马其维分兴趣为二大类：一为初级（Primary）的兴趣；一为次级（Secondary）的兴趣。马其维叫前者为文化的兴趣（Cultural Interest），后者为文明的兴趣（Civilizational Interest）。前者又可以叫作自足的文化的兴趣，而后者可以叫作利用的文化的兴趣。初级或自足的兴趣，是一种内在的满足，文学、音乐、艺术等等，是由这种兴趣而产生的。次级，或利用的兴趣，是一种外表的需要。这种兴趣又可以分为三种：一为经济的；二为政治的；三为技术的（Technological）。此外，尚有别的兴趣，如教育的兴趣，可以说是介于上面所说的两种兴趣之间。因为这种兴趣一方面是自足的，一方面又是利用的。其实，照马其维看起来，在概念上，文化固可以用兴趣而分为初级的，或次级的，自足的，或利用的，然而文化的各方面，往往又包含了这两种兴趣。教育也不过是一个比较显明的例子。关于这一点，我们在上面已经说过，不必再述，这里所要注意的，就是兴趣之于文化的关系。

此外又有些人以为文化的基础是筑在人类的态度或其他的心理要素，如意志，或情操等等。态度是心理的现象，有些人以为态度是动作的趋势，有些人以为态度是一种未完的动作，又有些人以为态度是一种未完成的或可能的适应的行为的过程，而文化可以说是态度的对象。法利斯（E. Faris）在《应用社会学》杂志（*Journal of Applied Sociology*, vol. 9., 1925）所发表《社会态度的概念》（The Concept of Socical Attitude）一文里，以为态度是文化的主观方面（The Subjective aspects of Culture），而对象为态度的外表化（The Extemalization of the Attitude）。法利斯还分态度为下列四种：一为遗传的态度与习得的态度；二为有意的态度与无意的态度；三为团体的态度与个人的态度；四为潜伏的态度与活动的态度。文化的各方面，既是这些态度的外表，那么文化之于态度的关系的密切，可以概见。

又如，人们所谓有志事竟成，是如尼采（F. W. Nietzsche）所谓意志即权力（Will to Power），可以说是以意志为行为或文化的原动力了。又如有些人说情之所至，金石为开，可以说是以情为动作或文化的原动力。这都是注重于心理要素的某一方面，以为说明文化的发生或发展的原动力，而成为文化的心理的基础。

我们不能否认意志坚强与否，是与事业的成就与否有了关系，而偏重于感情的人们，对于社会与文化，他也有很大的影响。其实，有人以为不只是宗教与文学，往往是感情的产品，就是哲学上的浪漫主义，以至政治上的民族主义，革命运动，以至独裁政治，都有了感情的作用。

此外，又有些人以为人是理性的动物，人之所以能够创造文化，主要是由于理性。他们以为哲学而尤其是科学，主要就是理性的产物。人类之所以能够征服自然，人类之所以别于禽兽，都是由于理性。在历史上，我们曾听过所谓理性的时代，这也不外是表示在这个时代里的文化是以理性为基础。

近来还有好多学者，以为文化的进步是理性的发展的表示，因而有些人以为不只是科学的发达，是依赖于理性的发展，就是道德，以至宗教，也能够理性化。荷布豪斯（L. Hobhouse）在其好多著作里，而尤其是在其《理性的善》（*Rational Good*）一书中，就指出伦理的发展，是趋在理性化的途中。而近代有些热心于宗教改革的人，因为受了近代的科学的影响，希望能有一种所谓科学化的宗教，以代替从前的宗教，也可以说是提倡理性化的宗教。理性的发展，究竟是否可以使感情在文化上的作用，趋于薄弱，我们不愿在这里加以讨论，我们所要指出的，直到现在，所谓感情与理性，在文化上，都占了很重要的地位。

然而用心理的要素，去解释文化的现象的学派之影响较大的，要算本能派与行为派，我们现在且把这两个学派的主要观点，加以解释。

我们先要指出，不只一般学者对于本能这个名词的意义的解释，至为含混，就是像在上面所说的欲望、兴趣、态度等等名词的意义的解释，在一般的学者的心目中，也并不确定。索罗坚（P. Sorokin）在其《当代社会学说》（*Contemporary Sociological Theories*）一书，虽指出兴趣的名词，与欲望或感情等等名词有了不同之处，然而他又指出在本质上，关于兴趣的学说与欲望的学说，还是相同。

还有些人，以为所谓欲望与兴趣，其实就是指着态度而言，而且更有些人，以为所谓本能，也就是态度。这种看法，是否妥当，自然成为问题。比方，我们在上面所说的马其维，曾指出态度是意识的方式，而兴趣是意识的对象，他又说，前者是表示主观的反应，这就是关于对象的意识的状态，而后者是表示与了主观的反应有关的对象、恐惧、同情、骄傲、爱恋等等是态度；仇敌、朋友、家庭、上帝等等，是兴趣。

人们未必一定同意于马其维这种看法，然而人们也不能说他的这种看法是错误。至于兴趣之于欲望，也不能说是完全相同。至少我们可以说，欲望是一种比较少有意识的冲动，而兴趣是一种比较多有意识的冲动。然而我们也得指出，不只是欲望之于兴趣有了密切的关系，就是兴趣之于态度，也有了密切的关系。因为从普通人看起来，有了欲望，也可以说是有了兴趣，而有了兴趣，也可以说是有了欲望。又照马其维看起来，除了我们把兴趣与态度，连系起来，我们对于某种事情（Situation），不会有一个正确的概念。比方，我们说某人骇怕，除了我们指出他所骇怕的对象，我们尚未明白他所骇怕的是什么。他也许是骇怕老虎，他也许是骇怕警察，或是其他的东西。同样我们说某人对于法律有了兴趣，我们并没有说及他对于这个兴趣的态度。盗贼、警察、法官，以至一般人民对于法律，都可以说是有了兴趣，然而用不着说他们的态度是不相同的。这不只是指出兴趣与态度是有了不同之处，而且是指出这两者是有了密切的关系。

至于本能，也是一种冲动，这种冲动，比之欲望，在意识的成分上更为较少。有些人以为这是一种盲目的冲动，这是一种先天的东西。

其实，什么是本能，而特别是本能究竟有了多少，就是所谓本能学派的学者，也并没有一个共同的意见。不过他们却有了一个共同的要点，这就是人类的动作，以至人类的文化，是与本能有了密切的关系。

夫拉德（S. Freud）在其《集团心理与自我的分析》（*Group Psychology and the Analysis of the Ego*），以及其徒众如布卢汉（H. Blüher）在其《爱恋在男性社会的地位》（*Die Rolle der Erotik in der Mannlichen Gesellschaft*），以为欲力（Libido）或是爱恋（Eros）的本能，是一切社会与文化的基础。照他们的意见，人与人之所以联结而成为社会，以及社会的各种现象与人类的各种生活，皆是由于这种欲力或爱恋而来。就是人类的巨大的社会，也可以溯源于这个因子。布卢汉以为小的团体，如家庭的组织，固是由于狭义的性欲而来，大的社会的存在，也是由于男子与男子的欲力所吸引，而始能成立。因为男女的关系，若趋于薄弱，同性的爱欲，遂因之而发展，而成为巨大的社会与组织。

此外，又如一个信徒，对于他的领袖的信仰，一个社员，对其他社员的依赖，以至群众暗示模仿的现象，与艺术、科学、宗教、法律、图腾、禁忌、理想主义等等，无一不是由于这种欲力或爱恋所产生的。所以，欲力或爱恋，实可以说是人类的社会的基础，与一切文化的动力。夫拉德曾指出这种欲力或爱恋，是本能的储能，这种本能，虽是原于性爱，而以性交为目的，然而这种的本能，既与所谓自爱，有了密切的关系，又与兼爱及父母、儿女、朋友，与一般的人类，以至对于其他的东西，都有了一切的关系。

又有些人像罗德尔（W. Trotter）在一九二四年所出版的《平时与战时的群众本能》（*Instincts of the Herd in Peace and War*）一书里，举出三种本能：这就是性的本能、食的本能与群的本能。更有些人又加了一两本能如父母、奇怪等等。

马克杜加尔（W. Macdougall）在一九〇八年所出版的《社会心理学绪言》

(*Introduction to Social Psychology*),及在一九二三年所刊行的《心理学大纲》(*Outline of Psychology*),举出十数种本能。他以为主要的本能,有了十三种,次要的本能,有了七种。其属于前者,是父母的或保护的、争斗的、好奇的、寻食的、抗拒的、逃避的、团结的、自断的、服从的、匹偶的、获得的、建设的与恳求的。其属于后者,是嘻笑的、搔痒的、喷嚏的、咳嗽的、澄清的、小解的、睡觉的。

又如科尔文在一九一一年所刊行的《学习的历程》(*The Learning Process*)一书里,以为本能有了三十种。这就是惊怒、同情、爱好、游戏、模仿、奇怪、搜取、建设、自断、自贬、竞争、艳羡、猜忌、好口角、偏见、探寻、劫掠、迁移、爱冒险与未知的东西、迷信、爱情、虚荣、狐媚、谦卑、爱自然、爱孤独、审美、宗教与道德的情绪。再如武德渥斯(R. W. Woodworth)在其所著的《心理学》(*Psychology*)一书里,更举出一百一十种本能,这可见得本能的数目之多,而同时也可以见得本能学派的学者之所谓本能的意义的含混。

大致上,我们不能否认这些学者所说的各种本能,是人类的普通性格,然而照他们的意见,所谓本能是一种盲目的冲动,一种先天的东西,所以马克杜加尔(Macdougall)以为本能是生理遗传的,个人并不能消灭这种本能,因为本能是与人类俱生的,人类不消灭,本能也不会消灭。本能是我们养成习惯的资料,只有在我们的本能或习惯不能适应人类的需要的时候,才有意识的出现。换句话说,本能是我们的行为的基础,是我们生产的原动力,意识是补助本能的心理要素,在我们的行为中与生活中,而尤其是在文化较低的社会的人们的行为中与生活中,本能所占的地位,更为重要。因为在这些人的行为与生活中,大部分是受了这些盲目的冲动,与先天所决定的本能的影响。

总而言之,照本能学派的人们看起来,本能是一切文化所根据的基本因素,所以,比方从物质的经济的生活方面来看,人类对于食物的寻求,与财富的获得,是由于求食与求得的本能而来。从社会的家庭的生活方面来看,家庭的组织,是由于匹偶的本能而来,子女的养育,是由于父母的本能,就是部落的成立,国家的起源,以至各种社会的组织,都可以说是由于争斗,团结各种本能所主动的。从精神的文化方面来看,科学、宗教等等,也可以说是由于好奇与骇怕各种本能而来。

心理学上的行为学派的先驱要算窝孙(J. B. Watson)。他于一九一三年在美国《心理学评论》(*Psychological Review*)所发表《行为派学者的心理学观》(*Psychology as the Behaviorist Views it*)一文,可以说是近代行为学派的发表较早与影响较大的著作。后来,他所出版的《行为》(*Behavior*, 1915)与《行为派学者对于心理的观点》(*Psychology from the Standpoint of a Behaviorist*, 1919),都是解释行为派的心理学的。此外，又如郭任远在一九一二年所出版的《人类的行为》（*Human Behavior*）一书，也是行为派的心理学的代表著作。

窝孙在其《行为派学者的心理学观》一文里，一方面攻击内省法的心理学的错误，以至构造心理学与机能心理学的失败，一方面指出，不只是动物心理学，用不着内省法，就是人类的心理学，也用不着内省法。他以为心理学是研究行为的科学，而并非研究意识的科学。但是他虽以为心理学，并非研究意识的科学。可是他并不否认意识的存在。照他的意见，意识也是一种行为，这就是说意识是潜状的行为，而非主观的精神的作用。

行为派的学者，不只反对用意识这个概念去作心理学的研究的对象，就是像本能这种东西，也为他们所反对。郭任远在一九二一年在美国的《哲学杂志》（*Journal of Philosophy*）上所发表《放弃心理学上的本能》（Giving up Instincts in Psychology）一文，就是反对马克杜加尔一般学者的本能的学说。

行为派的心理学，既以为意识本能种种，也是行为，他们便以客观的事实，去解释客观的行为。由他们看起来，一切行为所共有的要点，为刺激和反应。光波、声浪、嗅味等等，都是刺激。可是人们见了强烈的光波而闪目，听了强烈的声浪而掩耳，闻了臭秽的味道而掩鼻，都是反应。刺激不只是起自体外，而且可以来自体内。体外的刺激，如声光之类，由耳目取受，复由感觉神经的末梢传达于神经的中枢。起于体内的刺激，是直由感觉神经的末梢，传达神经的中枢，受了刺激之后，遂发生一种冲动，由运动神经而传到筋肉或液腺，于是筋肉收缩或液腺分泌，使有机体发生了运动的作用。这种运动的作用，就是行为。行为的发生与发展，可以使引起环境的变化。比方，因了强烈的光波而带起眼镜，因了强烈声浪而用棉花塞耳，或是闻了臭秽的味道而设法洗扫，这就是行为对于环境的应付，对于环境的影响。一切文化的产生与发展，也不外是这种行为的结果。

行为派的学者，以为行为可以分为两种：一种是表现在外面的，一种是潜伏于内面的。前者的筋肉活动，很为显明；人们可以用感官而察觉，或用器具以实验。后者的筋肉的活动，至为微妙精致，故不易直接去观察、拍球、写字，可以说是属于前者，而所谓意识，就是属于后者。所谓思想，也不外是意识的最高的作用。意识本身，既是行为的一种——潜伏的行为，那么思想，也是行为的一种。

行为学派的这种看法，无疑的是偏于唯物主义的看法，有些人叫他们为机械主义者，因为他们不只是以外表的动作及其结果，是刺激与反应的结果，就是所谓内在的意识及其高度的思想，也是刺激与反应的结果。所谓内在的意识以及其高度的思想，并非一种神秘的东西，并非精神的作用，而只是好行为的表现。

行为既是刺激与反应的结果，行为就不像本能派的一般学者，当作先天所决定的东西。文化既就是行为的结果，文化的发生与发展，也就是由于这种刺激与反应而来的。比方，以言语来说，从行为学派的人们看起来，人类的孩提，本无学习言语的必要，可是因为他所需要的东西，如玩具之类，若不在眼前，他便不得不发音以代表这些东西，久而久之，他便用一种声调去代表那些物件，所以言语便是这样的产生与发展而来的。换句话来说，言语是一种学习而得的东西，并非一生而就有的东西。言语是文化的一方面，而且是文化的基本要素，言语固是这样的发生与发展，文化的其他方面，也是这样的发生与发展。

第八章　社会的基础

我们现在可以解释文化的社会基础。

我们知道，有了不少的学者，往往把文化与社会，当为一样的东西。这就是说文化就是社会，或是社会就是文化。近来在社会学中的文化社会学派的人们，有了不少是有意的或是无意的，偏于这种看法。结果是他们所说的社会学，往往是与所谓文化学，没有什么的分别。这种看法，是错误的。

社会与文化的区别，我们在本书第一编第一章解释现象的分类，已经说及，我们在这里，所要指出的，是所谓社会，既未必就是文化，而所谓文化，也未必就是社会。

原来从一方面看起来，社会比之文化，不只是范围较大，而且是历史较长。从别方面看起来，文化的范围却比社会的范围为大。从文化的观点来看，社会可以说是文化的一方面，因为文化，除了社会的要素之外，还有所谓物质的文化与精神的文化。一张桌子是物质的文化，一种学说是精神的文化，都不能谓为社会，或文化的社会方面。所以说，社会的范围，是比文化的范围为小。

然而所谓社会，不只是文化的社会，而且有了自然的社会。这就是说，除了文化的社会之外，还有自然的社会。自然的社会，是生物界中的一种很普遍，而很显明的现象。在植物中，比方，草也有群，这就是说，我们所说的草地，草场，是有好多草生长在一处，而很少单独的分散的生长于各处。所以近来，有些德国人，曾有所谓草的社会学（Wiesesoziologie）的研究。至于各种树木、花草之成为森林，而成为团体，也是很为普遍与很为显明的。我们知道，有了好多植物，是要同在一个地方而互相利用，而始能生长的。这可以说是植物团体的合作。此外，又有好多植物，在森林中，互相争取阳光，互相争取养料，这是含有所谓竞争生存的原理了。不但这样，物以类聚，好多山林是为某树木或某种植物所繁荣，而占了绝对的大多数。这有点像了居于统治的地位。反过来看，一棵树或某一种植物，单独的生长于某一个旷野，或是某一个山林的，也是少见的现象。这种单独的生长于某一个旷野或是某一个山林的树或植物，在某一时期之内，假使不能再有生长，而逐渐的繁荣起来，结果是这一棵树或这一种植物，也不易于久存。植物也好像动物以至人类一样的，不能离群而索居。可见得植物也有了植物的团体，虽则我们不能否认这种团体，是与动物以及人类的团体，有了很多与基本不同的地方。然而这种说法，也好像是与我们说动物的社会，是与人类的社会有了很多与基本不同的地方，没有多大的差别。

在动物的世界里，社会的存在，更是一种很为普遍而很为显明的现象。就多的单细胞的动物，聚在一块，而像了一个球形的东西，已经表示出原始动物的社会的行为。从动物的进化的历程上来看，动物愈进化，则其社会的行为，愈为发展。蚂蚁、蜜蜂的社会的行为的发达，是一般的人们所知道的。在蚂蚁的社会里，有统治者，或是皇后，也有被治者，或是民众，有分工合作的行为，有互相帮助的情谊，能建造精美的公共住所，能贮藏大量的团体食物。而且，有些蚂蚁，还会养育某种生物，以为养料，而有点像了人类的种植、畜牲。此外，在蚂蚁的世界里，有个人争斗，有团体的战争。在团体战争的时候，两军排列成行，对垒而打，各方都能团结起来，勇敢杀敌，为团体争光荣，为团体而轻生，而其生者对于死者，能收其尸首，对于伤者，能为之救护。蚂蚁固是这样，蜜蜂也差不多是这样，故近代一些生物学者与社会学者，对于蚂蚁与蜜蜂的研究，很为注意。

至于飞鸟走兽，常常成群，到处可见。在飞鸟之中，也往往有了一个公认的首领或哨兵。假使有了猎人对于他们，有了不利的行为，往往由其首领或哨兵作了某种暗示或某种声音，则整个团体，立刻跟着其首领或哨兵而逃避。至于一群的飞鸟，与别群的飞鸟互相斗争，也为常见的现象。

至于兽群中的社会的行为，也很为发达。兽群或英文上所说的 Herd，在某种兽类中，是一种永久的生活的方式。这种兽群中的兽，常常是在一块，而其中之体力较为强健，嗅觉较为锐敏的，便往往成为群中的守护者或侦察队。假使他们为了敌人或环境所压迫而迁移，则往往整群迁移。这种合群行为，是动物中最常见的现象。而且，我们知道，有些没有防御的器官的吃草动物，却能够驱逐凶猛的兽类，这完全是由于他们能够团结。

这些动物，对外固是能够团结而成为一个御敌的团体，对内也能互相帮忙，以维持其生活。坐在树枝上的猴子，往往为其同类搔痒或捕虱。就是在他们的玩戏中，我们也可以看出他们的社会的行为。

不但这样，在鸟兽的世界中，家庭的生活已很普遍。母鸟养育小鸟，教其学飞，母鸡带着小鸡，寻找食物，以及各种家畜野兽之养育其孩子，与保护其孩子之小心与周到，并不大异于人类之对其孩子。在动物之中，孩子之不能够独立生存的时候，很少为其母亲所抛弃，至于俗人所说"鸟反哺，羊跪乳"，那又是说明禽兽也有其爱亲的行为，而成为互相爱护的关系。此外，我们又知道，有些高等动物，男女两性，常常住在一块，而共同的过着生活，共同的养育孩子。这种家庭的生活，与了我们人类的家庭生活，是很相似了。

我们上面曾说过，从动物的进化的历程来看，动物愈进化，则其社会的行为，愈为发展。人类是动物的进化中的最高的动物，所以人类的社会性，也可以说是最为发展。凡是动物中所有的社会性，人类差不多通通都有。可是，人类的社会的组织的完密与复杂，却远非其他的动物所能及。不但这样，在其他的动物的社会中，其行为可以说是代代相同，而没有什么变化的，一群蚂蚁所建造的房子；一群蜜蜂所建造的蜂巢；以至一个鸟巢、一个兽穴，从我们所知其历史，以至于今，并没有什么变化。所以，在今日的蚁群、蜂群所住的地方，所作的事情，所有的组织，比之三千年前、五千年前、一万年前的蚁群、蜂群的这些东西，都是一样。

可是，人类的社会就不是这样。五千年前的人类社会、三千年前的人类社会、三百年前的人类社会，以至三十年前的人类社会，至于今日的人类社会，都有了不同之处。而且有了很大的不同之处。人类社会之所以能够因时代不同，或是随时代而变化，虽然是与人类的整个文化的变化有了密切的关系，然而人类社会的本身，也有其与其他的动物的社会，有了不同之处，虽则人类的社会的本身，也是由其他的生物的社会进化而来，也是与其他的生物的社会，而尤其是高等的动物的社会，有了密切的关系。

人类的社会的本身，既是由生物的社会进化而来，而同时与其他的生物的社会，而尤其是高等的动物的社会，有了密切的关系，那么人类的社会，也可以说是自然的社会的一种。自然的社会，虽然是与文化的社会，有了不同之处，然而所谓文化的社会，以至整个文化，是与自然的社会有了密切的关系，是以自然的社会为其发展的基础。而且，在文化历史上的人类的社会的发展，固是受了人类的文化的发展的影响，然而人类的社会的发展，对于文化——文化的各方面的发展，也有了很大的影响。

其实，人类的社会，与人类的文化，从其发展的历程上看，前者是较先，而后者是较后。至少人类的自然的社会的发展，是比人类的文化的发展为早的。因为人类的自然的社会，是动物的社会的一种，而人类的文化，却是人类所独有的东西。假使我们相信生物学者的进化论，那么人类的自然的社会，是由动物的社会演化而来。至少是与了后者有了相同的地方，有了密切的关系，而人类这种自然社会，是人类文化的社会的基础。比方，近代文明的家庭，是由于古代的原始或是自然的家庭发展而来，就是一个例子。家庭固是这样，社会的别的方面，也可以说是这样。家庭与社会的别的方面，固是这样，整个文化或文化的其他方面，也可以说是这样。而况，就是文化的社会，也可以影响于文化的其他方面。我们所以说文化有其社会的基础，就是这个原故。

文化是人类的创造品，是人类的独有品，然而人类不能离群而独居，因为人类离群而独居，就不易生存，就不会有后代，这就是说，不会有子孙。假使所有的人类，而都离群而索居，则人类本身，就会消灭。在这种情形之下，还说什么文化。文化是人与人间的共同生活的产物，所以文化的发生，固要依赖于社会的生活，而文化的发展，更要依赖社会的遗传。近来有些学者，像乌克朋（W. F. Ogburn）在其《社会的变迁》（*Social Change*）一书里，以为文化就是与社会的遗传,就是这个意思。

一个鲁滨孙飘流到一个没有人类的海岛上。他在这个海岛上,虽然盖了一些草房木屋,虽然制了一些兽皮衣裳,虽然种了一些植物,养了一些禽兽,也许发明了一些东西,创作了一些事情,可是鲁滨孙一死,则他在这个海岛上所作的一切工作,所创造的各种文化,必定因他的死而湮没无存。

而况鲁滨孙之所以能够作这些工作,创造这些文化,并非是生而就会作的,因为在他未飘流到这个海岛之前,他是住在人类的社会里。在人类的各种社会里,他一出世,就有他的母亲给他吃奶,他稍为长大,他的母亲与他的父亲以及他的亲戚,教他怎样吃饭,怎样穿衣,以至其他一切的生活上的种种需要。后来他又从学校里,从各种社会的人物,得了好多智识,学了好多技能,所以到了他飘流到海岛的时候,他遂能把他从前所得的智识,所学的技能,在这个海岛上,慢慢的造作他的生活的必需的物件。假使他在生了之后,人家就把他单独的放在一个地方,而不能与任何人类相接近,那么待到他长大的时候,而又送他到一个没有人类的海岛,单独的在这个海岛居住,就使他不饿死,他不冷死,他也不容易创造出什么文化来。

关于这一点,我们可以把很著名的卡斯巴尔·豪赛(Kaspar Hauser)这个人的遭遇以解释。

因为政治上的关系,豪赛在小的时候,就被人关在一个地方,而与外间的人们隔断关系。直到他十七岁的时候,人们把他放出来,这是一八二〇年间的事情。他这个时候,到了纽累姆堡(Nüremberg)。他在这个地方的时候,差不多不能走路,而他的心理,好像一个小孩的心理一样。而且,他又像小孩一样的,只能喃喃的说了一二句没有什么意义的声音。此外,他对于在他周围的一切事物,都不认识。很值得我们注意的,是他分不出没有生命的东西与有生命的东西,而把前者当为后者。从十七岁到二十二岁的五年中,因为他与人们接触,他认识了好多事物,而且进步得很快,可是在了好多方面,也许是少年没有同人们来往,结果始终无法学习,而成为一个变态的人物。他在二十二岁那一年,又因政治的关系而死。据说,他死了之后,有人解剖他的脑子的发现,也是变态的。

豪赛的脑子的发展的变态,究竟是生而就是这样,还是因为少年被禁,而不与人们接触而才这样,我们在这里不必加以讨论,我们所要指出的,是因为被禁而不会说话,以至不认识各种事物,就是证明一个人离群而独居,是不会创造出文化,不会认识文化的。只有在社会里,与人们有了接触,才能创造文化,才能认识文化。豪赛自十七岁出来,在社会里与人来往,而始逐渐认识事物,就是这个意思。

从此,我们可以见得社会实为创造与发展文化的机构,没有社会的生活,就不易产生或发展文化。社会之所以成为文化的基础,也就是这个意思。

不但这样，我们无论从社会的范围方面，或是社会的性质方面来看，文化可以说是往往受了这种范围或这种性质所影响的。比方，一个社区，或是一个部落，是代表一个社会的范围，这个社区或是这个部落，无论大小，在这个社区或这个部落的范围之内的文化，往往是趋于同一的模式的。换句话说，一个文化的范围，是往往与一个社会的范围相符合的，或是有了共同的文化的要点。我们并不否认文化的范围的改变，可以影响到社会的范围，不过在这里，我们所要特别加以注意的，是社会的范围的改变，往往会使文化的范围，也随之而改变。

从社会的性质方面来看，比方，一个天主教会，其文化无疑的是偏于宗教方面。一个回回教会，其文化也无疑的是偏于宗教方面。至于一个文学会、一个科学会，以至一个商会、一个工会，我们一看其名字，就能知道其性质，是偏重于文化的某一方面。

又如我们说起原始社会，我们可以想到这个社会里的文化，是原始的；我们说起古代社会，我们可以想到这个社会的文化，是古代的。如此类推，而至于中世社会，或现代社会，以及其中世文化，或现代文化。同样，东方社会，有其东方文化。西方社会，有其西方文化。中国社会，有其中国文化。英国社会，有其英国文化。

反过来说，一个宗教的社会，不会有反宗教的文化。一个文化学会，不会有反文学的文化。一个科学会，不会有反科学的文化。因为假使不是这样，则这些社会的本身的存在，就会发生问题。然而这也并不是说，比方，在中国的社会里，不会有人反对中国的固有文化，不过我们也得指出，假使中国的固有文化，被了废除之后，中国的固有的社会，也必受了影响，而失掉其原来的性质，而其结果是在名义上，所谓中国的社会，固可存在，在事实，却已变化，而变为别种社会，而像比方一个农业的社会，变为一个工业的社会一样。然而这么一变，也就是等于一个农业的文化，变为一个工业的文化一样。

上面是说明文化的社会基础的一些普通的原则，我们现在且再从一些主要的社会组织方面，来看社会对于文化的各方面的影响。

家庭是社会的基础，家庭也是文化的基础。在原始社会里，在古代社会里，以至在现代的文化较低的社会里，家庭在社会上所占的地位，犹为重要，而成为社会的基本单位。因为在这些的社会里，人类生活上所必需的一切东西，差不多通通都由家庭去供给。每个家庭，往往就是人类生活上的主要的单位。所以，每个家庭里的人员，或家人，往往是自己耕畜而食，自己织布而衣，自己盖房子而住。而且，有些社会，因为各家往往散处各处，有了猛兽敌人来侵犯，也要自己去抵抗。要生小孩，就由家人自己去接生。小孩长大，也由家人自己去教育。小孩或家人有病了，也由家人自己去医治。家中人员逝世，也是由家人自己去埋葬。总而言之，所谓人类基本生活上所必需的一切东西，都是依赖于家庭。古代希腊的著名学者亚里士多德在其《政治学》里就告诉我们，家庭基础自然所创造的社会，以供给人类的日常生活的需要的东西，就是这个意想。

就以我国的固有的家庭来看，不只是像我们常常说家为国之本，而其实家就是文化的基础。我们的社会，是偏于农业方面，而家庭又为农业社会的基础。因此之故，家庭是我们的经济生活的单位。除了这种生活之外，家庭又可以说是我们的政治生活的基本。所谓"家齐而后国治"，就是这个意思。其实，父亲或家长之治家，犹如国君之治国，所以君父并称，也是这个意思。我们常说，忠臣必出于孝子之门，也就是这个意思。《孝经·士章》篇说："资于事父以事君而敬同，以孝事君则忠，以敬事长则顺，忠顺不失，以事其上，然后能保其禄位。"《广扬名》篇说："君子之事亲孝，故忠可移于君。事兄悌，故顺可移于长。居家理，故治可移于官。"又如《圣治》篇说："父子之道，天性也，君臣之义也。"这不过只是随便的举了一些例子。故总而言之，国家的范围虽比家庭为大，可是治国的原则，是与治家的原则一样。

家庭不只是经济政治的基础，也是法律的基础。我们从来是重德治，是重家教。《孝经·开宗明义章》说："夫孝德之本也，教之所由生也。"子弟犯了法，或是做了坏事，往往是由父兄去惩戒，很少由官吏去惩罚。这就是所谓"家丑不外扬"。所以，在我们的固有的社会制度之下，有时子弟被人控告于官，做官的也有时交与其父兄去处理。所以父兄实兼有法官的地位。

同样，教育也可以说是家庭的主要的功用。所谓诗书传家的正常教育，以至家传秘法的各种技术，都以家为单位。而所谓祖传的东西，也就是一家所专有的东西。除了父兄所教授的家教家训家法，以至其所传的家宝家物之外，所谓家学，或家馆，在中国的固有的教育史上，也占了很重要的地位。教育本来是少数有地位的人们的专业，然而少数的有地位的人们的子弟，往往是延师到家里主持家学或家馆，而所谓家学有渊源，也是我们中国的学术史上的一种很普遍而又光荣的事情。

又如，我国宗教以拜祖宗为最普遍，为最重要。然而拜祖宗的宗教，也可以说是以家庭为基础的宗教。其实，就是家庭的宗教，祖宗是父亲或祖父以至曾祖以上各代之已死的家人，拜祖宗的也是家里的子孙。在我国的家庭，而尤其南方如广东各处的家庭，家家都拜祖宗，那么家庭在宗教的意义上的重大，又可以概见了。

就以西洋的家庭来说，天主教的家庭的男子，往往是与天主教的家庭的女子结婚，新教会的家庭的男子，又往往与新教会的家庭的女子结婚。这虽也可以说是宗教对于家庭的影响，然而同时，父母是崇拜天主教的话，那么子女也往往是信仰天主教，父母是拜崇新教，那么子女也往往是信仰新教。

此外，一个家庭对于其家人的道德、思想、习惯，以及其他的种种，都有很大的影响。一个女子，而特别是像在我们以前的家庭的制度之下，嫁了一个男子，而与男子的父母兄弟以至伯叔住在一块，则她必尽量设法去适应或迁就这个家庭的一切生活，以至习惯家风。一个孩子，生在这个家庭里头，则他必有意或无意的受了这个家庭的生活以至习惯家风的影响。近代一般的教育家之所以注重于家庭教育，并不是说家庭要变为学校，也不一定是说父亲、母亲要自己去教授小孩读书，因为所谓家庭教育，并非是学校读书的狭义的教育，而是广义的一个很好的家庭的环境，使小孩于认字识书之外，要有良好的体格、良好的人格、良好的习惯、良好的生活，使这个小孩将来在国家里，成为良好的国民，在社会上，成为优秀的份子，而对于这个国家与这个社会里的文化，有所建树，有所贡献。这是家庭教育的真正的意义，而与从前人所说的家学家馆的家庭教育，有了根本的差异的地方。

总而言之，家庭是世界的普遍的组织，所以照常情来说，人类是不能完全离开家庭的。就以现代的社会而言，各种公私的育婴堂，或是类似的机关，虽然很多，然而没有家庭去养育的小孩，不只还是一种特殊的现象，而且是一般人所不鼓励的事情。所以，我们可以说，小孩的正常的生活，还是家庭的生活。一个人在文化上所受的影响的最大的，或是在文化所有的成就的怎么样，往往以少年家庭中所受的环境而决定。因为在这个时候，一个人的习惯性格，一经决定以后，是不大容易改变的。而这种决定，无论在直接上，或间接上，都与文化有了关系。

除了家庭之外，在近代的各种团体之中，对于文化的影响最大的，恐怕要算国家了。

我们知道，近代的国家，主要是民族的国家，所谓民族照一般普通的看法是有了生物学上的意义，这就是说，是有了血统的关系的团体或社会。虽则严格的说，这里所说的民族应该叫作种族。比方，所谓中华的民族就是一个例子。我们中国人以为我们的民族，是自成为一个民族，而别于其他种的民族，因为我们不只是在血统上，有了关系，而在体质上，有了根本类似的地方。而且，我们以为我们是来自一个祖宗，而在民族上，自成为一个系统。我们所以说我们是黄帝的子孙，就是这个原故。我们究竟是否都是黄帝的子孙，当然是一个问题，然而中华民族是自成为一个系统，而与其他的民族有了不同，却是无可疑的。中华的民族固是这样，别的民族也是这样。

然而这个普通的民族的意义，除了有了血统上的关系之外，还有了文化上的关系。政治学者告诉我们，民族有了几种特性。一为共同的语言；二为共同的宗教；三为共同的政治意识；四为共同的历史发展。此外风俗、习惯的相同，也是民族团体的要素。

从民族的立场来看，民族之所以有了共同的文化，是因为有了共同的民族。

一个民族，因为血统上有了关系，或是因为有了共同的祖宗，而住在一个地方，因而不只有共同的语言，而且有了共同的信仰，共同的政治意识，共同的历史发展，以及相同的风俗、习惯，换句话说，就是有了共同的文化。

因此之故，我们可以说，民族是文化的基础。因为有了共同的民族，然后产生或发展了共同的文化。

我们并不否认不同的民族，也可以有了相同的文化。然而这两个民族的文化之所以相同，主要是由于两个民族接触之后，使其文化互相影响，而才有了这种结果。然而我们也能指出，相同的民族，固是往往有了相同的文化，可是相同的文化，并不一定就有相同的民族。比方，我们说美国的民族，是与英国的民族，是两个相同的民族，所以美国的文化是与英国的文化有了相同的地方。然而，比方五十年后的中国，因为积极的去采纳西方的文化，而根本的、澈底的，以至全盘的西化起来，中国的民族并不会变为西方的民族，因为假使这个民族的意义是偏于生物的观念，而与文化，有了根本不同之处。

相同的文化，既未必产生或发展了相同的民族，而相同的民族，却往往产生或发展了相同的文化。那么文化不一定成为民族的基础，而民族却往往成为文化的基础。这是一件很显明，而有了历史的根据的事实了。

近代的民族国家，是以民族为国家的基础的，所以一个民族若成为一个国家，则这个民族，不只是因民族的相同而有了相同的文化，而且往往进一步去用国家的力量，或是政治的力量，去强调与发展其相同的文化。

我们知道，比方，欧洲在中世纪的时候的文化，可以说是处处都有其相同的地方。拉丁文是欧洲的通用的语言文字，天主教是欧洲的共同的宗教，信仰教皇与皇帝是统治欧洲的领袖，教会是欧洲的社会组织的重心，欧洲人继承了希腊、罗马及希伯莱的文化的遗产，也可以说是有了共同的历史的发展，所以大致上，欧洲在那个时候，文化是趋于一致的。

然而欧洲的民族，却有了好多差异的地方。到了宗教改革运动，而尤其是民族主义发展之后，法国、英国、德国、意大利、西班牙各民族国家，逐渐发展，每个民族国家，除了他们原有的土语之外，又提倡发展其他各民族国家的文字。法文、英文、德文、意大利文、西班牙文，以至俄罗斯文，以及其他各种语言文字，都相继的发展起来。使每个民族国家，都有其特殊的语言文字。

此外，除了语言文字之外，差不多每个民族国家，都要自立其教主，自管其教会，所以欧洲的宗教，不只分为天主教与改革教两大派，而其实是每个民族国家都各有其自己的教主，自己的教会。所谓共同的欧洲的宗教，现在却变为民族国家的宗教。德国人用德文的《圣经》，法国人用法文的《圣经》，英国人用英文的《圣经》，上帝固然还是相同，向着上帝所说的话，却已不同。

同样，在政治意识上、在历史发展上，以至风俗习惯上，与经济生活上，每个民族国家，都逐渐的强调与发展其特殊的要点，所谓民族主义的文化，就是这样的发展起来。

在相同的民族的国家里，固因用了政治的力量，去推动而增强所谓民族主义的文化，就是在不同的民族的国家里，往往也因用了政治去推动而增强所谓统治民族的文化。德国之德化波兰，俄国之俄化波兰，暹罗之暹化老挝，以至法国之法化安南，荷兰之荷化爪哇，日本之日化朝鲜，这不过是随便的举出几个例子。

在近代国家里，统治民族，用政治力量，去强迫其被治民族或弱小民族，是近代历史上很为显明一件事，虽则历史上也有统治的民族的文化，被了被治的民族的文化所化的。罗马的希腊化，与满洲的中国化，就是一些例子。不过，我们也得指出，这是因为在武力上以至在政治上，罗马虽统治了希腊，满洲虽统治了中国，然而在文化的其他方面，罗马是不如希腊的，满洲是不及中国的。

近代的国家的统治民族，往往是文化较为优越或是处于同等的民族，若再加以政治上的权力，则往往用了政治的权力去强迫其被治的民族，采纳其自己的文化，强迫学习其语言，强迫信仰其宗教，以至强迫进入其学校，以至强迫跟从其风俗习惯，目的不外是欲使其整个国内的文化，能够趋于一致。

上面是从民族国家的立场去解释，其对于文化上的影响。其实，现代国家对于发展文化——发展整个文化或文化的各方面是当为国家的重要的任务。我们知道，以前有些学者，以为国家的任务，在对外上是抵抗敌人的侵略，在对内上是维持社会的秩序。可是近代的国家，除了这两方面的任务之外，对于文化的物质，与精神的各方面的发展，都视为国家的任务。

从物质的文化的各方面的发展来看，现代的国家，不只对于整个国家的农、工、商业与交通种种，极力设法去发展，就是对于人民的各个人的衣、食、住、行的便利，也无不设法去提倡。贫穷的救济、工人的生活的改善，以及所谓社会保险（Social Insurance）的立法或政策，以至所谓公用事业的发展，大致都是偏于人民的个人的物质生活方面。比方，上次欧战的英国政府，化了不知多少金钱，去为劳工阶级建造房子，而最近的培弗尔利支（Beveridge）的社会保险的计划，假使这次战后能够完全实行，那么英国人民在物质生活的享受上，无疑的得到不少的保障，而所谓物质生活的平等原则，也可以逐渐的实现。

从精神的文化的各方面的发展来看，现代国家的强迫教育的政策，是要每个人民都能得到一种基本与普通的智识。从前的大学教育，差不多是贵族或资产阶级的子弟所专有的，大学教育现在已逐渐变为大众的教育，比方，德国、英国，而特别是美国，都有了这种趋向。所以现在家境充裕的子弟，固有机会进大学，家境贫穷的子弟，也有机会去进大学。

国家对于人民的智识方面，固设法去提高，国家对于美术、音乐，也能够提倡。城市里的公共园林、公共建筑，以及美术馆、音乐会，固多由政府去提倡，就是在乡村各处，政府对于这些审美的工作，也逐渐能够注意。

我们应当指出，在今日国家主义还正在盛行的时候，国家对于文化的物质与精神各方面的发展，可以国家为单位，以国家为立场，而且主要的，还是以增强国民的爱国心与发展民族的意识为目的。然而近代文化的各方面的发展，是得力于国家以政治的力量去发展，却是一件无可怀疑的事情。

我们上面已经指出，无论那种社会，对于文化的各方面或某一方面的发生与发展，都能有了影响，我们在这里所以特别注重于家庭与国家这两种社会对于文化的影响，目的虽是当作例子来解释，然而在事实上，在历史上，在各种的社会中，对于文化的影响最大的，恐怕还是这两种社会。家庭对于文化的影响，是代表一种自然而然与不知不觉的力量的影响。国家对于文化的影响，是代表一种含有意识含有权力的影响，虽则西洋中世纪的教会，在文化上，都有了这两种影响，可是没有家庭与国家的影响那么普遍，那么久长。

第三册

目　录

第一编 …………………………………………………… 171
 第一章　文化的性质 ……………………………………… 171
 第二章　文化的重心 ……………………………………… 181
 第三章　文化的成分 ……………………………………… 191
 第四章　成分的关系 ……………………………………… 203
第二编 …………………………………………………… 213
 第五章　文化的发生 ……………………………………… 213
 第六章　文化的发展 ……………………………………… 223
 第七章　文化的层累 ……………………………………… 233
 第八章　发展的方向 ……………………………………… 243

第一编

第一章　文化的性质

　　我们在上面，已将文化的地理、生物、心理与社会各种的基础或环境加以解释。我们可以说，无论那一种文化的发生、发展，以至衰落，或湮没，都受这些环境的影响。有些文化，所受的环境的影响较大的，也许是偏于地理的方面；有些文化，所受的环境的影响较大的，也许是偏于生物的方面，或是心理的方面，或是社会的方面。然而没有一种文化，专只是受了一种的环境的影响。其实，我们可以说，无论那一种文化，都受了这四种环境的多少影响，都依赖这四种环境以为其基础。

　　而且，我们可以说，这四种环境，也就是文化本身的对象，文化本身的材料。泥土可以建筑房屋，海水可以用为制盐，淡水可以用为饮料，五金石头可以作器皿，煤炭煤油可以作燃料。这是地理要素之成为文化的对象与材料的一些例子。木、竹可以建筑房屋，丝、麻可以制造衣裳，米、菜、鱼、肉是我们的日常食品，牛、马、驼、象是我们的交通工具，这是生物要素之成为文化的对象与材料的一些例子。我们的热情可以引起人家的信仰，我们的思想可以引起社会的运动，这是心理要素之成为文化的对象与材料的一些例子。家庭是社会的基础，国家是社会的力量，这是社会要素之成为文化的对象与材料的一些例子。

　　所以，文化是这些环境所形成的东西，而各种文化之所以不同，往往就是由于各种环境的差异。比方，中国文化，经了二千余年的历史而没有多大的变化，这可以说是因了环境的作用。又如，西洋文化在近代数百年来，能够日新月异，也可以说是因了环境的作用。马来人没有御寒的设备，这是环境的作用。蒙古人拙于造船的技艺，这也是环境的作用。西洋人信耶教，印度人创佛教，这也是有了环境的作用。

　　文化固是环境所形成的东西，然而环境而尤其是所谓自然的环境，对于文化的影响，是有限度的。我们可以说，文化的发展的程度愈为优高，则所谓自然的环境，对于文化的影响的程度愈为减少。无论这些环境是地理的，或是生物的，或是心理的，或是社会的。

　　从地理的环境方面来看，比方交通的工具，如汽船，如火车，如飞机发明之后，则所谓天然的海洋与山岭的阻隔，可以避免，可以征服。同时，比方，在以前某个地方缺乏了某种东西，而在某个地方却出产了这些东西，因为交通的便利，也可以从出产这些东西的地方，而运到没有这些东西的地方。不但这样，腰地平地，可以掘为运河，以为交通之利；盘地山谷，可以筑为水池，以为灌溉之用；丘陵可以变为平原，以建筑房舍；高山可以凿为山洞，以便火车行驶。风可以用为旋车，水可以变为马力，这都是人类改变自然的地理环境，而变为文化的环境的表征。

从生物的环境的方面来看，比方，因为交通便利，美国的橘子可以运来中国，中国的鸡蛋也可以运到美国。又如，因为有了人造冰，美国的新鲜牛肉可以寄来中国而不腐，中国的新鲜食物可以运到美国而不臭。

而且，我们知道，从人类的生理方面来看，人类在过去的二千年中、四千年中，虽没有什么变化，可是人类的文化，在这个时期，而特别是在最近的百余年中，却有重大的变化，可见得所谓生物的环境，如遗传之对于文化的影响，是有限度的。至于把人类不平等的学说去解释文化的差异的错误，已为一般学者所公认。又如，优生学者的理论，虽如上面所说，未可全非，然而也是有限度的。人口的数量，性别与年龄种种，对于文化的影响，虽也像我们在上面所说，是有事实的证明，然而我们也得指出，在高度的文化的社会里，这些影响，与其说是积极的，不如说是消极的。

从心理的环境方面来看，就个人方面而言，固不能否认其有智愚的差异，然就种族方面而言，这种的差异，却不容易找出来。我们知道，二千年前、四千年前的欧洲人的聪明，决不会低于今日的欧洲人的聪明，然而为什么二千年前、四千年前的欧洲人，造不出轮船飞机，而今日的欧洲人，却能造出这些东西。这个问题，决不是能够用自然的心理的要素所能解释的。

从社会的环境方面来看，自然的社会现象，固为文化发生或发展的基础，然而文化发生与发展之后，社会本身，也要受文化的影响。我们知道，从古至今，无论那种民族，都有其家庭的制度，然而家庭制度的形式，却有不同之处。为什么中国有了大家庭的制度，为什么西洋有了小家庭的制度，这都不能专以自然的社会的环境去说明。

总而言之，自然的环境，不能把来解释文化的全部，而尤其是不能解释高度的文化。因为在相同的自然的环境里，既可以有了不同的文化，而在不同的自然环境里，也可以有相同的文化。然而这也并不是说自然环境之于文化，就没有作用，就无关重要。因为假使没有了地理的环境，没有生物的环境，文化不只缺乏了基础，而且缺乏了材料。同样，没有心理的环境，没有社会的环境，文化不只缺乏了基础，而且缺乏了弹性。我们在这里所要指出的，是在原始的文化里，这个文化所受自然环境的影响的程度，比较为大，而在进步的文化里，这个文化所受自然的环境的影响，比较为小罢。

我们这种看法，可以使我们得到一种很为显明的结论，这就是除了上章所说的文化的地理、生物、心理与社会的各种环境外，文化还有所谓文化的环境。我们已说过，文化是人类的创造品，然而同时文化也可以说是人类所创造的文化的基础。这种说法，从表面上看起来，好像有了矛盾，但是事实上，却是很平常的道理。有了人类，就有文化，所以人类自生长至老死，都是在文化里生活。凡一切衣、食、住、行、动作、思想等，都受文化的影响。所以一个人，在其一生中，用不着自己去发明种种生活的方式，只要自己去模仿已有的种种生活的方式，就能过活。而且，因为人类在少时，受了家庭的教育，与社会的习惯的影响，他们在不知不觉中，受了家庭与社会的流行与遗传的文化的传染，有意的或无意的，做前人所已做的东西，行前人所已行的方法，遵社会所已有的风俗、传说与信仰。

不过因为人类自少至大，即受了其已有的文化的影响，所以他们自己所创造的新的文化，也免不了要受这些已有的文化的影响。比方，一个中国的裁衣匠，在中国文化与西洋文化尚未接触之前，创造了一种新式的衣服，这种新式的衣服，是和以往的中国的衣服的样子，有了不同的地方。但是，这些不同的地方，无论怎么样，决不会是与西洋人所穿的衣服一样的。反过来说，这种新式的衣服，总免不了要受中国已有的衣服的样式的影响。事实上，往往是从中国的衣服的样子脱胎而来。因此之故，我们可以说，中国以往的衣服的样子，是这位裁衣匠所创造的新式的衣服的基础。而且，事实上，他所创造的新式衣服，决不会与中国已往的衣服的样子，相差得太远。大致上，所谓新式衣服，其所异于以往的衣服，多是程度上的不同，而非种类上的差别。我们承认，这种程度上的差异，若历时太久，结果也许使后人看了，好像是两种不同种类的东西，可是假使我们详细的研究起来，则其嬗变的痕迹，了然可考，而所谓新的样子，还是以过去的样子为基础。衣服固是这样，别的东西，也是这样。费尔康德（A. Vierkandt）在其所著的《文化变迁中的连续性》（*Die Stetigkeit im kulturwandel*, 1908）一书里，指出后一代的文化，都是从前一代的文化变迁而来，就是注重于文化的文化基础的解释。

其实，文化愈进步，文化的文化基础，愈为重要。结果，往往不但减少了自然环境的影响的势力，而且变自然环境为文化环境。地理环境是自然环境，然而运河的开凿、山洞的打通，可以说是变自然环境为文化环境。生物环境是自然环境，然而植物的栽种、动物的养畜，可以说是变自然环境为文化环境。至于人类的心理上与社会上的自然环境，在我们的文化里，差不多完全都受了文化的影响，而失了本来的面目。一个几个月大的小孩，见人而喜欢，这可以说是一种自然心理性与社会的表示。我们所以说这个小孩，是天真，就是这个意思。待到这个小孩长大了,他若见人而喜欢,这种喜欢,从心理性上或社会性上看起来,已非自然而然的东西。因为他所喜欢的,是他所认识的亲属或朋友,而非逢着人都喜欢。质言之,刚出世的小孩,其所受文化的传染最少,故在心理性与社会性上所表示的,也多为自然的。年纪愈大,则所受文化的传染愈多,故在心理性与社会性上所表示的,多为人为的。中国人爱中国,英国人爱英国,这并非生而就是这样,而乃文化的结果。回教徒诋耶教,耶教徒诋回教,这也并非生而就是这样,而乃文化的结果。

总而言之,文化愈进步,则文化的范围愈广,文化的范围愈广,文化的内容也愈为复杂,因而自然的环境的影响的力量,愈为减少。同时,文化的文化基础,愈为重要。文化学之所以能够成立,与需要成立,也可以说是筑在文化的文化基础上。

文化的文化基础,是文化的水平线。在同一的文化水平线上的文化,既不会离这个水平线太低,也不会离这个水平线太高。所以,比方,在石器的时代,决不会发明出机器。机器若不发明,决不会有飞机。这都可以说是文化受了文化水平线的限制。

文化虽受文化水平线的限制,但是文化是有弹性的。这就是说,文化是变化的。文化之所以能够累积,文化之所以能有进步,都是由于文化的弹性的作用。大致上,我们可以说,弹性愈强,则其累积愈多,而进步愈快。因为有了累积,有了进步,所以文化可以从一种水平线,而变化为较高的水平线。这种变化,当然不一定骤如其来,而往往是逐渐的,而且,往往是由于文化的某一方面,受了外界文化的影响,或是由于内部文化的激动,于是由这方面所生的变化,而引起别方面的变化。待到文化的全部或大部分,都起了变化,而成为一种新的和谐,新的模式,那也就是变为一种新的水平线。

停滞而没有变化的文化,是因为文化的惰性的作用,文化是人类生活的各种方式,人们习惯于某种生活的方式,往往不愿加以改变。有时因为历史既久,就以为这种方式,是天经地义,是精神表示,结果是当了这种方式做一种永远不能变化的东西。比方,中国人相信孔子的学说,以为这种学说是施诸四海而皆准,传之万世而可用。又如中国的大家庭的制度,有好多人当作尽善尽美的制度,中国的衣服,好多人当作合理合宜的衣服,因而对于这些东西,都觉得有保留与发扬的价值。同时,对于一切外来的学说、制度、服式之与中国的各异的,都要排除,这都是因为这些中国人习惯于这些东西,因而这些东西,发生了惰性的作用。

文化弹性,往往可以增加文化的累积,可以加速文化的进步。文化惰性,往往使了文化成为停滞的状态,趋于退步的地位。黑格儿在十九世纪的初年,以为当时的中国文化,与二千年前的中国文化,没有什么分别,可以说是从文化的停滞的状态方面来看。我国好多人士，以为现在的政治，不如三代的政治；现在诗文，不如唐宋的诗文；现代字画，不如从前的字画；都可以说是从文化的退步的地位方面来看。

　　无论那一种文化，都可以说是有了弹性与惰性。绝对的弹性，或绝对的惰性，是没有的。就是有了，也是很少。文化能否进步，或是否停顿，要看其弹性与惰性的力量如何。假如弹性的力量较惰性的为强，那么文化可以进步，假如惰性的力量较弹性的为强，那么文化必定停顿。

　　在惰性与弹性的力量的差异较微的文化里，其文化的一方面，可以发生剧烈的变化，而其文化的别的方面，却变动较缓或没有变动的。乌格朋（W. F. Ogburn）在其《社会变迁》（*Social Change*）一书里，叫作文化延滞（Culture Lag）。照乌格朋的意见，物质文化的变化的速率，往往比非物质的文化的变化的速率为快。所以，非物质的文化，也往往成为延滞的文化。怎么样使这种延滞的非物质文化与变化很快的物质文化能够和谐，是文化上一个很重要的问题。

　　文化的停顿与延滞的结果，是文化遗存（Culture Survivals）。泰罗尔在其《原始文化》一书里，对于文化遗存的概念，曾作过详细的解释。泰罗尔以后，一般的人类学者，对于这个概念，也多加讨论。所谓遗存的文化，虽也有是属于物质的文化，如各种的遗迹与化石之类，然而大致上多是关于风俗、宗教、信仰等非物质的文化。圣诞节所用的槲寄生，结婚时所用的戒指，以及各种的迷信、幻术。这些文化在从前本来有其特殊的功用，但是智识日增，人们对于这些东西，已知其无用，或不再相信，然一般人却尚循了以往的风俗习惯，而同样的使用。

　　遗存文化，照泰罗尔的意见，也不一定是全没有用的。其实，有许多这种文化，与其说是没有功用，不如说是变换了功用。好多城市里的礼拜堂，在以前是一个崇拜上帝的地方，这是神圣的地方，这是尊严的地方，现在因为信仰宗教的心理已很薄弱，好多礼拜堂却变为一个交际的场所。宗教的功用，虽逐渐减少，或是终要消灭，然而别的功用，却起而代替。在语言上，我们还是叫作教堂，在观念上，我们还联想及宗教，然而事实上，功用早已变化。从宗教的功用上看，它是遗存的文化。从社交的功用上看，它却是现代的东西。至于各种迷信，虽因科学发明而失其原来的功用，但是科学既不能解释一切，迷信有时却可以给一些人以心理的安慰。

　　然而因为在语言上、在观念上，或心理上，我们忘记不了这些东西的原来的功用。同时，在形式上，我们还是循着前人的习惯。结果是这些遗存的文化，或是过去的文化，对于我们现代的文化，不但在消极方面有了影响，就是在积极方面也有了影响。比方，英国的皇帝加冕的时候，还是要教主去行礼与祝福；世界的天主教徒，若联合起来，而反抗某个政府的政策，还是一种很大的力量。在好多地方，星期日不许演电影戏；在好多大学里，至今不授进化论。这都可以说是遗存文化的影响，文化的延滞的力量，文化停顿的原因。总而言之，是由于文化惰性的作用。

上面所说的文化水平、文化弹性、文化惰性，都与地理有了密切的关系。我们在上面一章里，曾说及地理环境对于文化的影响，我们现在要从文化的立场，去观察在地理上的分布。这种观察，使我们明了文化区域的概念。大致的说，在同一的文化区域里的文化，是往往近于同一的水平线的文化。因而其弹性、惰性，也受同一的文化区域的文化的影响。

文化区域的形成，最初也许是由地理环境的作用，而受地理的限制。可是高度的文化，却往往能超出地理的限制，而扩大其文化区域。比方，西洋的文化区域，在四百五十年前，仅限于欧洲一洲。然自新大陆发见以后，美洲的文化已成为西洋文化的区域。故我们现在之所谓西洋文化，实乃指着欧美两洲的文化而言。

其实，今日所谓西洋文化，何止只包括美洲？澳大利亚、亚菲利加，以至亚细亚洲的许多地方，都受了西洋的文化的传染。使西洋文化的区域，逐渐的放大其范围，而差不多包括了整个世界，使地理上的间隔，不但不能阻止文化的进展，而且不能保留其原有的文化。美洲土人的文化、菲洲土人的文化，自西洋文化侵入之后，都逐渐的趋于消灭，这是因为高度的文化区域一经放大，则这个区域的文化，往往趋于一致的明证。

然而从一般人看起来，世界的文化，大致可分为东方文化与西方文化。在东方的文化区域之下，既可分为中国、印度，各种不同区域，在西方的文化区域之内，又可分为德国、英国、法国、意国，各种不同的区域。其实，在中国的文化区域里，还可以分为好多区域。比方，蒙古、西藏在文化的各方面，固有其特殊之点而各成一区域，就是中国本部，也有南北之分。在春秋战国的时代，有些学者，已有南北文化不同的概念。自五胡乱华至宋室南迁，北方因受外族文化的影响，南北之分，又较为显明。到了现在，一般学者对于中国南北文化的研究，更为注意。

我们若再进一步去研究所谓中国的南方的文化区域，我们还可以把南方分为好多区域。南方诸省，虽是政治上的分区，然在文化上，也不能说完全没有意义。比方，两广之于湖南，就有多少的差异。其实，就以广东一省而论，就可分为好多区域。潮州、嘉应、广肇、雷琼在文化的各方面，都有其特殊的地方，而各成为文化区域。广州的四邑与番禺、南海、顺德、中山固有其各异之处，中山一县，从文化上，而特别是言语上，也分为好多不同的区域。又如，琼州岛的外围是汉族的文化区域，而内地却为黎苗的文化的区域。以汉族的文化区域而论，琼山县之于文昌县也有好多不同之处。而文昌的东南东北，在言语上，以至风俗上，也有其差异之点。在东南一隅，也有清澜港的西部与东部的区别。

总而言之，在较大的文化区域之内，可以分为好多较小的文化区域。在较小的文化区域之内，又可分为更小的文化区域。区域愈小，则其特殊性愈显，区域愈大，则其普通性愈明。而且，区域的观念，从文化上看起来，是相对的而非绝对。因为文化进步，则文化区域可以改变。上面所说的四百余年来的美洲文化，就是一个很显明的例子。现代的中国，固因交通的利便而使各处的文化，趋于相同，将来的世界，也许因接触的频繁，而使各国的文化，趋于相同。我们承认，无论怎样相同，总免不了有其差异，不过美洲的文化，既可以变为欧洲的文化区域，那么其他各处的文化，也可以变为欧洲的文化区域。正如中国的文化，可以伸张而代替南方的南蛮的文化。那么西洋的文化，也可以伸张而代替亚洲的东方的文化。文化是变化的，所以文化区域也是变化的。

不但这样，在不同的文化区域里，可以有相同的文化。比方，我们说蒙古、西藏都是属于东方的文化区域，可是在以牛乳为饮料方面来说，土耳其、蒙古、西藏是属于西方的文化区域。中国、日本、高丽、安南各处，养畜耕牛的历史很长，然而利用牛乳牛油以为各种食品，却是最近的事，而且有好多地方，对于牛肉也不喜吃。又中国自古已知饲羊，然却不以羊毛为衣服，这又与中亚细亚的游牧民族，与西洋民族，有了不同之处。印度的文化是东方文化区域的重要支派，然而印度的文字——梵文——与其说是属于东方文化区域，不如说是与西方的文化区域的文字相近。

中亚细亚与西洋既是接壤，西洋某种文化之与中亚相同者，还可以自成为一区域。但是地理间隔相当的远，而文化的某一方面，或好多方面，却又相近的，这可以叫作同一文化系统，而非同一文化区域。比方，海南岛以至雷州半岛与潮州两个地方，在地理上，隔离相当的远，然在语言上，以至文化的好多方面，却有类似之处。当一个潮州人说话时，假如一个琼州人能够小心的去听，必定懂了不少。潮州人所喜欢吃的"湿饭"也是琼州人的家常便饭。潮州人的说话，以至文化的好多方面，是与福建的厦门一带相近。潮州与厦门接壤，在政治上虽属于广东，然在文化的其他方面，却与厦门一带自成为一区域。然潮州之于雷琼，与其说是同一文化区域，不如说是同一文化系统。

又如中山县的语言，是属于广州的文化区域，然而中山县的龙都的语言，却是近于福建、潮州、琼州的文化系统。文化系统与文化区域的不同，是后者乃指着同一的区域里的相同的文化，而前者却指着不同的区域里的相同的文化。从文化的系统的观念来看，相同的文化，未必在同一的区域。同时，从文化的区域的观念来看，在同一的文化区域里，也未必就有同一的文化。我上面所以说，文化区域的概念，是相对的，而非绝对的，就是这个原故。同时，文化是自成一个格式，而不一定是受地理环境的支配，这是近代一般研究文化的人所不能否认的。

我们解释文化区域或文化系统的时候，我们不要忘记，文化中心的概念。我们可以在每个文化区域，或各种文化系统，都有其中心。主张文化的一元论者，以为世界的文化，都来自一个中心，而主张文化的多元论者，又以为世界的文化，是来自好多个中心。关于这种理论，我们在上面虽已略为提及，但是在下面讲到文化的起源时，当再加解释。我们现在所要注意的，不是文化的最初的中心，而是在历史上文化中心的变化，以及现代的文化中心的分布。

我们说，每个文化区域，或每种文化系统，都有其文化中心，与文化边缘。文化区域与文化系统的观念，既是相对的，那么文化中心或文化边缘也是相对的。

从历史上看起来，在西方有一时候，埃及是文化的中心。在那个时候，埃及人无论在农业上、商业上、工业上、政治上、宗教上、文字上，都有了相当的成就。到了后来，希腊兴起，希腊又代替埃及而成为西方文化的中心。希腊人不但在文化的物质方面，有了很多的进步，就是文化的精神方面，也有很多的创作。希腊根本上虽是一个农业的国家，但是因为海外的交通利便，商业很为发达，希腊的特产固可以畅销到外国，希腊所缺乏的东西，也可以由外边输入，故物质生活上的享受，又比埃及人为好。单从希腊的建筑物的遗迹来看，就可以想像到它的物质文化的程度之高，非一般古代民族或所谓野蛮民族所能及。

希腊在学术各方面的成就，直到现在，还能容易看出来。柏拉图的《共和国》、亚里士多德的《政治学》，不但是政治学上的经典，而为人们所传诵，就是哲学上与在思想上，也是不朽的创作。此外，他们与其他的学者，在科学上、在文学上，也有不少的贡献。所以谈西洋文化者，往往逐源于古代希腊，就是这个原故。故柏拉图的学园，可以说是希腊学术的中心。亚里士多德的书院，也是学术的中心。他们在学术上的成就，不但是希腊的成就，而且是古代西洋的成就。所以马其顿王腓力普也得请了亚里士多德去做太子亚历山大的师傅。

到了罗马时代，罗马又成为西洋文化的中心，罗马人除了尽量去吸收希腊人的文化之外，在交通方面建筑了不少道路，使罗马成为交通枢纽。罗马因为军事上的胜利，使政治上成为那个时代的西洋的领袖，因而同时在法律上，也有特殊的贡献。罗马法到了现在，还是世界各国大学里一种重要的科目。

中世纪的时候罗马还是西洋文化的中心，因为教会既是罗马帝国的承继者，教皇所在的地方，又是罗马数百年来文化所荟萃的地方。其实，从天主教的立场来看，到了现在，罗马还是宗教的中心。罗马是上帝代表所住的地方，罗马是地上的天国，罗马是神圣的城市，在宗教支配文化的各方面的时候，罗马无疑仍是文化的中心。

宗教改革以后，因为民族主义的澎涨，国家主义的发展，整个欧洲的文化，虽不像希腊罗马与中世纪那样集中于一处，然而大体上，整个欧洲的文化区域的文化中心的意义，并不因之而完全消灭。法国在一个时期里，可以说是欧洲文化的中心。英国在一个时期里，可以说是欧洲文化的中心。十九世纪下半叶的德国，在西洋的文化区域或系统里，可以说是西洋文化的一个中心。二十世纪的美国，已逐渐的变为西洋文化的中心。

总而言之，文化中心，是随时代而变化的。我所以说文化中心的概念是相对的，就是这个原故。

在整个西洋文化里固有一个中心，在西洋各国或各地的文化里，也可以找出一个中心。这就是我所以说每个文化区域，或每种文化系统，都有其中心的意思。普鲁士之于德国，英伦之于英国，新英伦及美国东部之于美国，都可以说是这些国家里的文化中心。

正如整个西洋的文化中心，是随时代而变化。一个国家里的文化中心，也是随时代而变化的。就以中国而论，大致上，唐以前，黄河流域是中国文化的中心；宋以后，长江流域又成为中国文化的中心。在这个大区域之内，文化中心，在历史上，也有很多的变化。以黄河流域而论，陕西、河南、山东，在某个时期里，都是中国文化的中心。

我们讨论文化中心，我们应当明白都市的重要。其实，从古以来，都市都可以说是文化的中心：希腊的国家，既是城市的国家，希腊的文化，也可以说是城市的文化。罗马本来就是一个城市。近代的巴黎、伦敦、柏林、纽约，是世界最大的城市，也可以说是世界文化的中心。此外，马德里、里斯本、东京、横滨、上海、北平、广州、汉口、重庆、成都，以至曼谷、清迈，在某个文化区域，或某种文化的系统里，都是文化的中心。城市不但是文化的各方面的集中的地方，而且是文化的发展的最高度的区域。

巴黎在某个时期，不只是法国文化的精华所在的地方，而且是欧洲的文化的精华所在的城市。它不但是在政治上，占了重要的地位，就是在经济上、在教育上、在艺术上，以至在宗教上，都是法国以至欧洲的文化的中心。现在交通发达，有的城市虽不能说是文化各方面的集中的地点，然若把城市与乡村来比较，则城市还是文化的中心。比方，在政治上，华盛顿可以说是美国的政治的中心，然在商业上，工业上，它不但比不上纽约、芝加哥，而且比不上旧金山与其他好多地方。至于在教育上，连了好多小城市也比不上。意利诺大学所在地是一个不过三万人口的城市，然而学生就有一万多。牛津、剑桥所在的地方，都不是大城市，然而英国的最高学府，是在这两个大学。然而这些事实，只是说明最大的城市，未必是文化的各方面的最高的地方，最小的城市也未必就是文化的各方面的较低的地方。但是大体上，最大的城市，还是文化的各方面的较为集中与较高的地方。纽约、芝加哥，在工商业上的地位的重要，固不待说，在学术上，哥林比亚、纽约、芝加哥、西北各大学的声誉，并不低于哈佛、耶路、意利诺各大学。

美国的政治中心，虽在华盛顿而不在纽约，意利诺省的政治中心，虽在春田（Springfield）而不在芝加哥，可是实际上，纽约在美国的政治上，与芝加哥在意利诺省的政治上的地位，是不可忽视的，正如南京虽是我们的政治的中心，然而上海在中国政治上的地位也是很重要的。

若把乡村来与城市相比较，则城市正如上面所说，还是文化的中心。因此，我们对于近来国人所谓中国的文化是乡村的文化，不能不加以改正。中国大的城市虽不很多，而住在城市的人口，虽也不多，然而中国文化的中心，还是城市。我们的都市，且叫作"国"，我们的乡村，是叫作"鄙"，已是表示两者的文化的高低。我们所谓"不到京城终贱骨"的句子，我们所谓"乡下佬出城"的笑话，又岂不是表示两者的文化的高低吗？"城中好高髻，四方高一尺"，这又岂不是表示都市文化的力量之大吗？这又岂不是表示都市是文化的中心吗？

文化中心，不但是文化集中与高的地方，而且是文化向外发展的地方。在某个文化区域，或文化系统里，离开这个中心文化较远的地方，大致来说，是受了这个中心文化的影响较少的地方。自然的，我们在这里不能完全忘记地理、生物，与其他环境的作用，不过普通来看，接近文化中心的地方，其所受这个中心文化的影响，必定较大。从文化区域或是文化系统的概念来看，凡是离开这个区域或系统的文化中心最远，而与别的区域或系统接近的文化，多为一种混合的文化，因为这个地方与这种文化，是受了两个区域或系统的文化的影响，这个区域或系统的文化，可以叫作边缘文化，或是末梢文化。

第二章 文化的重心

在上章最后的一段里，我们所解释的是文化的中心。在这一章里，我们要把文化的重心这个概念，加以说明。

文化的重心这个概念，在文化的研究上，可以说是一个新的概念。其实，直到现在，一般研究文化的人们，对于这个概念，就差不多没有注意。有些人，也许以为这个概念是与文化的中心的概念，是相同的，这是一种错误。

大致上，我们可以说，照一般研究文化的人的意见，文化的中心的概念，是偏于地理方面的意义。比方，威士莱（C. Wissler）在其《人与文化》（*Man and Culture*）一书里所说的文化的中心，就是偏于这方面的意义。威士莱还且指出在某个区域之内，所谓文化中心，不只是这个区域里的文化的分散的地点（The Point of Dispersal），而且是这个区域里的文化的起源的地点（The Point of Origin）。

至于所谓文化的重心的概念，可以说是文化的内容上的一个概念。而所谓文化的内容的概念，也可以说是文化的成分的概念。然而文化重心的意义，与文化中心的意义，虽是有了不同之处，可是也非完全没有关系。因为，文化中心，虽是文化各方面的集中地点，然而有时，也许特别偏重于文化的某一方面。比方，上面所说的华盛顿、南京，这些地方，是偏重于政治方面，而纽约、上海等处，又偏重于经济方面的工商业。至英国自工业革命以后，从前好多文化中心的大城市，现在却变为小城市，而这些城市所给与我们的最深的印象，是教堂的宏伟，质言之，这些城市，变为偏重于宗教方面。同样，在西藏各处的城市，也多是偏重于宗教方面。此外，又如，民国十七年以后的北平，是偏重于学术方面，牛津大学、意利诺大学所在的城市，都是偏重于教育方面。

这是从都市方面来说，若从某一个较大的区域来看，则所谓文化中心，也可以偏重于某一方面。比方，我们以印度文化当做中心文化，那么这个文化的重心可以说是佛教方面。又如，我们以亚剌伯当做中心文化，那么这个中心文化又是偏重于回教方面。又如，我们当耶路撒冷为文化中心，那么这个中心文化，又是偏重于犹太教。如此类推，则好多文化中心，都有其文化重心。

这是就文化中心与文化重心的关系方面来看。而这两种的概念的主要的异处，正如我们上面所说，前者是文化的空间的概念，而后者是文化的内容的概念。前者使我们明白文化集中的地点，而后者使我们明白文化偏重某方面。人类的兴趣很多，然大致上说，每人都有其主要的兴趣。有的喜欢做政治家，有的喜欢做商业家，有的注意于佛教，有的注意于回教，知道了某个地方，或某种社会的文化的重心所在，则各人可以按照各人的兴趣所趋，而在文化重心所在的地方或社会地发展其兴趣。自然的，一个商人，也可以到南京去做生意；一个政客，也可以跑去上海找官做。然而要做大官，还是到南京为好；要做大生意，还是到上海为好。这完全是实用方面去观察文化重心的概念。从研究方面来看，明白了某个地方或某个社会的文化重心所在，可以使我们了解这个地方或这个社会的文化的特色。一个游历家，要到一个地方，或一个社会，也要知道其特点，所以在杭州，你可游山玩水，在无锡你要参观工厂。一个研究文化的人，假使对于文化重心不明了，那么他决不会了解文化的真谛。为什么回教徒不吃猪，为什么佛教徒不杀生，为什么耶教徒忌十三，这都是与其宗教有了关系。质言之，就是与其文化重心有关系。为什么外国的使节住在南京，为什么银行多设总行于上海，为什么好多教授喜到北平，这都是与文化的重心有了密切的关系。

明白了文化重心，不但可以明白某个地方或某个社会的文化的特色，而且可以了解某个时代的文化的特点。

比方，以西洋文化而论，中世纪是偏重于宗教方面，宗教改革以后，民族主义与国家主义发达，文化的重心，可以说是偏于政治方面。自工业革命以后，文化的经济方面，逐渐变为文化的重心。这是就大概方面来说，若详细的看，则在较短的时间内，有时也可以找出不同的重心。比方，中国八十年来，对于西洋文化的采纳，最初是注重于机器方面，甲午以后，国人又变换方向，而注重法政。前次欧战的时候，又注重到西洋思想、文学、道德各方面。明了时代文化的重心，不但可以明白文化发展的程序与趋向，而且可以当做改造文化的张本。

文化是变化的。文化的重心也是变化的。从空间看起来，各种区域或系统的文化的重心，固有其各异，从时间看起来，各个时代的文化的重心，也是不同。假使各区域或系统的文化，都完全相同，那么各种区域或系统的文化，无从分类。假使各种时代的文化都完全相同，那么各种时代的文化的阶段，也无从分开。其实，分类与阶段的概念，能够成立，往往是含有重心的意义。而文化问题之所以发生，也可以说是与文化重心有了关系。一般东方人，所谓东方文化，偏于精神；西方文化，偏于物质，而想调和这种畸形的文化，就是从文化区域的重心去解释，与改造东西的文化。一些西洋人，以为物质文化变化得太速，精神文化变化得太慢，也可以说从文化变化的重心去解释与改造现代文化。

在某个社会或某个时代里，文化的重心，若偏于某一方面，则这个社会或这个时代里的文化的其他方面，往往会受这种文化重心的影响。比方，上海是一个商业区域，好多东西，都商业化，连了好多学校，也商业化。这里是说，以学校为图利的机关。又如南洋各处的华侨社会，是偏重于经济方面，有钱人才有势力，故有"金钱说话"的俗语。只要你有钱，差不多什么事都可以办，无论在学校里、在法庭上、在社交上，都是有钱人占了便宜。尼林（Scott Nearing）所谓金钱外交（Dollar Diplomacy），也就是这个意思。反之，在耶稣会里，以至好多佛寺里，因为重心是偏于宗教，金钱未必能使你做教父或长老。你的地位是由你对于教义的认识，与宗教的信心而定。而且，一个人在这种社会里，日常以至一生的生活，都受宗教的支配。早晚固要祈祷，吃饭也要祈祷。服装固有限制，行动也有限制。在中世纪的时候，因为宗教为文化重心，文化其他方面，都染了宗教的色彩。生小孩要行宗教仪式，结婚也要行宗教仪式，死葬也要行宗教仪式。思想固偏重于宗教，行为也偏重于宗教。艺术固多是宗教的艺术，文学也多是宗教的文学。和平固是为宗教，战争也是为宗教。平民固要受教父的管理，皇帝也要听教皇的命令。各种社会是教会的附庸，所谓国家差不多就是教会的"警察厅"。总而言之，文化的各方面，无论直接上，或间接上，都受宗教的影响。

　　上面是说明文化的重心的一些普通的概念，我们若就世界的文化的发展的历史来看，我们可以说文化发展的重心，大概是偏重于四方面：一为伦理方面；一为宗教方面；一为政治方面；一为经济方面。这四方面的文化的重心，从表面上看起来，虽好像就是一般人所说的文化的精神、社会与物质三方面的别名，这就是说，所谓文化的伦理与宗教方面，是等于文化的精神方面；所谓文化的政治方面，是等于文化的社会方面；所谓文化的经济方面，是等于文化的物质方面。然而事实上，所谓精神的文化，并不只是指着伦理与宗教而言。所谓社会文化，也不只是指着政治而言。所谓物质文化，又不只是指着经济而言。

　　我们以为无论在那个社会或那个时代里，这四方面的文化一方面，或数方面，都是文化的重心。对于整个文化，不但有了密切的关系，而且占了很重要的地位。又从其范围方面来看，这四方面的文化所包括的很广。事实上整个文化都差不多可以归纳于这四方面。所谓文化的物质、社会与精神各方面，也可以从这四方面里找出来。物质的生活主要就是经济方面的生活，社会的生活与精神的生活，主要就是政治、宗教、伦理各方面的生活。同时，正像文化的物质、社会与精神各方面，有了密切的关系，所谓伦理、宗教、政治、经济各方面也有了密切的关系。而所谓文化的重心，也是由于这种关系而始能产生的。

　　我们对于这四方面的文化，特别的加以注意，这不只是因它们在空间上，是文化的重心，而且因为在时间上，它们也是文化的重心。在空间上，某个社会的文化，也许是偏重于伦理或宗教方面，而别的社会的文化，也许偏重于政治或经济方面。在时间上，某个时代的文化，也许偏重于伦理或宗教方面，而别的时代，又偏重于政治或经济方面。所谓时间与空间，既有了密切的关系，时间与空间的文化重心，往往也有了密切的关系。在别的地方，我们指出，若从文化的发展的重心来看，我们可以把文化的层累，分为四个时期：一是宗教的时期；二是政治的时期；三是经济的时期；四是伦理的时期。我们现在可以用实例来解释这四个时期的发展，及其趋势。

我们现在先从西洋的文化说起。

西洋的文化，主要的是渊源于希腊、罗马的文化。希腊的哲学、科学、文学、艺术，罗马的军事、政治、法律、道路，虽为后来研究希腊与罗马的文化的人所特别注意，可是就希腊与罗马的整个文化来看，其重心可以说是偏于宗教方面。自然的，这里所说的宗教，是广义的宗教，包括迷信与幻术。库隆日（F. de Coulanges）在其《古代城市》（*La Cite Antique*），曾以为要想明白希腊、罗马的制度与文化，我们先要明白那个时候的宗教信仰。他这本书的旨趣，就是说明希腊、罗马的文化的重心，是偏于宗教方面。这一点，我们在第二册第二章宗教的观点里，已经略为叙述，这里不必重复申说，我们现在所要略加以解释的，是罗马帝国以后的中世纪，在西洋的文化史上，是占了一个最长的时期。这个时期，是一方面继承希腊、罗马的余绪，一方面引起近代的文化。然其文化的本身，是偏于宗教方面。从宗教本身上看起来，希腊、罗马的宗教，与中世纪的宗教，有了很大的差异。因为前者是偏于多神，而后者是偏于一神。前者偏于拜祖宗，而后者是偏于拜上帝。前者是偏于具体的神，而后者是偏于抽象的神。然而两者都以宗教为重心，是无可疑的。希腊、罗马的宗教，是以范围较小、组织较为简单的家族为本位，而推及于文化的各方面。这一点，库隆日曾说得很清楚。至于中世纪的宗教，是以范围较大、组织较为完密的教会为本位，而推及于文化的各方面。教皇是上帝的代表，教会是地上的天国，寻求人生的精神的超脱，固是教会的职务，关于世间的俗事的处理，也是教会所不能放弃的事情。国家，据说是教会的"警察厅"，政治在这个时候，深染了宗教的色彩。财产的大部分，是在教会的手里，道德是以圣经为标准。信条就是法律。十戒成为行为的法则。一个人生后，就要入教会，读书必在教会，结婚时要有牧师做证人，连了皇帝的婚姻问题，也是教会所必管的事。假使这个人死了，又要牧师来为他祷告，葬时是要在教会所指定的坟地。在他的日常生活里，早起必祷告，晚睡必祷告，吃饭必祷告，星期日不到礼拜堂，那是有了叛徒的嫌疑。假使他被了教会驱逐了，不但他在社会上的地位失掉，而且他在乡里是站不住了。结果是他只有他迁，而且要迁到很远的地方。社会上位置最高的是教士教父，威权最大的也是教士教父。一个人的行为，固由教会来规定，一个人的思想，是以《圣经》为起点，也以《圣经》为终点。因而艺术、音乐，以至于一切的物质文化，都与宗教的信仰有了密切的关系。连了战争，也往往是因宗教问题而发生。

总而言之，从希腊、罗马，以至中世纪的末年，西洋的文化的重心，是在宗教方面。自宗教改革以后，西洋文化的重心，遂逐渐的趋于政治方面。宗教改革，本来是宗教的本身问题，然而在宗教改革的运动的发展的历程中，却牵连到宗教以外的好多问题。马丁·路得与一般的赞成宗教改革的人，反对教会的专制主义，反对教士的阶级制度，反对教会的重税与占领庞大的土地，反对教士的独断,与《圣经》的片面解释。他们主张俗事与精神要分开,主张政治与宗教分开,好多君主诸侯们,在欧洲既长期受了教会的压制,对于这种理论,自然表示同情。所以,在十六世纪的中叶,德国的北部,北欧的各国,英格伦、斯格伦,以及瑞士的大部分,都受了这种运动的影响,而变为新教,而与罗马的教会,差不多完全脱离关系。

政治与宗教的分开,是近代国家主义的发展的必要条件,而脱离罗马教会的统治,是近代民族主义发展的表征,把教会的政治权拿过来。同时,每个国家,又自有其教会去管理神圣的事情,这就是等于宣布罗马教皇教会的死刑。好多君主,对于这种运动,固然极端的拥护,而好多民众,也因种族的差异而不愿受治于罗马教会。自菩丹的《共和国》刊行以后,国家至尊的理论,得以完成。同时,民族自决的意识,又逐渐发展。民族至上,国家至上,成为时代的口号。在中世纪统治整个欧洲的教会,现在不但本身已经瓦解,而且在新教的国家之内,变为国家的附庸。教会是国家的教会,教士是国家的臣民。詹姆士第一(James the First)可以宣言"皇帝就是上帝",路易第十四可以自夸"我就是国家"。所以尊崇天主教而与罗马教会没有脱离关系的法国,也把教皇禁在阿文农(Avignon)。

教会既成为国家的附庸,在中世纪的教会所享受的一切威权,现在都变为国家的威权。在国境以内的土地和财产,不但受国家的限制,而且在必要时,国家可以没收。重商、重农,都成为国家的经济政策。道德是以国家的利害为前提。法律是国家的命令。生死、婚姻、葬祭,都由国家直接的或间接的管理。而且,在战争时,国家可以要求人民去牺牲自己,而保护国家。总而言之,无论物质上的设施、社会上的改革,以至思想上的统制,都是国家的任务。

我们可以说,自宗教改革以至十八世纪的末年,也可以说是直到现在,政治成为西洋文化的重心。所以文化无论那一方面,都可以说是染了多少政治的色彩。但是自十八世纪末年,工业革命发生以后,经济的情形,逐渐变化,而影响到文化的各方面。工业发达,不但商业也随之而发达,就是农业也因之而发达。因为工业货品产量增加,也就是商品的产量的增加。又因工业发达,交通的工具既得以改良,商品的转输趋于便利,使近代商场能够繁盛,近代都市得以繁荣。同时,工业的原料,既多由农产而来,人们对于农品的改良,特别加以注意。又以机器发达,耕种的工具大为进步,使近代的农业,开了一个新纪元。所以有些人说工业革命,也就是农业革命。两者愈趋进步,商业也愈为发达。其实,工、商、农业三者,是互相关系,而互相影响的。农、工、商业的发达,对于文化的物质方面,引起重大的变化,人类不但在衣食住方面,比之以往舒服得多,就是在娱乐方面,也较为发达。可是,同时资本的集中,又使社会趋于贫富悬殊的状态,所谓劳工阶级与资本阶级,成为经济社会的两种壁垒,因而各种的社会运动与各种社会主义，都如春笋初发，而在思想方面，不但派别繁多，而且内容丰富。此外，法律、道德、风俗、习惯，以至信仰，都逐渐的受了经济状态的多少影响。

上面是很简单的指出西洋的文化的重心的发展的趋向。这种发展的趋向，是由宗教而政治，由政治而经济。直到今日为止，文化的经济方面，虽尚未能够完全代替政治方面，而成为现代的文化的重心，然而经济在现代的文化上的重要性，已很为显明。有些人说，今日的世界的战争，是经济的战争，这种观察，也许未免错误，然而经济的重要性，已可概见。经济虽不能决定一切，然而经济富裕的国家，在战时，可以持久，在平时，可以享乐，比之贫穷的国家，占了优越的地位。至于文化的伦理重心的时代，在目下尚谈不到，虽则将来是有实现的可能。这一点我们在下面，当加以讨论。

西洋的文化的重心的发展的趋向，固是由宗教而政治，由政治而经济，东方的文化的重心的发展的趋向，是怎么样呢？照我个人的意见，东方的文化的重心的发展的趋向，是与西洋的差不多一样的。印度的文化的重心，是在宗教方面。这是大家所共知的。印度的文化，可以从印度的四种阶级（Varna）来做代表。这四种阶级，就是婆罗门（Brahmana）、刹帝利（Kahatriya）、吠舍（Vaishya），以及戍达罗（Skudra）。婆罗门是专从事于宗教、哲学、学艺，以及精神方面的最高阶级。刹帝利是专管政治、军事方面的王士阶级。这是占了四阶级中的第二位。吠舍是经营农、商等业的第三种阶级。戍达罗是供给上面三个阶级驱使的奴隶阶级。印度这四种阶级，虽各有其不同的任务，但从文化的立场来看，这四个阶级的文化，可以说是代表文化的全部。然而这种阶级的分类，在广义上，虽是正义善业，在狭义上，却是神授法律中所规定的各阶级的任务。换句话来说，印度的阶级之所以形成，而代表印度文化的全部，是筑在宗教的信仰上。这是从印度的文化的横的方面来看，若从印度的文化的纵的方面来看，一般的印度的历史学者，往往以宗教的立场去划分历史的时期，这就是吠陀教、婆罗门教、佛教、耆那教与印度教等等时期。总而言之，印度的固有文化，是偏于宗教方面。要想明白印度的文化，就要先明白印度的宗教。自十八世纪以后，英国势力逐渐的伸张到印度来。到了十九世纪的中叶，整个印度可以说是受了英国的统治。印度遂成为英国的殖民地。在英国的管辖之下，印度的民族意识与国家主义，逐渐的发展起来。换句话来说印度的文化已逐渐的从宗教的重心，而趋于政治的重心。我们承认印度的阶级制度与宗教派别，直到现在，还占了很重要的地位，而且往往成为近代印度的民族自主与国家自由的运动的障碍物，然而同时，我们不能否认，阶级的制度，已趋在瓦解的历程，而宗教的派别，也正有调和的趋势。只有民族至上、国家至上的信条能够实现，印度才能从殖民地的地位，而进到自由国的地位。等到印度独立了，印度文化的重心，也要趋于政治方面，而非宗教方面。

　　同样，暹罗的文化的初期发展，也是偏于宗教方面。直到现在，暹罗还以佛教为国教。每一个暹罗人都要做过和尚，虽则作和尚的时间，有了长短的分别。所以，有的作和尚以终其身，有的作了几个月。此外，暹罗人的生、死、婚、葬，都要请和尚去念经。所谓人民的精神生活，固是偏于迷信与宗教方面，所谓比较完密的社会组织，也以佛教教会为基础。暹罗的君主，主要是利用这些宗教的组织，而达到政治上的统一。至于物质文化方面，也是与宗教有了不少的关系。堂皇美丽的建筑物，大多数是佛教的庵寺。暹罗的别名，是"黄衣国"。这是因为和尚太多，而衣的是黄色。所以无论从人民的普通生活上，或文化的各方面来看，都是偏于宗教方面。自郑昭打败缅甸以后，暹罗开始在政治上加以改造，百余年前，暹罗得了好多位的英明君主，讲求内政，运用外交，使暹罗成为一个独立的国家，使政治的势力，逐渐成为暹罗文化的重心，而所谓现代化的暹罗，完全是以政治的力量去实现。至于近来的国家主义的提倡，大泰主义的澎涨，也不外是这种政治重心的表征罢。在政治上，暹罗既立统一的基础，得到独立的机会，暹罗的现代文化，也逐渐的趋于经济的重心。农业的改良、工商业的提倡，是暹罗注重经济的表征。至于改善人民的生活，以至压迫执了经济牛耳的华侨的政策，都可以说是与文化趋于经济重心，有了密切的关系。

　　日本的固有的文化的重心，是不是偏于宗教方面呢？我们的回答是肯定的。日本的皇帝是神的后裔，所以日本的皇帝是叫作天皇。天皇是万世一系，而没有中断的。天皇是至为尊严的，也是至为神圣的，不忠于天皇，是一种罪恶。直到现在，日本的普通人民还是这样的相信。其实，从日本人看起来，不但天皇是神的后裔，就是一般的日本人，也是古昔的神人的后裔。日本人之所以相信其民族是优秀胜过其他的一切民族，也是由于这种信仰而来。在日本文化发展的初期，天皇是全国的祭司，日本人的宗教，后来之所以变为崇拜皇权的仪式，就是这个原因。除了崇拜天皇之外，日本人对于其周围的事物，如石头，如树木，以至禽兽，都当作神灵看待。这些迷信，以及他种迷信，是日本的神道教的来源。日本人既是多教的，所以后来佛教一经传入，也成为日本文化中的要素。这些迷信与宗教，在日本人的生活上，既占了重要的地位，日本的文化，遂成为一种道院的文化。自明治维新以后，日本在政治上，励精图治，国内既能统一而使政治上了轨道，对外又战胜中国与俄国，使日本的国际地位，得以提高，而所谓帝国主义的政策，也由此而发展。前次欧战的时候，日本已立了工业化的基础，因而在经济上的向外发展，又成为日本的主要国策。所以日本也正像西洋各国是从宗教的重心，而趋于政治的重心，再从政治的重心，而趋于经济的重心。

　　一般人，总以为中国人对于宗教的信仰，很为薄弱，因而以为宗教在中国的文化上，没有多大的力量。其实，这种观察是片面的。在中国的历史上，虽没有一种宗教成为统治的力量，而影响到中国的文化的各方面，可是中国是一个多教的国家。在中国的固有文化里，宗教还是这种文化的重心。读过中国古史的人，不能忽略我们古代祖宗的迷信。除了满口道德的儒家的著作之外，一般的著作关于迷信的记载，并不算少。连了深染儒家气味的《左传》，记载迷信的事迹，就不胜枚举。所以，读过这本书的人，不能不感觉到迷信的势力的重大。其实，儒家在外表上，虽是偏于道德方面，然其基础，却筑在宗教上。儒家所代表的文化，是家族为本的文化。而所谓家族为本的文化，又是由于祖宗的崇拜。所谓"不孝有三，无后为大"，所谓"家齐、国治、平天下"，都是与崇拜祖宗有了密切的关系。同时所谓农业为主、农村为本的文化，也是与崇拜祖宗有了密切的关系。此外，又如祠堂的建筑，风水的迷信，无一不与崇拜祖宗有了密切的关系。而况，自汉以后，儒家本身也成为一种广义的宗教，孔子的拜祭，孔庙的普遍，岂不是宗教的表征吗？怪不得三百年前的王启元与近代的康有为，要把孔教变为国教。中国的文化的外表，既以孔教为重心，中国文化的实质，又以拜祖宗、崇佛道为重心，因而一个人生、死、婚、葬，都不能离拜祖宗、崇佛道的典礼。而一般平民的迷信生活，更使我们觉得宗教的力量的重大。算命、卜卦、求公、祷神，在中国人的日常生活中的重要，是不可忽视的。一间住宅里，除了祖宗神位之外还有门神、灶神，以及各种神鬼。一个乡村，除了祠堂之外，还有土地庙，以及各种庙宇。此外，树有神、石有神、风有神、雨有神、雷有神、海有神、天有神、地有神。生儿要求神，有病要求神，结婚要问神，死葬要祭神。造屋要看日子，出门要看日子。只要我们稍加思索，举凡生活的一切文化的各方面，无一不与迷信宗教有了直接或间接的关系。所以，忽略了中国人的迷信与宗教，而想对于中国的固有文化，得了深刻的了解，是一件不可能的事。

然而自太平天国以后，国人逐渐注意到政治的生活，民族主义的澎涨，国家主义的发达，是中国文化趋于政治重心的表征。所谓维新运动，所谓革命运动，都是以政治为出发点。到了最近所谓国家至上、民族至上，与抗战高于一切、胜利高于一切，那是政治重心的文化里的一些口号罢。而且，自北伐成功以后，经济的问题，又逐渐引起国人的注意，这可以说是趋于经济重心的预兆。所谓开辟西北、发展西南、发展交通、开采矿务、振兴农工商业等等政策，都是偏于经济方面。三十年前国家所提倡的教育，是法政的教育，而数年以来，国家所提倡的教育是理工的教育，这也不外是文化重心的发展的趋向的一种反应，虽则在中国的今日的情形之下，政治还是文化的重心。

我们应当指出，东方各国的文化的政治与经济的重心的发展，是受了西洋文化的影响。然而很凑巧的，是两者的发展都是由宗教的重心，而趋于政治的重心。同样的，由政治的重心，而趋于经济的重心。

自然的，我们也得指出，从一种的文化的重心，而趋于别种的文化的重心，是有了一个过渡的时期。在这过渡的时期里，两者往往也好像是双双并立。宗教改革以后，宗教在欧洲的文化上，并不立刻失了其所有的势力。同时，那时的文化的重心，虽然是趋于政治方面，然政治也并不立刻就变为文化的重心。同样，自十八世纪末叶以后，经济的势力虽逐渐伸张，然直到现在，政治并未失其原来的势力，而特别是在这个战争的时期，这种势力的重大尤为显明。可是，同时经济的重要性，并不因之而减少，反而因之而增加。我们所以说在这种过渡的时期，两者好像双双并立，就是这个原因。可是，从文化的重心的趋向上看，经济的问题已逐渐的要比政治的问题较为重要，所以将来的文化的重心，还是趋于经济方面。

我们还要指出，所谓文化的某一方面，成为文化的重心，并不是说文化的其他方面就会消灭。其实，文化的各方面，都是存在的，而且往往是需要的。不过，因为重心既在某一方面，那么文化的其他方面，都要受了这方面的多少影响与支配。

我们这样的去解释文化的发展，不但不会犯了所谓宗教史观、政治史观、经济史观或伦理史观的一元论的偏见的毛病，而且含有一种很重要的意义。因为，所谓文化的重心的发展与变化，也是人类进步的表示。宗教改革是人类在宗教上争取平等与自由的信仰的运动，政治革命是人类在政治上争取平等与自由的机会的运动。至于工业革命所引起的经济上的各种问题，也已有人正在设法去解决，等到这些问题都能解决之后，人类在经济上，也能得到平等与自由的机会。而且，因为宗教、政治、经济三者，既有了密切的关系，专只解决了一方面或两方面的问题，是不够的。因为，比方，经济上的悬殊与压迫，会使政治上发生问题，而政治上的专制与侵略，也会使经济上发生问题，经济、政治，固是这样，宗教也是这样。所以在理论上，宗教改革与政治革命，虽是承认每一个人在宗教与政治上有了平等与自由的机会，然而正是因为经济上的问题，尚未解决，所以在实际上，宗教改革与政治革命所得到的平等与自由，就不是完全真正的。平等与自由，不只是在信仰上与在政治上，而且要在经济上都需要，然而同时，我们不能不承认，在宗教与政治的重心的发展的历程中，人类已获得不少的平等与自由。而且这种平等与自由的获得，是经济上的平等与自由的获得的基础与先声。假使宗教上没有平等与自由的争取，政治上的平等与自由是不易争取的。假使政治上没有平等与自由的争取，经济上的平等与自由也是不易争取的。历史的发展，不只是从宗教的重心而趋于政治的重心，再从政治的重心，而趋于经济的重心。而且，是从宗教的平等与自由，而趋于政治的平等与自由；再从政治的平等与自由，而趋于经济的平等与自由。所以，人类的进步，是由于平等与自由的范围的放大。等到真正的平等与自由得到了，那么文化就趋于伦理的重心，而人类才能享受真正的幸福。

我们这种解释，并不是说以往的人类，没有伦理的生活，或伦理的观念。伦理生活与伦理观念，是时时都有的，而且是处处都有的。不过，伦理既与经济、政治、宗教有了密切的关系，假使经济、政治、宗教的问题无法解决，真正的伦理生活，既无法获得，真正的伦理观念，也无法实现。伦理是文化的一方面，伦理是不可缺的。因为，没有伦理，则人生变为没有目的，而且没有意义。所谓宗教上、政治上与经济上的平等与自由，也都可以说是伦理的。不过，假使这些平等与自由，完全没有获得，或只获得了某一方面，或两方面，都非真正的平等与自由，而人类的文化的重心，也未能达到伦理方面。

人类到了什么时候，才能得到真正的平等与自由，而进入伦理的重心的阶段呢？我们不愿在这里推想，不过文化既是进步的，而且正在进步的途程上，只要人类加紧努力，这个阶段，是不难实现的。

第三章 文化的成分

上面是解释文化的普通的性质,而说明文化的文化基础,与文化环境的重要。我们现在要再进一步去考究文化的成分。文化的成分,是组成一种文化的要素或原素。人类学者与社会学者,叫作文化的特质(Culture Trait)。这是研究文化的单位。这种单位,在文化学上的重要性,正像算术上的数、几何上的点、天文学上的星球、生物学上的细胞一样的重要。

但是文化现象既不像自然现象那样的固定与有秩序,所谓文化的单位,也不像自然科学的单位那样的准确与有规则。换句话来说,文化学上的单位,是假定的、相对的,而非绝对的。因为这种单位是假定的、相对的,而非绝对的,所以文化的成分的分类,也往往因各人的意见的各异而不同。

照一般最普通的分类,文化是分为物质与精神两方面。这与西洋人所说的唯物论与唯心论有了不同之处,而偏于心物并重的二元论。唯物论者以为一切心的现象,是由物而来,而唯心论者,又以为一切物的现象,是由心而来。文化学者所说的物质与精神,只是文化的两方面。他既不一定主张前者是由后者而来,也不一定主张后者是由前者而来。大致上,是与中国人所说的形而上与形而下的观念,比较相近。《易·系辞》说:"形而上者谓之道,形而下者谓之器。"后来国人如薛福成、李鸿章们,且因之而主张道的文化与器的文化,互相调和的学说。道的或形而上的,就是精神的文化,器的或形而下的,是物质的文化。然而从中国的传统的观念来说,道是比器为重要。所以孔子说:"君子不器。"而且照中国人的传统看法,器也是由道而来。所以说"圣人立成器以为天下利"。所以,道器的观念,虽与精神与物质的观念相近,可是究竟也有不同之处。因为前者不但有轻重的意义,而且有先后的意义。至于文化学上的物质与精神,只是文化的两方面。既无所谓轻重,也无所谓先后。

此外,又有些人把文化来分为人的文化,与物的文化。可是所谓人的文化,就是人道的文化,物的文化就是物质的文化,这与精神文化与物质文化的区别,是相近的。又如马其维(R. M. Maciver)把文化来区别于文明,其实,他所谓文化,也是偏于精神文化,而他所谓文明,又是偏于物质文化。更有些人以文化来分为纯粹与一般两方面。所谓纯粹,是包括哲学、算术、文学等;所谓一般,是包括政治、法律、经济、生产技术等。前者的目的是在于人与人的内心的联系,而后者的目的是维持人与自然的关系。这其实是与马其维的意见相近,而与精神与物质的区分,也有关系。

牟勒赖挨(Muller-Lyer)在其《文化的变象与进步的方向》(*Phasen der Kultur*

und Richtungslinen des Fortschritts）一书的第一卷第三章里，也把文化分为两大类：一为文化的下层机构；一为文化的上层机构。在这两大类之下，又再分为数类，现在可以排列于下：

（一）文化的下层机构：

（1）经济。

（2）生殖。

（3）社会组织。

（二）文化的上层机构：

（1）语言。

（2）科学。

（3）宗教与哲理的信仰。

（4）道德。

（5）法律。

（6）美术。

照牟勒赖挨的意见，所谓文化的下层的机构，是偏于物质方面的文化，故经济一类，可是包括个人生命所必须的物质的东西，如衣物、住所，以至武器、工具。生殖一类，就是支配生命的延续的风俗、制度，如生殖、性别的关系与婚姻家族等等。经济与生殖是物质生活的要素。至于社会组织，是指着个人与个人、社会与社会，以至社会与世界的种种关系。这虽不是物质的文化，但也是文化的下层的机构。至于文化的上层的机构，可以说是精神的文化，这种文化，照上面所排列的来看，共有六种。但是语言又可以说是精神文化的基础。除语言外，精神文化也可归纳为三类：一为理论的，或科学的；二为伦理的，或道德的；三为审美的，或美术的。伦理的，除了狭义的科学，还有信仰。这两者的来源相同。伦理的包括风俗、习惯、礼仪的道德生活，以及最狭义的法律。从牟勒赖挨看起来，美术是闲暇与富裕的产物，与生活上的纯粹的功用的现象，相去甚远。同时，又是文化的上层机构的最高的阶级。

牟勒赖挨的文化成分的分类，虽不像一般的单纯的二元论者一样的分为物质与精神两方面，然其分类的出发点，还是偏于这方面。不但这样，牟勒赖挨是一位唯物论者，因而他觉得物质文化，比之精神文化，较为重要。所以，前者是后者的基础。所以，这种分类，不但只指出文化的各方面的不同，而且表示了一轻一重与一先一后的意思。其实，在物质文化或精神文化的两大类之下的各方面的文化，也有轻重的区别。比方在物质文化方面，经济一类最重要，生殖次之，社会组织又次之。在精神文化方面，语言最重要，而美术居末位。但是美术的文化，同时又是代表精神文化，或整个文化的最高度，或最理想的阶段。

芬尼氏（Finney）在其《教育的社会哲学》（*A Sociological Philosophy of*

Education）一书里，也分文化为两大类：一为社会生活的知识的渊源；一为社会的制度。从这两大类里，又可分为下列各项：

（一）社会生活的知识的渊源：

（1）交通方法。

（2）工业技术。

（3）游戏技术。

（4）科学。

（5）美术。

（6）公共信仰。

（7）流行观念。

（8）民俗。

（9）民型。

（二）社会的制度：

（1）家庭。

（2）地方团体。

（3）国家。

（4）工业。

（5）教会。

（6）学校。

（7）报纸。

（8）生活程度。

（9）常规的娱乐。

（10）康乐保存的活动。

（11）杂项。

这种分类，与上面所说的物质与精神的区别，显有不同之处，因为芬尼的出发点，是知识，虽则知识的渊源，是属于精神文化，但是社会制度，不能谓为物质文化。第一类是知识的渊源，而第二是这些知识渊源所表现的客观的机构。在这种分类里，也免不了一轻一重，一先一后的意思。不过不像牟勒赖挨说得那样明显。

柏那（L. L. Bernard）在《文化的分类》（Classification of Culture, *Journal of Sociology and Social Research*，1931）〈里〉，从行为主义派与功用主义派的立场，分文化为文化物象（Cultural Object）与文化行为（Cultural Behavior）两大类：

（一）文化物象：

（1）物质的物象：包括一切从自然转变而成的工具与机械，其功用是靠外部的某种力量与指向才能运用的。

（2）象征的文化物象：主要的表现是物质的物象，所包含的象征或意义，而非物象本身含有的显明与简单的性质。

（二）文化行为：

（1）显现的行为：包括曾受过训练的动物，与人类的神经肌肉的反应，其作用是由直接与间接的顺应的情况，而发生出来的。

（2）征象的行为或言语反应：包括一切延缓的互易的征象反应，这些反应，构成顺应的反应的神经心理技术，其发生在主观和模式上，为显现的行动的预备思想，在客观上，为交感的语言，而在双方都是征象的，或节缩的预备的，或就是互易的补偿行为。

柏那在《国际伦理杂志・上》（International Journal of Ethics）卷三八页四二七—四四二里，曾发表一篇《近代生活中的家庭》（The Family in Modern Life）又分文化为三大类：

（一）物质的文化。

（二）制度化，或形式的文化（Institutionalized or Formal Culture）。

（三）非制度化的文化（Non-institutionalized Culture）。

这个分类，又近于物质与精神的分类。其实，把文化的成份分为三大类的人很多，提克松（R. B. Dixon）在其《文化的构造》（The Building of Culture，1928）一书里，分文化为下面三大类：

（一）物质的文化。

（二）社会的文化。

（三）精神的文化。

这与柏那的三大类，可以说是名不同而实同了。此外，又如克罗伯（A. L. Kroeber）与窝忒门（T. T. Waterman）所合著的《人类学的材料来源》（Source Book in Anthropology，1931），又分为下列三类：

（一）物质的文化。

（二）社会的文化。

（三）审美与宗教的文化。

审美与宗教的文化，虽不能包括整个精神文化，然而精神文化，却可以包括审美与宗教的文化。所以，克罗伯与窝忒门的分类，是与提克松的分类，根本有了相同之处。再如，发利斯（W. D. Wallis）在其《人类学引言》（An Introduction to Anthropology，1926）一书也分文化为三类：

（一）经济与工业活动。

（二）科学魔术与宗教。

（三）社会形态与文化。

这还是与上面所说的三大类，大致相同。因为第一类可是说是物质的文化，第三类是近于社会的文化,而第二类是精神的文化。武打尔特(J. W. Woodard)在《美国社会学评论》(*American Sociological Review*, vol.1 No. 1 Feburary, 1936)发表了一篇《文化的新分类与文化的重释》(A New Classification of Culture and a Restatement of the Culture),分文化为下列三类:

(一)归纳的或经验理论的实验(Empirico-Logico-Experimental)文化。

(二)审美的或兴趣表示(Appreciative-Expressive)的文化。

(三)统治(Control)或权威(Authoritarian)的文化。

归纳的文化,不只包括物质的物象,如工具、发明、机器,以及各种实用的物象,而且包括所谓非物质的东西,如技能、技术、算术、论理、科学方法,以及各种科学知识。武打尔特自己指出这一类的文化,是含有所谓物质并非物质的要素,而代表马其维及韦柏所说的文明的某方面,而异于他们所说的文化。

所谓审美或兴趣表示的文化,差不多是像马其维与韦柏所说的文化——纯粹的文化,也就是乌格朋所说的非物质文化,或非适应的(Non-Adaptive)文化。这一类所包含的物质的东西,如油画,如雕刻神秘的仪式的表征、衣服与建筑的形式等等。至于非物质的,如跳舞的形式,娱乐的方法,纯粹的社会接触的民风、诗歌、文学、音乐,以及仪式等等的纯粹的审美方面。

所谓统治的文化,是包括一切关于团体里的人们所受某种规定的形式的限制,或某种统治势力的影响。在物质方面其所包含的是各种爱国或爱群的标识、徽章,公务人员的制服,或是政府的机关以及各种强制的表征。

总而言之,照武打尔特的意见,这三种文化,都含有物质与非物质两方面。这个分类是与马其维与韦柏的分类,有了好多雷同之处。不过马其维既承认文化之于文明不易分开,这种分类,也是很为勉强。比方,制服本是衣服之一种,因为这种分类,而使两者分为两类,就是一个例子。

舒尔兹(H. Schurtz)在其《文化古史》(*Urgeschichte der Kultur*)又把文化分为四大类:

(一)社会的文化。

(二)经济的文化。

(三)物质的文化。

(四)精神的文化。

照一般学者的意见,经济的文化,多包括予物质的文化的范围之内。舒尔兹把这两者分开起来,这是他与其他的学者的异处。可是根本上,他所说的社会的文化、物质的文化与精神的文化,还是依然照一般学者的分类。家庭、国家,都是属于社会的文化。种植、畜牧、工业、商业,都是属于经济的文化。利用自然的力量与材料,以及技术、兵器、交通工具、建筑等等,都属于物质的文化。语言、艺术、宗教、法律的发展、科学的起源,都是属于精神的文化。

文斯吞（R. Winston）在其《文化与人类行为》（*Culture and Human Behavior*, 1934）一书里，也分文化为下列四类：

（一）语言；

（二）物质的文化；

（三）社会的文化；

（四）精神的文化。

后三种文化是与舒尔兹所说的相同。文斯吞加了语言一项，以为这一项是单独成一范畴，而与其他三类不同。这个分类是与马凌诺司基在《社会科学百科全书》（*Encyclopedia of Social Sciences*）所发表《文化》（Culture）一文里的文化分类相同。照马凌诺司基的意见，文化的各方面可分为下列四类：

（一）物质的设备。

（二）精神的文化。

（三）语言。

（四）社会的组织。

马凌诺司基以为人的物质设备，他的器物、他的房屋、他的舟车、他的工具与武器，是文化中最易明白而最易捉摸的一方面。因为这是实物，这是日常必需的用品，而且这些文化，往往决定文化的水准，与决定工作的效率。马凌诺司基特别看重武器，因为他以为在一切关于民族优秀的争执，最后的断语，就是武器。而且，喜欢文化进步的人，往往是注重于文化的物质方面，而一般之相信唯物史观的人，更把物质的文化，当作人类进步的原动力。

其实，据马凌诺司基告诉我们，单纯的物质设备，而缺乏了所谓精神方面以相配合，那么所谓物质设备，只是死的，是没有用的。最好的工具，也要手工的技术去制造，而所谓制造，又需要知识。无论是在生产经营，或应用器物、工具、武器，及其他的人工的构造，通通都要有知识，而知识的本身，又往往与智力、道德、宗教、法律，有了密切的关系。这些知识，与其有关系的各方面，都可以叫作精神文化。其实，只有人类的精神方面去改造物质设备，使人们依照他们的理智与道德的见解，去应用这些物质设备，才见得有用。所以精神文化与物质文化，是互相形成、互相影响的东西。单纯的物质文化，固没有什么意义，单纯的精神文化，也无所表现。

马凌诺司基虽是把语言来分为文化的一大类，可以他觉得语言是精神文化的一部分。语言是在一种的情境的语气中发音时所引起的效果。发音是一种动作，是人类共同动作的方式中所不能少的部分。这是一种行为的方式，而与使用一种工具，挥舞一种武器，举行一种仪式，或订定一种契约，完全一样。所以字词的应用，是与人类一切的动作有了密切的关系。而字词的意义，也就是共同动作中所得的成就。所以说话就是一种习惯，而是文化整体中的一部分。然而它并不是属于工具的体系，而是一套发音的习惯。同时，也就是精神文化的一部分。

同样，社会组织，虽也是文化的一部分，但是所谓社会集团的组织，却是物质设备与精神文化的混合丛体，而不能与其物质或精神的基础相分离。从一方面看起来，社会生活是在地域上的一种集团生活，如乡村市镇、邻里等等。因此，生活是有其地方性的，是有一定的界限。这可以说是社会文化的物质的基础。但是从别方面看起来，每个社会中的共同动作，都是社会规则，或习惯的结果，而所谓规则与习惯，又是属于精神文化的范畴，而也可以说是社会文化的精神的基础。

总而言之，马凌诺司基虽把文化分为四大类，然而他还是偏于物质与精神两方面。因为语言既不外是精神文化，而社会组织又不外是物质与精神的混合丛体。

挨班克（E. E. Eubank）在其《社会学的概念》（*The Concepts of Sociology*, 1932），也把文化分为下列四类：

（一）集团的行为：民俗与德型集团中的习惯的明显的作法，与行动的样式。

（二）集团的感情：感情、情绪、信仰、态度、趋势、性向与行动的精神的配合（与明显的行为不同），这是集团的习惯，且从而规定他们的生活与活动。

（三）集团的创造：

（1）手工的造品：一切由人造的物质东西，或由人类对于任何物理性质的改变。

（2）精神的造品：一切非物质的精神的造品，如语言、道德、法律、思想、系统等——这些都是结晶品，既不能把客观的与创造者分离，也不能离开创造者而作一种单个实体，而为之叙述。

（四）是上面三种文化的混合品。

这种分类，是以集团为基础。在表面与上面所叙述的分类，有了不同之处，然而详细的考究起来，第三类既是含有物质、精神两方面，而第一类又是近于一般人所说的文化的社会方面。只有第二类所说的各种心理现象，与其他各家的分类，稍为不同，然事实上这些心理现象，也可以包括于文化的精神方面。故这种分类，在名称上虽与其他的分类有了不同之处，但根本上，也逃不出文化的物质、社会与精神三方面。

费尔康德（A. Vierkandt）在《文化变迁中的连续性》（*Die Stetigkeit im Kulturwandel*），把文化分为五类，这就是：

（一）经济。

（二）风俗、语言与政治生活。

（三）宗教与神话。

（四）艺术。

（五）科学。

斯宾塞尔（H. Spencer）在其《社会学原理》（*Principles of Sociology*）又分文化为下列六类：

（一）家庭制度。

（二）礼仪制度。

（三）政治制度。

（四）宗教制度。

（五）职业制度。

（六）工业制度。

斯宾塞尔喜用制度（Institution）这个名词，严格的说，制度是近于文化的社会方面，虽则斯宾塞尔所说的制度的范围，是近于近代学者所说的文化。

托马斯（W. I. Thomas）在其《社会原始材料》（*Source Book for Social Origin*）也分文化为下列六类：

（一）精神生活与教育。

（二）发明与技术。

（三）性与婚姻。

（四）艺术与装饰。

（五）魔术宗教神话。

（六）社会组织、道德、国家。

斯宾塞尔与托马斯的分类，对于文化的物质方面，都不甚注重。福尔森（J. K. Folsom）在其《文化与社会进步》（*Culture and Social Progress*）也分为下列六类，而包括物质文化。

（一）物质的原素：工具、用器、建筑，及其他用以统制环境的。

（二）社会结构的元素：例如财产法，政治结构，家庭的关系。

（三）情感的元素，或社会价值，包括一切的德型〔行〕：如我们对于个人清洁的赞许，裸体的嫌恶。

（四）活动的元素或技巧：包括人体运动的特殊的形式。如舞蹈、踢球等。

（五）象征的原素：言语、姿势、绘画、文字、电报、符号等。

（六）信仰、知识或智慧的元素：如疾病原于微菌的学说，水力工程的科学；进化论、法西斯主义、共产主义等。

泰罗尔（E. Tylor）在其《原始文化》（*Primitive Culture*, 1871）分文化为七类：

（一）智识。

（二）信仰。

（三）艺术。

（四）道德。

（五）法律。

（六）风俗。

（七）人类在社会里所得的一切能力与习惯。

拉布克（J. Lubbock）在其《文化源始》（*Origins of Civilization*）一书，又分为下列七类：

（一）艺术与装饰。

（二）婚姻与亲属关系。

（三）亲属关系。

（四）宗教。

（五）品格与道德。

（六）语言。

（七）法律。

这两种分类，对于物质文化都没有列入。罕金斯（F. H. Hankins）在其《社会研究的绪论》（*Introduction to the Study of Society*，1928），更把文化分为八大类，而加以好多细目：

（一）言语与交通：

（1）姿势与标帜。

（2）说话。

（3）文字。

（二）实际智识与工艺：

（1）食物。

（2）衣服。

（3）住所。

（4）用具与使用法。

（5）财产。

（6）个人服务与职业。

（7）交易。

（8）运输。

（三）自然发生的团体与风俗：

（1）恋爱。

（2）婚姻。

（3）家庭。

（4）血统关系的团体，以及他们的权利与义务。

（四）关于人与世界的理想与实际：

（1）神话。

（2）魔术。

（3）神学及宗教的动作。

（4）医药的信仰与实用。

（5）科学的知识与实验的方法。

（五）围范个人的关系的理想与实际：

（1）举止与礼节的形式。

（2）私德。

（3）自由结合。

（4）游戏与运动。

（六）围范公共方面的个人的关系的理想与实际：

（1）伦理的风俗与制度。

（2）司法的形式与制度。

（3）政治的组织与制度。

（七）艺术与装饰：

（1）个人的装饰。

（2）图画描写与雕刻。

（3）音乐。

（4）建筑。

（八）战争与外交。

拉最尔（F. Ratzel）在其《人类学》（*Volkerkunde*）分文化为九类：

（一）言语。

（二）宗教。

（三）科学和艺术。

（四）发明与发见。

（五）农业与畜牧。

（六）衣服与装饰。

（七）习惯。

（八）家庭与社会风俗。

（九）国家。

威士莱（C. Wissler）在其《人与文化》（*Man and Culture*，1923）一书也分文化为九方面：

（一）语言：言语文字制度。

（二）物质的特质：

（1）食物习惯。

(2) 住所。

(3) 运输与旅行。

(4) 服装。

(5) 器皿用具。

(6) 武器。

(7) 职业与工业。

(三) 艺术：雕刻、描写、图画、音乐等。

(四) 神话与科学知识。

(五) 宗教的动作：

(1) 礼仪的形式。

(2) 病人的看待。

(3) 死亡的处理。

(六) 家庭与社会制度：

(1) 婚姻的形式。

(2) 亲属关系的计算方法。

(3) 遗产。

(4) 社会管理。

(5) 游戏与运动。

(七) 财产：

(1) 不动产与动产。

(2) 价值与交易的标准。

(3) 贸易。

(八) 政府：

(1) 政治的形式。

(2) 司法及法律的手续。

(九) 战争。

这种分类，当然很为详细，但是同时，也可以说是很为繁杂。就以威士莱的分类来说，若照一般人的看法，神话与宗教，应该列在一块。因为神话之于宗教的关系，比之神话之于科学的关系，较为密切。若照政治专门学者的看法，政府应该列在政治的形式之下，因为政治的意义较广，而政府的意义较狭。政治学者所以往往以政府为代表国家的意志的机关，而国家是政治的对象，就是这个原故。我们这里不过是随便举一个例去说明这些分类的繁杂，当然分类的繁杂，也许是由于文化本身不易分开，然而为着研究的便利起见，我们既不能不加以分类，那么分类应该以明晰为主。我个人以为若从文化的特性的重心来看，我们可以把文化的成分来分为下列四个种类：

（一）伦理方面。
（二）宗教方面。
（三）政治方面。
（四）经济方面。

为什么我们说这四方面是文化的重心，我们在上面已经有所解释，我们在这里只可以指出，在我们的日常生活或人类文化中，无论从空间上来看，或从时间上来看，这四方面，都可以说是最重要的。

第四章　成分的关系

在前面一章里我们曾举出好几种文化成分的分类，照这些著者的意见，这些成分的分类，是一种根本的分类。威士莱（C. Wissler）谓为文化的普通型式（Universal Cultural Pattern）。罕金斯（F. H. Hankins）谓为文化的骨格或构造的基础（Culture Frame-Work）。这就是说，这些文化的成分，无论在那一种文化里，都可以找出来。在最高级的文化里，固可以找出这些成分；在最野蛮的文化里，也可以找出这些成分。现在的文化里，固可以找出这些成分；在古代的文化里，也可以找出这些成分。文化是人类生活的总和，文化成分不外就是这个总和的分析。生活的必需条件，就是各种分类中的文化成分。文化又是人类生活的方式，生活的方式，虽然很多，然而生活上的基本方式，就是各种分类中的文化成分。凡是人类，都有文化，凡是文化，都有其要素。文化学者的目的，是从各种不同的文化里，找出共同的要素，而加以分类。

文化成分的分类，不但只使我们明白各种不同的文化里的共同要素，而且可以使我们明白某种文化的重心所在，而给我们以一种比较的研究。从时间上看起来，比方，我们说中世纪的文化重心，是在宗教方面，但是在我们未明白中世纪的文化重心是在宗教方面之前，我们必先把文化来分析为宗教、道德、政治、经济各方面。假使我们不是这样的分析，我们就无从知道中世纪的文化重心是在宗教方面。而且，所谓中世纪的文化重心是在宗教方面，不外是说中世纪的道德、政治、经济各方面，没有宗教那么重要，或者没有宗教那么显著，而并不是说，中世纪没有道德、政治、经济，以及其他方面的文化。又所谓中世纪的文化重心，是在宗教方面，也不外是把中世纪的文化重心，来与其他的时代的文化重心相比较，如十六、十七、十八、十九世纪的文化重心在政治方面，而十九、二十世纪的文化重心是趋在经济方面，把一个时代的文化与别个时代的文化，互相比较而找其重心所在，是要依赖于文化的分类，正像把一个时代里的文化的某一方面与别一方面，互相比较，也一样的要依赖于文化的分析。

此外，要把一个区域的文化来和别的区域的文化，互相比较，而找其重心所在，也要依赖于文化的分析。比方，一般人说东方的文化重心是在精神方面，西方的文化重心是在物质方面，但是，未明白东方是偏于精神，西方是偏于物质之前，我们先要把文化来分为精神与物质两方面。

总之，无论从时间上的文化发展来看，或是从空间上的文化圈围来看，要找出一个时代的文化，与别的时代的文化的各异，或一个圈围的文化，与别的圈围的文化的不同，与找其重心所在，都要把文化来分析，文化分类的功用，也就在这里。

其实，我们若不把文化的成分来分析，我们既不能认识文化，我们也不易生活。一张桌子、一张椅子，也得各有一个名称，而所谓桌子或椅子的名称的不同，就是分类的作用。一种信仰、一种主义，也得各有一个名称，而所谓信仰或主义的名称的各异，就是分类的作用。桌子与椅子固是两件不同的东西，然而在较小的分类之下，两者都是属于所谓家具，在较大的分类之下，两者属于物质文化。信仰与主义固未必是相同的东西，然而在较小的分类之下，两者都属于所谓思想，而在较大的分类两者都属于精神文化。

这是从认识方面来说，从生活方面来看，假使我们不把桌子与椅子分开清楚，那么我们要桌子的时候，也许人家给你以椅子，假使我们不把家具与思想分开清楚，那么你也许把抽象的东西，来当作实物看待。因此之故，认识事物的不同，是生活所不可少的条件。文化愈发展，则事物的种类愈多；事物的种类愈多，则分类愈觉得需要。分类是认识的工具，也是生活的条件。文化学正像其他的学科一样，对于所研究的对象，要想得到相当的了解，不得不注重于其对象的分类。

我们在上面曾说过，文化的成分，是组成一种文化的要素或原素。同时，又是文化的特质与单位。然而文化的特质或单位，是假定的、相对的，而非绝对的。同时，我们可以说，这种特质或单位，是偏于主观的，而非偏于客观的。因此之故，文化究竟可以分为多少特质或单位，既无一定的数目，就是特质或单位的数目相同，而其内容或实体，也未必相同。从上一章的各家的文化的分类来看，最简单的与最普通的是分文化为精神与物质两方面，然而社会制度，如法律，如风俗，既非属于物质方面，严格来说，也非属于精神方面。因而又有些人分文化为三方面，更有人分为四方面、五方面、六方面、七方面、八方面，以至九方面。照罕金斯与威士莱的分类，在八方面或九方面之下，又分为三十多方面。其实，要做一个详细的分类，则分为五十方面，以至一百，或二百方面，也无不可。这大致是要看看个人的主观如何而决定。每一个学者，都可以有其分类的标准，而拟定其门类的数目，这是从其门类或单位的数目的各异而说明文化的特质的主观性。此外，有些学者虽然同样的分文化为两类或四类，然而各类的内容或实体，也未必相同。比方一般普通人与牟勒赖挨（Müller Lyer）及芬尼（Finney）都分文化为两方面，可是一般人所说的物质与精神两方面，与牟勒赖挨所说的下层机构与上层机构两方面既不相同，与芬尼所说的社会生活的知识的渊源，与社会制度的两方面，也不相同。又如，有好多人，都分文化为四方面，然而有些人像舒尔兹（Schurtz）分为社会、经济、物质、精神四方面；有些人像文斯吞（Winston）或马凌诺司基（Malinowski），又分为语言、物质、社会、精神四方面。更有些人，像挨班克（Eubank）又分为集团的行为、集团的感情、集团的创造以及这三者的总和的文化的四方面。又如，拉最尔（Ratzel）与威士莱（Wissler）都分文化为九项，然而前者分为言语、宗教、科学、艺术、发明与发见、农业与畜牧、衣服与装饰习惯、家庭与社会风俗以及国家；而后者又分为言语、物质的特质、艺术、神话与科学、知识、宗教的动作、家庭与社会制度、财产、政府以及战争。

文化特质的分类的数目，既没有一定的标准，数目相同的文化分类，其内容或实体，也未必相同，这都是因为文化特质，是假定的、相对的、主观的。其实，每种文化特质，都可以分析为好多文化特质。比方，宗教是一种文化特质，然而宗教特质，又可以分为多神教，或一神教，而一神教又可分为回教，或耶教。耶教，又可分为天主教，或新教。新教又可分为美以美，或长老会等等。又如，服装为一种文化特质，然而服装有西服、中服等等不同特质。在中服中，又有短衣、长衣的特质。长衣的袖或领，也各自成为特性。就是领的高低，也未尝不是特质。如此分析，所谓特质，也可以随各人的主观而不同。

然而既名为特质，每种特质，都自成一个单位，而别于其他的特质。比方，我们以宗教为一种特质，则宗教成一单位，而别于其他的特质，如艺术与科学等单位。假使我以美以美宗教为一种特质，则美以美宗教成一单位，而别于其他的新教如长老会或浸信会等等单位。文化特质，不只是自成一单位，而且自有其历史。艺术有艺术的历史，宗教有宗教的历史，甚至衣领或衣袖也各自有其历史。此外，每种文化特质，都有其特殊的地方。这种特殊的地方，也许是外表，也许是内容，也许是方法，但是无论如何，这些特殊的地方，是构成这种特性的要点。我们之所以能分别各种不同的特质，就是由于这些特殊的地方。

但是因为文化特质是假定的、相对的、主观的，所以文化特质并非一种完全可以单独存在的单位。事实上，所谓文化特质，乃一种复杂的丛体。人类学者、社会学者，而特别是研究文化的人，叫这种复杂的丛体的文化为文化丛杂（Culture Complex）。文化丛杂的概念的发展，虽是近二十年的事，可是这种概念的来源，却是相当的久。泰罗尔（E. Tylor）在一八六五年所出版的《早期历史与文明发展的研究》一书，已告诉我们，文明是一个复杂总体（Civilization is a Complex Whole）。到了一八七一年所出版的《原始文化》，他又说：文化是一个复杂总体（Culture is a Complex Whole）。后来，威士莱（Wissler）在其《人与文化》一书中，罕金斯（Hankins）在其《社会研究的绪论》里，马其维（Maciver）在其《社会》（Society）里，对于这个概念，都加以特别的注意。

其实，所有的文化特质，都可以说是文化丛杂。比方，以宗教而论，宗教的信条、宗教的仪式、宗教的组织、宗教的庙宇，是包括了好多特质，好多成分的东西。而且，同时宗教又含了政治、经济、道德的种种要素。所以宗教并非一种纯粹的文化特质，而乃一种复杂的东西。又如，耶教是一种文化特质，然而所谓耶教，是犹太文化、希腊文化、罗马文化的混合品。同时又与政治、经济、道德有了互相交错的关系。所以耶教实乃一种文化丛杂，而非一种纯粹的东西。再如，服装不但是由布做成的东西，而是要用针、用线、用剪、用尺，始能做成。此外，服装的形式、服装的颜色、服装的穿法，以至一领、一纽的材料与形式颜色，都与服装有了密切的关系。又如，一本书所表现于我们眼前的，不只是纸、笔、墨与书皮的布或钉书的线，而是包括了著者的思想、性格、情绪，以至古今好多人的思想、性格、情绪的东西。它是物质的特质，又是精神的特质。然而它既非单纯的物质特质，也非单纯的精神特质，而是两者的混合物。而且，在物质方面，它既不只是一种物质所造成；在精神方面，也非一种思想的结果。一种宗教、一种服装、一本书籍，固是如此，别的东西，也是如此。没有一种文化特质，是一种纯粹的东西，所以没有一种文化特质，不是文化丛杂。

文化特质，固是文化丛杂，整个文化也是文化丛杂。泰罗尔所以说文化是一个复杂总体，就是这个意思。中国文化是一个文化丛杂，日本文化也是一种文化丛杂。东方文化固是一种文化丛杂，西方文化也是一种文化丛杂。其实，就是整个人类的文化，都是一种文化丛杂。

罕金斯在其《社会研究的绪论》一书里，曾把文化丛杂分为简单的丛杂（Simple Complex）与丛杂的丛杂（Complex Complex）。几种文化特质，合而为一种简单丛杂，但是几种丛杂，再合起来，便成丛杂的丛杂。但是这种区别，还是一种假定的、相对的、主观的。因为所谓文化特质，或文化单位的本身，既是一种丛杂，那么所谓由几种特质合而为一种丛杂，就是丛杂的丛杂。而且，所谓文化特质，既非一种完全独立存在的东西，那么这种特质，总免不了与其他的特质有了关系。比方，以马凌诺司基所说的物质、社会、精神、言语四种特质来说，无论那一种特质，都与其他的特质，有了密切的关系。社会固不能离物质、精神、言语而独存，言语也不能离社会、物质、精神而独存。文化本身是一个丛杂，文化的各方面也是一个丛杂。究竟某种文化是简单的丛杂，或是丛杂的丛杂，那是一个主观的看法，所谓简单的丛杂与丛杂的丛杂，虽可以有种类上的不同，然而主要的，还是程度上的差异。

了解文化特质的概念，可以使我们认识文化的各方面的不同。了解文化丛杂的概念，可以使我们明白文化的各方面的关系。我们在上面说明文化丛杂的时候，已稍为提及文化各方面的关系的原理，但是这个原理，在文化学上很为重要，所以我们愿意详细的加以解释。

文化的各方面之所以有了关系，就是因为文化本身是一种丛杂。无论文化的圈围怎么大，还是一种丛杂，无论文化特质怎么样纯粹，还是一种丛杂。丛杂的意义，就是含有关系的意思，因为有了关系，所以分析是假定的、相对的、主观的。为什么我们要分析，这是我们对于文化的认识的一种权宜。事实上，文化的本身，并没有这回事。一本书籍，是物质与精神的混合品，然而精神既不能离物质而发展，物质也不能离精神而独立。在自然现象里，一块石头是一件物质的东西，当然没有精神的成分，或精神的作用，然而一块自然的石头，要把来变为一种文化，则非有精神的成分或精神的作用，是不可能的。把一块石头来雕刻成为一个神像，或一个人像，不但是含有雕刻家的技术与脑力，而且表现了这个神像或人像的品格与情绪。没有精神的成分，或精神的作用的神像或人像，不只不是一种艺术，简直就不是神像或人像了。

物质文化，固不能离开精神文化，精神文化也不能离开物质文化。一个人躯体死了，他的精神也要消灭。假使我们说他的精神不死的话，那是因为有人传递他的精神，死人决不能传递死人的精神，柏拉图的思想所以能传到今日，那是因为有文字与书册去记载他的思想。原始社会里的人们，没有文字，没有书册，而却能传递其故事，还是依赖说话。说话本身虽不是物质的东西，然而说话是依赖于发音的器官，而发音的器官，却是物质的东西。

唯物论者，以为物质是精神的基础；唯心论者，又以为精神是物质的基础。究竟那一个是对的，究竟那一个是不对的，或者两者都有其对处，都有其不对处，我们暂且不提。可是从文化的立场来看，物质与精神，都是必需的东西。两者是并重的，两者是关系的，两者是不能分开的，两者是相生相成的。桑尼基（F. Znaniecki）所以提倡文化主义去代替唯物主义与唯心主义，就是这个原故。

文化的物质方面与文化的精神方面的关系，固是这样，文化的其他方面的关系，也是这样。因为文化本身是一个丛杂，是不能分开。分开是为着研究的便利起见，分开既没有一个准确的界线，分开是表面的工作，而非实体的本身。因此之故，分析为两方面，固无不可，分析为十方面、百方面，以至千万方面，也无不可。

因为文化本身是一个丛杂，是不能分开，假定的、相对的、主观的，分开为物质、精神两方面，固如上面所说是有了密切的关系，就是分开为十方面，以至千万方面，还是有密切的关系。

不过从一般人看起来，分析的方面愈少，则其关系愈为明显，分析的方面愈多，则其关系愈不容易看出来。比方，分文化为物质与精神两方面，则我们很容易看出这两种文化的关系，但是若分文化为九方面，像威士莱的分类，而再加以好多细目，则比方科学之于家庭的关系，就不大容易看出来。其实，科学之于家庭，亦有了密切的关系。科学发达则机器发明，机器发明则工业发达，工业发达，对于家庭有了深刻的影响。近代家庭之所以异于从前的家庭，不能不说是受了科学的影响。而况，科学发达，家庭中各种用具，如电炉、电灯、电扫，既减少主妇的好多时间，妇女既不必终日为家务而忙，妇女也可以外出而寻找职业。妇女在经济上，有了地位，而不必完全依赖男子，那么不但夫妇间的关系，因之而变更，对于结婚与离婚，也有密切的关系。工业是因科学的发达而发达，工业发达既给妇女以寻找职业的机会，科学发达，也减轻妇女在家务上的负担。所以，科学发达，对于家庭，可以说是有双层的影响。这就是，一方面是寻找职业的机会的增加，一方面是家庭杂务的减轻。此外，科学发达，对于家庭康健上，对于养育小孩上，都有密切的关系。

同样，科学之于财产，从表面看起来好像没有多大关系。然而事实上，却有了很多的关系。科学发达，机器发明，交通利便，工业固因之而兴盛，商业与农业以至矿业，也因之而发展，财产不但因之而增加，而且因之而集中。近代所谓资本主义，就是财产集中的结果，没有近代的科学的成就，资本主义是不易发生的。又在上面曾说过科学发达，对于家庭的制度，而特别是对于妇女的地位，有了重大的影响。妇女地位的提高，对于财产的承继上，又有了重大的影响。以前只有男子始能承继财产，现在女子也能承继财产。以前只有男子能发展财产，现在女子也能发展财产。以前女子当作财产看，现在女子也可以成为财主。

科学之于政府，有没有关系呢？在神权发达的时候，专制政治，往往盛行，人民不但没有选举权、被选权，就是在思想上，也没有自由。科学昌明，工业商业发达，贵族阶级逐渐消灭，民主政治逐渐发达，不但平民可以参加政治，奴隶也得解放，而得政治的平等。斯宾塞尔以为民主政体与工业社会，是有了密切的关系，这并非凭空造说的。其实，所谓社会主义、共产主义的发展，都与近代科学的发明，是有密切的关系。这些主义，也可以说是工业社会的特征，也可以说是工业社会的产物。又工商发达，在政府的立法上，既有了影响，在政府的功用上，也增加其范围。又因科学发达，交通利便，不但对于国家内部的统一，有了很大的贡献，就是对于国际的关系，也有很大的影响。

科学之于宗教，从来是两种不易相容的东西，宗教势力盛行的时代，科学不易发展。加里雷倭（Galileo）以及好多的科学家之受教会的压迫，就是显明的例子。然而科学发达了，宗教的势力，也因之而衰落。因为信仰宗教的心理，已为信仰科学所打破。相反的东西，也是相关的。宗教之于科学的关系，就是这样。其实，待到科学的基础已固，宗教反而要利用科学去宣传宗教。天主教与新教之来中国，以至到世界其他各处，都是藉科学以宣传宗教。结果是近代的宗教的传播者，就有了不少的科学的色彩。基督教科学（Christian Science）这个名词，岂不是近代一个很流行的名词吗？这个名词的本身，也许是有了矛盾，然而科学对于宗教的影响，却是一种事实。

科学之于艺术，有没有关系呢？有些人说前者的目的是求真，而后者的目的是求美。真未必是美，而美也未必是真。可是，这种见解，只是偏面之见，一个图画家，描写了一幅风景，能够描写得唯妙唯肖就是美。一个雕刻家，雕刻一个人像，能够雕刻得唯妙唯肖也就是美。所以真也可以成为美。其实，风景的本身，与某人的本身，未必就是很美，也许很不好看，然而艺术家能把其真像表现出来，就变为好看的东西。所谓写生，所谓写实，都是表示真就是美的意思。而且，科学发达，对于艺术的发展，也有相当的影响。近代一般的装饰品，都是化学的混合品，都是科学的出产物，雪花膏、生发油，以至花瓶、桌布，无一不是与科学有关系。而且，科学发达，人工所不易做得到的美观，可以用科学或机器去补助。所以一个照相机，不但可以摄取一幅唯妙唯肖的美丽风景，而且可以摄取昙花一显的空中楼阁。一部汽车，不但因科学昌明而增加其速度，而且因科学发达而增加其美丽。

科学与语言，有没有关系呢？有些人说中国科学不发达，是与中国的文字有了关系。这种见解，是否错误，我们不必在这里加以讨论，但是没有文字的民族，科学知识不能发展，是无可怀疑的。质言之，语言是寻求科学知识的工具，科学发明，用收音机可以听千里以外的讲演，用留声片可以留百年以上的说话。北平与广州可以通电报，纽约与上海可以通电话。从一方面看起来，用科学的方法去改良文字，也可以使其简单，使其易读。又从别方面看起来，科学愈发达，文字的结构愈为精密，愈为准确。

至于科学与物质文化的关系，更为明显。近代的物质文化，主要是科学的产物。我们的好多布料，是机器所织造的。我们的好多食物，是科学所改良的。我们的水泥住屋，是化学的混合品。我们的飞机、汽车、火船、火车，是科学所赐与的。我们的农产品、工业品、商业品，大部分都是科学的结果。望远镜，可以使我们看到目力所看不到的天体，显微镜可以使我们看见目力所看不见的微生物。发展医学可以减少疾病，讲究卫生可以强壮身体。这不过只是随便的举出几个例子，然而科学之于物质生活的关系，已可概见。

又如，科学之于战争的关系，也更为显明。近代战争中所用的各种武器，都是科学的产物。枪炮、飞机、战舰、坦克车，都是由科学发达而来。所以，一般人以为现代的战争，是科学的战争，并非过份之言。

上面是把威士莱所说的文化的九种特质，而从科学的特质的立场，去说明科学的特质与其他的特质的关系。科学之于其他八种特质，既有了关系，则不但科学与其他每一种特质，有了关系，就是九种特质之间，也是有关系。其实，我们无论从那一种特质来看，这种特质，与其他八种特质，都有关系。比方，以政府来说，政府之于战争，固有密切的关系，政府之于财产，也有关系。因为不但财产的承继，往往由政府规定，财产的买卖，以至财产的税率分配，往往也由政府管理。又政府之于家庭与社会制度的关系，也很容易看出来。婚姻的登记，夫妇的关系，子女的养育，政府都有权过问。政教合一的国家，政府与宗教的关系用不着说，甚至信教自由的国家，也要政府去担保。至于意大利的皇帝是天主教徒，美国的总统是新教徒，这都是宗教与政府的关系的明证。政府与科学的关系，上面已说过，不必赘述。政府与艺术，也有关系，美国各州的首都〔府〕的州政府的建筑之仿效华盛顿中央政府的样式，南京的交通部、铁道部的办公处的外表，好像北平的皇宫，至于国立、省立的艺术学校的设立，公共花园的建筑，都是政府提倡艺术的表征。政府对于交通事业的发展，农、工、商业的提倡，衣、食、住的改良，都是政府与物质生活的关系。在语言方面，政府对于国语的提倡，对于文字的改革，或强迫弱小民族去学习其自己的语言，都是政府与语言的关系。

这不过随便的举一些例子来说明，然而文化各方面是有了关系的道理，已可概见。

然而所谓关系的本身，也有各种不同的方式，大概来说，我们可以分为下列四种：

（一）相成的关系。

（二）相反的关系。

（三）直接的关系。

（四）间接的关系。

某种文化的特质若发达，则别种文化也随之而发达；某种文化的特质若衰落，别种文化也随之而衰落，这可以叫作相成的关系。比方，科学的知识进步，物质的文化也进步；科学的知识落后，物质的文化也落后，这就是相成的关系。反之，某种文化的特质若发达，则别种却随之而衰微，这可以说是相反的关系。比方科学的知识进步，宗教的信仰却因之而衰微，这可以说是相反的关系。

某种文化的特质的变化，若立刻影响到别的文化的特质，这可以说是直接的关系。比方，机器发明，工业发达，这是直接的关系。某种文化的特质的变化，立刻影响到别的文化的特质，等到别的文化的特质变化以后，再影响到第三种文化的特质，这可以说是间接的关系。比方，机器发明，而直接的影响到工业发达，等到工业发达之后，又影响到家庭的制度。则机器发明与家庭的制度的变化，可以说是间接的关系。

以拼音字母来做比喻，A 影响 B，这是直接的关系。A 影响 B，B 又影响 C，则 A 与 C 的关系，便是间接的关系。间接的关系，可以经过好几次的间接。比方 A 影响 B，B 影响 C，C 影响 D，D 又影响 E，E 又影响 F。则 A 与 F 从表面看起来，好像没有关系，然事实上，还是有关系。这是间接的间接的关系，比方甲与乙是亲戚，乙与丙是亲戚，丙与丁是亲戚，丁与戊是亲戚，从甲看起来，虽非与丙是直接的亲戚，然还是间接的关系。至于甲之于丁或戊，那是间接的间接的亲戚了。

从一般人看起来，直接的关系，最能容易明白，间接的关系，就不大容易明白。至于间接的间接的关系，更不容易明白。文化是复杂的东西，分析起来，可以说是千绪万端。一种文化的特质之于别种文化特质，也许要经过数十次的间接关系。这种的关系，假使不是小心的详细的去加以研究，往往不易找出其关系的痕迹来。其实，一种文化特质的本身的传播，若因时间上较久的间隔，或空间上的较远的间隔，很容易失其本来的真面目，而成为别种文化特性的可能，使一般人看起来，两者好像完全没有关系。只有小心的详细的加以研究，始能明白其逐渐变化的历程。至于各异的文化特质的互相影响，若因其关系大过于间接，那么要想明白其关系的线索，当然更不容易。研究文化学的目的，就要明白这些关系的线索，而找出文化特质的因果。

上面是说明文化特质的四种关系。其实，这四种关系，也是有关系的。相成的关系，有时是直接的，有时是间接的。而相反的关系，有时是直接的，有时是间接的。反过来说，直接的关系，有时是相成的，有时是相反的。而间接的关系，有时是相成的，有时是相反的。

总而言之，文化特质的关系的方式虽多，可是关系的原因则一。这就是文化的本身，是一个复杂的总体。所谓文化的分析，是为着我们研究文化的利便起见的一种主观的作用，而非文化本身是这样的分开。明白了这个道理，始能明白文化的特质的关系的原则。

因为文化的特质，是有关系的，所以文化一方面的波动，往往会影响到文化的其他方面，关于这一点，我们可以举一个例子来说明。

在明末的时候，中西海道沟通，中西文化的关系，最先与主要的，是商业方面。中国的商业，因西洋商人的东来而受影响，是自然而然的。但是商业的东来，又引起西洋宗教的东来，利玛窦之来中国，目的是宣传天主教。宣传宗教，对于中国固有的宗教的影响，也是自然而然的。在消极方面，佛教、道教与所谓儒教，都受天主教的批评，同时天主教也受拥护这些教的人的攻击。在积极方面，却有人因受了天主教的影响而提倡建立孔教，比方王启元的《清署经谈》就是一个例子。关于王启元受了天主教的影响而提倡建设儒教的神学，陈受颐先生曾在《国立中央研究院历史语言研究所集刊》第六本第二分所发表《三百年前的建立孔教论》详细说明。我们这里不必再述。我们所要解释的，是不但在宗教方面，中国受了西洋文化的影响，就是在文化的其他方面，也逐渐的受西洋文化的影响。而且，在文化的其他方面之所以逐渐的受西洋文化的影响，主要的是由于商业与宗教的影响而来。

利玛窦及其徒众的目的，虽是宣传天主教于中国，然而无论是有意的或无意的，他们却把西洋的科学的种子，移种于中国。算术、天文、地理、医术，却由这些教士输入中国。我们上面曾说过，宗教之于科学，本来是两种不能相容的文化特质，而且在利玛窦的时候，距离宗教与科学的剧烈争论，相去很近，而这些宣传宗教的人们，却也把科学输进来，这真是相反的相成了。两种相反的东西，都可以因一样的输入而引别样的输入,其他所谓相成的东西,能因一样的输入而引起别样的输入,当然是不成问题的。天主教主张天主至尊,中国人的天子至尊,当然受了影响,这可以说是引起政治方面的波动,在家庭方面因为天主教主张在上帝面前,男女平等,反对蓄妾,结果是对于中国的家庭的制度,也引起波动。中国的社会的基础是家庭,而其上层的社会的高峰是国家,国家与家庭既受了天主教的影响,而逐渐的起了变化,则所谓文化的社会方面的特质,又是受了文化的精神方面的特质——宗教的影响。科学所代表的文化是物质方面,科学既因宗教的输入而输入,那么文化的物质方面的特质的波动,也是因精神方面的特质的波动而波动。这可见得文化一方面的波动,往往会影响到文化的其他方面了。同时我们可以说,这种互相波动的原因,是由于文化的各方面的互相关系。

第二编

第五章　文化的发生

人类是文化的动物,有了人类,就有文化。所以,文化的历史,与人类的历史,可以说是同时发生的。这一点,自从比国的人类学者路杜(A. Rutot)及其徒众,发见所谓前石器时代的遗石以后,一般人类学者,似没有什么可以怀疑的地方。

但是,有些人相信:人类曾经过一个没有文化的时期。在这个时期里,人类与其他的动物,并没有什么差异。比方,在《庄子》的《马蹄》篇,就有了这种主张。他说:"至德之世,其行填填,其视颠颠,当是时也,山无蹊隧,泽无舟梁,万物群生,连属其乡,禽兽成群,草木遂长。是故禽兽可系羁而游,鸟鹊之巢,可攀援而窥。夫至德之世,同与禽兽居,族与万物并,恶乎知君子小人哉?同乎无知,其德不离;同乎无欲,是谓素朴,素朴而民性得矣。"

这是庄子的原始人类观。这是庄子的理想世界观。但是这种原始人类,既缺乏历史的根据,这种理想世界,也绝无实现的可能。而况,《胠箧》篇里,他又告诉我们道:"子独不知至德之世乎?当是时也,民结绳而用之,甘其食,美其服,乐其俗,安其居,邻国相望,鸡犬之音相闻,民至老死而不相往来。"所谓结绳、甘食、美服、乐俗、安居,大概都可以说是文化。可见得庄子所说的原始人类与理想世界,并非完全没有文化的。

原来人类既是文化的动物,他们必定具有创造文化的能力。他们既有了创造文化的力量,那么人类在最初的时期所创造的文化,也许很为简单,也许很为低劣,然而简单与低劣,只是程度的问题,而非完全没有文化。大厦高楼、飞机轮船、文字哲学,固是文化;土房草屋、骡车皮船、结绳歌谣,也是文化。所谓完全没有文化的人类的时期,只是一种臆说。在中国的历史上,固找不出证据去证明这个时期的存在,外国的历史上,也找不出证据去证明,这个时期的存在。

历史上,固找不出完全没有文化的人类,在现在所存在的人类里,无论其种族怎样野蛮,也找不出完全没有文化的。近来有些学者,而特别是德国人,喜用"自然人民"与"文化人民"等对峙名词。德国的飞尔康德(A. Vierkandt)曾写过一本书叫作《自然人民与文化人民》(*Naturvölker und Kulturvölker*)。骤看起来,所谓自然人民，好像是没有文化的人民，然而事实上，所谓自然人民，只是文化较为低下的人民，只是与自然较为接近的人民，而非完全没有文化的人民。这一点，我们在上面叙述飞尔康德的学说时，已经解释，不必重述。总而言之，文明人固有其文化，野蛮人也有其文化。所以，世人所谓最野蛮的勃斯门（Bushman）与维达（Veddahs），也有文化。

其实，人类之所以为人类，就是因为他们有文化。但是人类既能创造文化，他们必定已是人类。假使他们不是人类，他们决不会创造文化。所以人类之所以异于其他的动物的，也可以说是因为前者有了文化，而后者没有文化。

我们这样的去区别人类与其他的动物，也许会引起一些人的疑问。因为他们以为飞禽像鹦鹉，能学人类说话，鸡鸽能做十二音，狗能做十五音，猴子能做二十音，角牛能做二十一音。这种声音言语，固是很为简单，然与人类的言语，比较起来，只有程度上的差异，没有种类上的不同。他们以为一般普通的人们，假使没有受过教育，其所用的言语，也不过三百字。言语是文化的动力，又是文化的特征，动物既有了言语，那么我们不能说动物没有文化。所以，人类与其他的动物的区别，并不在于有文化与没有文化。

同时，这些人又指出，不但言语非人类所独有的，就是从文化的其他方面来看，其他的动物，也非完全没有。比方，鸟能造巢，猿除了能用木杖行路与用石打破有壳的果实外，又能用树枝造简单的住屋。马能用脚算数，而一般的高等动物，也有家庭的组织与社会的行为。所以照他们的意见，这都是表示其他的动物有了创造文化的能力。所以，他们的结论是，人类固有文化，其他的动物也有文化。

哈特（Hart）与班铁耶尔（Pantizer）在《美国社会学杂志》（*American Journal of Sociology*, vol. 30 No. 6, 1925）曾发表一篇论文，叫作《高等动物是否有文化》（"Have Subhuman Animal Culture?"），照他们的意见，文化不过是社会里所学得与传受的行为的模式。鸟能做巢，能学飞，这不但是从社会里学得来，而且能传授于后代。所以鸟也可以说是有文化。鸟类固有文化，其他动物也有文化。牟勒赖挨在其《文化的现象及其进步的趋向》一书，曾以为人类在最初的时期中，是一种爬树的动物，在这个时期里，是没有文化的。他把这种人类，叫作无文化的人类祖先。然而这种爬树的动物或人类的祖先，是否叫作人类，却是一个疑问。

页基斯（R. M. Yerkes）在其《近于人类》（*Almost Human*, 1925），以及他同利安特（B. W. Learned）所合著的《黑猩猩的智慧及其语言表示》（*Chimpanzee Intelligence and its Vocal Expression*, 1925）两书里，对于人猿的文化，而特别是对于人猿有了基本的语言的主张，曾做过详细的研究与讨论。他的结论是，猿类只有发表情绪的呼喊，而没有表示意思的语言。语言是文化的要素与特征，猿类既没有语言，那么猿类也没有文化。

科勒（W. Kohler）在其《猿类的智力》（*The Mentality of Apes*，1926）也指出黑猩猩（Chimpanzee）的智慧的行为，在普通的种类上，与人类的相近。假使解决某一问题的必须的条件，能够具备，那么黑猩猩能做聪明的选择，而解决相当困难的问题。这种动物的心理作用之与人类的相似，是很容易看出。然而科勒同时又指出，这种动物，对于一切的思想（images），经过很短的时间，就会忘记。他们可以说是完全生活于现在或近于现在（Near-Present）的环境里。所以，照科勒看起来，不能想像与回忆超出现在以外的事物，以及言语的缺乏，是黑猩猩之所以不能发生简单的文化的最大的原因。

总而言之，我们以为动物是没有文化的。在语言方面，正如页基斯所指出，只能做情绪的呼喊，没有表示意想的语言。我们知道，人类语言的发达，是依赖于群居。换句来说，群居是语言发达的重要条件。因为离群独居，决不会产生出语言来。动物的群居能力，并非没有，而且群居是高等动物的最普遍的现象。可是，这些动物，既不能使其所发的声音，成为有意思的表示，同时，又不像人类一样的，因群居而使其情绪的呼喊，发达为复杂的语言。于是可知语言决非动物所有的东西。至于鹦鹉能学习说话，虽然是人类所说的有意识的简单语句，可是他们所模仿的语句，他们究竟是否知道其意义，还是疑问。就使他们明白了这些语句的意义，这些语句，也并非是他们自己创造出来的东西，而是模仿的东西。而况，他们所能模仿的东西，还是很简单的语句，而非复杂的语言。不但这样，这些动物所模仿的语言既很简单，而且又不能传授于后代。动物可以从人类学习几句简单的语言，动物却不能从动物而学习这些语言。赫德（J. G. Herder）说得好："语言是人类的所独有物，而且是人类的权利，惟有人类，才有语言。"其实，这个道理，在二千余年前的亚里士多德已经明白。所以，他在《政治学》一书就已指出语言是人类所独有物。挨尔武德（C. A. Ellwood）在《文化进化》（*Cultural Evolution*，1927，页七二）更进一步的指出，语言是与人类并生的。有了人类，就有语言，一种优越的交通的方法，这就是一种清晰明白的语言，是文化发展的必需条件。因为语言是传说的传递的工具，而所谓文化的发展，主要就是传说（Tradition）的发展。

语言固是人类所独有的东西，文化的其他方面，也是人类所独有的东西。照挨尔武德的意见，优越的语言的发展，比之物质文化的发展较先。这种看法是否错误，我们不必加以讨论。我们所要重复申说的，是凡是文化都是人类的出产物，而非动物的创造品。这一点可以说是近代一般人类学者与社会学者所公认的事实。关于这一点，读者可以参看开西（C. M. Case）在《美国社会学杂志》（*American Journal of Sociology*，vol. 23 No. 6，1927）所发表《文化为人类的特性》（Culture as a Distinctive Human Trait）一文，便能明白。

为什么人类才有文化，而其他的动物却没有文化呢？

我们以为这也是一个生理的问题，而非文化的问题。而在生理方面，人类与动物的区别，至少可以从三方面来看：一是发音器官的不同；二是神经系统的分别；三是躯体外表的差异。我们现在且把这三方面来略为解释。

我们上面已经说过，语言是人类所独有的。然而为什么人类能有表示意思的语言，而禽兽则否。那是因为人类发音的器官与动物的有了不同之处。这种不同之处，也许只是程度上的差异，然而只正是因了这种程度上的差异，结果是动物只能做有情绪的呼喊，而人类却能发出有意识与复杂的语言。不但这样，人类因为生理上的特殊，除了能操说话的语言（Spoken Language）外，还因有手的便利而发明文字。用手写字的发生，虽在用口说话之后，然而发明文字之后，对于说话却有很大的帮忙。语言是包括说话与文字，文化的发展，其依赖于文字的力量，比之依赖于说话的力量较大得多。写字的手，固为人类所独有，说话的器官，也是人类所独有。

亚里士多德曾说过，理性是人类所独有的。究竟动物有否理性，我们不必加以讨论。不过就使动物而有理性，动物的理性与人类的理性，也有不同之处，至少必有程度上的差异。就如上面所举出科勒的意见，动物只能思及目前或现在，而不能回忆过去与预料将来，就是证明。在心理的作用上，两者显有不同之处。人类因为能够回忆过去，使其经验得以累积。而经验的累积，可以说是文化发展的重要条件。原来文化是累积的，所以文化也可以说是经验的结果。有了经验，不但可以使以往的文化累积起来，而且可以当作创作将来的文化的基础，或是改良将来的文化的张本。然而人在心理上所以超越于动物，根本上可以说是神经体系的差异，至少我们可以说人类的神经的体系，是比之动物的较为复杂。

人类与动物在躯体的外表上，最为差异的，是人类的直立的姿势与自由的双手。为什么人类能有两手与能够直立，有些学者，以为手的发生是适应爬树。同时因为爬树，所以身体就直立起来，于是上部与下部的躯体的运用，也遂分为二种。上部为攫握的工具，而下部为运动的机关。只有躯体直立，两手始能自由，而两手自由，在文化的发生极为重要。

我们差不多可以说，人类在历史上，以至于今日所用的一切工具，都是两手所创造的。假使两手而像其他的动物的前面两脚，要在地上行动，不能自由，决不能创造各种工具。人类学者，把人类的文化，分为石器、铜器、铁器各时代，所谓石器、铜器、铁器，主要可以说是手的创造品。

总而言之，自由的两手、超越的神经与语言的器官，是人类的特点，人类之所以异于禽兽的，主要就在这里。文化之所以能够发生与发展，也是依赖于这些特点。而且，这三种特点，是互有密切的关系。缺乏了一件，都不能使文化发生，只有说话的器官而没有手，那么文字是不容易发生的。只有说话的器官，而没有超越的头脑，那么说话没有系统，没有意义。同样，只有超越的头脑，而没有说话的器官，那么思想无由传达。只有超越的头脑，而没有自由的两手，那么智慧无从实现。只有自由的两手，而没有说话的器官，那么工具难于传播。只有自由的手，而没有超越的头脑，那么工具不会改良。所以三者缺一，都不能使文化发生。

文化固是人类所独有的东西，但是文化的发生与发展，必赖于人类的努力去创造。假使人类而专靠着天然的生产以维持其生活，不愿努力去改造环境，则文化决不会发生与发展。所以，文化的产生与其发展的程度如何，是与人类能否努力及其努力的程度如何成为正比例。人类之所以要努力去创造文化的主因，大概是要适应时代环境，以满足其生活。我们所以说，文化是人类适应时境以满足其生活的努力的工具与结果，也就是这个原故。

人类因为有了创造文化的能力，所以人类也有了改变、保存与模仿文化的能力。假使他们觉得他们自己的文化有了缺点，他们可以改变这些文化。假使他们觉得他们自己的文化有了优点，他们可以保存这些文化。假使他们觉得他人的文化是高过自己的文化，他们可以模仿这些文化。

人类虽是文化的创造者，但是同时人类也受文化的影响。从某种意义来看中国人之所以异于西洋人，与其说是由于生理的差别，不如说是由于文化的不同。文化可以使一个人快乐，文化也可以使一个人苦闷。文化可以帮助人类，文化也可以毁坏人类。这一点，我们在上面说文化的文化基础时，已经详为解释，不必重述。

人类既是文化的创造者、改变者、保存者及模仿者，那么因文化而毁伤人类，或因文化而给与人类的苦闷，人类自然也能够废除，或减少这些弊病。可是，要想这样的做，也要人类的努力，因为创造文化，固由于人类，改善文化，还是依赖于人类。

但是，我们上面所说的人类，究竟是团体的人，还是个独的人呢？人类学者威士莱（C. Wissler）在其《人与文化》（*Man and Culture*）一书里，似以为文化的创造，是赖于组成团体的众人，而非个独的人。他说：人类学者对于个人在文化上的地位，是很少注意的。社会学者如挨尔武德（C. A. Ellwood），像维尔利（Willey），像韩瑾斯（Hankins），也有同样的表示。（参看 Ellwood：*Cultural Evolution*，p. 10，Willey：Society and its Cultural Heritage in *An Introduction to Sociology*，Hankins：*An Introduction to the Study of Human Society*，p. 376）反之，哥尔特威士（A. Goldenweiser）在其所著的《心理与文化》（Psychology and Culture in *Publication of American Sociology*，vol. 19，1925）一文，马尔特（Marrett）在其《人类学》（*Anthropology*）一书，均似又注重于个人方面。

我们以为团体在文化上的地位，固不可轻视，但个人在文化上的地位，却重要得多。原来团体不外是由于个人组织而成，团体在文化上的地位如何，主要是赖于组成团体的个人。团体是个人联合的总名，而其实质还是个人，个人固不能离团体而生活，但是没有个人，决不会有团体。团体是抽象的，而个人是具体的，文化的产生——新文化的产生，往往是依赖于个人的努力。假使在一个社会里，每一个人对于文化的创造都很努力，那么这个社会的文化，必定进步。反之，在一个社会里，没有一个人对于文化的创造愿意努力，那么这个社会的文化，必定停滞。这一点，就是主张在文化上团体比个人为重要的威士莱，也未尝没有看到。就在他的《人与文化》一书里（参看页二八一——二八二）他说："个人与文化的关系，也要时时注意，而特别是关于才能与创造文化的领袖方面。"

总而言之，人类是文化的动物。有了人类，就有文化。所以，文化的历史与人类的历史，可以说是同时发生的。克娄伯（Kroeber）在其《人类学》（*Anthropology*, ch. 6.），以为人类文化的发生，大概在十万年以至一百万年前。这种估计，是否正确，很难决定。其实照我们现在的知识来看，文化的历史的年数，究竟多少，还是一个谜。就以克娄伯所估计的年数来看，所谓十万年至一百万年，就很为笼统。因为十万年至一百万年的数字，相差之远，有了十倍。我们以为，我们所能确信不疑的，是人类的起源，也就是文化的起源。至于人类自生存以至今日，有了多少年数，当然也是一个最易引起争论的问题。我们对于这个问题，不愿加以讨论，只好给与一般人类学者去解决罢。

从时间上看去，文化的发生，固与人类同时发生；可是从空间上看去，人类的起源，是出自一个地方，还是出自好多地方呢？前者是人类起源的一元论，后者是人类起源的多元论。人类是文化的动物，假使所有的人类，都来自一个地方。那么人类的文化，也可以说是来自一个地方。假使世界的人类，是来自很多地方，那么人类的文化，也可以说是来自很多地方。这个问题，在文化的发生上，也是很为重要。不过，要想解决这个问题，也得有待于人类学者的努力。

人类起源的一元论或多元论，应当与文化起源的一元论或多元论有了密切的关系。这种的文化起源，是真正的文化起源，是绝对的文化起源。换句话来说，就是文化的最初的起源。文化是一个复杂总体，其最初的起源，固与人类同时发生，但从一般普通人看起来，文化的起源，也许是一个相对的问题。比方，我们说德国文化的起源，或美国文化的起源，这可以说是相对的看法。又如，我们说轮船的起源，或火车的起源，这也可以说是相对的看法。因为德国、美国轮船、火车的历史，在人类文化历史上，发生较晚。所以这些文化的来源，也发生较晚。不过所谓德国与美国的文化，固非完全是德国人或美国人所创造，而所谓轮船火车，也非凭空的产生。德美的文化固有其悠久的历史，而与整个人类的文化，有了密切的关系，轮船与火车也有其悠久的历史，而与整个人类的文化有了密切的关系。然而我还可以说，德美的文化有其来源，或轮船火车也有其来源。

这是因为除了上面所说的文化的绝对的来源外，还有文化的相对的来源。绝对的来源，是与人类同时发生，这是无可怀疑的。至于相对的来源这个问题，却非那么简单。大致的说，关于这个问题的解释，有了两种主张：一为独立发生说；一为文化传播论。关于这两个学派的理论，我们在上面说及人类学对于文化学的贡献一章里，已经略为提及，我们现在愿意做进一步的说明。

照独立发生说看起来，世界人类的种族，体质固有不同之处，然而在心理上，没有很大的差别。肚子饿了就想吃东西，身体冷了就想穿东西，风雨来了就要盖房子去遮蔽，道路远的就要创造交通工具。从心理上看起来，人类的根本需要，既有很多相同之处，同时假使物质的环境，也有相同之处，那么两个隔离虽远的种族，可以产生同样的文化。比方，两个产米丰富的地方的人们，主要是吃米，而且把米做成各种食品。两个产麦丰富的地方的人们，主要是吃麦，而且用麦做成各种食品。两个产羊丰富的地方的人们会用羊毛为衣裳。两个产木丰富的地方，会用木料盖房屋。两个产马丰富的地方的人们，会用马为交通工具。如此类推，就能明白文化独立发生的道理。

所以世界上的古代文化，如埃及，如中国，如印度，如墨西哥，都可以说是独立发生的。我们一说及埃及文化，我们就想到这种文化是埃及人所创造的，埃及所固有的。我们一说及中国文化，我们就想到这种文化是中国人所创造的，中国人所固有的。埃及与中国的文化，固是这样，印度与墨西哥的文化，也是这样。甚至近代的英、德、法、美的文化，也是有其特殊的地方，而这些特殊的地方，也是独立发生的。

一般主张文化进化论者，多数主张文化独立发生的学说。进化论者的理论，我们在上面已经解释，这里只好从略。

文化传播论，大致上，可分为两派：一为德国派；一为英国派。德国学者之主张传播论最力要算格拉那（Grabner），安格曼（B. Ankermann），与什密特（Father W. Schmidt）等。关于他们的著作及其学说的大概，我们在上面已经略为叙述，我们在这里所要特别加以提醒的，是德国的文化传播论者，偏于多元的主张。照他们的意见，他们虽以为文化的发明，是少有的事，他们虽反对文化独立发生，也是少有的事，他们虽主张文化传播是没有空间的限制，他们虽相信文化类似是传播的结果，但是他们却并不坚持世界上所有的文化，都来自一个中心，或出自一个系统。反之，他们却指出文化的来源，不但是在空间上，并非出自一个地方，就是在时间上，也非出自一个时代。就如什密特所举出种植、狩猎、畜牧三种文化，就是在不同时间与不同地方所产生。什密特虽以为在这三种文化产生之后，各种文化，都不过是这三种的传播与互相影响的结果，然而这种传播，与其说是文化发生的问题，不如说是文化发展的问题。因为从文化的发生方面来看，各种文化发生的地方与时代，既不相同，所谓发生还是独立发生。换句话来说，文化的来源，是多元的，而非从一个地方传播而来。所谓传播，至多只是文化已经发展至某程度或阶段以后的事。所以，严格的说，文化的最初发生，还是独立的，至于后来的发展才是传播的。

假使我们对于多元的传播论者的理论的解释，是不错的话，那么这种传播论，在表面上虽是反对独立发生论，骨子里还是独立发生论。而且多元的文化传播论者，既非个个主张文化的来源，只有三种，那么文化的来源的种类愈多，则其理论的结果，正与独立发生论者所谓每一民族都有其创造文化的能力，而不必假借于他人的主张，没有什么分别。

只有所谓英国派的文化传播论者的主张，可以说是反于独立发生的论调。英国之主张这种学说的代表人物，为利维尔斯（W. H. R. Rivers），而特别是斯密斯（G. E. Smith）与培利（W. J. Perry）。关于他们的著作及学说，我们在上面也略为提及，我们愿意把其学说的要点，再加解释，同时略为评估。

英国的文化传播论者，主要可以说是以埃及为文化的起源地方。因此，这一派可以说是一元的文化传播论。他们以为在纪元前二六〇〇年以前，埃及有了一种古代文化（Archaic Civilization），最初是影响于欧洲西部。培利在其《文明的生长》（*The Growth of Civilization*）一书里的第五章，对于这一点，曾加以详细的解释；在第六章里，他又说这种古代文化的流传。他以为除了欧洲以外，世界各处的文化，而特别是海道可通的地方，其所有的文化与古代埃及的文化，很为相似。这些文化，照他的意见，无疑的是受了埃及文化的影响。除了欧洲以外，东方第一个国家受了埃及文化的影响的是印度。在印度，人们可以找出好多的石块陵墓与平圆石块，这些东西，都可以在欧洲及西利亚（Syria）及其他各处找出来。

印度在古代文化的传播上，是一个很重要的地方。因为这是大洋洲（Polynesian）的文化的原来的家乡。大洋洲的祖宗就是古代文化的传递者。他们把这些文化，经过缅甸而至太平洋以至于美洲。培利指出在缅甸与马来半岛，而特别是在彭亨（Pahang），还可以找出好多磨光的石器，而这些石器，又与印度以至欧洲的古代石器相类似。这些石器，从这些地方再传播至太平洋而至于美国的东部。就是中国的文化，照培利的意见，也好像是受了埃及文化的影响，虽则这种影响，未必一定是直接的。

世界各处的文化，既受埃及古代文化的影响，可是为什么有了好多的地方的文化，直至现在，还比不上埃及古代文化呢？这是因为像我们在前文所说，是由于文化退步的关系。在好多地方，我们有了确实的证据去证明，其文化无论在间接上或直接上，是受了埃及的影响，然而在传播的过程中，就失了不少的要素，使后来的人看起来，觉得这些文化，不如埃及文化的优超，因而以为其与埃及文化没有什么关系，这是由于没有做过深刻的研究的原故。其实，从阿拉斯加（Alaska）的爱士企摩（Eskimo）的文化的残迹来看，我们也可以推想这种文化，在某一时期里，有过相当的进步，这就是文化退步的明证。

埃及之所以成为世界各处的文化的故乡，是与埃及的自然环境，有了密切的关系。因为尼罗河的特殊的情形，使埃及人成为发明灌溉的民族。灌溉在农业上极为重要，而农业的发生，又是古代文化的基础。除了农业以外，埃及人又因尼罗河与地中海的关系而成为发明海船的民族。尼罗河的泛滥，是有定时的，因此，又使埃及人成为发明日历的民族。此外，宗教上，在政治上，以至在各种工艺用品，据照培利的意见，我们所知的埃及人使用最早。这也可以说是由于埃及人发明。这些发明，大致都与埃及的自然环境，而特别是尼罗河有了关系。比方，培利以为铜的利用，是始于埃及人。埃及人喜用青琅玕（Malachite）以涂其面，他们有了这种习惯，是因为这种矿块的颜色。青色，从埃及人看起来，是生命之源的颜色。所以涂青色于两颊，可以保护一个人。为什么他们把青色为生命之源呢？这是因为在每年七月间，尼罗河水泛滥时，其色为青。尼罗河水之所以变为青色，又是因为含有从苏丹（Sudan）流下来的植物。埃及人不明白这个原故，遂以为从尼罗河泛滥而产生的植物的青色，是由于尼罗河的水是青色的，因此遂用青琅玕（Malachite）来涂面，以加强其生命。经过相当时期以后，他们又发现这些涂的青色物质，若溶合起来，又变为铜，因而他们又用铜以为珠针、刀凿等物。刀凿的发明，是世界文化发展史一个最重要的阶段，埃及的第一朝代的产生，也就是这个时候。

培利分文化为两种：一为搜集食物的文化（Food-Gathering Culture）；一为生产食物的文化（Food-Producing Culture）。这两种文化，在时间上，前者在先，而后者在后。世界所有各种民族的文化，都始于搜集食物的文化。在搜集食物的文化的时期，人类已用各种石器，如燧石（Flint）、燧岩（Chert）等。但是所谓生产食物的文化的发生，主要是在埃及，因为上面所说的农业的发生与工艺的发明，是这种文化的特征。人类文化的发展，不知经过多少年数，始能达到生产食物的阶段，而这个阶段的发祥地，就是埃及。埃及之所以能为这种文化的发祥地，正如我们上面所说，主要是由于自然环境，而特别是天赋独厚的尼罗河。

我们在上面已经对文化传播论者的主要的理论，加以解释。我们现在且将这种理论，大略加以评估。总括来说，传播论者有了几个假设：一是埃及文化是世界最古的文化。二是埃及的自然环境，适宜于发生所谓生产食物的文化。三是世界各处的文化，有了不少的要素，是与埃及的文化相似。四是假使这些文化而低于埃及的文化，那是因为这些文化退步。因为培利相信埃及文化为最古的文化，所以他又指出底格里斯河（Tigris）、幼发拉的河（Euphrates）以至恒河、黄河，不但不适宜于发生这种生产食物的文化，而且这些河流所发生的文化，都较晚于尼罗河的文化。同时，又以为凡与埃及相似的文化，都由埃及传播而来，凡是低于埃及的文化，乃是因为退步的原故。其实，这四种假设，最重要的还是第一的假设。然而培利自己对于这个假设，就没有肯定的主张。比方，在《文化的生长》一书的第三章里，说及铜器的来源时，他虽用了很玄妙的解释去说明铜器的发明，是始于埃及，然而他也承认，也许将来人类会发现铜器的起源，除了埃及以外，还有别的地方。他以为在我们未有这种发现以前，我们最好以埃及为铜器的发源地。于此，可见培利的理论，并非筑在不拔的基础上。又在第六章，他告诉我们，所谓埃及文化，并不是说，这种文化是最初的或自然生长于埃及。所谓埃及文化，事实上，乃是世界上各种不同的文化而为埃及人所利用的。然而这么一来，所谓埃及文化，也不能说是埃及人所发明的了。埃及文化既非埃及人所发明，埃及就不能算做世界文化的发源地。因而所谓世界各处的文化，是由埃及传播而来的理论，也不攻而自破。不但这样，培利承认在生产食物文化的阶段之前，有了所谓搜集食物的文化的阶段。这个阶段，是各种民族所共有，也是一般人所说的石器时代的文化。各种民族既能各自发明石器，为什么却不能发明铜器？其实，所谓埃及古代文化，并非最古的文化，而乃文化已经发展至某一程度的文化。那么所谓埃及古代文化至多也不外是相对的文化来源，而非绝对的文化来源。因为培利自己承认，在生产食物的文化之前，还有搜集食物的文化。搜集食物的文化，既为各民族所共有，而非那一族所独有的或所独创的，那么事实上，人类文化的真正或绝对的起源，还是多元的，而非一元的。而况，照培利上面所说的埃及文化的本身，就非埃及人所独有或独创，换句话来说，文化的本身就是多元的，而非一元的了。

事实上，以为世界一切的文化，都是来自埃及这种理论，就是主张传播论最力的人，也不承认。斯密斯在其《文化的传播》一书里（页二一七—二一八），曾指出一般人都以他与他的同事主张世界上的美术、工艺以至风俗、信仰，都来自埃及。其实，没有人会作这样的愚话。他又指出他们所主张的，是经过多少千万年的惰性以后，人类终于开始创造文明。而这种文化创造的历程，是始于住在埃及的人。他们因为发明农业，而建设一个文明的国家，他们造出需要的局势与新鲜观念，从此遂引起人们去发明新的东西。他又解释他们并不否认文化的独立发生的可能性，他们所坚持的，是人们找不出证据去证明文化是独立发生的。假使斯密斯的解释，可以代表一般的传播论者的意见，那么不但一元的传播论者之于多元的传播论者的意见的差别，并非一般人所想像那么不同，就是文化的传播论者，与独立发生论者的意见的差别，也不像一般人所想像那么不同。其实，照我们的意见，文化既是一个复杂的总体，究竟那一种文化是由某处传播而来，究竟某一种文化是同时发生的，根本是文化上的个别的问题，而非全部的问题。若说所有一切或各处的文化，都是独立发生的，固不可信，若说所有一切或各处的文化，都是传播而来，也是错误。所以无论是传播论，或独立发生论，都各有其是，也各有其非。

第六章 文化的发展

上面是解释文化的发生,我们现在要说明文化的发展。关于文化发展这个问题,我们可以从三方面去研究。一是发展的学说;二是发展的层累;三是发展的方向。我们现在先从发展的学说方面来谈。

他们首先要声明的,是我们这里所用发展这两个字的意义。我们这里所说的发展,只是启发开展,既并不一定含有好恶的意义,也不一定含有高低的意义。这两个字的真谛,既未必是与一般人所说的发达的意义相同,也未必是生物学者所说的进化的意义一样。因为,前者是偏于好的方面,而后者又偏于高的方面。比方,一般人说的生意发达,就是往好方面的发展,而生物学家说的生物进化,却是往高一级的发展。发展固然可以包括发达与进化,然而同时也可以包括衰落与退化。

主要的说,关于文化发展的学说,大致有了四种。一为退化说;二为循环说;三为俱分说;四为进步说。本章的主要目的,是要把这四种学说,加以解释,同时给以简略的评估。但是在未说明这四种学说之前,尚有两种文化发展的学说,我们愿意略为叙述的,这就是所谓神意发展说,与自然发展说。

神意发展说,以为不但文化的发展是神的意志,就是文化的发生,也是神的意志。人类固是上帝的创造品,文化也是上帝的创造品。从中世纪的基督教父的理论里,我们可以找出文化的发展是神意发展的主张。教会是上帝的组织城市,教皇是上帝的代表。政府是人类罪恶的结果,但是同时,又是医治人类罪恶的机构。奴隶也是人类坠落的表示,但是同时也是拯救人类坠落的制度。奥古斯丁(St. Augustine)在其《上帝城》(De Civitate Dei)第二十册第三十章里,指出人类的文化历史,是有了六个阶段,暗暗的符合于六天的创造。第一个阶段是从亚当(Adam)以至于洪水之祸。第二个阶段是从洪水之患,以至于亚伯剌罕(Abraham)的时代。第三个阶段从亚伯剌罕,以至大卫(Davis)。第四个阶段是从大卫以至巴比伦的放逐。第五个阶段是巴比伦的放逐,以至于耶稣。第六个阶段是从耶稣至末日审判。从此以后,而产生第七个阶段。这是一个永久的休息。这是一种永久的幸福。在一个新鲜与光明的世界的建设中得以实现。在这里,所谓世界的历史,是与教会的历史相同的。教会兴盛,就是人类的兴盛,教会衰落,就是人类的衰落。这种观念深刻的影响于中世纪的教父,以至十七世纪的菩绪挨(J. Bossuet)(参看 G. J. Seyrich, *Die Geschichtsphilosophie Augustins*, 1891)。

照奥古斯丁看起来,所谓上帝的城市(The City of God)就是教会,所谓教会的历史,既是人类的历史,也就是文化的历史。其实,这文化发展的理论,不但是太偏于宗教方面——狭义的宗教方面，而且以神意去解释文化，就是一种荒诞的理论。文化是人类的创造品，文化的发展，也要依赖于人类的努力。上帝存在之说，既难于置信，在教会统治之下的文化，这就是中世纪的文化，从文化的立场来看，是文化堕落最甚的时期。历史家所以称这个时期为黑暗时期，并非凭空造说的。中世纪的教会的势力，若不推翻，那么近代文化，是无从发展的。除非我们相信中世纪的文化是优越于近代的文化，那么奥古斯丁的学说，是不攻而自破了。

同样，自然发展的学说，也以自然为文化发展的原动力，而极端的主张这种学说的人，更每每以为文化的发展，不但不必加以人力，而且以为凡是经过人手所创造的东西，都是坏的东西。东方的老庄、西方的卢梭，都可以说是偏于这种主张的。其实，我们上面已经说过，文化是自然的对峙名词，文化是人为的，自然是自生自长的。假使人类而不努力去创造文化，那么文化是无从发展的。自然固是文化的基础，然而文化发展的法则，却不一定循着自然发展的法则。人类固然是自然的一部分，然而文化愈发展，则人类的行为，往往反而愈受文化的支配。

文化退化说的历史很久。据柏利（J. B. Bury）的《进步的观念》（*The Idea of Progress*）一书里的意见，古代希腊人，很多相信这种学说。他们相信，在最古的时代，曾有过一个黄金的时期。在这个黄金的时期里，一切都很为简单，后来人类坠落，遂使文化退化。这种思想，就是在柏拉图的著作里，还可以找出来。同样，罗马人也有了这种观念。至于中世纪在基督教的思想统治之下，所谓过去的黄金时代，更成为一般信徒的理想世界。人类之所以坠落，是由于罪恶的产生，而罪恶的产生，是始于亚当。上面所说的政府与奴隶，都是罪恶的结果。只有努力去免除这种罪恶，人类始有超脱的日子，文化始有复元的机会。

然而主张文化退化的学说最力的，要算我们中国的古代思想家。老子所谓"失道而后德，失德而后仁，失仁而后义，失义而后礼"，就是表示退化的程序。庄子在《缮性》篇里指出古代的人类在混芒的环境里，多么快乐，到了燧人、伏羲退了一步，至于神农、黄帝又退了一步，降及唐、虞更退了一步。结果是人心险恶，世道衰微，天下之所以紊乱，国家之所以难治，都是这种退化的结果。

又如孔子、孟子也是主张文化退化的学说。孔子、孟子的黄金世界，并不像老子、庄子是在于人类混芒的时代，而是在尧舜的时代。老庄重道德，而孔孟重仁义。从孔孟看起来，尧舜是最讲仁义的君主，故他们的理想世界，是尧舜的朝代。然而从老庄看来，尧舜的朝代，已是退化的时代，因为老子以为失了道德而后讲仁义，孔孟虽以尧舜为理想的世界，可是尧与舜就有了分别，所以，他对于尧的赞词是"大哉尧之为君也，巍巍乎，唯天唯大，惟尧则之"；而对于舜的说法却是"无为而治者其舜也欤，夫何为哉，恭己正南面而已矣"；对于禹则更退一步。所以，孔子只说禹"吾无间然矣"，从舜到禹，虽是一步一步的退化，但是尧舜禹三个时代，都不愧为伟大的时代。所以说："巍巍乎，舜禹之有天下也。"至于汤武已不用巍巍乎的口气。再下而至于春秋战国，真是每况愈下，至于极点。所以，孟子说："尧舜，性之也，汤武，身之也，五霸，假之也。久假而不归，恶知其非有也。"

同样，墨家的看法，也是这样。所以，墨子在《三辩》里说："周成王之治天下也，不若武王，武王之治天下也，不若成汤，成汤之治天下也，不若尧舜。"连了主张随时应变的法家像商子也以为文化的发展是退化的。他在《开塞》篇里指出，在他自己的时代，是"上不及唐虞之时，而下不修汤武之道"。可见得他感觉到尧舜的时代，是胜过汤武的时代，而汤武的时代，又胜过春秋战国的时代。这与商君的书中各处所说的"上世、中世、下世"的不同时代，很为符合。

中国的思想的渊源，可以说是在春秋战国的时代。春秋战国的时代的思想主流，是道儒墨法。道儒墨法的思想，既都偏于文化发展的退化学说，那么这种学说在中国所占的地位的重要，可以概见。

主张退化论者，往往主张复古。因为文化的发展，既是一步一步的退化，那么补救的方法，不外是一步一步的复回以往的黄金的时代。退化是这种文化的发展的学说的消极方面，而复古是这种文化的发展的学说的积极方面。中国人二千年来，而特别是近数十年来，所谓复古的运动，层出不穷，就是因为他们相信中国的近代的文化，不如古代的文化。古代不但有过灿烂光辉的文化，而且有过超越世界各民族的文化。所以中国的目前的急需，并非效法日本或西洋，而是恢复已失的文化，发扬固有的文化。

我们以为主张这种学说的人，对于文化的真谛，就不明白文化是人类的创造品。所以，文化的发展，是依赖于人类的创造力量。人类创造文化的力量若不减少，则文化决不会退步。比方，我们说以前人会创造骡车帆船，现在人也会创造骡车帆船，以往人会著书立说，现代人也会著书立说，那么现代文化，并不下于古代文化，可以概见。所以，只有我们找出前人所能创造的东西，而现代人却不能创造出来，我们才可以说现代文化不如古代文化。至于俗人所谓墨子的飞机、孔明的木马，这都是荒诞之说，不可置信。而况，就使这些东西是有过的，也决不会较胜于今日的飞机与汽车。

我们承认现代人，若只能照样的作出前人所已做的东西，是表示古代的文化，并不下于现代的文化。然而在这种的情形之下，我们也只能说，是文化是处于停滞的状态。从人类的创造文化的力量方面来说，古代人能创造新的东西，而现代人却只能沿旧踏常，这好像是现代人不如古代人。然而，从文化的本身来看，所谓停滞，未必就是退步。因为停滞的本身，只是停而不进，并非退后。今日一般人所谓不进则退的意义，大概是说人家进步，而我们停滞，两相比较，我们赶不及人家，故至于落后。可是，这种落后，也并不一定是退步。正像两个人跑路，路程假定目的地是二十里，甲跑了十里，就不再跑，乙跑了十里，还再跑。以甲与乙来比较，甲是落后，而非退后。这完全以两者互相比较来看。假定只是甲一个人跑路，那么跑了十里之后，而不再跑，在这种状况之下，不但没有退步的观念，就所谓落后的观念，也无从产生。一般人总以为效上得中，效中得下，因而相信凡是从别人学来的东西，都是不如人。其实，这种观念，只有片面的真理，而不能解释人类整个文化的发展。因为人类的整个文化，不但没有停滞不进，而事实上，是日进无疆。希腊人创造好多东西，罗马人不但学了希腊人所创造的东西，而且自己也创造了不少新的东西。罗马道路、罗马法律，以至罗马帝国都是罗马人的创造品。甚至所谓黑暗时代的中世纪，至多也只能说是文化停滞，而非文化退步。

至于近代西洋文化的进步，那是一件有眼睛皆可以看得见的现象，用不着在这里详加解释的。

同样，若以中国的文化来看，我们也并不见得是退步。泥屋胜过穴居，而砖屋又胜过泥屋。简单的熟食，胜过茹毛饮血，而佳肴盛馔，又胜过简单的熟食。文字比较结绳为进步，纸张比较竹简为进步。汉唐的文章，既未必比周秦的文章为下，宋元的文章，也未见得比汉唐的文章为下。孔子自己岂不是也说过吗？"周监于二代，郁郁乎文哉，吾从周。"孔子不取唐时、虞时，而赞夏时，不取唐、虞、夏的辂，而取殷辂，不取唐、虞、夏、商的礼，而赞周礼，均是表明唐、虞的文化，并不见得样样好。那么文化退化之说的错误，岂不是一件很显明的事吗？

一般主张文化退化学说的人，多数注重于道德方面。所谓"人心不古，道德沦亡"的谰语，就是一个很显明的例子。然而我们在上面已经指出，道德不是固定的，它是随文化的各方面的变化而变化的。唐虞的礼仪，既未必胜过夏商，夏商的礼仪也未必胜过周代。而况，孔子既服膺于周礼，不但表示周礼没有退化，而且胜过以往的礼。以主张恢复过去道德自命的孔子尚相信周礼胜过以往的礼，那么孔子的道德退化学说的错误，也很容易看出来。道德既尚有进步，则所谓物质文化的进步，更是一件很为显明的事。

我们说到这里，我们可以连带的解释，文化俱分发展的学说，"俱分"这个名词的应用，据我个人所知道，是始于章太炎先生。章先生在编辑《民报》的时候，曾写过一篇《俱分进化论》。照他的意见，文化的发展，是趋于二个极端。在物质方面，可以说日来日进步，然而在精神方面，却日来日退步，在文化的物质方面，举凡衣、食、住、行，近代的人类，无一不超过古代的人类。但是在文化的精神方面，而特别是在道德方面，近代的人类，却远不如古代的人类。因此之故，从文化的物质方面来看，文化进步的学说可以应用，可是从文化的精神方面，文化退步的学说，又可以应用。俱分发展论，可以说是进化论与退化论的混合品。

主张俱分发展论者，既以为物质文化的进步，固没有止境，然而精神文化的退步，也是没有止境的。这种两相背驰的现象，是文化发展的病态。不但这样，他们还有些相信物质文化的进步是与精神文化的退步，有了密切的关系。其实，前者可以当作原因，而后者可以当作结果。所谓"五声令人迷，五色令人昏"，就是这个意思。而物质文化之所以进步，也不外是由于"恣耳之所欲听，恣目之所欲视"。又如，近代的战争的利器，日益进步，则杀人的方法，日趋厉害。文化的进步与退步，既有因果的关系，那么补救这些病态，应当从禁止物质文化的进步方面作起。因为他们相信精神的文化，比之物质的文化，尤为重要。

西洋学者，像十七世纪的封特涅尔（Fontenelle）在其《死者的对话》（*The Dialogues of the Dead*, 1683），以及其《古今旁征录》（*Digression on the Ancient and Modern*, 1688）里，以为文化在进步的过程中，往往有了失调。因为科学的发达，人类对于征服自然的方法，可以继续进步，然而在艺术方面，或创造的思像（Creative imagination），却未必是有了进步。因为文学的成就，并不像科学的成就一样的，是依赖于智识的累积，及思想的正确。反之文学的成就，是依赖于想像的活泼（Vivacity of imagination）。因此，古代人在科学上的成就，虽未能胜于今代人，然而古代人在文学上的成就，未必就下于近代人。

麦其维（M. P. Maciver）在其《社会学》（*Society*）一书里区别文明与文化，以为前者是进步的，而且是常常进步的，后者虽可以有进步，然而也可以有退步。他所说的文明，既偏于文化的物质方面，而所谓文化，又是偏于文化的精神方面。所以，他这种理论，也可以说是近于俱分发展论。此外，又如乌格朋（W. F. Ogburn）在其《社会变迁》（*Social Change*）里所说的文化停滞的观念，也可以说是稍近于俱分发展论。他分文化为物质与精神两方面，他以为物质文化的进步很快，而精神文化的发展，往往落后。结果是文化趋于失调。不过，照他的意见，所谓落后，只是进步得太慢，而并非退步。所以总而言之，封特涅尔、麦其维、乌尔朋三者都不能算作真正的俱分发展论者。

主张俱分发展论的人，有了一种假设。这就是文化的物质方面与精神方面，是可以分开的。所以一方面可以有进步，而别方面却可以有退步。我们以为物质文化与精神文化的分开，不过是我们为着研究的便利起见的一种假设。文化本身，并没有这回事。假使物质方面，有了变化，精神方面，也必有了变化，虽则这两方面的变化，在其速率上，也许有了差异。乌尔朋对于这点，就已承认。他并且相信，经过相当的时期，这两方面的文化，必能慢慢的调和起来。同样，麦其维虽相信所谓文化虽有退步，然也有进步。同时，他也相信所谓文明与文化的区别，严格的说，是很不容易的。至于封特涅尔虽觉得文化的进步，也许失调，然而这种失调不一定是永久的。他虽相信古代人的文学成就,未必下过近代人的文学的成就,然而他也相信,古代人的文学成就,未必就高过近代人的文学成就。

我特地的略为提及这数位的学者的文化观,原因虽是因为至少在表面上,他们的意见是与俱分发展的学说较为接近,然而事实上,他们的理论,对于俱分论,也可以当作一种合理的批评。因为他们不但不相信物质文化与精神文化,能够完全分开与相反的发展,他们也不相信精神文化一定就要退步。其实,所谓文化的精神方面,而特别是道德的退步的理论的错误,我们上面已经指摘。至说物质进步,是精神退步的表征,那更是无稽之谈。因为在物质生活低下的社会里的人们,在精神方面,并不见得就有进步罢。

上面是解释文化俱分发展的学说。我们现在且来谈谈文化循环发展的理论。大致上,俱分说与循环说的同处,是两者都可以说是文化进步说与文化退步说的混合品。因为两者都主张文化的发展,是有进步的,但是同时也有退步的,或落后的。两者的不同处是,前者以为进步与退步是没有止境的,而且是同时并行发展的。这就是说,某种文化的某部分是进步的,而别的部分是退步的或落后的。后者却以为进步与退步,是有限度的,而且不是同时并行发展的。这就是说,假使某种文化的某一部分进步,则这种文化的整个部分都要进步,假使这种文化的某一部分退步,则这种文化的整个部分都要退步。

文化循环发展的学说的历史,很为悠久。中国人所谓的一治一乱,一盛一衰,就是一个例子。中国数千年来,朝代虽不知换了多少,然而起伏有数,新陈代谢,就有循环发展的意义。不过我国人所谓的循环,实含有退化的观念。质言之,从一朝一代的继续代替来看,历史的发展,而特别是政治的演变,是循环的。但是从整个中国的历史来看,中国人是偏于退化论的。因为在起伏有数,新陈代谢的循环发展中,却还有后代不如前代的观念。唐虞胜于夏、商、周,夏、商、周胜过汉、唐,汉、唐又胜过宋、元、明、清,所以把朝代的代替来看,是循环的,但是把整个历史来看,是退化的。因此我们可以说,我国人的历史循环观,是退化中的循环论。

在西洋希腊人,也有历史循环的观念。柏拉图以为政治的发展,是始于君主政体,君主政体的衰败,遂变为暴君政体,暴君政体的推倒,遂变为贵族政体,贵族政体的衰败,遂变为寡头政体,寡头政体的推倒,又变为民主政体。民主政体的腐化,遂变为暴民政体。君主、贵族、民主,都是好的政治,而暴君、寡头、暴民,都是坏的政治。一好,一坏,这样的发展下去,就是一种循环的发展。到了罗马时代,波利比亚斯(Polybius)在其《罗马史》(*History of Rome*)里,又把柏拉图这种政治的发展论,加以解释,而且相信暴民政体的推倒,是君主政体的再生,君主政体的再生,则这个大循环又开始发展。

近代对于文化循环发展的学说主张，较力而解释较详的要算古姆普罗维赤（L. Gumplowicz）。他在其《人种争斗》（*Rassenkampf*，1883）与《社会学原理》（*Grundriss der Soziologie*，1885）以为人类最初，就住在原群里，这个原群（Horde）正与兽群（Herd）一样的。一个原群住在某个地方，因为食物太少，或别的原因，而与别的原群相冲突。冲突的结果，是一胜一败，胜者成为主人，而败者成为奴隶。因而阶级遂由此而产生。有了主人与奴隶的阶级，主人必定造了好多法律去统治奴隶，同时奴隶与主人相处既久，必有了各种不同的习惯与风俗，而且强有力的团体，可以从一个原群而逐渐的变为国家，变为帝国。文化的发展，是随着团体的发展而发展的。但是团体的发展若太大了，内部又往往发生好多问题，结果又因互有冲突而分开为小团体，经过相当的时期，又因冲突而成为大团体。历史的发展，就是这样的循环。古姆普罗维赤之所以成为一个很悲观的社会学者，也就是因为他有了这种信仰，而其结果是弄到他自杀而死。

然而文化发展的循环论之影响较大的，要算斯宾格勒尔（O. Spengler）的《西方没落》（*Der Untergang des Abendlandes*，1922）了。索罗坚（P. Sorokin）指出斯宾格勒尔的学说，在七十年前，俄国学者丹尼来斯基（Danilevsky）在其《俄国与欧洲》（*Russia and Europe*）一书，已经解释。在一九二六年哥达德与歧蓬（E. H. Goddard and P. A. Gibbon）所著的《一种文明或多种文明》（*Civilization or Civilizations*）一书，对于斯宾格勒的学说，曾特别的加以宣传。大致的说，斯宾格勒以为各种文化，正像有机体一样的，有生长，有衰老，有死亡。世界上有好多种文化，正像世界上有好多种灵魂（Typen von Seelen），自成一个阶段，自成一个范围。每种文化，不是一个永久的真理（Ewige Wahrheit），而是一种征象（Symbol），决定其自己的生命。每种文化消耗其自己的力量，结果是至于灭亡。埃及、希腊、罗马、基督教会各种文化，不外是一些例子罢。至于近代的西洋文化，又已呈了枯竭的现象，而趋于没落的途程。因为在文化的各方面，都已达到止境。比方，艺术已到了止境，正如音乐自发格纳（Wagner）以后，画法自马内（Manet）、塞臧（Cezanne）、来布尔（Leibl）与门最尔（Menzel）以后，就是著名的数学，也到了止境。西方文化，既是没落，将来代之而兴的文化，是那一种呢？斯宾格勒尔预料在二千五百年之后，俄罗斯的文化，必定比现在的西方的文化，较为优越。在历史上，各种的文化，就是这么的循环发展，而且这种的循环的发展，是有相对的确定的时间，而成为一种的节奏（Rhythm）。

查普宾（F. S. Chapin）在一九二八年，曾刊行一本书叫作《文化变迁》（*Cultural Change*），对于文化的循环的发展说，曾用了统计方法，与各种材料，加以解释。查普宾这本书的目的，是说明文化的起源、发展、及其变异。同时用公式去表示社会的模式制度，以及发明的背景。他充份的利用政府公文，如立法机关的纪录、大学的规程、市府的文件，以及专利机关的登记。用了这些资料去找出文化发展的法则。照他的意见，文化的循环的发展，可分三方面来解释：一为物质的文化的循环，比方商业循环、工业上的机器的新陈代谢，或是制造上的发明，以至罗马时代的奴隶制度的起伏，或是欧洲的工业资本主义的兴起。二为非物质文化的循环，比方，宗教团体的兴起与衰败、市政府的委员制、专制政体，以至父系家庭的兴衰。三为文化的集团，如民族文化的循环。在这种大集团与长时间的文化循环中，包括了好多互相交错的第一类与第二类的小循环。他的结论是，每种文化的法则，是循环的，或是周期的。而且，可以用数学的方式去表明这些生命的循环或周期的功用。同时，假使第一类与第二类的文化的循环形式的数目或周期的数目，若是同时的，我们可以找出一个文化集团的成熟的纪元。

此外，又如克娄伯（A. L. Kroeber）在其《从时髦的变化中所见的文明的次序的原理》（On the Principle of Order in Civilization as Exemplified by Changes of Fashion）一文里（参看 American Anthropologist, N. S. XXI No. 3, 1919），也同查普宾一样的，觉得文化的发展是循环的。

我们以为从各民族或时代的文化来看，文化好像有了循环的趋向。埃及与希腊文化的兴败，罗马与耶教文化的起伏，西班牙、荷兰国家的盛衰，中国各个朝代的代替，都好像有循环的趋向。然而若把整个西洋文化史或整个中国文化史来看，大致上，还是向前进步，而没有向后退化。希腊的文化固为罗马所吸收，希腊、罗马的文化，又为中世纪所承受。至于近代文化的进步之快，那更是显明。同样中国以往的文化，不但遗传于后代，而且有了很多的进步。这一点我们上面已经解释，不必详述。我们承认，在文化发展的历程中，有时也许有些东西，被人忘记，或偶然遗失，然大体上，某一民族或时代的文化的精华，往往能够保留与传递于后代。柏拉图与亚里士多德的思想，有时好像被人忘记，然而现代研究柏拉图与亚里士多德的思想的人，比之任何一个时代都较多。基督教在近东，佛教在印度，好像没有十分繁盛，然基督教在西欧与佛教在远东，却很为发达。其实，所谓忘记或遗失，往往是限于某一地或某一时代。假使有些东西，永远为人忘记，或是处处都找不出，那恐怕也非重要的东西。中国人发明印刷，从中国的本身的印刷来看，近代未必见得不如前代，就算中国的印刷事业已发展到了相当程度，不能再有进步，然而中国印刷事业，也并不因此而退步。而况中国的印刷，传到西洋之后，却逐渐的进步起来。所以，无论从中国本身的印刷工艺来看，或从世界的印刷事业来看，都没有退步的现象，都没有循环的趋向。反之，却是进步的。从这方面来看，文化并不像一个有机体一样的生长、衰老、死亡。文化是累积的，文化是绵长的。只有整个人类都消灭了，那么人类的文化，才会消灭。可是这么一来，文化也不会再生，而文化的循环发展的理论，也不攻而自破。不但这样，在有机体的世界里，每一个有机体，是自成一个单位，生长、衰老、死亡，是每一个有机体所必经的历程。父亲是个学问家，儿子还是要从幼稚园读起。儿子的聪明，并不因父亲是个学问家而增加其聪明。所以现今的人，与古代的人，在体格上，在智力上，并没有很大的不同。然而从文化的立场来看，不但现今人的文化与古代人的文化，有了很大的差别，就是英国人的文化与菲洲人的文化，也有很大的不同。

我们上面已把几种主要的文化发展的学说，加以解释。我们现在可以谈谈进步的学说。进步是退化的对峙。从我们上面的讨论里，我们无疑的是偏于进步的学说。其实，进步的学说，是解释文化的发展的正确的学说。因为，文化的发展是进步的，而且文化现象之所以异于其他的现象，也是因为他是进步的。我们并非否认无机体的进化，或有机体的进步，然而就我们的观察，文化的进步，是显而易见，而无机体与有机体的进步，却只能推想而知。天文学家告诉我们，地球是由液体凝结而成，生物学家告诉我们人类是由低等动物进化而来，然而天空中的液体，变为固体，而像地球一样的现象，既非一般人所能见，而所谓猿变为人的学说，至今还有不少的争论。因为有些人说，假使人是由猿进化而来，为什么现在的猿，却不变为人。我所以说，无机体与有机体的进步，只能推想而知，就是这个原故。在文化的领域里，就不是这样。从衣树叶而至穿丝绸，从泥屋而至砖屋，从帆船而至轮船，这种进步，凡是有眼睛的，都可以见。其实，我们可以说，人类之所以异于无机体与其他的动物，就是因为前者没有文化的发展，而后者却有文化的进步。假使人类的文化是没有进步的可能性，就使人种有了文化，那些文化，必定很为简单，必定很为低下，而其结果，是人类之于其他的动物，也必定没有很大的区别。

文化的发展，虽是进步的表示，然而进步的学说，并不定是与文化的发展同样的发展。其实，进步的观念，大致的说，是近代的观念。柏利（J. B. Bury）在其《进步的观念》（*The Idea of Progress: An Inquiry into its Origin and Growth*, 1920）里，指出进步的观念，是与希腊人罗马人的循环与退化的观念不能相容，中世纪的神意说，也与进步说相抵触。

是在菩丹（Bodin）的著作里，照柏利的意见，我们找出进步的观念。他分历史为东方、希腊与罗马，以及罗马崩落以后的北日尔曼文化三个时期。同时，反对古典派的退化论。而他反对退化论的理由，很有意义。自然的力量是时时与处处都一样的，我们若以为自然在某个时期里，能产生出黄金的时代，而在别个时期，却不能产出这种黄金的时代，那是一个矛盾。他的学说是以人类的意志为基础，人类的意志是时时变化的，法律、风俗、习惯、制度及好多东西是日新月异的，虽然也有些东西，有盛有衰，然而大致上，人类之所以能从野蛮的状态，而进到十六世纪的情形，未尝不是进步的结果。菩丹虽是承认在过去文化，是有普遍的进步，然而他对于将来的文化的进步，却很少注意。

此外，在一般的乌托邦的著作里，我们也可以找出进步的观念。但是据柏利的意见，对于进步的观念，能够使其普遍化而且能够很简明的加以叙述的，要算十七世纪的封特涅尔，虽则我们上面已指出他也超〈赞同〉俱分发展论。封特涅尔在其《死者的对话》（*The Dialogues of the Dead*，1683）以及其《古今旁征录》（*Digression on the Ancient and Modern*，1688）两本著作里，他以为人类并没有退化，而自然的力量是永久的。气候的差异，也许影响到文化方面，然而相同的气候，未必产生相同的文化。而且，人类的智力，是没有什么分别，古代人并不下于今代人，然而今代人有了一种利益，为古代人所没有的，这就是"时间"。古代人在时间上，是先于近代人，因此他们变为最初的发明各种东西的人物，然而正是为了这个原故，他们也比不上我们。因为我们可以把他们所发明的东西，加以改良，假使我们而生在他们那个时候，那么我们也会变为最初的发明各种东西的人物。假使他们而生在我们这个时代，他们也必会把我们所发明的东西加以改良。时间的延长可以使我们的智识累积。同时，可以摈弃一些错误的学说，而改进我们的理解。因此，我们在文化上的成就，比之前人为胜。同时，我们应当希望我们的子孙，必比我们为胜。封特涅尔这种理论，不但说明过去有了进步，而且预料将来也有进步。过去的进步与将来的进步，都是一个完备的进步观念中所不可缺的要点。

自封特涅尔以后，对于进步的观念，加以解释的人，不胜枚举。丢哥（Turgot）、孔德（Comte）、斯宾塞尔（H. Spencer）、华德（L. Ward），不过是几个比较著名的人物罢。

我们上面曾说过，人类的进步的观念的发展，虽未必与文化的进步同时发生，或平行发展，然而我们也得指出，人类的进步的观念，发展以后，人类文化的进步的速度，却增加了很多。因为有了这种观念，人类可以加倍的努力，大胆的前进，而且能乐观的去工作，有目的去追求，以事实为理想的根据，使理想成为事实。这样的继续不断，则文化常常都在改变的途程中，而文化的进步，也有了无限的前途。

第七章　文化的层累

　　文化是进步的。这种观念，虽是近代的观念，然而在近代的学者中之怀疑这种见解的，也有其人。比方，有名的人类学者哥尔特威士（A. A. Goldenweiser），以为在科学的历史上，文化演进的学说，要算作最疯狂最有害最不实的学说了——它正像一个很没有用的玩具，给与一个很大的孩子为娱乐（参看 A. A. Goldenweiser, *Cultural Anthropology in Barnes' History and Prospects of the Social Sciences*）。然而这种意见，并不为一般的学者所赞同。威士莱（C. Wissler）在其《人与文化》（*Man and Culture*）一书里，以为文化是时时变化的，而且是时时演进的。又这种变化与演进，恐怕无论比着什么现象的变化与演进，都较为显明。此外，又如马凌诺司基（B. Malinowski）在《大英百科全书》（*Encyclope dia Britannica*）第十三版，所写《人类学》（Anthropology）一文里，也有同样的表示。其实，哥尔特威士所怀疑的演进论，主要是斯宾塞尔（H. Spencer）的呆版的进化论。哥尔特威士也承认文化是变化的﹛参看《早期文化》（*Early Civilization*）一书﹜。他不承认文化是退化的，那么变化还是朝着进化的途径。

　　文化既是进步的，那么，文化发展的层累的存在，是无可疑的。文化发展的层累，就是一般人所说的文化发展的阶段。我们所以用层累两字，而不用阶段两字，是因为前者比较上有弹性，而后者比较的为硬性。所谓阶段，往往使我们联想及文化的发展是有一定的次序的，有一定的步骤的。而且，在阶段与阶段之间，好像是有绝对的不同或者甚至于相反的差异。层累的意义，未必就是这样的。其所表示的，是在文化的变化的历程，只是有了一种连续的观念。白芝浩（W. Bagehot）在其《物理与政治》（*Physics and Politics*）一书里，对于这个观念，曾有这样的解释：文化的细胞，因为有了一种继续力，使代代相连，后代将前代所遗的东西，加以改革，如此类推，累进无已。所以，文化并非像一般没有关连的散点，而是一线不断的颜色，互相掩映。所谓互相掩映，不但只是文化是有连续性的，而且在继续不断的历程中，是互相交错的。因此之故，在同一的层累的文化上的文化，不但可以有种类上的不同，而且可以有程度上的差异。反之，在同一的阶段的文化上的文化，不但使我们感觉到没有种类上的不同，而且使我们否认程度上的差异。因为，同一阶段的文化，大致上说，就是同种类的文化，同程度的文化。所以阶段是狭义的，层累是广义的。后者可以包括前者，可是前者不能包括后者。自然的，我们可以说，这两个名的本身的差异，也是一种程度上的差异。

　　文化是进步的。在进步的历程中，是有层累的。文化既是有层累的，那么文化层累的分类，也是研究文化所不可忽略的事。

最先把文化的层累来分类的，要算琉克利喜阿斯（Lucretius）（B. C. 96—55 B. C.）。他把文化的层累，分为三个阶段：

（一）石器时期。

（二）铜器时期。

（三）铁器时期。

琉克利喜阿斯这个分类，后人很少注意。一直到了一八三四年，丹麦京都科彭黑根博物院的创办人托姆松（Thomsen）始再加采用。此后，人类学者，像拉布克（J. Lubbock）在其所著的《史前时代》（*Pre-Historie Times*, *As Illustrated by Ancient Remains and the Manners and Customs of Modern Savages*, 1865），又分为四个时期：（一）为古石器时代（Paloeolithic Period）。在这个时代里，人类差不多同古象穴熊及他种已绝灭的动物一样。（二）为新石器时代（Neolithic Period）。在这个时代里，人类用燧石来作各种美丽的武器与工具，除了有时人类用金以为装饰品外，在这个时代里，找不出人类用金属以为器具。（三）为铜器时代。在这个时代里，人类用铜以为各种器具。（四）为铁器时代。在这个时代里，人类用铁以为武器刀斧等。铜的使用，还很普遍。但在这个时代里，没有人用铜去做刀口。拉布克并且指出在铜器的时代，以至在铁器的时代，各种石造的武器，还是使用。所以若只是找了一些石器，不能证明这就是石器时代的东西。他又指出，他这个分类，只是限于欧洲方面，虽则菲洲与近东，也许可以应用。在欧洲，南欧的文明，是早于北欧。至于其他的文明国家，如中国与日本，也好像是铜器时代先于铁器时代。而在现在的夫吉因（Fuegians）及安达曼（Andamners）的民族，还是滞留在石器的时期。在各种金属中，金是最先被人采用，这是因为金最易引起人们的注意。银的使用，是在金之后。铜的使用，又较铁为先。因为铜是比较容易熔化，而且铜比较容易发现，铁则必在矿块中始能寻找出来。

近代一般考古学者，与人类学者，更把这种分类，加以详细的分析，而其大纲如下：

（一）石器时代的开始（Eolithic）。在这个时代里，主要的器具是用木骨及硬壳之类，然则石器也已开始使用。这个时期，大概从二十万年至五十万年。

（二）旧石器时代（Eolithic Period）。在这个时期里，人类以削石为器，但是骨器具也很普遍的使用。这个时期，约有十万年之久。

（三）新石器时代（Neolithic Period）。在这个时期里，人类兼用磨光的石器与削切的石器，以及木骨的器具。在欧洲这个时期，始于一万年前。在欧洲，这个时期已有了多少的农业。

（四）铜器时代（Bronze Period）。在这个时期里，人类用铜、石、木骨等为器具。大约在北欧，在纪元前二千年，就有铜的使用。

（五）铁器时代（Iron Period）。在这个时期里，铁器逐渐的代替了铜器与石器。铁器的使用，是与文字的开始，同一时期，而所谓文明的产生，也就是在这个时期。

（六）钢器时代（Age of Steel）。在这个时期里，机器发明，近代科学及工业革命，都在这个时期里发生。这是十八世纪以后的情况。

挨尔武德（C. A. Ellwood）在其《文化的进化》（*Cultural Evolution*，1927）里，以为这些器具的发展，是一种学习的历程。同时，也是一步一步发展的历程。所以，削石的器具，必定比磨光的石器为先，而石器的使用，又必定比铜器的使用为先。同样，铜器的使用，又必定比铁器的使用为先。不过，自然的环境，对于这些器具文化的发展，也有很大的影响。所以，在一地方里，假使没有了铜矿，那么铜器的时代，是不会发生的。反之，有了铜矿的地方，不但铜器易于发生，就是铁器的发展，也比较的容易得多。

上面是注重于物质文化的层累的分类，在文化的社会与制度方面，从家庭的发展来看，有好些人分为下面三个阶段：

（一）母系的家庭。

（二）父系的家庭。

（三）父母平等的家庭。

主张家庭的发展，是经过这些阶段的人，多数以为人类最初是乱婚的。所以，子女只知其母不知其父。母亲对于子女既专有养育的义务，也有管理的权利。后来婚姻制度发展，父母虽是同居，然而父亲对于子女，还是没有管理的权利。不但这样，生育子女，是一件痛苦的事。在父母同居的时代，父亲虽尽了养育的义务，然而尚未受过生育的痛苦。因为父亲也欲有管理子女的权利，故产公（Covade）的制度，因而产生。产公的制度，是母亲生子之后，不久就起床工作，而父亲就睡在床，装如母亲生子一样。父亲既负养育子女的义务，又受生育的痛苦，故管理子女的权利，也因之而逐渐发展。家庭的权力，既逐渐集中于父亲，父系家庭，遂得以成立。巴浩芬（J. J. Bachofen）的《母权论》（*Das Muttersrecht*，1863），而特别是华德（L. Ward）的《女性中心论》（*Gynaecocentric Theory*），都是解释从母系的家庭发展到父系的家庭的著名著作。到了十八世纪末叶，与十九世纪与二十世纪的时候，妇女运动，逐渐发达，女子在教育上、在法律上、在政治上，都争取了平等的地位的机会，所以父系的家庭，又变而为父母平等的家庭。

从政治制度方面来看，亚里士多德（Aristotle）在其《政治学》（*Politics*）里曾有下面的阶段：

（一）个人。

（二）家庭。

（三）乡村。

（四）部落。

（五）国家。

照亚里士多德的意见，这些社会组织的发展，可以从两方面来看。一是从观念方面来看，国家的发展最先，然后发展到部落、乡村，而至于家庭与个人。正像一棵树，虽从种子而来，然而树在观念上，是先于种子。亚里士多德所以说国家是先于个人，就是这个意思。这一点，我们在上一章里，已经说及，不必再述。从实际方面来看，或是从一般人的观察，是先有个人，然后有家庭。有了家庭，然后有乡村。有了乡村，然后有部落。有了部落，然后有国家。亚里士多德所以说国家起源于家庭，也就是这个意思。近代一般的社会学者，与政治学者之解释社会与国家的发展，往往分为这些阶段。在西洋，自从罗马帝国以后，有些人又加上帝国一个阶段于国家之后。这与中国人所说的先修身而后齐家，先齐家而后治国，国治而后天下平的看法，有了多少相似之处。

斯宾塞尔（H. Spencer）在其《社会学原理》（*Principles of Sociology*，1876—1896）中，以为社会的进化，是从军国主义，而到工业主义。他以为在军国主义盛行的时代，也就是专制政体发达的阶段。工业主义发达，民主主义逐渐发展。在军国主义的时代，人类到处都受情感的支配，而有各种的冲突。民主主义以理性与容忍为基础，使每个人都能抑制自己，以求公众的利益，而得到一种善美的道德生活。但是民主主义之所以能够发展，是由于工业发达，工业发达，不但使君主与贵族的势力，逐渐衰弱，而且使一般平民，在政治上，也得到平等的机会。同时，使每一个人得到充分发展其个性的机会。

从经济的立场去分类文化的层累的很多，利斯特（F. Liszt）分经济的发展为五个阶段：

（一）游猎时期。

（二）畜牧时期。

（三）农业时期。

（四）农业兼制造时期。

（五）农业兼制造与贸易时期。

又如伊利（R. T. Ely）也分经济的发展为五个阶段，虽则他的分类，是与利斯特的有了不同之处。伊利的分类是：（一）为直接利用天然物产时期；（二）为牧畜时期；（三）为农业时期；（四）为手工艺时期；（五）为工业时期。射内堡（Schönebeng）又分为六个阶段：（一）为游猎；（二）为捕鱼；（三）为畜牧及游牧；（四）为安居或纯粹农业；（五）为手工或贸易；（六）为制造。又如菩斯（Bos）却分为四个阶段，而且特别注重于工业方面，虽则大致上与上面所说的分类，没有很大的差异。（一）为采集的工业动植物与矿产的采集，以及游猎捕鱼，均属此时期；（二）为生产的工业，如农业畜牧；（三）为变形式的工业，如手工制造；（四）为运输的工业商业属于这一类。此外，罕金斯（F. H. Hankins）在其所著的《社会研究的绪论》（*An Introduction to the Study of Society*），也从文化的经济方面的发展的立场，而分为三个阶段：

（一）为直接应用天然所供给的物产，人类在这个时期里，没有目的的努力，以增加其生产的来源。

（二）为有意识的培养种植畜牧，都属于这个时期。

（三）为有目的的利用，这就是人类有目的去作有组织的研究，使能预知其将来所得的结果。

从宗教的发展的立场来看，孔德（A. Comte）在其《实证哲学》里分为下面三个阶段：

（一）拜物教（Fetishism）。

（二）多神教（Polytheism）。

（三）一神教（Monotheism）。

从人类整个思想或智识来看，孔德又分为三个阶段：

（一）神学时代。

（二）哲学时代。

（三）科学时代。

上面所举出孔德的宗教的三个阶段，就是这里所说的神学时代的阶段。在神学的时代，人类以神灵的意志去解释一切的事物。同时，一切文化的发展，都是由于神意。最初的人类，以为有一件物，就有一个神，这就是拜物教。在拜物教的时代，僧侣是没有的。后来人类思想发展，觉得拜物教既是有物皆拜，未免太过繁杂，因为迷信太多，心理混乱，于是联合各种神而为数种神或少数神，多神时代遂因之而产生。多神教代表生活的各方面，以为各种生活是由各种神所主宰。多神教的神，虽不若拜物教的那么多，然而神既不只是一个，神与神之间，既有区别，未免有了纠纷。纠纷的结果，是变为等级，这就是说有些神是高级，有些神是低级，所谓至尊神，遂因之而发展，而一神教，也因之而产生。一神教是神学时代的顶点。后来人们又感觉到所谓上帝不外只是事物的第一因。或是一种抽象的东西，并不存在于各种现象的后面，这就是哲学的时代。哲学时代，只是从神学时代到科学时代的一个过渡时期。科学时代，不只是以纯粹理智去观察与解释事物，而且能预知事物的未来的发展。科学的时代，也就是实证时代。孔德把这三个阶段叫作进步律。他以为在思想或智识的范围里，无论那一方面，都要经过这三个时期。社会学、生物学、化学、物理学、天文学以至数学，都经过这三个时期。若把整个欧洲的思想或智识的发展史来看，荷马以前是拜物教时代，荷马时代而特别荷马诗中所表现的思想，是多神教时代。中世纪可以说是一神教时代。十七、十八世纪的时代是哲学时代，到了十九世纪以后，又逐渐趋于科学的时代。十九世纪以后，虽是逐渐趋于科学的时代，但是社会的秩序，既尚未达到实证的阶段，而人类的社会的智识，还是未能超过神学与哲学的时期。孔德在《实证哲学》里，主要目的是要成立一种新的社会学科——社会学，就是要使社会的智识，达到实证的地位，用科学的方位，解决社会的问题。

一八九六年德国飞尔康德（A. Vierkandt）在其所著的《自然人民与文化人民》（*Naturvölker und Kulturvölker*）里分人类为二种：一为自然人类；一为文化人类。他的分类的根据，也是注重于思想方面。所谓自然的人类，就是以一切的风俗、习惯的发展或存在，是合于自然的因果。他们以为一切的遗传、信仰、情绪与动作，都是自然而然的。这种自然的人类，并非没有文化的人类。又照飞尔康德的意见，这种的人类，主要的，虽是文化较低的人类，然而在文化较高的社会里，也可以找出这种人。比方，一个人在某种文化较高的社会里，对于一切的动作、制度、语言、衣服，都随着时代或风气所趋，而不问其所以然，这个人也可以叫作自然的人。由此类推，假使某一个人，因为他的父母是回教徒，他也入回教；因为他的父母是某党员，他也入这个党，这个人，也可以叫作自然的人。

文化的人，却不是这样。他们对于一切的事物，都取研究疑问与选择的态度。他们不会随随便便的去作盲目的举动。也许他们会跟从一般普通人的行为，但是他们并不是因为一般普通人这样的作，所以他们也这样的作，而是经过相当的考虑与评估，而才这样的作。总而言之，他们对于一切的事物，都用智力与理性去批评与判断。所以，自然人与文化人的异点，是在于前者对于事物不问其所以然，而后者对于事物，注重于理解与批评。而且，前者是文化较低的人民，而后者却是文化较高的人民，前者是保守的，后者是进步的。

此外，又如斯泰恩美兹（S. R Steinmetz）（参看 *L'Année Sociologique*，1898—1899, p. 71）对于飞尔康德的分类，大致也加以赞同。惟前者却嫌后者的分类过于笼统。他乃略加修改而分为四个时期：（一）原始人类完全依赖于感官，他们对于不能知的事物，完全没有观念，他们差不多可以叫作感觉的人类（Sensationalitso）。他们的思想方法，是与人猿没有什么的差异，这是文化的第一阶段。（二）第二个阶段为神学时期，人类在这个时期里，以为一切事物，都有神来主使，用不着强求，用不着努力。（三）第三个阶段是系统时期。照斯泰恩美兹的意见，这个时期，包括神话与宗教的创造者，以及形而上学者的观念。（四）第四个阶段为批评时期。这个时期与飞尔康德所说的文化的人民的阶段，大致相同。

斯泰恩美兹这个文化发展的阶段的分类，可以说是孔德与飞尔康德的文化发展的阶段的分类的混合品。同时，三者都是从思想的立场去解释文化的发展。

此外，在艺术方面，而特别是在图画方面，有好些人以为是从写实的图画，而发展到抽象的图画。在语言方面，而特别是文字方面，又有好多人以为是从象形的文化，而发展到拼音的文字。这也是文化发展的层累的分类。

上面所举出的文化发展的层累的分类，是注重于文化的某一方面，而非文化的全部。自然的，有了好多学者，往往以文化的某一方面去解释文化的全部。比方一般的唯物论者，以为人类文化的发展，是随着物质的发展。而一般的唯心论者，又以为人类文化的发展，是随着心理的发展。拉布克的分类，是偏于前者，而孔德的分类，又偏于后者。但是无论如何，凡是偏于某一方面，都未免是有了错误，这一点上面已经说及，这里不必重述。

最先把整个文化的发展的层累来作有系统与精细的分类，恐怕要算摩尔根（L. H. Morgan）。摩尔根于一八七七年刊行《原始社会》（*Ancient Society*）。这本书的附名，是《人类从野蛮而经过半开化以至文明的进步韵方向的研究》（*Research in the Lines of Progress from Savagery through Barbarism to Civilization*），所以，在本书第一章里，摩尔根就把整个文化的层累分为三个阶段：第一个阶段是野蛮（Savagery）时期；第二个阶段为半开化（Barbarism）时期；第三个阶段为文明（Civilization）时期。摩尔根又把第一和第二个阶段分为低级、中级及高级三种，并说明其每级的特点。照摩尔根的意见，野蛮时期的人类，主要是依赖打猎与捕鱼；半开化时期的人类，主要是依赖原始农业；而文明时期的人类，从狭义来说，主要是开始有了文字与保存，文字的纪录。把渔猎、农业、文字，以分类文化发展的阶级，并非始于摩尔根，但是摩尔根正像上面所说，是第一个把这个分类去作有系统与精细的研究。此外，摩尔根的文明发展的层累的分类，是偏于唯物的论调。所以一般的马克斯主义者，而特别是恩格斯对于摩尔根这本书，曾特别的加以注意。摩尔根是不是有意的去建立一种唯物史观，这是一个不易回答的问题。但是摩尔根的分类，既不只是包括文化的物质方面，而却是包括文化的社会与精神各方面，那么我不只要承认他的分类，是有系统与精细，而且要承认他的分类，是包罗多方面的。

到了一八九八年斯忒兰德（A. Sutherland）刊行《道德本能的起源与生长》（*Origin and Growth of Moral Instinct*）一书里，又采用摩尔根的分类，并加以增改。斯忒兰德分文化发展的层累为四个阶段：第一与第二个阶段大致与摩尔根的一样。第三个阶段也叫作文明时期。不过，斯忒兰德又分这个时期为三级：这就是低级、中级及高级的文明时期。至于第四个阶段，斯忒兰德叫作文化时期（Cultural Stage）。

又在一九〇八年牟勒赖尔（Müller-Lyer）在其《文化的变象与进步的趋向》（*Phasen der Kultur und Richtungslinien des Fortschritts*）一书里，也把文化发展的层累，来分为四个阶段：除了第二个阶段只分为高低两级，第一与第二个阶段都与斯忒兰德一样的分为低、中、高三级。牟勒赖尔以为野蛮阶段的特点是依靠自然的食物。半开化阶段的特点是依靠人工的食物。文明阶段的特点是男子工作的分工。至于第四个阶段,牟勒赖尔叫作社会化阶段。他以为这个阶段的特点,是女子工作的分工,虽则这个阶段,是否要达到女子工作的分工,牟勒赖尔也没有肯定的回答。他以为这个阶段的实现,必须等到女子的位置确定以后,才能知道。正同现在与过去的阶段的特点,必须在男子分工大进步以后,才发现的一样。但是合作或工作的社会化,一定要达到更高的形式。至于成为何种形式,我们目下不能预料。正像半开化阶级的人,不能预料文明阶级的形式一样。

黑斯(E. C. Hayes)在一九一五年所刊行的《社会学研究绪论》(*Introduction to the Study of Sociology*)也分文化发展的层累为四个阶段:第一、第二与第三个阶段是完全采用斯忒兰德的分类。至于第四个阶段,又分为低、中、高三级。这是黑斯自己的分类。我们现在且将两者的分类,列之于下:

(一)野蛮时期——人类以自然野产的物为食品。他们常常散居于小团体,他们一生都为食物而奋斗。

(1)低级的野蛮人,身材很短,腹大而腿细,长发乱白,而鼻平头,脑很小。每家有十人至四十人,迁徙没有一定的住所。仅略蔽其体,例如南菲洲之住于丛林的彪什门人(Bushman)。

(2)中级的野蛮人的体格,略如常人。只能找避风雨的地方居住。已晓得用衣服,可是男女还是大半裸体。已用小舟,以及石或木做的武器。每族有五十人至二百人,但没有阶级与社会组织,其法律就是本族的习例。例如塔斯美尼亚人(Tasmanians)。

(3)高级的野蛮人,常有住所,惟住所多是皮帐。常穿衣服,然两性裸体的也不少。以石、骨、铜为较美的武器。合一百人到五百人为部落。随时可迁移。社会的阶级已发生,首领的威权不甚确定。生活秩序的维持,是依赖于部落的习惯。例如北美洲的好多印第安人。

(二)半开化时期——这个时期的人,对于自然界的生产力已经稍能操纵。农业与畜牧很为发达。但各家各族各自努力,以满足其需要。没有分工的现象。但食物既丰富,年间分配又甚均,科学与艺术已萌芽。

(1)低级的半开化人。住所大概已固定。有村落。除了热天,大概都穿衣服。女子裸体的很少。陶器也能制造,也能制造好的独木舟器具。多用石木骨等。所作居住的地方的周围,用以耕种。商业渐渐的萌芽。社会中有确定的阶级。这种阶级,是由战争而来。已有政府,由首领依据遗传的法律以治理。部落自一千至五千人。已不常迁移,但可以与其他的部落联合而成为较大的联盟。例如美国的伊罗夸人(Iroquois)。

(2)中级的未开化人。有很好与永久的住所。其所住的房屋,或用木造,或用茅造。已有市镇,能制较美的衣服,但也不以裸体为不雅。陶器业、纺织业与金属工作，都有相当的发展。商业已进入初级。通用钱。有正式市场。结合为国家，有十万人。有几个王帝，但都没有实权。旧传的法典势力很大，等级观念更为明显。等级的获得，有由于个人的战功，有由于家族的战功，例如菲洲的黑人。

（3）高级的半开化人。能造石屋。平常必穿衣服，纺织为女子的常业。铁器与他种金属的工作，很为进步。已铸钱。能作小舟，但只能用桨推行。有公认的法庭与粗疏的法律。人民有五十万，统隶于一个王帝之下。初有文字。等级成为世袭的，分工已渐发达。例如爪哇人。

（三）文明时期——分工愈详细，合作的力也愈广大，因而得到食物与必需品，也愈加容易。社会的种种功用，大为变化。但因此而互相依赖，也更为明显。艺术与科学，也跟着发展。

（1）低级文明人，已有城，围以石垣。有很好结构与精美的石头的建筑。有犁。战事有人专任。文字具备。法律粗粗的见于文字，正式法庭也成立。且有文学。例如西藏①人。

（2）中级文明人的寺庙与富人的房屋，都以砖或石所筑成，而且颇为美丽。始用玻璃窗。商业推广。船有帆，文字渐普及。抄本书册流传甚广，对于青年，始有文字的教育。战事成为特殊的职业，法律列为条文，始有律师。如暹罗人。

（3）高级文明人的住所，普通以石筑成。铺道路，有运河与水车、风车等。有科学的航海术。用大烟囱。文字为普通技能，抄本书大流行，文学很进步。有几千万人，有强有力的中央政府。法典写成条文。由官府刊行，有严密的法庭。政府官吏很多，等级分明，例如中国人。

（四）文化时期

（1）低级的文化人——（a）生产问题大致解决。（b）人力替天然的组织的效力增加，民众便有空闲去培养精神与审美的力量。普及教育为公认的标准。（c）勇武非最高的成功标准，社会上最高的阶级与负盛名的人物，多是有钱的，或是对于科学、艺术、文学、政治等有过重大贡献的人。（d）普及教育与印刷事业，很为发展，可以造成与表现多数人了解的舆论。结果是促进民治法律，由人民代表制定。（e）国家所努力，不只限于军业与经济事业，对于科学、艺术之促进与传播，都特别注意。例如现在最进步的国家。

（2）中级的文化人——（a）分配的问题大致解决，衣、食、住都很适意。（b）普及的自由教育，以养成对于世界和人类有概括的了解的人格为主。（c）间有战争，但大家都讨厌这事。正像我们现在讨厌个人间的吵闹一样。各国合力限制军备，成为世界的政策。（d）多财非大成功，关于经济事业，有所发

---

① 编按：西藏自古就是中国神圣领土不可分割的一部分，是中国藏族主要聚居区之一。此处作者从文化表征上进行学术阐释，读者当明辨之。

明或创设以及有效力的组织，或有效力的方法，去管理大规模的经济事业，才算真正的经济的成功。这种的成功，与政治的成功，有同等的价值。商业的成就，乃以货物或劳力的生产率为标准，不以经理人所得的利益为标准。(e) 这不过是就现状而推测将来的趋势，详细的叙述，变为走入预料之途。其实，要想达到这个时期，恐怕还要好多世纪才行罢。

（3）高级的文化人——将来是不能预料的。也许一二千年后，会达到这个阶段，也许到了这个时候，因为科学以及公众救济的动作的组织的进步与普及，而对于疾病与体格的缺点，能够征服。不康健的人，变为例外。所有各种的进步，都为世人所知，虽然因为地理环境的差异，而致生活的适应上有所不同，但是生活上的差异，也许要成为世界所崇尊的了。这样，各种民众有意识的去发展其特殊的技能与动作，而成为世界的分工，以实行文化的生活。

近来挨尔武德（C. A. Ellwood）在其《文化的进化》（*Cultural Evolution*，1927）也分文化发展的层累为三个阶级：这就是野蛮时期、半开化时期与文明时期。每一时期又分为低级、中级及高级。野蛮时期的特点，是依赖自然食物。半开化时期的特点，是发明农业。而文化时期的特点，是有了文字。这可以说是与摩尔根、斯忒兰德、牟勒赖尔、黑斯诸家的分类，大致相同。但是比较详细的分类，还是要推黑斯的了。因为他除了解释野蛮、半开化与文明三个阶段之外，还是进一步去说明文化时期的低级、中级、高级三个阶段。

黑斯与挨尔武德都指出所谓野蛮（Savagery）与半开化（Barbarism）这些名词，都是代表民族间的一种偏见，或仇恨。野蛮是表示残忍的意思。然而文明人在现代战争中的残忍，并不见得较轻于野蛮人。但是，假使我们不把这些名词去表示各种不同民族的性格，那么把这些名词来分类文化发展的层累，也未尝不可。这是黑斯与挨尔武德的意见。他们之所以采用这些名词，就是这个原故，我们以为一般普通人，主要的，既然用了这些名词去代表种族的性格，而非纯粹的文化的种类，那么能够避免使用这些名词，还是避免为好。我个人以为若从文化的发展的重心来看，我们可以把文化的层累，来分为下列四个时期：

（一）宗教时期。

（二）政治时期。

（三）经济时期。

（四）伦理时期。

从文化的成分方面来看，这四方面既是文化的重心，从文化的层累方面来看，这四方面又可以说是代表文化发展的四个时期。这一点，我们在说明文化的时间的重心，已略为提及，此后我们当在别处，再为解释，这里只好从略。

第八章　发展的方向

我们在上面，曾把各家对于文化发展的层累的分类，加以叙述。其实，学者之以把文化发展的层累，去作各种的分类的，不只是上面所说那几家，我们不过选择我们觉得比较重要的几家罢。而且，这些分类，既往往因为各人的主观的不同，而有了差异，我们每个人，还可以参考各家的解释，贡献自己的意见，去再作各种不同的分类。又上面所列各家的分类，有的虽好像很为详细，然而我们还可作较为详细的分类。但是分类愈为详细，则其普遍性愈为减少。就以斯忒兰德与黑斯的分类来说，暹罗人是放在文明时期，而爪哇人却放在半开化时期。若以受西洋文化影响之后的暹罗人来看，暹罗人的文化，无疑的比爪哇的为进步，但若以暹罗的固有的文化来看，那么暹罗人的文化，未必见得特别高过爪哇人的文化。再以西藏的文化来与暹罗的文化相比较，无论在物质生活上，或精神生活上，两者很不容易分出高低来。然而照斯忒兰德与黑斯的分类，暹罗放在文明时期的中级，而西藏却列为文明时期的低级。其实，除了政治上的独立与自由之外，暹罗的文化的其他方面，恐怕有了不少还比不上西藏的文化。而且，有些民族在文化的某一方面，虽很为进步，然而在文化的别一方面，也许落后。在这种情形之下，欲把这个民族来放在某一阶段中，是不大容易的。

然而，我们既不能否认文化是有进步的，那么我们也不能否认文化是有层累的。既有了文化的层累，那么文化的层累的分类，又是研究文化与明了文化所不可忽略的事。总而言之，我们无论是否赞成上章里所叙述的文化的层累的分类，我们总要承认文化是有高低之分。换句话来说，文化的发展的程序，是由低而高的。只要我们承认楼阁胜过穴居，只要我们承认丝绸胜于树皮，只要我们承认筵席胜于茹毛，只要我们承认飞机胜过骡车，只要我们承认文字胜过结绳，我们就要承认文化是有了高低之分。而且，是由低而高的。从文化本身来看，无论那一方面，都可以说是有了进步，虽则文化的各方面的进步，未必是平行的。从民族方面来看，有的进步较快，也有些进步较慢，所以大致上，都可以说是有进步的。而且，大致上，我们还可以说，后代人是比前代人为进步。这并不是说后代人，生而比前代人为聪明，而却是因为后代人利用前代人在文化上所创造的基础，加以改进，所以无论在理论上，或在事实上，后一代的文化，是比前一代为高。古今中外的人类，在智力上，并没有什么高低的区别，假使有了区别，那就是文化的不同。

其次文化的发展，是由简而繁的。文化是累积的。累积不只是数量的增加，而且是种类的繁多。假使我们把过去的文化，来与现代的文化来比较，则一简一繁，显然可见。以交通工具来说，以前陆道只有人力车、牛车、马车、骡车，现在则还有汽车、火车、电车、木炭车、柴油车等。以前水道交通只有木船、皮船，现在则还有火船、电船。若再从其船的功用来看，则战船、货船、客船，各种名目，不胜枚举。以在广州的蛋家艇来说，也有数十种之多。此外，现代的空中的交通工具，如飞艇、飞机，却是前人所梦想不到的东西。

这不过是从交通工业的种类的由简而繁来说，若从交通工具的本身的构造来看，以前的车，除了车轮、车轴、车桥以外，大概没有别的重要部分。现代一部汽车的构造的复杂，正像一个人的躯体的构造的复杂一样。又从材料方面来说，以前的车，主要是用木材制造，现代的车除了用木以外，钢、铁、树胶，都是必需的材料。其实，现代一部汽车的车轮，所用的材料与构造的方法，已经很为复杂。车轮的架子，不用说了，胶轮也分为内外两层，而内层还得要装气才能跑路。至于一艘轮船的内部的构造与设备，比之一个乡村的或一个市镇的，还要复杂，还要完备。

这不过是随便的举出一个例子来解释。但是文化的由简而繁的原理，可以概见。

不但这样，文化的发展，是由纷乱浑漠的形态，而变为明确特殊的形态。在文化早期发展的时候，无论从文化的一方面，或从文化的整部分来看，文化的形态，是纷乱浑漠的。一件东西，可以当作防御敌人的武器，可以当作切割食物的刀子，可以当作斧头，可以当为锥子，可以当为玩具，可以当为神物。到了文化进步到了相当的地位，不但武器、刀子、斧头、锥子、玩具、神物，各有其明确特殊的形态，就是武器或刀子等等，也各有其各种不同的形态。所以我们现在的武器的种类固很多，刀子的种类也不少。又如，一个房子，在文化早期发展的时候，并没有睡房、厨房、浴房、客厅、饭厅的分开。睡觉、煮饭、吃饭、洗澡、见客，都在一个房子里。只有文化进步的社会里的房子，才有这种明确特殊的类别。再如，在文化早期发展的时候的家族，不但是一个自满自足的经济生活的单位，而且同时可以说是政治、宗教、教育等生活的单位。所以父亲不只是财产的主人，而且是等于君主、教主与教师。在文化进步社会的单位里，除了家族以外，还有国家、教会、学校等等。其实，在历史上以至在现代文化较低的社会里，国家、教会与学校的分开，就不见得明确。皇帝就是教主，教主也就是师长。在现代而特别是文化较高的社会里，政府、教会与学校在组织上，固有了不同之处，就是在功用上，也有了各异之点。

从一方面看起来，文化的发展，虽是由纷乱浑漠的形态，而变为明确特殊的形态，但是从别方面看起来，文化的发展，可以说从散漫与少数部分的结合，而变为密切与多数部分的结合。在文化早期发展的时候，比方，每个家族，是一个自满自足的生活的单位，因此家族与家族之间，可以说是很为散漫。就是有了结合，还是少数部分的散漫的结合。比方，少数的家族，结合为部落，而部落的内部，也没有密切的结合。也许在战争的时候，一个领袖可以有特殊的权力，号召整个部落，或在某种的节期，整个部落都能很热烈的参加各种典礼。可是，在平时，组成部落的家族，大致还是各成一个生活的单位，而缺乏密切的关系。文化进步，不但多数的小团体，结合而为大团体，而且文化的各方面，都有明确特殊的形态，多数的小团体，结合而为大团体，为管理的便利起见，不得不有完备的组织。所以，比方，国家之下，有省分，而省分之下，有州县，州县又为区，为乡，为家。这么一来，所谓漫散的与少数部分的结合，遂变为密切与多数部分的结合。同时，因为分工的关系，一个家族，不但在经济生活上，不能独立生存，就是在政治上、在宗教上、在教育上，不得不互相依赖。为农的未必能为工，为工的未必能为商。政治家、宗教家、教育家，虽各有明确的职业，特殊的功用，然而却不能独立而生存。他们既互相依赖而有密切的关系，文化的各部分，也成为一种密切的结合。

再者，文化的发展，是从为欲望的满足而趋于有目的的要求。人类饿的时候，想找东西吃；冷的时候，想找东西穿；风雨来了，想找地方去防避；山河间隔，想设办法去通过，这可以说只是一种本能的冲动，并不一定有意去创造文化。但是为了满足这种欲望的结果，就是我们所说的文化。欲望是无穷的，欲望是继续的，所以文化也正在不断的发展。等到发展到了相当的程度之后，人类始逐渐的有空余的时间，去回顾过去的成就，与考虑将来的计划。我所以说，文化是从为欲望的满足，而趋于有目的的要求，就是这个意思。只有人类在文化上做有目的要求，文化的发展，始有意义。自然的，这里所谓目的，只是相对的，而非绝对的。因为某种目的已达之后，别种目的又排在我们目前。因为目的是一种理想，而理想是无止境的。比方，以骡拉车，是皇古时代的人类的目的，可是达这种目的之后，人类又想出了新的花样，因而火车、汽车，又变为人类的理想。同样，这种理想实现之后，我们希望能有比火车、汽车便利较多，速度较速的交通工具。飞机可以说是我们的理想。现在飞机有了，可以说是目的已达。然而人类又正在那里去想出办法来创造出新的交通工具，以与其他的星球交通。这种理想，能否实现，当然是一个问题，但是未能达到的目的，是因为客观条件的欠缺。所以机器若不发明，飞机绝不会实现，在理论上，凡是能想到的东西，都有实现的可能。

文化之所以能够进步，就是由于我们的理想，能够实现，我们的目的，能够达到。同时，文化之所以能够进步，是由于变化。在文化的变化的历程中，有的变得很快，有的变得很慢，大致上说，变化可以说是有缓变与突变的分别。文化的缓变，是逐渐变化的。在逐渐变化的历程中，我们往往不易看出变化的痕迹，因而有好些人，把缓变当作停滞来看。比方，以中国的文化来说，不但自皇古到夏、商、周，有了变化，就是自汉、唐以后，也有了变化。不过因为变化得太慢，而且变来变去，始终不能逃出孔老所划的圈子，因而有些人，就说这是停顿。其实，无论在物质的生活方面，或是社会的组织方面，以至思想的形态方面，无论那一朝一代，都有其不同之点。所谓汉朝、唐朝、宋朝、明朝，不但是政治上有了变化，就是文化的别的方面，也有差别。汉文、唐文、宋文、明文，以至汉墓、唐墓、宋墓、明墓等等名词，就是这种差别的表征。再以，现代的原始社会来说，我们总以为原始社会的文化，是停顿的，然而事实上，在文化的各方面，也有变化。比方，以原始社会的歌舞来说，唱歌与跳舞的人，大体上虽沿着祖宗的遗传方法，然每一个人都有其多少特殊之点。声音的运用，脚步的活动，各人既有各人的不同之处，每代也有每代的差异之点。在较短的时间里，也许看不出有什么特殊的变化，可是若把其最初的形态，而与其最近的发展，两相比较，则其嬗变的历程，了然可见。不过原始的民族的过去动作，往往缺乏文字的记载，而不易做这种比较研究罢。

在文化发展的历程中，突变可以说是屡见的现象。突变也许是由于内部的波动，也许是由于外界的刺激。在欧洲十六世纪的宗教改革，十八世纪的法国革命，与十九世纪的工业革命，都是突变的例子。这三种突变，最初虽是由于文化的某一方面，如宗教，或政治，或经济，但是这一方面的变动，在本身上，既骤如其来，而其影响于文化的其他方面，又很厉害，使整个文化，都受极大的波动，而改换了一个新形态，或是趋向于一个新方面。这种变动，不但在文化进步的社会里，往往发生，就是在文化发展较早的时期，或文化较低的社会里，也往往发生。比方，火的发明，对于人类整个文化，都有很大的影响。此外，农业的发明、文字的发明，在文化发展的过程中，都可以说是突变。

上面是注重于文化的内部的波动，而引起的突变。至于因受外界的刺激，而引起的突变的例子，也是很多。日本、暹罗、中国，在近代之受西洋的文化的影响，而引起的变化，就是突变。十三世纪的西洋文化，因受了中国的文化的影响，而引起的变化，也是突变。因为两者都很能引起文化上的新形态、新方向。其实，在近代东西文化接触以后，所以引起的大突变中，曾有许多小突变。比方，太平天国的崛起、维新的运动，以至辛亥革命与五四的运动，都是大突变中的小突变。因为这些小突变，都是以这个大突变为背景。同样，十三世纪的欧洲，受了中国文化的影响，引起大变化，在大变化的历程中，指南针、火药与印刷三方面，又各引起各种突变。指南针指示哥伦布发现新大陆，火药是打倒贵族的工具，而印刷是普遍智识的媒介，这都是西洋文化史上的很重要的变动。

缓变是文化发展的常态，突变是文化发展的变态。英国的政治演变，可以代表前者，而法国革命的发生，可以代表后者。但是两者的差别，并非绝对的，而是相对的，并非种类的不同，而是程度的各异。所以缓变若经过了长久的时期，则前后的差异，必定很大，而等于突变的结果。所谓突变，虽像骤然而来，但是若细心考究起来，就能明白，这种变化也有其悠长的历史与渐来的步骤。法国的革命，虽发生于一七八九年，然其蕴酿很久，而且革命发生之后，并不像一般领袖那样的预料，能把一切的旧制度，整个推翻，而重建一种新制度。所以，专制虽倒，专制又来，而革命之后，还要革命。直至一八七一年以后，共和的基础，始能稳固。

总而言之，突变与缓变，虽非绝对的差异，而乃程度的不同，然而突变是发展的转机，时代的分野，文化的进步，主要的是依赖于突变，突变不但是由新刺激而来，而且可以引起新刺激。突变的发生，虽是往往会使文化失调，然而失调只是文化发展的过渡的历程，经过相当的时期以后，失调可以变为和谐，而变态可以成为常态。

在文化发展的历程中，还有一种现象，为我们所应当注意的，是文化发展的速度的逐渐继续增加，或是逐渐加速的学说（Theory of Acceleration）。据牟勒来挨（Müller-Lyer）的意见，康德（I. Kant）曾主张这个学说。康德以为文化时代，越发展，越短促，这就是说，每次进步的速度，愈为增加，进步又引起进步，所以进步愈速，则其时间愈短，而我们的文化发展的时代，也随之而愈为短促。比方，我们上面已经指出，石器时代的起源、旧石器时代、新石器时代、铜器时代、铁器时代、钢器时代，总共六个时代。据人类学者的估计，石器时代的起源，约在二十万年前至一百万年前之间；旧石器时代，约从十万年前至二十万年前；新石器时代，大约开始在一万年前；铜器时代，大约开始于西历纪元前二千年；铁器时代，则与文字的使用，差不多同时发生，开始于西历纪元前几百年至一千年；至于钢器时代，则开始于西历十八世纪的下半叶。专从这六个时代的年数来看则能明白，文化在发展的初期，进行甚缓，所以时代的划分的时间也很长。所以，石器时代的起源是在二十万年前至一百万年前，等到发展到相当的程度之后，其进步的速率愈为增加。结果是所谓钢器时代，不过只有百多年。把钢器时代，来与石器时代的起源来比较，其在时间上的差异，有了几千倍之多。

若再把一般的历史学者的世界文化的历史的年代的划分来看，也正像上面所得的结论。大致的说，历史家的年代的分别，是这样的。

（一）古代的时期——约五千年。
（二）中世纪的时期——一千年。
（三）新时代的时期——约三百五十年。
（四）最近代的时期——约一百五十年。

牟勒来挨曾以这个时代的分配，去证明文化发展的加速的学说。他的结论是，文化的初期的时间是最长的。这个时期所经过的年数，还长过其他各时代的年数的总和。从这个时期以后，各个时代逐渐缩短，结果是后一代比较前一代总是更短的。所谓世界史上，几千年的文明，在时间上不过是文化演化的极短的一小部分罢。

乌格朋（W. F. Ogburn）在其《社会变迁》（*Social Change*）一书里，对于这个理论，也曾加以解释。他指出发明是文化变迁的重要原因，他把十六世纪下半叶到十九世纪的各种发明，列为一表，以说明发明引起发明，这就是说，有了一种新的发明，可以引起好多新的发明，而这些新的发明，可以引起更多的发明。乌格朋以文化的发展来比复数的利息。本钱可以生利，利变为本，不但本上生利，而且利可生利，这样的增加下去，则本利的增加，是愈来愈大。不过，他也指出，本利的增加，可以用算术去计算，而其增加的度率，是有一定的。反之，文化的发展，有时虽很快，但有时又较慢。比方，因为某种主要的发明，而起好多发明，遂使文化的变迁的速度忽然增加，然而这张剧烈的变迁，未必能像复数的利息一样的继续增加，除了主要的发明，是不断的产生，发明既不是天天会有的，那么因发明而产生剧烈的变迁的时期之后，也许会有一个变迁较慢的时期，而成为一跳一息的历程。然而大致上，乌格朋是相信文化是累积的，而其发展的速度，是越来越快。我们应当指出，乌格朋的文化发展的加速学说，主要是应用于文化的物质方面。在文化的精神方面，不但是发展的速度较慢，而且有时是阻止物质文化的进步的要素。西洋宗教的发生，而使科学的发展有所阻碍，就是一个例子。

罗卫（R. H. Lowie）在其《文化与民俗学》（*Culture and Ethnology*）一书里，以为人类文化的进步，正像一个人，年纪为一百岁，他化了八十五年的时间，在幼稚园里，用了十年的时间去读完小学，于是很快的去用五年的功夫，去读完中学与大学。他又指出，文化本来是一种生长得很快的东西，可是等到发展到某种程度以后，它却增加了一种想不到的速度，向前发展。有些人，以为地球上的物质，是有限度的，所以人类的发明，也是有止境的。等到发明到了止境的时候，文化发展的速度，不但不能继续增加，而且必因之而停顿。这是悲观的论调，我们可以说文化发展的加速的理论，直到现在与最近的将来，大致是没有错误。

又有些人，以为文化发展的历程中，有了早熟的现象。梁漱溟先生在其《东西文化及其哲学》一书，以为文化的发展，是有了三个阶段：一是物质文化的阶段；二为社会文化的阶段；三为精神文化的阶段。这三个阶段，是要循序而发展的。这就是说，物质的文化的发展，要达到某种程度，然后再进而达到社会的文化的阶段，等到社会的文化发展到相当程度，然后再进而达到精神的文化的阶段。假使文化发展的途径，不是依着这种次序，那就是早熟，早熟就再难发展。梁先生以为世界有了三种文化，可以代表这三个阶段，西洋文化代表物质的文化的阶段，中国文化代表社会的文化的阶段，而印度文化代表精神的文化的阶段。这三种文化，在其最初发展的时期，都是注重于物质方面，不过三者都不等物质的文化成熟，而遂转入别的阶段。西洋文化与印度文化，不等其物质文化成熟，而转入精神的文化的阶段——宗教的文化的阶段，中国也不等其物质文化成熟，而转入社会的文化的阶段——孔子的文化的阶段。所以三者都是早熟，不过西洋文化到了文艺复兴的时代，又转回去物质的文化的阶段，循序而发展，到了现在，西洋的物质的文化的阶段，已发展到成熟的程度，故再发展下去就为中国的社会的文化的阶段。西洋人主张文化早熟学说也不少，这里不过以梁先生为例子，至于梁先生的学说是否错误，当在他处叙述。

上面是从文化的本身上，去说明文化发展的历程，我们现在且再从空间的立场上，去解释文化发展的历程。关于这方面的解释，大致上有了几种主张：一为从东向西或从西向东发展说；一为从南向北发展说；一为从北向南发展说。我们现在把这几种学说，分别加以说明。

为什么文化发展的历程，是从东向西，或从西向东呢？据一般主张这种学说的人的意见，主要的，是因为气候的关系。在地球上，在同一的纬度上的气候，大致是相同的，文化的传播是得力于人类的迁移，而人类的迁移，又往往趋于相同的气候。这就是惯住在热带的人，喜欢迁移到炎热的地方，惯住在温带的人，喜欢迁移到温暖的地方，而惯住在寒带的人，又喜欢迁移到寒冷的地方。罕金斯（F. H. Hankins）在其《社会研究的绪论》（An Introduction to the Study of Society）里，曾指出在历史上所有的伟大的迁移，多数是从东到西，或从西到东。这不但是亚洲的移民是这样的，就是欧洲的移民也是这样。他以为欧洲人民之移居美洲，是一个很明显的例子。西班牙人在欧洲，是住在较南的地方，所以他们迁到美洲时，喜欢住南美洲，而住在欧洲的西北的，又喜欢住在北美的北部与中部。在十九世纪的时候，欧洲的瑞典人与挪威人都移居于达科塔（Dakota）、明内索塔（Minnesota），及新英伦（New England），而欧洲的希腊人与意大利人都移居于美国的中部南部，以及南加里福尼亚（Southern California）。

个人的迁移，在文化的传播上，也许没有多大的力量，但是团体的迁移，在文化的传播上，却有重大的意义。北美洲的文化之所以深染北欧的文化色彩，与南美洲的文化之所以深染南欧的文化色彩，照这个学说看起来，都是由于团体的迁移，而这些团体之所以这样的迁移，是由于气候的关系。

反过来看，照罕金斯的意见，白人移去热带与黑人之移居寒带，都不适宜，而其结果是使死亡率的增加。黑人因为不适应于寒带，所以住在美国北部的黑人的死亡率，超过生长率。其实，据罕金斯的观察，纯粹的黑人，就不容易住于美国的北部。住在美国南部的黑人的死亡率虽不低，然并没有住在美国北部的黑人的死亡率那么高。罕金斯且告诉我们，美国北部的黑人的血统，是比较接近于白人，至于白人之住在热带的，照罕金斯的意见，并不算得成功。不过，同时，他也指出，移居在巴拿马运河地带的美国人，并不见得不适宜。因为，医术发达与卫生改良，已使住在这个地带的美国人的死亡率降低，虽则大体上，从白种人的立场来看，移居热带，不如移居温带与寒带。

我们应当指出，美国的南部，虽比较适宜于黑人，然而美国南部的文化，并不深受黑人的文化的影响。反之，黑人之在美国的，无论是在北部也好，无论是在南部也好，都是深受白人的文化的影响。至于白人虽不适宜在热带居住，但是白人的文化，却已传播到热带各处。南美洲不用说，南菲洲以至马来半岛南洋各处，都可以说是深受了白人的文化的影响。所以，一个团体或某种民族，虽大量或整个迁移到某个地方，未必就能把其文化传播到这个地方。反之，一个团体或某种民族，虽很少或没有迁移到某个地方，但是这个地方的文化，却染了这个团体或这种民族的文化的彩色。总而言之，同一的气候，既未必发展相同的文化，而民族的迁移，未必就是文化的迁移。文化向东或向西发展的学说，只能说是有一部分的真理，而非完全是对的。

主张文化的发展的历程，是由南向北的，以为南方气候炎热，物产丰富，故文化的发生较易。等到文化发展到相当的程度以后，始逐渐向北发展。一八八三年毛哲欧尔（P. Mougeolle）在其《文明的静态》（*Statique des Civilization*）一书，对于这个学说，已经有所说明。此外，又如斯泰方松（Stefansson）在其《帝国的北进途径》（*The Northward Course of Empire*），也以为在历史上，帝国是向北发展。帝国的成立，是文化的发展的表征。帝国既是向北发展，文化也是向北发展。

歧尔非兰（S. C. Gilfillan）在一九二〇年的美国《政治学季刊》（*Political Science Quarterly*）卷三十五页三九七与三九九，曾发表一篇《进步的寒进途程》（The Cold Ward Course of Progress），更极力的主张文化向北发展的学说。歧尔非兰以为文化进步，则文化的领袖，移到寒冷的地带。文化衰落，则文化的领袖，又移到南方。他举出好多史实，以证明这个学说。文化的发源，是在埃及与萨麦利亚（Sumeria），这是较热的地方。但是文化的领袖，却为巴比伦与克利特（Crete）、腓尼基（Phoenicia）与阿西利阿（Assyria），而且，是时时向北发展的。历史上有四种倾南运动，而与文明的没落，正相符合。罗马帝国破坏之后，文明集中于迦太基（Carthage）、阿雷桑德利阿（Alexandria）与君士坦丁，而再至达马斯革（Damascas）与巴格达德（Bagdad），由是逐渐北迁，经过中世纪。到了十四世纪的中叶，又经过罗马的高级水准，而达到比从前更为寒冷的地方。于是，可见得文明的中心，由上面所述的城市移到威尼斯（Venice）、密兰（Milan）、安特渥普（Antwerp）、伦敦、巴黎、柏林、纽约、支加哥、文尼培格（Winipeg）。

歧尔非兰又指出最近来斯干特那维亚（Scandinavia）在文化上，已有很大的活动。好似是要领导世界文化。俄罗斯已由长期的睡梦中，忽然惊醒到了。西历二千年世界中的最有强力的雕刻，也许不会见于柏林而见于底特尔窝特（Detroit）与科彭里根（Copenhagen）。到了二千一百年，又见于蒙特雷欧尔（Montreal）、克利斯提阿尼阿（Christiania）及美美尔（Memel）。

上面是从整个世界的文化来看，若从每个国家来看，照歧尔非兰的意见，文明的进步，也是向着寒冷的地方发展。希腊文明始于克利特，而终于君士坦丁。意大利在文化上的领导地方，是由西西里（Sicily）而移到罗马，再由罗马而移到密兰。西班牙在文化上的领导地方是由卡的斯（Cadiz）而移到马得里（Madrid）以及巴塞罗那（Barcelona）。

歧尔非兰承认这些史实，是有例外。然而他又告诉我们，例外是证明常则。我们以为大致上，这种学说，是没有什么可以批评的地方。然而这只是说在历史上的文化的发展的方向，大致是这样的。至于将来文化的发展的方向，是否也是这样，当然不易回答。地理与气候对于文化的影响，只在文化较低的社会里，才有力量。在文化较高的社会里，这种力量，就要减少。这一点，我们上面已经说过，不必再述。其实，近代的西洋文化，不但只是向北发展，而且是向南发展，虽则直到现在，南方的炎热地方，没有一个能说是超过西洋文化的水准。此外，现代的西洋文化，又可以说是向东与向西发展。欧洲文化移殖到美洲，就是向西发展的例子。美国的文化已逐渐的成为世界文化的领袖，欧洲的文化，又曾移殖到东方来。谁敢相信五十年后，或一百年后的中国的文化，不会超越西洋的文化呢？

上面已经说过，世界上的文化，也有向南发展的。但是文化向南发展的最显明的例子，要算中国的了。近数年来，国人及日本人，对于中国文化向南发展的研究的兴趣，很为浓厚。大致的说，大家都相信中国的文化的摇篮，是在北方。在春秋战国以前，中国的文化的中心，是在黄河流域。吴越楚在春秋的时代虽称霸，可是在文化的地位上，是远比不上齐晋燕诸国的。孟子曾说过，"今也南蛮𫛸舌之人，非先王之道"，这是指楚国而言，可见得北方人之鄙视南方人，而其所以鄙视的原因，是由南方的文化，不及北方的文化。直到汉代，中国文化的中心，还是在北方。

在五胡乱华以后，中国的文化，始积极的向南迁移。邱濬在其《广州府志》书序里以为"魏晋以后，中原多故，衣冠之族，多徙于南，与夫或宦或商，恋其土而不忍去，过化渐染，风俗丕变，岁异而月不同，今则弦诵之声相闻矣，衣冠礼乐，班班然盛矣"。唐代开辟疆土，文化虽也因之而向南推进，但是在中国的历史上，中国文化的第二次积极的向南迁移，是南宋的时候。这个时候，不但吴越成为中国文化的重要区域，就是福建也成为中国文化的精华所在。从此以后，中国的文化还是向着南方推进，以至于广东。顾炎武在《天下郡国利病书》里说："自昔以雍、冀、河、洛为中国，楚、吴、越为夷，今声名文物反以东南为盛。大河南北，不无少让。"① 就是指出中国文化，自北向南发展的历程。

总而言之，中国的文化，是起源于北方。最初的发展，在黄河流域。魏晋以后，逐渐南移到长江流域。南宋以后，又逐渐南移到珠江流域，再从南方而影响到安南暹罗各处。这是历史上中国文化发展的主要途程。此外，中国文化也可以说是向西发展，而至西藏，向东发展而至日本，向北发展而至满洲蒙古，然而这些发展，只能算作支流，而非主流罢。

从中国固有的文化方面来说，固像上面所说，是由北而南，但是若从西洋文化输入中国以后的西化运动方面来说，又可以说是由南而北。南方为中外交通的枢纽，新的工商业的发展都始于南方。政治上的改革，如太平天国，如戊戌变政，如革命运动，以至革命成功，都是来自南方。在教育上，留学生的派送，与新教育的输入，也是始于南方。至于宗教方面，无论天主教也好，无论新教也好，也是以南方为输入的起点。这不过只是随便的举出几个例子。然而所谓文化的策源地是在南方，是无可疑的，新文化虽策源于南方，可是数十年来，已逐渐的向北发展，而与中国的固有文化的向南发展，成为一种反比例。

总而言之，文化的发展的历程，没有一定的方向。其发展方向虽与地理气候有了关系，然这只是在文化较低的社会里，有了相当的真理，在文化较高的时代，文化本身成为文化发展的途程的一个重要的因素。

我们在这里可以顺便的指出，文化的发展的别一种方向，这就是从江河的上游，而趋于江河的下游，以至海洋的口岸。同时，往往又是从较小的海洋，而至于较大的海洋。

埃及古代的文化，最初是发源于尼罗河的上游，后来慢慢的发展到尼罗河的下游。到了现代，则尼罗河的河口，已成为埃及文化的中心。同样，我国的文化，本来是发源于黄河流域的上游，后来也慢慢的发展到黄河的下游。在春秋的时代，齐桓公称霸天下，文化的中心，也有了趋于黄河河口的趋向。长江下游，在春秋的时代，虽有吴越称霸，然而从整个文化来看，并没有特殊的地位。到了三国的时代，刘备建国四川，长江上游文化，逐渐发达。至于近代，则长江下游的文化，而特别是长江的江口左近的文化，不只是成为长江流域的文化的要点，而且趋为全国文化的要点。珠江流域的文化，发展较迟，然而近代的广东的省垣，从肇庆而迁至广州，从广州的发展而至于黄埔商埠的开辟的建议，也可以说有了从上游而发展到下游以至于江口的趋向。

从海洋方面来看，希腊、罗马的文化，是发展于地中海，再从地中海而发展到较大的大西洋，而成为今日的优越的西欧以及美国的文化。从此以后，说不定世界文化的要点，将从大西洋而趋到太平洋，那么今后中国在世界文化上的地位的重要，是可想而知的。

---

① 编按：由明代地理学家王士性在《广游志》中提出。

第四册

目　录

第一编 ··· 255
　第一章　一致与和谐 ··· 255
　第二章　回顾与前瞻 ··· 265
　第三章　自由与平等 ··· 274
　第四章　模仿与创造 ··· 284
第二编 ··· 293
　第五章　个人与社会 ··· 293
　第六章　国家与世界 ··· 302
　第七章　东方与西方 ··· 311
　第八章　南方与北方 ··· 321

第一编

第一章　一致与和谐

我们上面已把文化的空间方面与时间方面，以及文化的空间上的成分的分析与时间上的层累的分类，加以叙述。可是，我们不要忘记，所谓分析与分类，不外是为我们研究的便利起见。从文化的本身来看，在空间上，既没有分析这回事，在时间上，也没有法子去做明确的分类。事实上，所谓空间与时间两方面的分开，也不外是为我们研究的便利起见。从文化本身来看，也没有空间与时间的分别。每一空间上的文化，都有其时间。同样，每一时间上的文化，都有其空间。换句来说，每一种文化，都有其空间与时间。泰罗尔氏所以说文化为一复杂总体，就是这个意思，而所谓复杂总体，又可以说是一种整个的表示。但是所谓整个的表示，并非一种纯粹的单独的表示，而乃一致或是和谐的结果。因为文化既是复杂的总体，就非简单与独一的表示。

为什么文化是一个复杂的总体呢？这是因为创造文化的人类，并非独一的个人，也非简单的个人，而是多数的人们，与复杂的人类。所以我们要想明白文化之所以为复杂总体，而含有一致与和谐的原理，我们应当从创造文化的单位的个人方面来说。

人是处处都有相同的地方的，但是同时又是处处都有了相异的地方的。因为他们有了相同性，所以某一个人所能够做或所喜欢做的东西或事情，别人也能够做或喜欢做。因为他们有了相异性，所以某一个人所能够做或所喜欢做的东西或事情，未必为他人所能够做或喜欢做。假使在一个社会里的人们，对于适应时境，以满足他们的生活的努力的工具与结果是同样的，这就是说，他们都循着他们的相同的地方去做，那么这个社会的文化，是趋于一致。反之，假使他们都循着他们的相异的地方去做，而成为互相利用的分工，那么这个社会的文化，从每一个人方面来看，固是各异，但是从整个社会方面来看，却是趋于和谐。其实，一致与和谐，往往可以在一个社会里找出来。因为人是处处都有相同的地方，所以他们不但能够做或喜欢做相同的东西或事情，而且在需要方面，也有相同的地方。同时，因为人是处处都有相异的地方，所以不但有些人能够做或喜欢做的东西或事情未必为他人所能够做或喜欢做，而且在需要方面，有些人所需要的，要赖别人去做。相同与相异，既可以在同一的文化里存在，一致与和谐，也可以在同一的文化里，两相并立、两相需要。

我们说，文化上的一致与和谐，都是需要的。这一点，我们可以从文化本身的各方面来说明。

从文化的物质方面来看，所谓基本的生活方式，如衣、食、住，是人人所需要的，因而在衣、食、住的各方面，都有了好多雷同之处。假使某一个地方是产米丰富的地方，那么主要的，这个地方的人们，大致上，是以米为主要吃品。假使某一个地方是产麦丰富的地方，那么这个地方的人们，大致上，是以麦为主要的吃品。食物固是这样，衣服与住处也是这样。而且，这种雷同之处，往往可以从生活的微细方面找出来。所以，比吃米的人们，不只因吃米而有雷同之处，就是米的煮法、吃的方法，以至稻的种法、稻的割法，也有雷同之处。在这种情形之下，我们可以说这种文化是偏于一致方面。

但是，耕田的人未必就是织布的人，而织布的人又未必是造屋的人，这是从其差异方面来看。而且，这种差异之处，往往也可以类推而至于细微的地方。所以，比方耕田的人，未必就是磨谷的人，而磨谷的人，未必就是煮饭的人，煮饭的人，也未必完全是为着自己吃饭而煮饭。换句话说，吃饭因为人人所必需，可是吃饭的人，未必就是煮饭、磨谷、耕田的人。这样的推衍下去，我们可以说人们的差异的地方很多。但是这种差异，不但是文化进步所不可无的条件，而且是分工合作的原理。因为耕田的人，既要依赖织布的人而穿衣，又要依赖造屋的人而居住。反之织布的人与造屋的人，也要依赖耕田的人而吃饭。从其差异的地方来看，他们是分工，然而从其需要方面来看，他们却是合作。在这种情形之下，我们可以说是这种文化是偏于和谐方面。

文化的物质方面，固是这样，文化的社会方面，也是这样。假使人们没有相同的地方，社会是决不会成立的。歧丁斯所谓同类意识（Consciousness），就是这个意思。所谓同类，不只是体质上的相同，而且是心理上的相同。所以同一的血统或种族，可以成立一个部落或国家；同一的兴趣与信仰，也可以成立一个团体或教会。在早期的文化里，社会的组织，主要是依赖于血统的关系，而在近代的文化里，社会的组织，多数是趋向于兴趣的相同。但是，无论是血统的相同，或是兴趣的相同，从其相同的地方而组织的社会来看，这种社会，是偏于一致的。

然而社会的成立，不只是依赖于相同的地方，而且依赖于差异的地方。假使一个社会的人们，无论在体质方面，或心理方面，完全是相同的，那么这种社会的各种关系，必定是有限的、很少的。因为在这种的社会里，既少有互相交换，也少有互相依赖，少有互相贡献。同时，所谓社会的团结力，也不易发展。因而，不但在数量上，社会的组织难于增加，就是在种类上，社会的组织，也不易分别。所以，人类的体质上或心理上的差异，是巩固社会的组织与发展社会的历程的必须条件。但是从其差异的地方来观察社会，这种社会，是偏于和谐的。

　　从文化的精神方面来看，相同与差异，同样的是必需的。就以一般人所谓思想来说，思想完全不同，对于文化的发展上，固有阻碍，思想完全相同，对于文化的进步上，也有阻碍。因为思想相同，才能合作，而思想不同，才有分工。近来有些人极力主张思想统一，其实，思想若是真正统一起来，那就不是思想了。所谓统一思想，就是强迫他人去相信某人的思想，结果是变为信条。中世纪的文化，所以呈了停滞的状态，中国数千年来的文化，所以没有显著的变化，都是由于信条的作祟。前者所信的只是耶教，后者所信的却是孔教。他种思想既在排除之列，那么文化的社会方面，则无从改变，文化的物质方面，也无从改良。其实，思想是心理的状态，而心理的状态，只能相同，不能共同。我们平常所谓我们的思想，不外是从各个人的相同的思想方面来说，因为只有个人，才能思想。他人可以设身处地，而想及我个人的处境，然而我个人的真正处境，只有我个人才明白，无论他人怎么样的明白我个人的处境，他人决不能像我个人一样的感觉到我个人的痛苦或快乐。同样：无论怎样的明白我个人的心理，他人决不能像我个人一样的思想，决不能完全明白我个人的思想。因为心只能与心交通，而不能变为一心。一般人所谓一心，就是同心，就是心理上的相同的地方。在文化上，相同的心理，可以发生一致的现象，但是不同的心理，若经过交换与讨论以后，也可以成为和谐的状态。

　　所以，无论从文化的那一方面来看，一致与和谐，不只是两相并立，而且两相需要。然而这种两相并立与两相需要，又是由于人类的相同性与差异性而来。

　　在表面上，在人类的生活里，合作是由于相同，而分工是由于差异。然而在事实上，相同固不能分工，差异却可以合作。其实，因差异而合作的团结性，比因相同而合作的团结性的程度，还可以高得多。因为相同，则合作与否可以随便，相异则非合作不成。合作是文化的社会的必需条件，而分工又是文化的个性化的必然趋向。所以，合作的程度愈高，则文化的社会化的程度也愈高。分工的程度愈高，则文化的个性化也愈高。然而分工既也可以合作，分工也是文化的社会化的必然趋势。有些人，以为文化愈进步，则人类的个性愈消灭，这是一种错误。人是生而受制的，卢梭以为人是生而自由的，也是一种错误。小孩一生出来，不能自立，必须父母抚养，而父母的动作、思想、以至一切的环境，对于这个小孩的影响，都可以说是小孩的限制。等到他长大了，能离开父母而独立，他可以说是不受父母的限制，而得了一种自由。假使他们以后能够改造了各种环境——自然的或文化的——那么他又可以说不为这些环境所限制，而得了较多的自由。

　　此外，我们还可以指出，文化较低的人们的自由，是不如文化较高的人们的自由的范围那么大，在文化较低的社会里，人们的一切动作思想，都受了风俗、习惯、信仰、道德以及文化的其他方面的限制。个性能够表显的机会是少有的。自生长至老死，不但是深受了其本族的种种限制，而且少有机会去与外族接触。在文化较高的社会里的人们，就不是这样。职业的种类繁多，使他们能够自由选择。交通的工具利便，使他们能够自由迁移。思想的支流错综，使他们能够自由反省。在选择伴侣上、在团体生活上，以至在贯籍上、国籍上，他们都有自由自主的权利。这都可以说个性的表彰。

　　同时，因为分工合作的关系，在文化较高的社会里，人们的社会性，也比较发达。因为在这种社会里，一个人固能独立而生存，一个团体也不易独立而生存。甚至一个国家，都难于独立生存。一个人必依赖其他的人而生活，一个团体必依赖其他的团体而生活，一个国家必依赖其他的国家而生活。在生活的必需的东西方面，既有了相同之处，而却因分工而不能自给。结果是不能不合作，而在有意或无意之中，文化的各方面都有了标准化的趋向。一个制衣服公司的衣服，可以流行各地。一个食品公司的食品，可以畅销各处。一个营造公司的房样，可以影响全国。一个汽车公司的汽车，可以驰骋全球。甚至某种社会组织、社会制度，以及一种主义、一种学说，也可影响整个社会，整个人类。这种标准化，也就是我们所说的社会化，虽则社会化，未必就是标准化。

　　文化的社会化与个性化，从表面上看起来，好像是互相矛盾，然而事实上，却是相生相成。因为社会化的程度之所以高，是由于分工的发展，分工的程度愈高，则个性化的程度也愈高。所谓专门人才的增加，就是分工的发展，而分工的发展，就是一个人所能作或所喜作的东西，未必为他人所能作或所喜作。每一个人有每一个人的特长之处，而为他人所不及，这就是个性的发达。然而因为每一个人只能作或喜作一件东西，或数件东西，结果是有了好多东西，是要他人去作。而这个人与他人遂成为不可分离的状态。所以这个人，非与他人合作，不但他的特长无所表显或没有用处，就是他的生存也成问题。一个汽车工厂里作车胎的人，未必就是做车身的人；而做车身的人，未必就是做机器的人。事实上，一部汽车是集百数十的专家的工作的大成，缺乏了一件东西，汽车都不能行驶。所以，这些专家，非大家合作，非密切的合作，就做不出汽车来。汽车固是如此，整个文化也是如此。可是这种密切的合作，也是社会化的表征。所以个性化与社会化，是文化进步的历程中的两方面。

　　社会化，而特别是标准化，是偏于一致的。个性化，而特别是在分工合作的原则之下，是偏于和谐的。社会化既与个性化是两相并立，两相需要，一致与和谐，也自然而然是这样。

　　上面是注重在空间上的一致与和谐，至于时间上，也有一致与和谐。其实，所谓一致与和谐，是两相并立，是有时间性的。时间上的一致与和谐，不但是两相并立，而且好像有了先后的分别。法国的有名的历史学者基佐（F. P. G. Guizot）在其一八二八年所刊行的《欧洲普通文化史》里，曾对这一点，有所解释，我现在把他的大意译述于下：

假使我们看看欧洲过去的文化，或是过去的罗马与希腊以及亚洲与其他的文化，我们免不得要觉到他们，总是有一致的特性。每一种文化，都好像是从一种事实，或一种观念，产生出来。我们差不多可以说，每种社会，都是受制于一种原则之下，而这种原则，是一种流行的原则，为一切的制度、习俗、意见，以及一切的发展的基础。

但是，现代的欧洲的文化，就不是这样。我们放开眼睛一看，我们立刻觉到这种文化的分歧、这种文化的混杂与这种文化的纷乱。社会组织所应有的原则，都可以在这里发现，所谓一切的权威，无论是精神的也好，世俗的也好，专制的也好，共和的也好，以及所有各种社会与社会的情境，都在这浑混，而可以发现。同样的，一切的自由、财富与势力的等级，也可以在这里发现。这些复杂的势力、权威与制度，互相争竞，可是同时又没有一种足以征服或压制其他各种，而成为唯一的统治的原则。在过去，所有的团体，都筑在一种同样的模型上，有时是专制，有时是神权，有时是民治。每一种都为每一时期里的统治的原则，而绝对的统治某种社会，但是，在现在的欧洲，种种不同的制度，在同一的时代里，都应有尽有，这种的差异，是很显明的。但是，在很明的差异的现象之中，也并非完全没有相同之点，其实，这些相同之点，是不能不注意的。因为欧洲文化之所以成为欧洲文化，就是由于这些相同之点。

这是基佐的见解的大概。所谓差异之中，有了相同之点，也可以说是一致与和谐两相并立。所谓过去是受了一种原则的统治，而现在是受了各种原则的统治，就是承认文化的发展是由一致而趋于和谐。所以照基佐的意见，在欧洲的文化里，不只是一致与和谐，两相并立，而且欧洲的文化的发展，是从一致而趋于和谐。我们在上面已经说过，文化的进步，是由简单而趋于复杂，因为了简单，所以容易趋于一致，因为了复杂，所以才能偏于和谐。基佐虽没有明白的说出这种和谐的道理，然而他所谓在复杂的原则之下，欧洲文化之所以成为欧洲文化，就是含有和谐的意义。

可是，这种由一致而趋于和谐的发展，只能当作一种相对的原则，而却非绝对的真理。因为在古代与以往的文化里，也可以找出因差异而成为和谐的现象。而在近代与现在的文化里，也可以找出因相同而成为一致的形态。这是由于像我们上面所说，人是处处相同的，而同时又是处处差异的。不过，我们若把文化的发展的整个历史来看，则其由一致而偏于和谐的趋向，也是很为显明的。

其实，较低的文化，是偏于一致，而较高的文化，是偏于和谐。这也是因为较低的文化，比较简单，而较高的文化，比较复杂。在较低的文化里，不但是一切风俗、习惯、道德、信仰，往往偏于一致，就是物质生活上的必需，也大致相同，而偏于一致。不但这样，在这种文化里，凡是一个人所能作的东西或事情，他人也差不多都能够作。耕种、纺织、造屋以至歌舞、拜神，少有分工而成为专门的职业。差不多个个人对于这些东西都能够作，这是由于在这种文化里，这些东西比较简易作。比方在南洋好多文化较低的社会里，随地放种，就能生谷，而木柱竹围的简单房屋，移家时可以整个他迁，日常必需的生活用品，多由自己造作，所以一切的生活方式，都较为简单，而偏于一致。

在较高的文化里，而特别是在我们现在的文化，思想既有很多支流派别，社会组织又是千绪万端。至于物质生活上的分工，更是无微不至。所以一致的状态，远不若较低的文化里那么显明。正像一个音乐队，并非由一种乐器所组成，而是由各种不同的乐器所奏演，故其所奏出的声音，是偏于和谐。

假使我们承认较高的文化，是由较低的文化发展而来，我们也得承认文化在时间上的发展，正像基佐所说，是从一致而趋于和谐。所以文化上的和谐，实为现代文化上一个很重要的问题：和谐的反面是失调。假使文化的各方面发展的速度不同，而且相差得太远，那么文化就呈了失调的状态。如近代文化的物质方面，因科学的发达与机器的发明而日新月异，在文化的社会方面，或精神方面，却赶不上物质方面的进步。所以，发生出好多社会问题，而使社会秩序，失了平衡的状态。因而有些人更相信这种文化的失调，是无法调整的，因而感觉到悲观。我们以为这种看法，是有错误的。究竟现代文化之呈了失调的状态，是否由于文化的物质方面进步得太快，而其他方面进步得太迟，我们可以不必加以讨论。就使这是事实，我们以为这也不过是一个文化变迁的过渡时期一种变态。自然的，这个过渡时期，在时间上，究竟延长多久，我们不能推算。不过，我们所要指出的是，文化既是自成一格，而各方面有了密切的关系，那么一方面的波动，必定影响到别的方面。近代的文化的物质方面的变迁，无疑的是比其他方面较为厉害，然而我们不能否认，现代文化的社会方面与精神方面，也正在剧烈变化的历程中。而且，这些变化是趋于和谐的，这就是说，现代的文化，正从失调的状态，而趋于和谐的状态。其实，现代文化的物质方面之所以有剧烈的变迁，也可以说是由于文化的社会方面与精神方面的剧烈的变迁而来。现代文化的物质方面的剧烈变化，是十九世纪以后的事，具体的说，是在工业革命以后的事，然而在工业革命之前，十八世纪岂不是有过政治革命吗？十六世纪岂不是有过宗教改革吗？十五世纪岂不是有过思想变迁吗？假使我们不能否认工业革命，是与政治、宗教、思想的变迁有了关系，那么我们既不能坚持只有文化的物质方面才有变化，而文化的其他方面没有变化，我们也不能坚持文化的物质方面与文化的其他方面的暂时失调，是不会趋于和谐的。其实，现代文化之所以成为现代文化，就是有了和谐的意义。

文化的某一方面的变化，固会使文化趋于失调的现象，而波动和谐的状态，可是和谐若没有变化，于文化的进步上必有障碍。而且，和谐若延滞太久，这种和谐，也必成为一种相对的单调。在中国的固有文化里，与中世纪的耶教文化里，未尝没有和谐，然而这种和谐，历时太久，差不多变为绝对的单调，而缺乏弹性。中国的固有文化与中世纪的耶教文化，所以难于进步，也就是这个原故。文化是变化的，文化没有变化，就失了文化的真谛。而且人类是有理想的动物，理想是无止境的，实现了一种理想，又有一种理想，排在人们的面前。在文化失调的时候，和谐固是理想，然而实现了理想的和谐，又有理想的和谐。可是要想实现这个理想的和谐，须先打破那个已经实现的和谐。打破这个已经实现的和谐，就免不了要有失调的现象。所以，文化失调，虽使文化上呈了紊乱的状态，然而文化失调，也是文化发展的历程中所难免的现象。假使人类能用理智去促短这个失调的时期，减少失调的流弊，那么失调，不但不会阻止文化的发展，而且可以促进文化的进步。

　　我们上面所解释的文化的一致与和谐，主要的是在同一的文化里面。这就是说，在同一的圈围的文化。假使有了两种文化或两个圈围的文化接触起来，其结果与趋势是怎么样呢？据我们的意见，这两种文化的接触的结果，也是趋于一致的或和谐的。

　　但是，在未说明两种文化的接触的结果与趋向之前，我们对于文化接触的本身，应该略加解释。两种文化怎么能够接触起来，这是由于很多的原因。大致的说，商业的交通、宗教的传播与战争的结果，都可以说是文化接触的主要原因。

　　两种文化的接触之由于商业的交通，在历史上，例子很多。比方中国与西洋的文化的互相沟通，不但主要的，而且最先的是由于做生意的人。自然的，做生意的人，不一定是直由欧洲转运货品到中国，或是直由中国转运货品到欧洲。货品的转运，可以经过间接的商人的手里。其实，中西海道尚未沟通之前，中西货品的交换，差不多完全是由于间接的商人，而特别是亚剌伯人的转运。唐宋时代，广州的亚剌伯人的数目之多，完全是为着做生意而来的。自然的，这些商人所运的货品，只有少部分是欧洲的货品，然而中西货品的流通，都是由这些人的间接转运。海道沟通以后，西洋人源源不断的来中国，中西货品始直接得以交换。我们应当指出，由商业的交通而接触的文化，主要是偏于物质方面，而且这种的文化接触，往往是无意的，而非有意的。因为做生意的人，目的是在于买卖货品，以求得利，而非有意去沟通整个文化。所以，单靠商业的交通而谋两种文化的沟通，是不够的。不过，这种交通，若能继续不断，则这两种文化，不但在无意可以逐渐溶化，而且可以从物质方面，逐渐影响到文化的其他方面。

　　宗教的宣传，可以说是有意的，而且可以说是偏于文化的精神方面。中国的佛教徒如法显之到印度求经，是有意的要把印度的佛教介绍到中国。至于基督教徒之到各处宣传教义，不但只是有意的去宣传宗教，而且有了强有力的组织以为后盾。天主教的耶稣会，新教的美以美，就是这个例子。我们应当指出宗教的宣传，在历史上，常常与商业的交通，有了密切的关系。法显回国，是乘商船。利玛窦之来中国，也是乘商船。所以商业的交通，对于宗教的宣传，有了很大的帮忙，虽则在以往，做生意的人对于传教士的态度是很坏的。传教士所宣传的，主要的虽是文化的宗教方面，然而对于文化的其他方面的沟通，也有很大的帮忙。明末清初的天主教士，利用天文、算术等科学，去做宣传的工具，虽则宗教与科学在欧洲在那个时候，正是互相诋毁，互相攻击。基督教虽是极力主张和平，可是明末清初，汉满两方所用以为互相争伐的铳炮，也是天主教士所制造的。此外，教育的提倡，医院的建设，以及文化的其他方面，也多介绍。至于十八世纪的欧洲人之对于中国文化，如园艺以至孔教的提倡，主要也是由于这些教士的传播。

有好些人，以为战争对于文化只有破坏，没有好处。这只是片面的见解。其实，战争对于文化发展上的贡献是很大的。专从文化接触方面来看，两个民族往往因了战争而使其文化有接触或溶化的机会。罗马征服了希腊，然而希腊的文化，却流传于罗马。满洲征服了中国，可是满洲却为中国的文化所淘染。十字军的东征，是耶教文化与回教文化沟通的开端。至如元代蒙古人的西征，是中国的文化与西洋文化沟通史上的一大关键。中国的火药、指南针、印刷术，都是因这次西征而流传到西洋。而这些东西，对于西洋近代文化史上的重要性，是大家所共知的。同时，天主教会之对于传教东方的政策，也在这时萌芽。当时教皇之遣使东来，就是这种政策的实施。至于天主教士，后来对于中西文化的沟通上的功劳，也是大家所共知的。

上面是说明文化接触的原因，至于文化接触的种类，大概有了下面三种的可能：

（一）两种完全相同的文化。

（二）两种完全相异的文化。

（三）两种有同有异的文化。

照第一类来看，两种文化，若是完全相同，那么一经接触，其结果与趋势，必定是一致的。照第二类来看，两种文化，若是完全不同，那么接触以后，其结果是趋向于和谐的。照第三类来看，两种有同异的文化，若是接触起来，其结果大致是趋向于一致与和谐的。我们可以把这几种文化的接触的结果，列在下面：

（一）两种完全相同的文化相接触——一致。

（二）两种完全相异的文化相接触——和谐。

（三）两种同异兼有的文化相接触——一致与和谐。

这种假定，完全是基于程度相等的文化。所谓程度相等的文化的标准，颇难决定。但大概至少要具有下面所列的三种条件：

（一）在文化层累的发展上，必须处于同等的阶段。

（二）在文化发展的趋向上，两者都必须能够很适合。

（三）两者必须能够适合接触以后的新时代与新环境。

上面所假定的文化的接触，只限于两种。假使两种以上的文化接触起来，其结果也是趋于一致的或和谐的。同时，我们要指出，在这两种或两种以上的文化，从接触以后，而到一致或和谐的地位，必定经过一个过渡的时期。过渡的时期，也许很短，也许很长。假使两种文化或两种以上的文化，在程度上，在趋向上，以及其他的条件，偶然完全相同，那么这个过渡的时期，也许很短。正像我们上面所说，一经接触，就能趋于一致。假使两种或两种以上的文化，是有同有异的，那么接触以后，必定经过相当久长的过渡时期，始能趋于一致与和谐。假使两种或两种以上的文化，是完全各异，那么接触以后，必定经过一个更长的过渡时期，始能趋于和谐。

两种或两种以上的完全相同的文化接触以后，在过渡时期，其总势虽是平行的，然而大致上，不会发生新局势、新要求与新趋向。至于两种或两种以上的完全不同与有同有异的文化接触以后，其趋势有时也好像是平行的，不过这种平行，不外是文化变迁与溶化中一种历程，然其结果总是趋于和谐的或一致与和谐的。因为这个原故，所以两种或两种以上的文化接触以后，他们无论任何一方，都不能独立生存。因为接触一经发生立刻变为一种新局势、新要求与新趋向。在过渡的时期里，他们虽然是好像是双双并立，其实却是双双必需。甲种文化，固不能单独的适应这个新局势、新要求与新趋向；乙种或丙种，也不能单独的适应这个新局势、新要求与新趋向。因为各种文化，都是各方的共同必需的东西。

假使我们上面所说的话是不错的，那么所谓保存固有文化这句话，无论在文化发展的理论上，或趋势上，都是不通的。因为在两种或两种以上的文化尚未接触之前，既无所谓固有，在他们已经接触之后，他们也惟有一个共同的文化，而无所谓固有。同样，所谓保存固有的文化，更为时势所不许。假使甲方要说他要保存他的固有文化，那么乙方就不要这部分的文化吗？假使乙方或丙方要说他要保存他的固有文化，甲方就不能享受这部分的文化吗？因为一方面的保存固有，别方面就成为欠缺，而其结果是，欠缺方面不能适应这个新局势，新要求，与新趋势。

自然的，甲、乙两种或甲、乙、丙三种文化的接触以后，甲方固可以说在这个新时境所要求的文化中，某一部分是他的固有的东西。同时乙方或丙方也可以这样的说。但是这里所说的固有，不过是历史上的陈迹，或正是成为历史上的陈迹，而非这个新时境——接触以后的时境——所需要的。因为这个新时境所需要的，是一种共同的一致或和谐的文化。

我们上面所说的一致或和谐的文化，是程度相等，而时境趋向所容许两者或两者以上，合而为一的文化。假使因为甲种文化的程度较高，而乙种文化的程度较低，而时代环境所需要的，又是甲种文化，那么这两种文化接触以后的结果，是怎么样呢？我们的回答，是乙种文化不能适应于这个新时境，而逐渐的成为文化层累的一层。这种文化接触，也有其过渡的时期。在过渡的时期里，乙种文化和甲种文化，也好像是有了两种平行并立的文化，但是从文化的趋势上看去，他们并非平行并立，而是乙种逐渐成为陈迹，甲种逐渐伸张而成为共有的东西，而变为送旧迎新的时期。这个时期，也许延长得很久，但其趋势是一致的。

同样，在这个送旧迎新的过渡时期，也没有所谓保存固有文化的可能性。因为在乙方面，保存既为时境趋势所不许，在甲方面，他的固有，也变为公共所有，所以他也不能保存其固有。结果也正像我们上面所说的，完全不同或有同有异的文化，接触之后，而趋于一致或和谐。两者的接触，而合为一种文化的方法固然不同，然其趋势却是一样。

我们已略将文化的发展与文化的性质，加以说明。总而言之，在时间上，文化是变化不止的；在空间上，文化是连带复杂的。因为变化，才有发展与进步；因为连带复杂，故有一致与和谐。时间上的层累变化愈多，则其发展与进步必愈速。空间上的圈围愈放大，则其趋于一致与和谐的圈围也愈大。在空间上，假使两种或两种以上的文化，未曾接触，他们的发展，也许各异，但是一经接触，则其趋势，是一致或和谐的。在时间上，他们接触之时，或成为一致或和谐之后，若再有不同或相同的文化，来和他们相接触，他们也是趋于一致或和谐的。因此之故，人类的文化，在时间上的发展与进步，是与人类的生存的时间的延长，成为正比例，而人类的文化，在空间上的趋于一致与和谐的范围，也是与人类在空间上所扩充的范围相等。

第二章　回顾与前瞻

　　人类是文化的动物，然而从文化的观点来看，在人类最初发生的时候，他们与其他的动物，而尤其是高等的动物，没有多大的差别。他们正像其他的动物一样的，是裸体跣脚。他们也像其他的动物一样的，是茹毛饮血。他们又像其他的动物一样的，穴居野处。他们既没有船在江海里行驶，他们也没有车在陆地上交通。他们既没有庞大复杂的社会组织，他们也没有高深完密的思想系统。语言在这个时候，也差不多是一些情绪的呼喊，文字在这个时候，也可以说是完全没有的。所以，在这个时候的人类，不但只受地理环境的限制，而且受毒虫猛兽的威胁。

　　然而因为人类有了直立的躯体，有了自由的两手，有了说话的器官，与有了超越的脑子，使人类能从与禽兽无大差别的地位，而逐渐的发展其文化，使江海山岭失了险要，使动物植物为其所用，使一切的自然的环境，逐渐的变为文化的环境，而其结果，是所谓自然的人类，却变为文化的人类。所以，现在的人类，而尤其是文化较高的人类，假使离开了文化，就差不多等于不能生活。文化是人类所创造的，然而同时人类却为文化所范围。

　　因为人类为其所创造的文化所限制，所以有些人遂以为文化成为人类的仇敌。他们的理论是人类是自然的，而文化是反自然的。人类的文化愈进步，则人类的本身愈退化。他们的例子，是戴了眼镜则眼睛愈退化，常吃熟食则胃口愈退化，愈讲究刷牙的人，牙齿坏的愈多，出入必要以车代步的人，脚力愈趋软弱。这样的类推，举凡衣服、履帽、房屋与一切的文化的物质方面，都可以说是消耗人类本身的力量。人类征服了自然，反为自然所报复。所以，他们的预料是，在不久的将来，人类必因本身的体力的衰弱与人口的减少，而趋于灭亡。等到人类本身衰弱了，人类人口没有了，人类所创造的文化，也必随之而衰落，必也随之而灭亡。等到这个时候，自然又抬头了。所以，他们的口号，是反文化，反自然。

　　我们知道这种理论，虽因现代的物质文化的剧烈进步而发达，然其渊源却很为久远。两千余年前的老庄、十八世纪的卢梭，都曾积极的主张这种理论。然而两千余年来，人类的人口，在量的方面，不但未见得减少，在质的方面，不但不见得衰弱，反而在量的方面，愈见增加，而在质的方面，愈见强壮。

　　在老庄的时代，物质文化，远不及今日的物质文化那么进步，而人类之于自然环境，比较接近得多。假使照这些人的理论来看，人类无论在量的方面，或质的方面，应该比现代为多为好。然而历史的事实所告诉我们的，却与这种理论恰恰相反，可见得人类的文化的进步，就是人类的本身的进步的表征。

这个道理，是很为显浅。比方医药进步，疾病减少，疾病减少，死亡率也随之而减少，人口也自然而然的增加起来。所以，普通来说，文化较高的国家，是人民身躯较壮的国家。同时，也是人口容易增加的国家。我们承认，有些国家而特别是法国，近数十年来的人口，在量的方面，有了停顿的趋向。然而这是因为人们不愿多有小孩，节制生育的结果。假使他们愿意多有小孩，是没有问题的。而况，就以法国而论，我们只能说是它的人口增加较慢，而并非减少。所以大体来说，在现代文化进步得最剧烈的时期，也就是人口增加得最剧烈的时期。比方，一八〇〇年的英伦与威尔斯两个地方的人口，总数是九百万。住在都市的，约有三百万；住在乡村的，有六百万。到了一九〇〇年，这两个地方共有人口三千万，住在都市的约有二千万，而住在乡村约有一千万。这个统计，不但说明在十九世纪的一百年内英伦与威尔斯人口增加了三倍以上，而且指出在所谓都市的人口增加得最厉害的时期里，乡村的人口，不但不因之而零落，而且也增加了差不多一倍之多。英伦、威尔斯固然如此，西洋各国，也是这样。十九世纪以后，是人类文化史上进步得最显明的时期，同时，正像上面所说，也是人口增加得最剧烈的时期。而且，不但都市的人口增加，乡村的人口，也有增加。

这是从人类的数量方面来说，至于人类的体质方面，我们也可以说，是文化进步，人类的体质，也有进步。我们明白一个人要使其身体强壮，在消极方面，要减除疾病，而在积极方面，要讲求养料。医药的进步，对于减除疾病上，已有显著的功效，这用不着我们在这里详加解释。疾病的减除，就是身体强壮的基础。此外，近代科学发达，对于有益身体的养料方面，多有发见，故在积极方面，对于人类的康健上，也大有贡献。所以，大致上，文化较高的人民，也就是身体较好的人民。好多人以为西洋人的体格强壮，是由于生而如此。他们忘记了西洋人在胚胎的时候，其母亲就有较好的环境，较好的营养。出生的时候，又有良善的医院、良善的医生，自幼至老，自己又有较好的环境与较好的营养。假若病了，也有良善的医院、良善的医生。所以，西洋人，不但只在享受生活方面，比较完满与丰富，就是在工作的效率上，也较为快速，而在工作的时间上，也较能忍耐。住洋楼的多是西洋人，冒大险的也多是西洋人。我们不相信这是上帝所赐与，我们不相信这是天生的特长。我们相信这是文化的结果，因为假使不是文化的结果，那么西洋以外的民族，永远是不会赶上西洋，永远不会与西洋并驾齐驱。

我们在上面是指出文化的进步，不只是使人类的数量方面增加不少，而且使人类的体质方面，康健得多。这是文化进步而促进人类的进步的一种表征。假使我们从文化的本身的各方面来看，那么我们也可以看出人类的进步。

我们先从文化的物质方面的衣、食、住、行来说。

人类在最初的时候，本来是差不多像其他的动物一样，是没有衣服穿的。就以用了衣裳较早的我国来说，据说四千年前的黄帝始垂衣裳以治天下。黄帝以前，大概还是像《白虎通》所说"古之时，……民人……衣能覆前，不能覆后"。而其所用以遮蔽前体的衣服的材料，又不外是皮叶之类。据说，黄帝时，始有蚕丝，而通典也说黄帝始用布帛。那么丝帛的利用，也不过是四千年左右的历史。在丝帛尚未利用之前，所谓衣裳，不外是用皮叶去掩盖身体的一部分。丝帛的使用，在衣服的材料上，是一种大进步，而保护周身的衣裳，也许在这个时候发明。我国人之所以称为文明的民族，而别其他的野蛮的民族，也可以说是有了衣裳，与没有衣裳的分别。所谓"衣裳之治"，也是指着礼义之邦，而所谓"断发文身"，就是指着南蛮之俗。

　　又蚕丝的利用，不但在我国的文化上，有了重大的意义，就是在世界的文化上，也有了重大的意义。古代的西洋，叫我国为丝国。因为我国的文化之最先传到西洋而为西洋所当为最宝贵的东西的，就是丝。

　　然而在黄帝的时代，固然是有了衣裳，却还没有裤子。直至汉代还有人没有穿裤子的。《东观汉纪》说"黄香冬无裤被"就是三国的时代，还有人没有穿裤子。《魏略》说："贾逵家贫，冬无裤。"冬天固是无裤，夏天更不用说。至于女子与男子一样的，直到汉代没有穿裤子。《说文》缚字下云，"岁貉中，女子无裤"。

　　直到现在，一些文化还未开化的地方的人民，还多是没有裤子穿，而南洋各处的人们，所穿的纱笼，或帕农，也是代表一种文化较低的民族的一种衣裳。暹罗华侨有一句俗话"暹人穿裤，唐人走路（意站不住）"，显明的以为穿裤是代表一种较高的文化，因为他们以为假使暹罗人会穿裤子，就是表示暹罗人的智识增高。到暹罗人的智识增高，中国人之在暹罗的，就不易谋生，而不得不离开暹罗。

　　人类的服装是慢慢的发展而来，单从服装的材料的利用来看，就可以见得服装是有进步的。从我们的祖宗，用了自然的兽皮树叶以为衣裳，以至蚕丝与帛布的发明，人类在穿的方面，已有很大的进步。后来再用机器去纺织羊毛与棉纱，又可以说是再进了一步。到了近来的人工造丝，以及人们用化学的方法去利用橡皮以至木材以制造布料，使衣服的原料，又增加了不少。至于在衣的方面的舒适与美观上，近代之较胜于古代，也是一件很显明的事情。

　　我们的祖宗，本来是茹毛饮血的。到了火发明以后，他们虽是可以煮熟东西而食，然而他们所吃的东西，不只是种类无多，而且味道也不好。我们可以想像，我们古代的祖宗，既靠着自然的物产以生活，那么在所谓渔猎、游牧的时期，他们所吃的东西，主要就是动物的肉。然而天然的某种动物，在某个地方所有的，未必为别的地方所有。所谓渔猎时代的人们，在某个地方所捕获的动物，往往是某一种或数种的动物。比方,某处多产鲫鱼,则他们所食的,多为或专为这种鱼。某处多产羊,则他们所吃的,多为或专为这种兽。同样,游牧的人们所吃的,主要也就是他们所畜养的兽类,如牛羊之类。直到现在,在蒙古各处的游牧民族,主要食品,还是牛羊之类。比之我们一般人所吃的东西,简单得多。

就是在所谓农业的时期,人们除了家畜之外,虽有各种植物食品,然而在交通不便,商业不兴的时候或地方,一个地方的人们,除了本地所出产的动物植物的食品之外,也少有外来的食品。一个地方所出产的动植食品,究竟是有限的。除了交通方便,商业发达,其所吃的物品的种类,不会很多。就以我们中国而论,虽然是地大物博,不只有了食品,如茶,如韭菜花之类,在晋以前,没有人用以为饮食的物品,而且有了很多的饮食的物品,是我们中国所没有的。洋薯、番茄,固是外来的东西,葡萄、西瓜,又何尝不是外来的东西。至如豆豉或调味的胡椒之类,也是外来的物品。而近来所逐渐流行的可可、咖啡之来自外国,更不待说。这不过只是随便的举出一些例子,然而在我们现代的食品,比之古代的食品,种类既繁多得多,味道也丰富得多,是很为显明的。

中国固是如此,欧洲更不待言。据人们研究的结果,欧洲在陶器时代之前,是没有牛肉、牛奶与小麦的。葡萄在纪元前六百年,才移入法国的南部。著名的波尔多(Bordeaux)红酒,是不会在葡萄尚未移种之前而著名的。在一五〇〇的时候,欧洲没有一个人知道,什么是可可,什么是咖啡,什么是茶。而这些东西之传入欧洲,是经过一个很长的时间,而始变为日常的食品。在哥伦布尚未发现新大陆之前,巴黎的厨子,就不会用玉米、白薯、番茄、四季豆、波罗蜜等物,因为这都是从美洲移入的。就是裸麦也是在耶稣出世的时候,才移入欧洲。白米也是从印度移入的。家鸡,据说最初是由缅甸的驯养的,而火鸡在哥伦布之前,也只有美洲才有。

至于调味的各种香料,是来自亚洲,更为显明。十五世纪至十六世纪的一般航海家之所以冒险远航,也可以说是要寻找香料的产地。中世纪的欧洲人,只能从别的民族如亚拉伯的商人的手里,而得到香料,因而不只来源往往缺乏,而且价钱贵得可怕。只有富家贵族所吃的东西,才有一些香料啊!

这样看起来,在现在的欧洲人的一日三餐,以至下午的茶点中,所吃的各种东西,是逐渐增加的。二千年前的希腊人与罗马人所吃的东西的简单,固不用说,就是在世界海道尚未沟通之前,欧洲人所吃的东西,种类既很少,味道又平淡。食品的增加与适口,也可以说是文化的发展的一种表征。

自科学发达以后,各种有益于身体的食品,更为进步。我们虽然不必像一般人之狂于维他命(Vitamin),然而大体上,现代的食品之比较有益于身体,是无可疑的。至于医术发达,卫生发展,使各种食品能够清洁而减少疾病,那也是增加我们的康健的最好的方法。

我们近来常听国人告诉我们，中国菜比外国菜好吃。还有些人以为外国人也喜吃中菜。究竟中菜好吃，还是西菜好吃，我们不必加以讨论。然而所谓西洋人喜吃中菜，恐怕至多只是个人的嗜欲，或是偶然的事情。因为自中西海道沟通以后，虽然有了四百多年，然而直至现在，西洋人的一日三餐，并不见得是吃中餐。而且，若从食品之适于卫生方面来看，则西餐之胜于中餐，是无可疑的。近来国人的食品，而尤其是小孩所吃的东西，已逐渐的趋于西化，就是这个原故。至于所谓中菜西食的方法，以及各种食品的制造的方法与贮藏的方法，都是表示西洋是胜于中国的。

我们知道，人类的祖宗，本来是穴居野处的。在我国，在古代照《礼运》所说"昔者先王未有宫室，冬则居营窟"。先王尚且如此，平民所住的地方，可以想像而知。又据《庄子》说"古者禽兽多而人民少，于是民皆巢居以避之"。其实巢居比起穴居野处，可以说是已经进步。据说有巢氏教民巢居，而王了天下，可见得教民巢居，在当时是很有功于人民的。

人类最初，在地上所造的房子，大概是像一百年前塔斯美尼亚（Tasmanian）人所造的房子一样。他们就在地上钉起几枝木桩，把了一片一片的树皮，靠于木桩以为墙壁，没有屋顶，没有门户，下雨既不能遮掩，冷风也不能抵御。

后来也许是为着遮御风雨而盖起屋顶，增了门户，然这些房子既没有窗户，又很为矮小。里面既黑暗，又污秽。而且在人畜往往共在一处，其不合卫生，更为显明。其实，这种房子，直到现在，在我国的乡村，以至城市中的贫民住区，还是随处可以看见的。

在西洋，房子有窗户的历史，也并不算得很久。据说在十六世纪的中叶，斯干的那维亚（Scandinavia）的整个半岛的农民房子没有一家是有窗子，至多不过只在屋顶上，留了一个小孔，用薄皮掩盖以通光线。那时候的欧洲的农民的房子，与我国今日的好多农民的房子，并没有多大分别。

就是在十七世纪的中叶，在柏林城里，家家的猪圈，都在前窗之下。据说，在那个时候，柏林的街上，是人猪杂游。直到一六八一年，普鲁士公爵利俄波尔德第一（Leopold I）始下令禁止柏林市民养猪。

至于从前的住宅的污秽，更是司空见惯的。中世纪的欧洲人的房子里，臭味难闻。十六世纪的巴黎，便壶就是随处倒。据说十七世纪的柏林的圣彼得教堂的门口，就是污秽物件所堆积的地方，而在法国，革命就要爆发的时候，美西挨（Sabastien Mecier）曾说过：在进门的弄子里小便是一般男人的习惯。一回家就看见一个男子在你的楼梯脚下小便，他看见了你，一点也不觉得难为情……这个风俗，实在非常坏，尤其是使女人们为难。连了当时的著名的卢弗宫（Lonver）里的院子里、楼梯上、洋台上，以至门背后，有人随便的去小便。

除了住宅的黑暗污秽之外，一般人所用为建筑房子的材料的改进，也是较晚的事。据说在十六世纪的瑞典贵族所住的房屋，还是用木为墙，用草为顶。直到十九世纪的中叶，丹麦的城市里的好多屋顶，还是用草去盖的。

我们现在一般人，住在四面有玻璃窗户的洋楼，进了没有臭味的抽水马桶的厕所，走在两旁树木森森的柏油马路，回想四千年前、四百年前，以至四十年前的人们的住宅，怎能否认是没有进步呢。

四千年来，而尤其是四百年来的人类的衣、食、住，固有很大的进步。四千年来，而尤其百余年来的交通工具，更有很大的进步。

人类在没有家畜的时候，走路固是凭着两条腿，带物也要靠着自己的力量。据说在陶器之前，人们只会像依士基摩人一样的用狗去做运输的工具。到了陶器的时代，始会用比狗为大的畜物。五千年前，巴比伦人虽已有了轮车，然而二千年前的罗马城里的达官贵人，还是坐轿。直到现在，在我国，不只是在穷乡僻壤，轿或滑竿是很普遍的交通工具，就是在城市里，像重庆，轿或滑竿还是很普遍的交通工具。至于用人拉车，也是随处可见。

在欧洲，直到十七至十八世纪的时候，旅行是一件很苦的事。从巴黎到里昂，在十七世纪的下半叶，要走十天。到了十八世纪的下半叶，还是要走五六天。在英国从伦敦到巴斯（Bath）的路程是一百英里，然而在一七六五年，驿车也要走了两天。现在若以火车的速度来看，从巴黎到里昂用不了四个钟头，从伦敦到巴斯，用不了三个钟头。假使你是乘了最快的飞机的话，从巴黎到里昂，至多只须半个钟头，从伦敦到巴斯，大概只要一刻钟。

不到一百年前，我国现代的第一的留学生容闳氏，赴美留学，从香港到美国，航行还需要一百五十余日。二十年前我们的留学生之渡美求学的，航行往往只需十余天。至于现在，飞机只需飞了四天。说不定过了十年，从我国到美国，只需一二天的时间。

就以我国本身来说，以前从昆明到上海，若取陆道而经过贵州的话，往往要走好几个月。西南公路通车以后，用不了一个月。假使是乘飞机经重庆而到上海，在抗战以前，也不过只用了几个钟头。

从交通的速率方面来看，火车胜于马车，火船胜于帆船，而飞机又胜于火车火船，这是人人所知道的。就是从旅行的舒适方面来看，坐了头等的火车，而特别是头等的轮船，不只比起一般的住宅，舒服得多，就是比起一些讲究的旅馆，也舒服得多。近来飞机内部的设备，已愈来愈好。美国的民航飞机，已有卧房的设备。将来的飞机，无疑的也必像一些舒服的火车、轮船，有了种种的设备。

此外，电报电话的发明，使人类在空间上，虽离了千哩之远，然而消息却随时可以相通。将来的远看机（Television）的普遍，使人们在千里之外，不只声音可以相通，就是容貌也可以相见；世界本来并不小，然而人类发明了各种交通工具之后，世界已很快的缩小。

总而言之，物质文化的进步，不只使人类的日常的衣、食、住，得到更多的舒适，就是在旅行中的衣、食、住，也得更多的舒适。

上面是注重于文化的物质方面，去解释文化的进步，若从文化的社会方面，来看社会的进步，也可以说是人类进步的表征。社会的范围的放大与组织的完密，对于人类的幸福上，得以增加。在文化发展的初期，人类既分为好多小团体，而团体的内部组织，又很涣散，因而不但团体与团体之间的争端，常常发生，就是团体的内部的安宁，也常有问题。我们承认在现代的国家制度之下，国与国之间的争端，也很为剧烈。然而一国之内的和平治安，既多能维持，而国际间的纠纷，除了战争的时候，对于国内的人民的日常生活方面，是没有多大影响的。我们回想，在原始的繁多而涣散的社会里，部落与部落间的互相仇视，与互相残杀，我们回想历史上，而特别是欧西的历史上的王侯与王侯间的互相嫉忌，互相征伐，我们就不能否认在范围较为广大与组织较为完密的现代国家制度之下的人民，所得的幸福，比较的多。我们承认现代的国家的制度，并非理想的社会制度，我们只是说比较上，在国家的制度之下的人民，比之侯国与部落的组织之下的人民，在日常生活上，较为安定。日常生活上的较为安定，就是人类幸福的增加。其实，在现代的文化之下，国际的关系，已从狭义的国家组织与主义，而趋于联盟组织与世界主义。一个国家，在平时既不易单独生存，在战时也不易单独作战。所以现代的政治社会，也正在变化的历程，而趋向范围较大与组织较密的途径。政治的组织，固是如此，经济以及各种社会组织，也是如此。所以从文化的社会方面来看，在将来说不定有了世界统一与和平的实现的可能。

再从文化的精神方面来看，比方，人类思想的进步，也是人类本身的进步的表征。从先天的心理的要素来看，现代人并不见得比过去的人，较为聪明，可是现代人得了过去的人在文化所创立的基础，在经验上所指导的方向，现代人在思想的内容上，既比较丰富，在思想的方法上，也比较精密。智识的进步与科学的发达，都是由此而来。智识的进步与科学的发达，是近代文化的发展的原动力，这是一般人所公认的，用不着我们在这里详加解释。

可是，也许有些人说，这不过是从精神文化的理性方面来说。人类的理性，固因过去的文化与经验的累积而进步，然而人类的道德，未见得就有进步。这一点，我们在上面已略为解释，我们在这里所要指出的是，道德不外是文化的各方面的一方面，文化变化了，道德也得变化。我们不能以古代的道德，来批评现代的行为。我们更不能以古代人的道德，来范围现代人的行为。一代有一代的道德，而且事实上，现代的道德，不只不因文化的各方面的进步而坠落，而且也因之而进步。

从前的人们，往往以为道德是个人的事情，现在的学者，却已明白，道德是社会的行为，是文化的产物，而受了文化的影响，虽则文化的各方面，也可以受道德的影响。所以文化的进步，道德也随之而进步。

就以西洋的历史来看，在希腊、罗马的时代，除了很少数的人们，享受比较舒适的生活之外，一般的人们，是过了奴隶的生活。其实，奴隶在那个时候，不只是认为自然的制度，而且是认为必需的制度。希腊人以为奴隶是国家的要素，哲学家像柏拉图、亚里士多德都辩护这种制度。同样，罗马人也以为奴隶是社会所不可无的份子。直到中世纪，基督教会统治之下的欧洲，奴隶的制度，并不废除，虽则基督教义，是主张人类是平等的。一个人压迫了别人而当为奴隶，本来是一件不平等、不公道的事情，然而直到近代，这种观念才得发展，而这种制度才得废除。

又如男女的不平等，也是历史上的普遍的现象。在我国的三从四德，固用不着说，欧洲在希腊罗马的时代，妇女还是当为财产，其地位差不多也等于奴隶。就是在十九世纪的时候，女子无论在经济上、在政治上、在法律上、在教育上，都是比之男子为低。直到十九世纪的下半叶，妇女运动逐渐发展，妇女始慢慢的与男子处于同等的地位，而能充分的去发展其个人的人格。

我在这里特地的提出奴隶制度的废除，与妇女运动的发展，因为这都是近代所谓人道主义的表征。因为一个人，若不当别人为人而看待，则根本就谈不到公道，而公道就是道德的标准。道德是人与人之间的公道的行为的表示，然而这种公道的行为表示，不只是属于少数的，而是属于大众的。人类从宗教上的平等自由的运动，而发展到政治上的平等自由的运动，再从政治上的平等自由的运动，而趋于经济上的平等的运动，就是公道的行为的发展的表征，也就是道德的进步的历史的事实。

我们并不忘记，就是在欧洲本身，直到现在，还有好多人民是被了统治者所压迫，而特别是在战争的时候，人道主义是被人们蔑视。然而若从整个欧洲的历史的发展来看，道德无疑的是有进步。至于欧洲以外的民族之所受的不平等与不自由的待遇，也是很为显明的事实，然而我们可以指出，这种现象，若不从速的去改善，则世界的真正和平，是无法维持的，而人类的真正幸福，也是无法实现的。一个人压迫别人，而当为牛马看待，固是不公道；一个国家压迫别的国家而当为奴隶看待，也是不公道。

我们承认道德的进步，也许没有物质的进步那样的快，然而人类物质的生活的改善，就已含有道德进步的意义，这就是像了管子所说，仓廪实而知荣辱，衣食足而知礼义，虽则我们也当指出，道德对于物质文化，也有影响的。

总而言之，无论从文化的那一方面来看，文化都有进步的，文化的进步，也就是人类的进步——人类本身的进步。人类是动物之一，然而人类之所以异于其他的动物的，是有了文化。人类是自然之一，然而人类之所以异于其他的自然的，也是有了文化。文化是人类驾驶动物与控制自然的工具，同时又是弥补动物与自然对于人类利用的缺乏的东西。动物植物完全依赖自然以生活，人类除了依赖动物植物之外，还有文化的生活。其实，现代文化较高的人类，差不多完全是生活在文化的环境里。所以，文化的生活，不只是代替自然的生活，而且是自然生活的伸张。照进化论的理论来看，有了地球，才有生物，有了生物，才有人类，这就是说，进化是有程序的。人类是生物本身的进化的最高的阶段的表征，而文化又是人类本身的进步的表征。所以文化愈进步，则人类也愈进步。最高度的文化，也就是人类进步的最高阶段的表征。从文化的本身来看，虽似反乎自然，然而从进化的历程来看，文化是自然的伸张，是弥补自然的东西。因为文化的发展，不只是依赖于自然，而且是自然——人类——的创造品。所以，从进化论的理论来看，文化的发展，是进化阶段中的最高的阶段的表征。人类不能反对文化的生长，正像动物不能反对人类的生长，植物不能反对动物的生长，正像无机物不能反对有机物的生长。从这一点来看，文化的生长，也是必然的。所以，有机物之异于无机物，动物之所以异于植物，人类之所以异于禽兽，与文化之所以异于自然，是进化论的理论的根据。自然是进化的，文化是进步的。文化的进步而影响与限制人类的本身，正像人类的进化而影响与控制动物。动物的进化而影响与利用植物，正像有机物的进化，而影响与利用无机物，都是一样。文化不能离开人类，正像人类不能离开动植物与无机物。动物不能离开植物、无机物，正像植物不能离开无机物一样。文化虽是范围人类的生活，然而文化也增加人类的幸福。人类固控制自然，然而人类也得培养动物，栽种植物，与保存无机物的力量。其实，文化较高的人类，对于动植的培种，与无机物的保存，愈为注意。近代的人类，对于家畜种子的改良的方法，森林矿产的保存的方法，比之过去的人类的，进步得多。野蛮人与往古人，只知打猎，不知养畜；只知摘取果实，不知耕种、栽培；只知斩伐树木，不知保护森林；对于矿产，固不知采用；对于电力水力，也不知利用，所以他们在日常的生活上，只有暂时的准备，而没有长期的预算，过了今天，不知明天，过了今年，不知明年。灾害一来，不但少有方法去应付，而且往往使其本身，以至于整个团体，同归于尽。文化较高的人类，却不是这样。文化进步，是增加人类的幸福，也就是这个原因。

第三章 自由与平等

卢梭（J. J. Rousseau），在其著名的《社会契约》（*La Contrat Social*）里，劈头就说："人是生而自由的，然而他是处处受了束缚。"照卢梭的意见，最初的人类，本来是住在一个自然的世界里，这个世界，是一个快乐的世界，是一个无罪的（Innocent）的世界。而且，在这一个自然的世界里，人类不只是自由的，而且是平等的。一切的东西，都是公有的（Common）东西。假使一个人对于别人，没有答应过什么，那么他对于这个人，就没有什么义务。而且，一个人觉得凡是不属于他自己的东西，就是对他自己，没有用处的东西。人本来是自然的产物，从自然的观点来看，人类都是自由的，都是平等的。

然而后来，因为文化的发展，人类遂从自然的世界里，而进入文化的世界。所谓文化的世界，就是人为的世界。人为的世界，是反乎自然的世界，是一个苦闷的世界，是一个罪恶的世界，是一个权力的世界，是一个奴隶的世界，是一个不自由的世界，是一个不平等的世界。所以，在这个世界里，人是处处受了束缚的。

总而言之，从卢梭看起来，自由与平等，可以说是自然的产物，而不自由与不平等，却可以说是文化的结果。

其实卢梭这种看法，也可以说是十八世纪一种很流行的看法。因为好多学者，都以为自由与平等是天赋的，而不自由与不平等是人为的。美国的《独立宣言》、法国的《人权宣言》，都可以说是偏于这种看法。

反乎这种看法，我们以为人类的真正的自由与平等，是随着文化的发展而逐渐增加。在理论上，在所谓自然的世界里，自然所给与于人类的智慧、躯体，固有其根本相同之处，然而在所谓自然的世界里，人类并不见得能够享受自由与平等。因为在这种社会里，虽未必是像霍布士（Thomas Hobbes）所说，是一个斗争的世界（State of War），然而强者可以把持一切，弱者是受尽压迫，也是一件免不了的事情。其实，在这种的世界里，除一些有了超越的权力的人们，有了一些自由之外，其他的人们，也是没有自由的，而在这种情形之下，也不是一个平等的社会。因为有了超越的权力的人们，既很容易随便的用其权力去为所欲为，则没有权力的人们，必定吃亏，而在这两者之间，是不会有平等的。所谓自由，也只是一些有了超越的人们所独有，而非没有权力的人们所能有的。所以，卢梭以为自然的世界是一个完全自由的世界，是一个很大的错误。

不但这样，严格的说，人决不是生而就有自由的。他在胚胎的时候，既没有自由可言，他在孩童的时候，也少有自由可说。他不能穿衣服，必依赖父母或他人而始有衣服以御寒。他不会吃东西,必依赖父母或他人而始能得吃以充饥。他不会住房子,必依赖父母或他人而始在房舍里居住。他不会去行动,必依赖父母或他人而始能走动到各处。反过来说,他不能自由去穿衣服,他不能自由去吃东西,他不能自由去住房屋,他不能自由去行动。

而况事实上,他虽有知觉,而理性却还缺乏。他不但不会说话,不会表达他的思想,而且根本上是没有什么思想。他饥了而会哭,然而他既不知其所以然,他更不知要吃的是什么东西。你给他吃冷水,他吃冷水;你给他喝热水,他喝热水;你给他吃饭汤,他吃饭汤;你给他饮牛奶,他饮牛奶。他没有自由,也没有自主。他完全是受他人的保护,完全是受他人的支配。因为他没有自主,以至自动的能力,他没有享受自由的权利。其实,他根本就不懂得自由是什么。

因为他不懂得自由是什么,你给他自由,他未必喜欢你。你不给他自由,他也并不一定去要求。事实上,我们可以说,在婴孩的脑子里,根本就没有自由这个概念。

主观上,既没有自由的概念的表现,客观又没有自由的行动的能力。我们可以说,在婴孩的世界里,是没有自由的,事事以他人的主意为主意,样样以他人的行为为行为。这是束缚,不是自主;这是受制,不是自由。

同样,婴孩是谈不到平等的。他既完全不能独立,而必依赖了他人始能生存,那么他不只是不能与其所依赖的人们处于平等的地位,而且与其他的婴孩,也未必处于平等的地位。因为他们所依赖而生存的人们,也许就处于不平等的地位,就使是平等了,他们出世以后,也有了壮弱智愚之分。因此之故,不只是在成人与婴孩之间,没有平等,就是婴孩与婴孩之间,也不易有平等。

所以,我们以为从事实方面看起来,人并不是生而自由的。也不一定是生而平等的。人既是生而不自由与不平等,人也不会在自然的世界里,有了自由与平等。而况,人的本身,就是自然的产物与自然的分子,人的本身既不自由,既不平等,那么这就是证明自然是不自由的,是不平等的。又况,正像我们在上面已经指出,在自然的世界里,就有强弱之分。强者既往往用其权力去压迫弱者,则所谓自由,最多不外是强者的自由,很少数人,或是一个人的自由,而非多数人或全数人的自由。同时,既有了强弱之分,根本上就不会有平等。所以我们说:自然的世界,是一个不平等与不自由的世界。

其实,除了其他的动物之外,人类究竟有否经过一个绝对的自然的世界,也是一个疑问。原来人类是文化的动物,既有了人类,必有文化。在原始的人类的社会中,其文化在程度上,无论如何低下,在性质上,无论如何简单,总不能说是完全没有文化的。折了一枝木,以为抵抗猛兽之用,拿了一个石头,以为破裂较硬之物,都可以说是有了物质的文化。听了雷响而畏惧,以为这是有了超然的力量去主宰,见了闪光而惊讶,以为这是有了别种的权威去作祟,这也可以说是宗教或迷信的生长，同时也可以说是有了精神的文化。人之所以异于其他的动物，是由于前者有了文化，而后者没有文化。除了所谓自然的世界，是只有其他的动物的世界。凡是有了人类的世界，总免不了有多少的文化。所谓绝对没有文化的人类的社会，不只在现代所谓的原始的民族里，是找不出来，就是古代的人类的社会里，也是找不出来的。

我们知道，在过去，因为不满意于社会的现状，而歌颂所谓自然的世界的，不只是十八世纪的卢梭，以及其他的学者，同时也不只是西洋的学者，有了这种的看法，就是我国人也有这种论调。庄子在其《马蹄》篇里也指出人类最初是住在自然的世界，这就是他所说的至德之世。然而这种世界，也只能说是庄子的幻想中的世界，而非事实上的世界罢。

人类既没有住过所谓绝对的自然的世界，那么所谓人类的自由与平等是自然的世界的产物之说，也可以不攻而自破了。

反过来说，自然的本身，是人类发展其自由与平等的思想或行为的一种很大的阻力。山岭、河海、沙漠、森林，间隔了人类的社会，阻止了人类的往来。不只人类的行动，往往因之而受了限制，就是人类的思想，也往往因之而被了固塞。假使没有船，则一带之水，也无办法渡过。假使没有车，则辽远的路，是不易去旅行。假使没有畜养骆驼，则广大的沙漠，是很难于行旅的。假使没有发明飞机，则高山与峻岭，是很难于试探的。

人类固不能不依赖自然而生存，然而自然也往往是残酷的。火山爆发，河水泛滥，毒虫为灾，猛兽为害，无一不足以摧残人类，无一不足以杀害人类。我们渴而喝水，饥而吃物，水与物都可以说是自然的恩德，然而这些恩德，究竟是否多过其所给与人类的灾害，这是完全依赖于人类，能否善于适应，能否善于利用。可是，所谓适应，所谓利用，与其说是主要的依赖于自然而然的人类，不如说是主要的依赖于有了文化的人类。从这方面看起来，自然与文化，是处于对峙的地位。同时，我们也可以说，前者是往往成为人类发展其自由与平等的思想与行为的阻力，而后者却常常成为人类发展这种思想与行为的动力。

因此之故，我们还可以进一步来说，凡是文化愈低的社会，则其自由与平等的思想与行为，较难发展，而其文化愈高的社会，则其这种思想与行为，愈为发展。

怎么说文化愈低的社会，则其自由与平等的思想与行为较难发展呢？关于这个问题，我们可以从两方面来解答。

我们先要指出，因为在文化较低的社会里，其所受自然环境的支配，愈为显明。所以要有充分的自由与平等去发展其思想与行为，是比较困难。这一点我们在上面已略为解释，不过在上面所说的，是假定在一个所谓自然而然而没有文化的人类的社会而言。我们现在所要谈的，是并非绝对自然的世界，是有了文化而文化却很低的社会。

在这一种的社会里，人类不只在衣、食、住或日常生活方面，主要是靠着自然的产物，而且在行动方面，也因为交通工具的落后或缺乏，使其范围，往往只偏于一隅，或有了限制。我们可以想像，在这种社会里，人们因为交通不方便，与外间少有往来，文化的接触与互相影响，比较困难得多。因而不只文化的其他方面，不易发展，就是交通工具，也必很为落后或缺乏。飞机是不会有的，火车、火船、汽车、电车等等，也是不会有的。至于电报、电话、无线电种种，更不会有的。其实，在好多的所谓原始社会，或是文化很低的社会里，不只马车、牛车是没有，就是手推或拉的车，也往往没有。至于船就是有了，也必很为简陋，只能作很短程的旅行，只能载轻量的物件。

交通工具既落后或缺乏，与外界少有往来，衣、食、住或日常生活所依赖的，是天然的物产，或本地的土产。假使这个社会里的人们，只靠着天然的物产以过活，不会从事于生产的事业，则过了相当的时期之后，天然的物产，也许用尽，或是因为人口的增加而不够。结果是在这个社会的人们，若不设法去迁移到他处，也许因为食物的缺乏而至于减少或消灭。然而迁移又为交通工具的落后或缺乏而不易，所以历史上，不知有了多少的人类，为了这样而消灭的。

就使在这个社会里的人们，是能从事于生产的事业，如耕种，如畜养，或是有了多少的手工工业，但是为了交通的不便，耕种、畜养，以至工业的发展的可能性，也不会很大，而受了很多的限制。天灾来了，用不着说，土地的生产力，家畜的生产力，固有其限度，而工业的发展，也往往因沿旧蹈常而停滞。

人们因为交通的不方便，而不能自由的从一个地方到别的地方，而他们所赖以为生的大概又逃不出其本地所有的物产。同时，这些物产，也许是很简单而稀少，衣的、食的、住的，人人差不多一样，年年也没有变化，在这种环境之下，根本就没有选择的自由。

从一方面看起来，因为自然物产的简单与稀少，在这个社会里的人们，在日常生活方面，好像是处于平等的地位，然而我们若详细的去考究，所谓原始社会的生活，却有了好多不平等的地方。统治者与被治者、有财产的与没有财产的、主人与奴隶之分，以及在宗教上，在社会的其他方面，而尤其是男女之别、长幼之差，使不平等的形式，不胜枚举。

这不过是从这种的社会的本身来说。若把各处或各种的社会来看，那么因为各处的自然的环境的不同，而又形成了文化上的不同。住在沙漠的人们，只能有了沙漠中所特出的东西。住在山国的人们，只能有了这个山国里所特出的东西。因为自然产物，有了丰富与贫乏之分，结果是各处的社会，也有了这种的等级。其实，这种情况，直到现在，所谓文化较高的社会里，仍然存在。

总而言之，因为受了自然环境的限制，文化愈低的社会，这种限制，愈为明显，使在这些社会里的人们，躯体的行动上，是少有自由的。老子所说"鸡犬之声相闻，民至老死不相往来"，虽是说得太过，然而因为交通不方便，根本就不能走动，而在衣、食、住或日常生活方面，也因为天然物产的简单与稀少，而没有选择的自由。同样，在这种社会里，也未必是一个平等的社会。

此外，因为交通的不方便、自然环境的限制，在这种的社会里，文化的惰性的力量也较大。文化的惰性的力量较大的时候，文化必趋于停滞。同时，个性在这种文化之下，是不易发展，风俗习惯，是不易改变，同时也没有人想或敢去改变。人的行为与人的思想，已有了一个固定的模型，稍不照着风俗习惯而作，必遭社会的非议，或社会的裁判。

在这种的社会里，因为风俗习惯以至传统的思想与信仰的力量太大，文化不论在那一方面，都不易于波动。从文化的精神方面来看，迷信往往垄断了人心，思想遂至于固塞。就像十五六世纪的西洋，地球是圆的学说，都被了基督教会所排斥。在原始社会，更不待说。在文化的社会方面，举凡婚姻、葬祭，以至秘密社会的组织，也可以说是有了一定的方式。同时，在文化的物质方面，又如我们在上面所说，因为自然的环境与交通的不便，也不易于发展。在这种的文化之下，时间愈久，则其惰性的力量愈大。没有外来的刺激，个人，固少有思想或动作的自由，就是有了外来文化的影响，也不易于接纳。

文化较低的社会，一方面受了自然环境的限制，一方面又受文化惰性的影响，使在这种社会里过活的人们，受了双层的压迫。既鲜有自由之可言，而这种社会中各种等级之分，又往往很严，所谓平等，也是不易实现。

反过来看，在文化愈高的社会里，不只因为交通的工具的方便，而能自由的行动，而且因为其文化所包含的成份，比较复杂，比较繁多，一方面可以使人们有了自由选择的机会，一方面可以激励人们去自由发展其文化。此外，又因为文化愈高，则其所受自然环境的支配的力量，愈为减少，使人们在消极方面，少受了这种的限制，在积极方面，也容易去自由发展其文化。

交通方便了，一个人愿意从一个地方到别的地方，是比较容易。同时，因为交通便利，各种不同的文化的接触的机会，也较多起来。无论从个人方面或整个文化方面来看，自由选择与自由发展的机会，也必较多。东西文化之因元朝的西征与十字军的东征，而接触起来，互相影响，使近代的文化，能够日新月异的发展，就是一个例子。

其实，交通工具的本身，也是文化的一方面。交通的方便，固可以使文化的其他方面易于发展，文化的其他方面的进步，也可以引起交通工具的进步。假使没有科学的发展与机器的发明，那么火车、轮船、飞机等，是不会产生的。但是交通的工具愈为发达，则人们在行动上，除了随便从一个地方到别的地方之外，还有很多的自由去选择某种的交通工具。你想快一点，你可以乘飞机。你想在陆地上看风光，你可以乘火车。你要在海上看海景，你可以乘汽船。假使你不愿意去用机器的交通工具，你也可以乘马车，乘牛车，乘帆船。同时，因为有了好多种的交通工具，假使你是有意去发展这种工具的人，你可以把了各种不同的交通工具来作参考，以求进步。有了飞机，容易使人去发明立体飞机，有了电车，容易使人去发展电梯。每个人都有好多的自由，去充分发展其才能，使文化的进步的快度，愈为增加。

交通工具，固是这样，文化的其他方面，也是这样。而所谓自由选择，自由发展，既不一定只限于某一个人或某一团体，那么这种的自由的机会，也可以说是一种的平等的机会。从这方面看起来，自由是有了平等的意义的。人人能够自由的去选择，人人能够自由的去发展，就是人人处于平等的地位。

至于文化愈高，而其所受自然环境的力量的支配，愈为减少，也是一件很为显明的事情。有了轮船，海洋的风浪的危险，减少得多。有了飞机，喜马拉雅山的高峰，不算得高。自然环境的好多障碍，既已破除，人们有了更多的自由，去发展其个性，去发展其文化。三百多年前，可以发现新大陆，今后的人们，也有了飞到月球、火星的希望。自然环境的障碍破除得愈多，人类的行动的范围愈为广大。而这种范围的伸张，也可以说是人类的自由的范围的伸张。自由的范围的伸张，则对于将来的文化的发展，又有了很大的影响。

其实，一部文化发展史，也可以说是一部自由与平等发展史。两者是同时发展，两者是互相影响。文化愈进步，则人们愈为自由与平等。同样的有了自由与平等的思想与行为，则文化也必因之而易于发展。近代文化的发展，鼓动了人们的自由与平等的思想，但是有了这种的思想，又可以引起近代的宗教、政治、经济，以及社会的其他方面的改革。

要想认识这两者的关系，以及其发展的趋势，我们可以从文化的重心的发展上去解释。

我们知道，中世纪是史家所谓为黑暗的时代，教会的势力，逐渐的澎涨，在思想上，既少有自由之可言，而在社会上，也少有平等的现象。同时，在文化的其他各方面，也是处于停滞的状态之下。欧洲的本身，虽自成为一世界，然与外间，却因自然的阻隔与交通的困难而少有往来。地理上的间隔，再加以基督教的文化的惰性，愈为强调，结果是在中世纪的时代，物质文化，固少有进步，精神文化，也很落后。

到了蒙古西征的时候，东西文化接触起来，东方有了好多东西传到西方。指南针、火药、印刷，不过只是几件比较重要的东西。至于其他的物质与非物质的之传入的，当然不少。到了十字军数次东征的时代，东西的文化的沟通，又进了一个新阶段，于是新思想，也可以说是因之而产生。哥仑布读了马可波罗的游记，加以航海的新工具，以及好多其他的激励，因而有了新大陆的发现。不久之后，东西海道以至全球航线，也因之而沟通。新思潮与新文化，很快的发展起来，醉生梦死在中世纪的黑暗环境的人们，也醒起来。罗马教会的压迫，以及其有关的或其他的束缚，逐渐的有人起而反抗。个性也慢慢的发展。马丁·路得的宗教改革，也就是在这种环境所形成，与这种的思潮所鼓荡而来的。

因为宗教——基督教是中世纪的文化的重心，反抗中世纪的黑暗的时代的人们，也以宗教改革为鹄的。因为他们所受的好多压迫，以至刺激，都是偏于宗教方面，因为他们所要求的是宗教上的自由与平等——自由去解释《圣经》，平等去阅读《圣经》，自由去与上帝交感，平等去与上帝接触。反抗只有教士才能解释与阅读《圣经》的权利，反抗只有教皇才能代表上帝的资格。所以，马丁·路得的宗教改革，是脱离教会的束缚，而要求宗教上的自由与平等的信仰。

我们应该指出，这个改革运动，是基督教的内部的改革。然而近代的信仰上的自由与平等的原则的发展，也可以说是来自这个宗教的改革运动。最初人们所要求的，不外是改革罗马教会。这是基督教的本身的问题。然而从此以后，不只新的基督教因之而产生，天主教也因之而改革。就是信仰基督教以外的宗教自由，也逐渐的为人们所承认，而有了法律的保障。

宗教改革之后，政治的势力又逐渐抬头起来。民族主义在宗教改革的时候，以及在这个时候之前，主要是用以为推翻罗马教会的工具，然而后却为皇帝所利用，以为增加个人的力量的工具。皇帝不只逐渐的成为其国内的政治上的主权者，而且等于宗教的教主。宗教权力成为政治的权力的附庸之后，政治上的专制，又因之而产生。当时的皇帝等于中世纪的教皇，而当时的一般贵族也像中世纪的教士。

政治上的压迫，并不减于以前的宗教上的压迫，而政治上的统治者与被治者成为一鸿沟。平等也是谈不到的。中世纪的宗教的重心的文化，在这个时候，又变为政治的重心的文化。人们到了这时，不只觉得只有宗教上的解放不够，而要有政治上的自由与平等，而且感到政治上若没有了自由与平等，宗教上的自由与平等，也往往缺了保障。注意点逐渐的移到政治上的改革。英国的好多清教徒之离开祖国，远渡重洋，而跑到美洲去建设政府，以至其后来的《独立宣言》，主要的是要求政治上的自由与平等。法国的《人权宣言》与革命运动，也可以说是政治上的改革运动。

然而这种改革，也可以说是政治本身上的改革。推翻专制政治而发展民主政体，就是这种革命的要旨。但是帝皇固已打倒，或是成为有名无实的制度，政治在文化上，直到现在，还是文化的重心。民族主义，而尤其是国家主义，在目前的世界中，还是深在人心，而占了很重要的地位。所谓国家至上，民族至上，就是这个意思。国家主义与民族主义趋于极端的时候，往往变为帝国主义。在民主国家里的人民，虽已脱离了专制政治的压迫，可是在国与国之间，还有统治者与被治者的很不自由与很不平等的现象。殖民地的人民与殖民的政府，是两个不同民族或不同国家的关系。前者是被压的，而后者是统治者。假使这种的鸿沟不打破，人类在政治上，还有了不自由与不平等的现象，所以今后在政治上，还要改革。

自然的，政治上的改革，正如宗教上的改革一样。在宗教上最初所要求的，不过是罗马教会，后来愈来愈凶，而其所要求在宗教上的自由与平等的范围，也愈来愈大。在政治上，最初不过是反对凶暴的君主，后来君主也不要了，就是有了君主，也只能有名而无实。待到人民真正自主之后，才能完成政治上的自由与平等的运动。然而现在除国内的自由与平等之外，一国与别国之间，或一种民族与别种民族之间，也要有了自由与平等，否则在政治上，只能说是一部分的人类或一些的国家，有了自由与平等，而非整个人类或所有的国家，都处于自由与平等的地位。要求超了国界而讲政治上的自由与平等，而像超了国界而讲宗教上的自由与平等，才是政治上的最后的目的。

自工业革命以后，人们的注意点，又逐渐的趋于经济方面的改革。农业的文化变为工业的文化，不只职业的种类愈来愈繁，经济上的贫富之分，也愈来愈烈。自由去选择职业，平等去享受利益，这是经济上的自由与平等的改革运动。

我们知道，近代的经济的发展，使世界各国的关系，日趋密切，而经济的需要，又使一个国家不能闭关而自守。所谓民族主义，所谓国家主义，也受了因大的影响。因为在现在的世界上，少有国家能够完全独立而生存。就以美国来说，其物资不能不说是很富，自给的能力，比世界上任何国家也不能不说是很大。然而事实上，也有很多的必需用品，非运自外国不可。而况，世界上的其他地方，一有战事，则美国在直接上或在间接上，也受了影响。英德的战争之波及于美国，用不着说，就是意大利之侵犯阿俾星尼亚，与日本之侵略华北，以至占据东北四省，都可以说是这次世界大战的主要原因。美国的所谓孤立派，在日本侵略中国的时候，也何尝不以为美国是处于超然的地位，而可以袖手而旁观，那里知日本之侵犯中国，就是侵犯美国的先声。珍珠港的事件的发生，菲律宾与阿留西安（Aleutian）群岛的占据，更不外是侵犯美国本部的预备。日本要征服中国，要征服南洋，以至要征服美国，一方面固是由于政治上的野心，一方面却是由于经济上的掠夺。

所以，近代的经济的发展，以及经济的需要，既使各国的关系愈切，以至于争端愈多，则今后所谓经济上的自由与平等的争取，不只限于某个国家的国内的人民，而且逐渐变为国际间的问题。换句话来说，在现今的世界上，在经济上，光只一个或少数的国家里的人民，得到自由与平等，世界是不会和平的。在理论上，比方共产主义的提倡，并不以一国或少数的国家为对象，而是以整个世界上的工人为对象。马克斯与恩格斯在差不多一百年前的《共产党宣言》里，已大声疾呼，希望世界的工人联合起来，打倒世界各国的资本家，以建立其所谓的尽其所能，取其所需的共产的社会。在实际上，比方，这次美国之所以愿意运输其大量的物资，到世界各国，不只是为争取战争上的胜利，而且是为了战后的救济与善后的工作，其目的也可以说是希望世界各国及其人民间的贫富之分别能够减少，因为美国人也未尝不明白，世界上的经济的束缚与不均等，也是引起战争的要因。战争在他处发生，美国也不能离其漩涡。所以，物资的租借，以至救济，与其说是完全为了他人，不如说是也为了自己。自然的，这种办法，以至上面所说的共产党的主张，是否能够使世界上的国家与人民得到经济上的自由与平等，是值得我们讨论的。然而我们在这里所要特别加以注意的，从经济上说，自由与平等的需要，是一件很为显明的事情。

我们承认，直到现在，不只经济上的自由与平等，人们尚未处处做得到，就是政治上以至宗教上，也有了不少的地方还有了很多的不自由与不平等的现象。然而从文化的重心的发展方面来看，大致上，历史的演变，是从宗教上的自由与平等的争取，而趋于政治上的自由与平等的争取，而且又从政治上的自由与平等的争取，而趋于经济上的自由与平等的争取。所以，在自由与平等的争取的途程中，虽然还有不少的路程，也许有了很多的障碍，然而我们若把过去的文化发展的趋向来看，那么我们又不能否认人们所得的自由与平等的范围，是愈来愈大的。而且今后的趋势，也可以说是这样。

我们在上面是注重于文化的重心的发展，去说明自由与平等的理论与事实的发展。我们若从文化的其他方面来看，那么我们也可以得到同样的结论。在近代的历史上，只要我们留心去考究一下，总能明白我们这种结论，是有了事实的证明。比方，奴隶的解放，以及妇女的解放，以至孩童教育的方法的改变，都可以说是人类是趋于较多的自由与平等的途程上。以前，我们当人作牛马看，而有了奴隶的制度；以前，我们当女的为低劣，而有了买卖的婚姻，以及好多的压迫；以前，我们把小孩当作机械，而施以束缚的教育，以至严酷的管理；我们现在都已明白，这是剥夺他们的自由，这是不当他们与我们为平等，所以不只理论上，我们已经改变了我们的观念，就是事实上，他们也已得到不少的自由与平等。所以反乎卢梭的说法，我们以为人们并不是生而自由与平等的，他们的自由与平等，是随着文化的发展而发展的。

最后，我们愿意指出自由与平等这两个名词，虽然是往往连用，却也有差别之处。因为自由不一定是平等，而平等也不一定是自由。比方，在专制的时代，作皇帝的人，也许是很自由的，然而只是个人有了自由，而民众没有自由，这不算作平等。同时，从民众自己来看，人人也许平等，而这是在压迫之下的平等，而却缺乏了自由。

因此之故，我们要在这里声明，我们在这里所说的自由，是平等的自由，而所说的平等，是自由的平等。没有平等的自由，是侵犯了人家的自由，或是损失了自己的自由；没有自由的平等，是成为奴隶式的平等，或是成为被压者的平等。

只有平等的自由，才是真正的自由；只有自由的平等，才是真正的平等；只有了这种的自由，与这种的平等，人类才有真正的和平。然而要想作到这种的境地，人类对于其文化的推进上，尤须大加努力。因为较大的自由与平等，是与较高的文化，是互成因果，而有了密切的关系的。

第四章　模仿与创造

在表面上看起来，模仿与创造，好像是两件各异的东西，可是在事实上，却是有了密切的关系的。

模仿是效法已有或现有的东西，创造是发明或制作出来的新的东西。前者是重复的作了人家已经作过的事情，后者是重新的作了人家尚没有作过的事情。前者可以说是一种学习的历程，而后者可以说是一种发明的方法。

我们谈起模仿，我们总会联想到法国的塔德（G. Tarde），以至英国的白芝浩（W. Bagehot）。白芝浩在一八七年所刊行的《物理学与政治学》（*Physics and Politics*）里，已有了一章是讨论到模仿这个问题的。但是模仿这个概念，在社会上与在文化上之所以能引起人家的特别注意，可以说是最得力于塔德的著作。

塔德在一八九〇年出版了他的名著《模仿律》（*Lois de L'imitation*）之后，又出版了两本书，对于这个问题加以详细的讨论。一为《社会逻辑》（*La Logique Sociale*，1897），一为《社会律》（*Lois Sociale*，1897）。

塔德本来是一位法律学家，对于人类的罪犯的行为，尤为注意。照他的观察，罪犯的行为是往往会影响到社会的其他的方面，而模仿却是这种行为的有力的要素。他从罪犯的行为的研究而得到的结论是，模仿不只在罪犯的行为上占了很重要的地位，就是在社会的行为的其他方面，也占了很重要的地位。因为社会的行为，主要的是模仿而来的，所以所谓社会的，往往也就是模仿的。

在社会里，下层阶级的人们，往往模仿上层阶级的人们，平民模仿贵族，爱者模仿被爱者，都是解释基本的模仿律的最简单的例子。在主观方面来看，凡是得了人们模仿的事物，都是被当为最优秀的东西，然而若从客观方面来看，这些东西，却不一定是这样的。

不但这样，被人模仿的东西，固未必就是最为优秀的事物，然而易于模仿的东西，却可以说是容易趋于平民化的事物。比方，在一个社会里，贵族所作的一切事情，假使平民也可以随便或自由去模仿的话，那么这些事情，就很容易趋于平民化，而贵族之所以成为贵族，也必逐渐的变为一个有名无实的阶级。而其结果是，所谓贵族与平民的阶级的社会隔离（Social Distance），也必因之而减少，或是缩到最小的限度，使这个社会成为一个平民化的社会。

塔德虽然很注意于模仿的作用，但是他却并不以模仿去解释一切的社会的行为。他以为好多的社会的行为，是由于反对的作用而产生的。因此之故，他又致力去分析所谓反对律（Laws of Opposition）。反对是与模仿相对的，虽则反对，也可以说是特殊的重复作用。

从某一方面来看，反对表现了三种形式：一是战争；一是竞争；一是讨论。战争是最低下而最凶残的。讨论是最高尚而最合理的。反对在人类生活中是占了很重要的地位，有了反对，才有争竞，争竞是对立的，是双方的。假使一方被了外力所压迫，这种争竞，就会停止。有时又因为诉诸武力而停止。同时若有了一种新的发明，也可以使某一方面失了势力。

塔德对于模仿律与反对律的研究所得的结论，是这两者都是社会发展的第三种主要因素的基础。这种主要因素，就是他所说的发明（Invention）。在广义上，也可以说就是我们在这里所说的创造。

发明可以说是反对的合理的结果。发明可以因扩充而产生，或是因综合而产生。前者是利用模仿的传播力，而后者是利用一些合理的结合。某一事物因为传播而变换其本来的面目，可以变为一种新的东西。同时，若把两种不同的东西，而连合起来，如马与车轮的联系，而成为马车，也可以说是一种发明。

社会以至文化的历程，照塔德的意见，可以由这三种的情形来解释。第一，是对于发明的模仿，往往借传播而扩大。第二，是因为不相谋的模仿动作，常常发生反对的作用。第三，是因为这些反对的作用，而产生出新发明。同时，这种新的发明，又变为新模仿的焦点。这样的演化不止，使社会的历程不断的发展，不断的进步。

塔德是从心理与社会的立场去说明模仿与发明的关系，虽则近年以来，新派的心理学者，或社会学者，喜用刺激反应（Stimulus-Response）与行为模式（Behavior-Pattern）这些名词去解释塔德所说的模仿。然而我们若为便利起见，而应用模仿以至创造这些名词去解释文化的发展，那么大致上，塔德所说的模仿与发明的作用，也可以说是有了很大的用处。

而且，我们在上面曾已指出，从文化的发展方面来看，有了两种相反，而其实是相关的理论。一为传播论，一为创造论。前者以为一种事物，经了一次的创造，此后就由传播而发展起来，后者以为，人同此心，心同此理，一个地方的人们能够创造某种事物，别个地方的人们，也能够同样的创造出来。传播是依赖于模仿，虽则在传播的历程中，模仿一件事物，却因了环境的不同或其他的原因，而改变其原来的面目。其实，文化的发展，不只是依赖于创造，而且依赖于模仿与传播。

极端的传播论者，以为世界上各处的文化，都是由埃及传播而来，固是错误，极端的创造论者，以为各处的文化，是独立创造而来，也是错误。这一点近代的历史批评派的学者已经指出，而我们在上面也已解释。我们在这里所要指出的是，两者都是发展文化的主要的因素。

然而我们除了明白两者都是发展文化的主要因素之外，我们还要明白，在那种时代或那种情况之下，这两者或某一方面，占了比较或特别重要的地位，而成为那个时代或是那种情况之下的最重要的因素。为要明白这个问题，我们不能不再进一步去分析与说明这两个概念。

我们若先从文化在时间上的发展方面来看，我们可以说在最初有人类的时候，有了不少的东西，是靠着人类去发明或创造的。我们虽已指出，人类是文化的动物，有了人类就有文化，可是文化并非生而带来的，而是由人类去发明或创造的。所以，严格的说，我们说是人类乃文化的动物，就是等于说人类是能发明或创造文化的动物。这就是说，人类是有了发明或创造文化的能力，而其他的动物是没有这种能力。有了这种能力才能发展文化，没有这种能力就不会有文化。所以严格的说，动物之中，有文化与无文化的分别，乃是有了这种能力与没有这种能力的区别。

我们之所以在这里提到这个差异之点，是因为人类虽有了发明或创造文化的能力，但是人类若不愿意去发明或创造，则人类也可能没有文化，而其结果是必与其他的动物没有多大分别。所谓人之所以异于禽兽者几希，就是这个意思。所以，假使最初的人类，若不取石以为器，若不钻木而得火，若不用叶以为衣，若不造屋而居住，以至于发明或创造其他的文化，而后来的人类，也不这样的去作，那么今日的人类，还是没有文化，还是像禽兽一样。所以，我们以为人类之所以有文化，不只是由于人类有了发明或创造文化的能力，而且是由于人类不断的去发明与创造文化，否则人类也可能没有文化。

从这个观念看起来，创造实为发生文化的最主要的因素了。因为在有人类之后，事实上，固是有了文化，然而这是因为人类愿意去发明或创造。假使这个时候的人类，完全靠了天然的物产去过活，而像其他的动物一样，而不发明或创造文化，那么在有了人类之后，很可能的有过一个时代是人类没有文化的。至少在理论上，这是可能的。就是到了现在，假使人类而愿去放弃其一切文化，而跑到深山旷野中，过着像鸟兽一样的生活，还有可能，虽则事实上，恐怕没有人这样做。就像美国的索罗（Thoreau）在其《罘尔登》（Walden）中所描写那种生活，还是有文化的人类的生活，而非没有文化的人类的生活。

于此，我们可以说，人类不只在最初的时候，要发明或创造文化，就是在文化已经发生之后，也要发明或创造文化，而文化始能进步。因为某种文化能够进步一点，就是表明有了一点的发明与创造。反过来说，没有发明与创造，则其文化必至于停滞，必至于落后，换句话来说，就是没有进步。

然而发明或是创造，正像塔德所指出是偶然的，是稀少的，是爆发的，只有在非常时境中，才能出现的。反之，模仿是平民的，是均势的，是继续不断的。因为发明或创造，是偶然的、稀少的、爆发的，而且是在非常时境中才能出现的，发明或创造，也可以说是一种变态的情形，而不是常态的情形。同时，假使缺乏了这种非常的时境，那么发明与创造，是不易发生的。人类有了文化之后，文化便是人类生活的方法，所以文化固为人类所发明或创造的东西，可是有了文化之后，人类又不能不靠文化以生活。靠了文化以生活，人类就不易离开了文化。从这方面看起来，我们可以说人类的生活就是人类的文化。而且，在文化愈高的社会里，人类愈不容易离开文化，而生活在这种的情形之下，人类既不能时时去发明或创造文化，又不能人人去发明或创造文化。因此之故，下一个时代的人们，不能不靠上一个时代的人们所创造的文化而生活，有些人——大多数的人们，也不能不靠一些人——很少数的人们所创造的文化而生活。同样，有的社会也要靠别的社会所创造的文化而生活。

然而，所谓依赖别人或别的时代，以至别的团体的人们所创造的文化而生活，又不外是说是模仿这些的人们的文化而生活。从这方面看起来，模仿在文化的发展上，却占了很重要的地位。

我们知道，世界上不知有了多少人是没有发明或创造文化，而从生到死却在文化中过活。小孩也好，成人也好，老人也好，不知有了多少，所穿的衣服、所吃的东西、所住的房舍、所用的交通工具、所处的社会、所有的见解、所信的神鬼，不一定是他们自己发明或创造出来的。他们要作衣服，他们模仿了他们的亲戚朋友或其他的人们所作的方法而作。衣服固是这样，其他的东西，也是这样。假使他们必等到自己去发明或创造东西而后吃，那么恐怕他一生也没有东西可吃。假使他们必等到自己去发明或创造房舍而才住，那么恐怕他一生也不会有房舍可住。他们要结婚，他们用不着自己去发明或创造婚姻的礼式而才结婚。他们要组织会社，他们用不着自己去发明或创造组织会社的方法而才组织。他们要崇拜上帝，他们也用不着自己去发明或创造崇拜上帝的方法而才崇拜。因为这些东西、这些仪式、这些方法已经有了，他们只须去模仿，就可以生活，就可以应用。

一般的人们，固是这样。一个时代的人们，以至一个团体的人们，也可以这样。

这样看起来，模仿在文化发展上所占的地位的重要，是可想而知了。因为模仿是常态的，是平民的，是均势的，是继续不断的。人类无论在何处，无论在何时，既不能离开文化而生活，那么人类在处处时时，都在模仿的历程中。质言之，一般的人们，可以不必发明或创造文化而生活，然而他们若不模仿文化则不容易生活。从这方面看起来，模仿比之发明或创造，可以说是重要得多了。

而况，模仿也可以说是发明或创造的基础。上面所指出塔德所说的利用模仿的传播力而产生的发明，固是以模仿为张本，就是他所说的利用一些合理的综合，也是以模仿为张本。一部马车，是由马与车轮结合而成的。然而发明马车的人，不一定是发现马可拖车，或是发明车轮的人。利用马去拖耕田的器具以耕田，也许是在利用马来拖车之前。同时车轮也许早已发明。所谓发明马车的人，简直就是利用马去拖车轮。除了把这两样东西结合之外，马的利用，既是由模仿而来，车轮的利用，也是由模仿而来。然而能够把马去与车轮连结起来，而成为马车，却是一种发明、一种创造，虽则这种发明或创造，完全是根据于模仿的。

有形质的文化，固可以由模仿而综合两种或两种以上的东西而发明或创造出一种新东西，文化的非物质方面或是精神方面，也可以说是这样。比方，在先秦时代的杂家的思想，大致上是没有其特殊之点，而是模仿了各家的思想，集合起来，以成其派别。这也可以说是一种发明或创造。

然而我们应当指出，这种的利用一些合理的综合而发明或创造出一种新的东西，必须适合于其时代与环境。同时，所用两种或两种以上而综合的原素，必须处于同样的性质与程度，然后可以留传。比方，用马与车轮结合起来，而成为马车，无疑的是一种很有用的发明或创造。同时，在历史上这种的交通工具也利用得很久，而传播很广。然而在机器发明之后，汽车、电车、火车，日来日多，马车的用途，却已减少。在机器愈发达的国家，则马车愈趋于减少。所以美国是汽车最多的国家，马车差不多要绝迹。就是在美国的最偏僻的地方，也很少见。至于纽约的中央公园那几辆马车的御者，还在那里招徕生意，不外是为了适合一些好奇的人们的心理，当作一种古董的回忆。实际上既没有用处，也不多见。又如，在新嘉坡及马来半岛一带，三十多年前，马车是一些富有的人们的奢侈品，用以为游览风景。然而三十余年来，日趋日少，到了现在，这种交通工具，在这些地方，几乎绝迹，而代之而兴的是汽车。

同样，在一种环境之下能有马车，而在别种环境之下，却不易有。比方，在我国的北方，多平原之地，有好多处，无论在城市或乡间，皆可以用马车或骡车。然论而在南方各处，平原较少，山谷较多，这种的交通工具，就不很适宜，而也少见。在汽车尚没有发展的时候，这种交通工具，既受了地理环境的限制，而不能到处都有。在汽车盛行之后，公路固是到处都有，马车本来也可以在公路上跑，然而到了这时，马车又为汽车所淘汰。不只在南方各处，更为少见，就是在北方各处，也逐渐减少。因为有了公路，也必可以通汽车。汽车一来，马车的效用，立即消灭。而况，建筑公路的目的，就是为了行驶汽车呢？

至于不同性质或程度的两种或两种以上的东西，不易综合而成为一种新东西，也很为显明。机器发明之后，机器可以代马力而拖车，但是木轮或铁轮是不适宜于汽车的。假使胶轮没有发明，那么汽车是不容易发达的。比方，美国从前是依靠南洋各处的树胶以为轮胎，然自日本占据南洋群岛之后，南洋的树胶来源断绝，他们一方面固极力去统制轮胎，然而同时又不得不努力去发明人造树胶。美国在抗战时期，人造树胶的发达，主要的无非是为了作轮胎。因为无论是用我们的牛车木轮，或是以前人们所用的马车的铁轮，都不能代替胶轮。这两者不只性质上不同，就是程度上也不同。只有人造树胶才能仿制胶轮，只有胶轮始能配合于汽车。胶轮之于木轮或铁轮，在性质上固是各异，在程度上也有区别。铁轮比之木轮是进了一步，而胶轮比之铁轮又进了一步。因为树胶的利用，不只是后于木与铁的利用，而且树胶的制造是要在科学很发达的时代，才有可能的。

　　自然的，有了胶轮之后，马车以至牛车人力车，都可以用胶轮。三十多年前，新嘉坡还有铁轮人力车，不久以前，在内地像昆明等处还可以见到木轮牛车轮，或铁皮马车轮。然而现在，这些交通工具，多换为胶轮了。广义的说，这也是一种综合的发明或创造，这就是说模仿了两种东西——汽车轮胎与马车，或牛车与人力车。然而这是因为机器不发达，汽车不发展的一种落后的权宜的办法。将来机器发达了，汽车发展了，这些落后的交通工具，也必在淘汰之类。曼谷、金塔等处，已有了脚踏的三轮车，去代替人拉的黄包车。新嘉坡的汽车，已代替了马车而兴盛。至于牛车在现代的用途，愈为减少。因为由落后式的模仿而产生的发明或创造，只能在特殊的时期或环境里存在，抵不住这个新世纪与新潮流的推动。比方，在我国抗战的时期，我们自己既不能制造新式的交通工具，外间的这些东西，又不易进来，国人而尤其是交通部，曾大量的去用轮胎加上以前的简单的牛车，而用人力去拉或推动，然而这完全是一种暂时与权宜的办法，若说战完以后，还从这方面发展，而不利用汽车，那是开倒车了。

　　上面是说明模仿的综合而发明或创造一种新东西。这种发明或创造，完全是基于模仿。所谓发明或创造者，综合的作而已。然而有了好多东西，在表面上看起来，好像是一种完全新的东西，一种完全新发明，一种完全新创造，但是我们若细心去研究，那么我们也可以明白其来源是由于模仿。

　　汽车在数十年前，可以说是一种新发明、新创造了。然而发明机器的人们，并不一定要想到机器可以用来装在汽车中而行驶。创造汽车的人们，除了模仿了创造机器的人们所发明的机器之外，又模仿了马车或牛车所用的车轮与车轿，我们若看了三四十年前的汽车的车轿，就能明白其与马车的车轿，是没有多大分别的。

　　同样，飞机在不久以前，也是一种新发明、新创造了。但是飞机的机器，既不是发明飞机的人们所发明，而飞机的式样也非他们所发明的。自然的，在模仿好多早已发明的东西之外，发明飞机的人们加了不少的东西进去，然后能使飞机能在天空中走动而不致坠落。然而在机器尚未发明之前，以至轮船、火车、汽车尚未发明之前，飞机是不易发明的。飞机之所以能够发明，是依赖于这些东西，而所谓依赖这些东西，就有了模仿的意义。前人作了一点东西，我们去学习，再加了一些东西，而成为一件新东西。在其创造的历程中，不知经了多少时间，不知用了多少精力，不知试了多少方法，不知参考了多少事物与理论。这个历程，是一个创造的历程，也是一个模仿的历程。而模仿实为创造的基础，实为创造所不能免的步骤。

不同种类的发明或创造，固免不了模仿，同一种类的东西，若想有新发明，有创造，更不能不先事模仿。人们要发明或创造新式飞机，则人们不能不先懂得制作旧的飞机的方法。所谓闭门造车，三年不成，就是说明不懂得旧的东西怎么样作，而要作新的东西是少有的。然而所谓"懂得"某种东西，已含有模仿的意义。懂得某种东西，往往是依赖于学习，所谓学习，也可以说是有了模仿的作用。我们要成为写字名家，不只是在刚学写字的时候，要临帖，就是会写之后，还要临帖。我们要以文章著名，我们不只在小的时候，要多读名著，就是会文之后，还要多看。

世间没有生而能字或生而能文的。学习变为能字能文的必经的途径。然而学的什么，习的什么，这又不外是学习了人家已发明或已创造的事物。我们当然要指出有好多人学习了好多东西，而却完全不懂，或不完全懂，然而要想懂得这些东西，就不能不学习。在学习的时期中，模仿却成为必需的作用。其实，在某种意义上，学习就是模仿。比方，学习制造飞机，则等于说模仿人家制造飞机。学习驾驶飞机，则等于模仿人家驾驶飞机。而这种学习，不只就是模仿，而且也是发明或创造新的飞机所不能免的途径。换句来说，模仿就是发明或创造的基础。

而且，在事实上，在模仿的历程中，有时已有了发明或创造的可能性。模仿一件东西的时候，有时因为不满意于其中的一些东西，因而想出改良的办法。有了这种办法，就是一种发明、一种创造。有时在无意中发见了这件东西的里面，已有了一些东西，只要加以倒置，或移其位置，就变为一种新东西。又有时因为模仿错了，而忽然发生了一种新作用，而得到意外的发明或创造。多少的科学家，平生在试验室中作工作，而没有什么发见，反而其学生或助手，却能在其试验的历程中，发明了新事物或新理论。然而无论是学生或助手，若完全没有学习或模仿前人或其教授的试验工作，而能发明或创造的，是很少有的。

此外，又如一件东西，因为从一个时代传到别一个时代，或从一个地方传到别一个地方的时候，因为时代或环境的不同，而引起不少的变化。在传播的人的心理，也许不外是照样的传给别人，而在承受这种东西的人，也许不外是照样的去重复的作了人家已作的东西。但是，有时这个东西只能在其原有的环境里，能够照样的利用，而在别一环境里，却不能用或不大合用。于是人们在其模仿的历程中，又不能不设法去求其合用，因而又有了新发明或新创造。

总而言之，在文化的团体里，模仿是发明或创造文化的基础。因此之故，在大体上，我们也可以说模仿是先于发明或制造的。在一个团体内的个人与个人之间，固是如此，在文化程度高低的不同的团体之间，也是这样。小孩模仿成人的行为，学生学习先生的学问，待到小孩长大之后，待到学生学习之后，他们然后可以有新的动作，新的思想，这是一种普通的作法。

在文化程度高低不同的团体之间，两者接触起来，假使文化低的团体，而欲与文化高的团体并驾齐驱，则不能不模仿。若欲驾而上之，那非努力先事模仿，是不易作到的。因为在模仿的历程中，除了有时有新发明或新创造之外，还有一种相反的作用，这就是学了人家，不一定能够作出人家所作的。俗话说，"取法乎上，仅得其中，取法乎中，风斯下矣"，就是这个意思。

　　在这种情形之下，在同一的文化之下的人们，固不能不尽力去模仿，而在程度较低的文化的团体里的人们，更要努力去模仿。因为在后者里，除了这种相反的作用之外，还有其固有的文化的惰性的阻力。这种文化惰性的阻力，除了模仿反对新发明新创造之外，还要拖下那种程度较高的文化，而使其退后或是落后。

　　关于这一点，凡是稍能留心于中国近代西化的历史的人们，总能容易明白。八十年前，国人已有不少承认西洋的枪炮是优于中国的枪炮，西洋的轮船是胜于中国的帆船，西洋的火车是好过中国的交通工具。然而八十年前，主张接纳这些东西的人们，既寥寥无几，而反对介绍这些东西的人们，则所在皆是。而况，四十年前，尚有人以为肚子可以抵枪炮；数年以前，还有人提倡大刀可以败日本；五十年前有人宣言火轮不如帆船，至于火车，不只是铁道大伤风水，而且车声嗡嗡，等于鬼叫。

　　这不过只是随便的举出一些例子。然其所以致此的理由，是固有的文化惰性作了祟。他们以为西洋的这些东西都不如中国的，这些固有的东西，固用不着说，就是有了很多承认了前者是优于后者，也以为我们中国立国五千年，从来没有了这些东西，也尚生存到今日，此后又何必去采纳人家的东西。而况，他们又以为采纳西洋的东西，就等于放弃我们祖宗传下来的东西，放弃了祖宗传下的东西，就是忘祖，就是忘宗，忘记祖宗，是等于忘记自己，这是自暴，这是自弃。

　　这样看起来，文化的惰性，不只是往往使人"取法乎上仅得其中，取法乎中风斯下矣"，而且往往使人阻止人们去取法于人，而变为排斥外来的东西，虽则明白这些外来的东西是胜于自己的东西。

　　落后的文化，固要模仿进步的文化。进步的文化要想再求进步，也不能不以模仿为张本。

　　不但这样，不能模仿的东西，必是特殊的东西。这种东西，不只不易于平民化的，而且往往是不易于自由效法的。这正像我国人所说的家传秘方，是不公开，而不愿意去使别人模仿的。从经济方面来看，好多专利的工业物品，是不许他人仿造。从政治方面来看，专制君主或贵族阶级的特殊权利之不许人民去享受，就是显明的例子。从宗教方面来看，比方，以前只有教士始能读《圣经》，也是这种例子。在这种的宗教、政治与经济的制度之下，自由创造、自由发展以至自由思想，都较难于实现。

　　反过来说，凡是愈易于模仿的文化，则其弹性也较大，而其进步的可能性也较多。因为模仿不只是照着别人已作的样子去作，而往往有了改变的机会，虽则这种改变的机会，也是有了其他的连带的条件，而始能发展的。因为正像我们在上面所说，模仿固是发明或创造新的东西的基础，或是必经的途径，然而模仿也有了相反的作用，而趋于退化或落后的地位。世界上有了不少文化，在某一个时期里，是世界文化的高峰，可是曾几何时，却成为退化或落后的文化。有的还且逐渐的消灭。历史上，像中世纪的时候，史家称为黑暗的时代，也是因为这个时代，不只不能发扬光大希腊、罗马的文化的优点，反而跟不上他们，而趋于退化与落后。

　　这不过是从某一民族或某一时代来说。我们若从整个人类的文化，或是整个历史来看，那么大致上，文化是前进的，是进步的，而其所以前进或进步，一方面固是由于人们能够发明或创造新的文化，一方面却大得力于人们之善于模仿。发明或创造既是偶然的、稀少的、爆发的，只有在非常时际才出现的，同时模仿既是平民的，是继续的、不断的，那么模仿在人类的文化上与在人类的生活上的重要性，是可想而知了。

第二编

第五章　个人与社会

我们在上面一章里，已经指出从平时与大众方面来看，模仿在文化上所占的地位，比之创造还要重要，但是从文化的进步方面来看，创造却很为重要。虽则创造是偶然的、稀少的、爆发的，只有在非常时境中，才能出现的。然而在模仿的历程中，往往有了创造。

有些人说，模仿是社会的，创造是个人的。从表面上看起来，这好像很有道理，然而若详细去考究，则这种看法，也有其错误。我们承认，要想在文化上有了特殊或惊人的创造或发明，往往是赖于天才，这就是个人或少数的个人。然而我们也得指出文化的创造，固是要靠了个人或少数的个人，文化的模仿，而尤其是模仿某种新文化的时候，也要靠了个人或是少数的个人，然后再从个人或少数的个人，而推广到多数或全数的人们。反过来说，模仿固是社会的，创造也可以说是社会的。因为模仿固是由一个人模仿别个人而成为一种社会的关系，创造也非凭空而来，而往往有了文化的基础。所谓文化的基础，就是以往或别的社会中的人们，所已经有了的文化，使后来或某个社会中的人们，当为基础，而加以发展或改变。其实，所有的文化，都是以社会为基础，同时都有了社会的意义。所以我们也可以说，文化的创造是个人的，也是社会的。

所谓社会的，是众人的，或是至少二人以上的。所谓个人的是个别的，或是一个人的。一个人不能离开社会而独立生存，所以个人不能不依赖于社会。因而有些人，以为社会比之个人尤为重要，社会的有机体的学说，以及所谓集团主义，都是看重了社会，而轻视了个人。至于唯心论者，像柏拉图以至亚里士多德，以为团体或社会，不只是比个人为重要，而且在生长上，是比个人为先，使个人简直成为发展社会的一种工具，而达到社会发展的目的。质言之，社会是目的，个人是达到这种目的底手段。近代的社会学者，像涂尔干（Durkheim），以为社会不只是先于（Prior）个人，而且超于（Exterior）个人。这就是说，社会在其发展，既先于个人，而在其动作上，是异于个人的动作，而成为一种完全与个人不同的动作。换句话来说，社会的行为，可以完全与个人的行为各异。这种社会的动作，涂尔干叫作社会的表现（Social Representation），而成为他的社会学的对象。

这种重社会而轻个人的理论，推衍起来，就是社会是一切，而个人是乌有（Society is everything; individual is nothing）。十六世纪的罗约拉（Loyola）所成立的耶稣会，就有了这种的理论。

我们承认个人是不能脱离社会而独立生存的。然而我们也得指出，没有个人，也不会有社会。因为社会是由个人所组织而成的。而且，社会是抽象的，个人是具体的。这一点，我们在讨论文化的发生一章里，也已略为说明，在这里，我们所要加以特别注意的，是从文化的发展与进步来看或是从文化的模仿与创造来看，个人所占的地位，比之社会尤为重要。

我们承认，社会是文化的保留所，是文化的传播的机构，又是文化的创造的基础。然而因为社会是抽象的，所谓发展某一个社会的文化，其实还是依赖于这个社会中的个人。因为个人是具体的，是发展文化的主体，是发展文化的原子，是发展文化的起点。所谓某个社会的文化，影响或传播到别个社会，严格的说，是前者的个人影响或传播到后者的个人。比方，我们说，明末清初，西洋的文化曾影响或传播到中国。在表面上，就是指明两个社会的关系，然而事实上，我们可以说，是由利玛窦或其徒众，移植西洋的文化而影响到徐光启与李之藻以及其他的中国人。我们可以说，利玛窦不过是耶稣会的会员，西洋社会的一份子，徐光启也不过是中国政府的官员，中国社会的一份子，然而假使没有了利玛窦或徐光启，也许西洋文化，不会那么早的输入。而况，这里的文化的传播，是由一个西洋人或数个西洋人，授给于中国一个人或数个人。质言之，利玛窦是一个人，徐光启是一个人。利玛窦既必找着一个或数个中国人而传以西洋的智识，徐光启也因利玛窦这个人或其徒众几个人而学了这种西洋的智识。两者都是以个人为对象，因为这里所说的社会，还是社会里的个人——一个一个的个人。这个个人不是抽象的，而是具体的，不是假设的，而是实在的。这个个人，除了还可以自由的走外，还有了一个意识中心。这个个人，虽然也可以受了环境的影响，而改变其意识，然而他的意识，也可以始终不变，而影响或改变了文化。所以无论是模仿文化也好，创造文化也好，不能不以个人为单位。一个社会模仿了别个社会的文化，就是说这个社会里的人们，模仿了别的社会的人们的文化。一个社会创造了一种新文化，就是说这个社会的个人或份子，创造了新文化。所以，创造固要特殊的个性，模仿也要从个人作起。

其实，每个人自小到大，要想模仿自己社会里的文化，或别的社会的文化，总要自己去模仿，而不能靠人去代其模仿。他要吃饭，他得模仿别人用筷，或用刀叉，以至用手指的方法；他要求学问，他要从小学读到中学，以至大学；每一个人都要重复的去模仿一次，绝不能说，是比方父亲学了，儿子就不要学；绝不能说是比方老师学了，学生就不必再学。质言之，绝不说是社会已有了比方吃饭的方法，或某种智识，个人就不必去学习，而就能懂得这种方法，或这种学问。

要想明白个人在文化上的地位的重要，我们可以从文化的根本的观念与发展的历史方面来看。我们已说过，文化是人类适应时代环境以满足其生活的努力的工具和结果。所以文化是人类的创造品，而人类所创造的文化的程度如何，又往往靠着人类对于这方面的努力如何。静坐不动，对于世间的一切事物，都没有了振作的念头的人们，不只不会创造出新的文化，连了旧的或是固有的文化，也怕保存不住。这一点，我们可以把一个很普通的例子来说明。比方，一个人辛辛苦苦的去置了一种产业，或是积了一笔钱财，这些钱财与产业，假使他死之后，他的子孙，不努力去发展，而使其增加，或是不努力去维持其原状，那么坐食江山，不只是不会发展，而且不易保存其固有的产业或钱财。结果必至于财产荡尽。财产固是这样，文化也可以说是这样。我们的祖宗，在多少年前所创造或发展的文化，其所以能够继长增高，固是要依赖于我们努力去创造，就是能保照样的保存下来，也要依赖我们努力去效法先人，而重复的作出来。这也是我们自己所努力的结果，而非祖宗在天之灵，赐福后世的结果。因为，假使我们自己不继承不效法，而重复去作，那么连了祖宗所创造的东西，也必湮没，已死的祖宗，是不会再生，而重复的作了文化，给与我们享受的。

所以，每一代的文化，都要依赖每一代的人们自己努力去保存或更新。更新与保存，同样的要自己去努力模仿或创造。其实，无论那一种的文化，都非一个祖宗造出来的，也非一代的祖宗造出来的。比方，我们读历史，知道燧人钻木取火而开熟食的纪元，所以谈起熟食或是火，我们不会忘记燧人，然而熟食或火，只是我们的文化中的好多特性之一二种。所以在我们吃饭的时候，除了不会忘记燧人之外，我们也不会忘记神农，因为据传说，他是最初教民耕稼的。如此类推，在我们的较高文化与复杂生活中，我们所要纪念的祖宗，不胜其数。因为就以一人而创造一样东西的话，那么在千绪万端的文化之中，就要纪念千万的人物了。

而况一件东西，未必只是一人所创造的。就以取火而言，说不定在燧人之前，已不知有过多少人试验过取火的方法，而在燧人之后，又不知有了多少人加以改良，加以创造，然后使今日的我们，能够这么容易的取火。同时，有了那么多的取火的方法，所谓燧人，也许不外是一个较早取火的人物，也许是一个代表的人物，也许简直就没有这个人。不过因为后来的人们，想起发明火的人或人们的功劳，因而用这个名字去纪念他或他们。因为发明取火以至创造一切的文化，都像我们在上面所说是来自具体的个人，而非抽象的社会。

然而这种认识，放大起来，而应用到文化的各方面，就是表示我们的文化，不是一人或一代的人们所创造。换句话来说，不是一人或一代的人们所努力而得到的。结果这个文化，既不是一人或一代的人们所努力而得到的结果，那么每一个人都有了传播与改造这个文化的责任，而使每一个社会或每一时代的文化，能够不落后，能够有进步。

这种每一个人的责任心的认识与觉悟，就是个性的认识与觉悟。假使每一个人都能努力去负起这个责任，就是尊重个性与发展个性。主张尊重这种个性，与发展这个性的学说，我们可以叫作个人主义。

我们应当指出，这种的个人主义，并非自私主义，并非自利主义。这个个人是社会化的个人、文化化的个人。这个个人，不只是与社会处于相反的地位，而是有了相因相成的关系。而且，我们曾已说过，社会化的程度愈高，则个性化的程度也必愈高。所以在文化较为进步的社会，个性的发展的机会愈多，则文化也必愈易于进步。所以，我们可以说，个性的发展是文化的进步的度量。自然的，社会化的程度愈高，文化也必愈为进步，不过个人是具体的，社会是抽象的，所以个性在文化上，而尤其是在文化的进步方面来看，尤为重要。

我们说这种个性的发展或是个人主义，是文化进步的度量。这一点，我们可以文化的发展的历史来说。大致上，我们可以说，凡是这种个性最发展的时代，或是这种个人主义最发达的时期，也就是文化最发达的时期。在西洋的文化发展的历史上，固是这样，在中国的文化发展的历史上，也是这样。

从西洋的文化发展的历史来看，在古代的文化之最发达的，要算古代的希腊。古代希腊文化的重心，虽然也是偏于宗教方面，然而一元的信仰，还未发达，而一般的所谓哲人，又极力去提倡发展个性或个人主义。他们的流行的口号是："个人是万物与万事的度量。"我们应当指出的是，希腊哲人这种看法，是过于极端，因为他们好像不只把文化范围以外的事物包括在内，而且对于文化上的社会性，也没有注意。然而就是这种极端的个人主义，在希腊的文化史上，也有了很大的用处。库什曼（Cushman）在其所著的《西洋哲学史》里曾这样的说过："这些哲人，是直接引起希腊文化上的变动的人，他们是希腊启明时期的中坚。"这些哲人与希腊文化的重要关系，至黑格儿而始大白，从前的历史家都不大重视他们（看瞿译上册第五十九页）。

到了苏格拉底，把哲人的个人是万事与万物的度量的说法，改为人类全体为万事与万物的度量之后，人们慢慢的看重抽象的团体，而轻视具体的个人。他的弟子柏拉图及后者的弟子亚里士多德又更张其说，不只这种的个人主义因之而衰，就是希腊的文化，也逐渐的趋于衰落的途径。假使我们承认柏拉图与亚里士多德是希腊人的智识的最发达的代表人物，我们也得承认，他们的时代，也是希腊文化由黄金的时代，而趋于衰微的时代。其实，苏格拉底以至柏拉图也是哲人。他们有了哲人的背景，而使其个性能够充分去发展，而写作了千载不朽的名著，可是因为他们放弃了哲人的个人主义，而提倡极端的集团主义，结果是不只个人主义无从发展，就是希腊文化，也趋于衰落。

照柏拉图与亚里士多德的意见，社会国家与文化的发生，是由于人类的需要。但是国家的发生，是先于个人。个人是工具，国家是目的。只有在国家里，人类才能生存，而享受较好的生活。个人只是这个国家的一部分，正像一个人的手，只是个体的一部分。个人毁灭了，手也不能存在。我们虽不能不指出亚里士多德并没有柏拉图那么主张国家是一切，个人是乌有，国家要完全去统一一切，而个人不只不应有了家庭，而且要由国家的完全支配，而受同样的训练，然而他与柏拉图同样的太过看重了抽象的国家，而太过轻视了具体的个人，使个人的个性，既没有充分发展的机会，而希腊的文化，也因之而趋于衰微的地位。

在罗马时代的初期，罗马人的个性，相当的发展。所以罗马人有了"每一个人，有了每一个人的主权"的理论。但自罗马逐渐成为帝国之后，皇帝的权力日日增加，使个人的自由，也逐渐的丧失，然而到了这个时候，罗马在文化上所谓为黄金时代，也逐渐成为陈迹。

至于中世纪，基督教会专权之后，个性再没有发展的余地。一切威权，在理论上，都是在上帝的手里。文化的各方面，如政府，如法律，如教会，如道德，都是上帝的创造品。上帝不只是万能，而且是万有。所以，在中世纪的时代，不论是教父或帝王，没有不承认上帝的是万能的与万有的。然而正是因为个性太过束缚，中世纪在文化上，也成为黑暗的时代。

但是上帝究竟是超乎这个世界的，他既并不亲身去降世来管理人间，他也不亲口的去施行命令。他的权力与他的命令，是依赖他的代表或使者去施行。然而谁是上帝的代表人呢？教父的回答是教会与教皇，而一般帝王的亲信，却说是在帝国与帝王的手里。然而无论这个权力与命令，是在那一方面的手里，中世纪的人民，总是受了好多层的压迫的。因为除了要绝对去服从上帝之外，还要服从上帝的使者。所谓上帝的使者，也许是教会与教皇，也许是帝国与帝王，也许是这两者，而从个人看起来，无论是那一位使者，都是一种压力。假使两者是处于相持不下的地位，那么个人又受了两层的压迫。

我们要指出，在九、十与十一世纪的时候，是教会势力澎涨得最厉害的时候。但是也是因为了这个原故，教会崩裂的痕迹也暴露出来。假使教皇与教会能够知足，而管理所谓精神的事务，而使帝王能管理所谓世俗的事务，虽然因为这两者不易分开，而会常有争端，然而两者若互相扶携，那么中世纪的局面，也许延长到现在，而欧洲近代的文化不会发展，像我们中国的孔家礼教与专制政治，互相利用，使其单调文化，保存到最近。但是教会要把帝王的权力也攫到自己的手里，反背了所谓"彼得的事务，应该归给彼得，恺撒的事务，应该归给恺撒（Caesar）"的信条，而变为自己打了自己的嘴巴，致失自己的神圣任务，而引起人们不信任。此外，又因十字军的东征与元朝的西侵，东西文化接触起来，而鼓励个性的发展，因而引起所谓文艺复兴的时代，使个性愈趋于发达，而教会的威信，更为坠落。马丁·路得所领导的宗教改革，就是反抗罗马教会的运动，不只反抗教皇的专权，不只反抗教会的腐败，而且主张信徒有了与上帝直接交通的权利，而且主张由信徒自己去读圣经，而解释上帝的意旨。这种主张，在反面上，就是反对教会与教皇所垄断的上帝的意旨。

原来上帝既是一种假设，看而不见，寻而不得的东西，教皇与教会，既自称为上帝的代表，那么他们所谓上帝的意旨，其实就是他们自己的意旨。现在个人既可以直接去与上帝交通，自己去解释《圣经》，那么上帝的意旨，可以由个人而决定。而所谓个人的意旨，也可以变为上帝的意旨。所以宗教改革，不只是推翻了教会的专制与教皇的专权，而其实是连了信仰上帝，也成为问题。结果是产出信仰自己的观念。

我们知道，中世纪的教会势力之所以崩溃，一方面固由其自身的腐败，一方面也得力于帝王的帮忙。然而民族国家发生之后，帝王又变为专制，有些还自命为上帝，如英国的詹姆士第一所谓"所有君主，都是上帝"。但是宗教改革，既给与个人信仰自己的观念，这种观念，一经发展，则无论任何压迫，都必为人们所反对。在教会专制的时期，是反对教会的利器，在君主专制的时代，又是反对专制的思想。政治上的民主主义，是由此而发展的。因为人们既以自己的意旨为上帝的意旨，不只教皇为上帝的使者的理论，不能存在，就是帝王为上帝的代表的学说，也要打破。

假使君主是上帝，教皇也是上帝，那么别人也是上帝，假使他们能代表上帝，别人也可以代表上帝。假使他们能读与解释《圣经》，别人也可以这样作，结果是不只人人可以为教皇，人人可以做君主，而且人人都是上帝。政治上的革命，像宗教上的改革，都是由于个性的解放，而这种个性的解放，除了与宗教与政治有了很密切的关系之外，其与近代的工业革命，也有了很密切的关系。

我们知道近代西洋文化的发展是渊源于文艺复兴。这是近代个性发展的先声。此后继之而起的是宗教改革与政治革命，以至工业革命。然而无论是文艺复兴，是宗教改革，是政治革命，是工业革命，或是经济革命，都与近代的个人主义的发展，有了密切的关系。其实，我们可以说，个人主义是上面所说的各种改革的主力，也可以说是西洋近代整个文化发展的主力。马丁·路得的《九十五条文》（*The Ninety-Five Theses*）、美国的《独立宣言》、法国的《人权宣言》都是以个人主义为精神的。文艺复兴，一方面是使人们脱离中世纪的束缚主义，一方面是使人们对于自然的研究发生兴趣，而引起科学的发达，这也是个性发展的一种很为显明的表示。

有了自然研究的兴趣，才有自然科学的发达，有了自然科学的发达，才有了机器的发明，有了机器的发明，才有了工业革命。我所以说，工业革命，也是得力于个性的发展，就是这个原故。

其实，从近代科学的发展史上，最能看出个性的发展。科学上的各种发明，在积极上是个性的发展，在消极上是反抗中世纪的传统的压迫主义。在上帝万能，上帝万有的理论之下，而特别是教会专制之下，新的学说，是不易产生，科学发展，尤为困难。关于这一点，我们可以把意大利的加利利（Galileo）的天文学上的新发见来解释。

加利利生于一五六四年，哥伦布早已发现新大陆，宗教改革的中坚人物马丁·路得，死了差不多二十年。在这个时候，欧洲人的个性发展，正是如潮如涌，加利利也不过是这个新时代的一个先锋。然而我问他之所以被禁，不外是不愿去盲从天地神造之说，而发展其自己的信仰。这就是相信歌白尼以日居中心，地球绕之而行的学说。此外，他又教授了不少门徒，以传播这种学说，主张太阳有斑点。同时，又以为宗教与科学，可以相容而不悖。后来，又著了《妥勒梅及歌白尼两大宇宙的谈话》。这些学说与著作，都可以说加利利的个性的发展的表示。但是正是为了这个原故，他遂受了三种的惩罚：一为亲草誓愿书，以后不再作离经叛道的事情而攻乎异端，假使他不能这样作，则愿受无论何种的刑戮。二为终身禁锢，不得自由。三为每星期须读七条悔过圣诗以自忏。加利利后来因疾而死，但是死了之后，教皇也不准人家为他公葬立碑。我们试想，在十六世纪的时代，西洋思想已很自由，而教会却尚对于新的学说，备加压迫，那么在中世纪科学之不能发展，是可想而知了。"我虽不再说地球是能自动的，无奈地球是自动的。"这是加利利被迫而承认上面所说的三种惩罚以后所说的话。我们试想，在这种环境之下，科学的发展既不容易，机器的发明，也必很难。机器难于发明，工业革命也是不易产生的。

然而尽管旧的势力，存在不少，自由思想，已深入人心。个人主义，不断发展。天文学有了不少发现，物理学发达起来，化学也发达起来。到了生物学，而尤其达尔文的进化论流行以后，天地神造之说，可以说是不攻而自破，新的学说，既纷纷出现，新的文化，也时时产生。

德国人以前有一句俗语："德国的学说之多，是等于德国的博士的数目。"换句话来说，在德国有了一个博士，就多了一种学说。德国的博士，本来是很多的，要是每一个博士，都有了自己的学说，那么学说之多，可以想见。学说多，就是表示他们在思想上所表现的个性很强，因而思想也很发达。其实，德国人不只在思想上贡献很多，就是在文化的各方面，在近代的历史上，都占了很重要的地位。他们的哲学，固是玄之又玄，他们的科学，也有很大的成就。然其所以致此者，又不外是由于个性很为发达。德国固是如此，整个西洋也差不多是这样。

总而言之，从西洋文化的发展的历史来看，凡是个人主义较盛的时候，文化也必较为进步。凡是个人主义衰微的时候，文化也必因之而落后。古代的希腊，古代的罗马，在文化能放异彩的时候，就是个性发展的时候。中世纪是黑暗的时代,也是个性完全湮没的时代。近代文化之所以能够日新月异,个人主义实为推动的主力。

西洋的文化的进步与否,固是与其个人主义的发展与否有了密切的关系,中国的文化的进步与否,也可以说是与了个人主义的发展与否有了密切的关系。在中国固有的文化的历史上,所谓思想最为解放的时代,乃是春秋与战国的时代。所谓九流十家,所谓百家争鸣,都是在这个时代里产生。人们谓这个时代,是中国文化的黄金时代,然其所以能致此者,也不外是由于个性的发展,由于自由的思想。

自汉代尊孔子而黜百家之后,思想既趋于一尊,文化也逐渐的停滞。佛教的输入,虽对于中国文化有了很大的影响,然而这种思想,本与中国的老家思想,口胃相合,而其反对物质文化的发展,注重精神的生活,又与孔教相投。加以政治上的专制政治,与孔教互相利用,结果不只思想不能放异彩,政治上,变来变去,也变不出帝王专制的圈子。

因此之故,在历史上,偶然有了一二个人物,个性较强而发了新奇的言论,也必为世所唾骂。明朝的李卓吾就是一个例子。他曾说:"二千年以来无议论,非无议论也,以孔夫子之议论为议论,此所以无议论也。"议论固是如此,文化又何独不然。李卓吾反对孔子,反对中国的传统文化,这是坚强的个性的表示,然而这种个性,在中国历史上既不多见,就是有了,也像李卓吾一样的,被了当时的摈斥。

自明末清初,西洋文化输入中国之后,基督教——天主教的信仰,是信上帝不拜祖宗,对于中国的传统思想,虽有了根本不同之处,然而耶稣会的理论,既以"社会乃一切,个人乃乌有",同时中国文化的力量太大,不易深入,结果是对于中国的个性发展上,没有什么影响。

直到十九世纪的晚年,以至二十世纪,民权思想如卢梭的《民约论》,自由思想如弥尔(John S. Mill)的《自由论》(严复译为《群己权界》),始逐渐传入中国。因而维新运动,革命运动及其言论机关,如《新民丛报》,如《民报》,对于民权主义与自由思想,都极力去鼓吹。梁启超在其《新民丛报》上所发表的《新民说》,更鼓力于提倡个性的发展。比方他在其《论自由》一节中说:"一身自由云者,我之自由也,虽然人莫不有两我焉,其一与众生对待之我,昂昂七尺立于人间者是也;其二则与七尺对待,莹莹一点存于灵台者是也。是故人之奴隶我,不足畏也,而莫痛于自奴隶于人;自奴隶于人,犹不足畏也,而莫惨于我奴隶于我。庄子曰,哀莫大于心死,而身死次之。吾亦曰,辱莫大于心奴,而身奴斯为末矣,夫人强迫我以为奴隶者,我不乐焉,可以一旦起而脱其绊也,十九世纪各国之民变是也。以身奴隶于人者,他人或触于慈祥焉,或迫于正义焉,犹可以出我水火而苏之也,美国之于黑奴是也。独至心中之奴隶,其成立也，非由他力所得助，其解脱也，亦非由他力所得助，如蚕在茧，著著自缚，如膏在釜，日日自煎，若有欲求真自由者乎，其必除心中之奴隶始。"

所谓除心中之奴隶，不外是个性能够充分的发展。梁启超自维新运动失败以后，逃到日本，初办《清议报》，后办《新民丛报》，极力提倡自主、自尊、自由、独立的精神，不只在中国的思想上，有了很大的影响，就是在中国文化的其他方面的，如政治、教育等等，也有很大的影响。五十年来的中国的新文化之所以能在中国逐渐的发展，可以说是得力不少于这种个性的提倡。

到了民国四五年以后，个人主义的提倡的人们，逐渐的多，比方：陈独秀在《新青年》杂志上所发表的《东西民族根本思想之差异》一文（一卷四号）中，就指出西洋民族以个人为本位，而东洋民族以家族为本位，陈独秀在那个时候对于中国固有的文化，指摘不遗余力，对于西洋文化，也努力加以提倡。他既以为西洋文化胜于中国文化，他对于西洋的个性的发展，是无疑的要加以提倡。

此外，又如胡适之于民国七年所写的《易卜生主义》一文，对于个人主义的介绍，对于中国思想上，也有不少的影响。胡适之自己也说："这篇文章，在民国七八年间，所以能有最大的兴奋作用和解放作用，也正是因为她所提倡的个人主义，在当日，确是最新鲜又最需要的一针注射。"

我们知道，五四运动在中国的新文化的推动上，虽不见得有了很多的结果，但是在中国的旧文化的方面，却给与不少的打击，而其所以能够这样，又可以说是由于国人的个性的发展。

总而言之，无论是从西洋的文化发展的历史来看，或是从中国的文化发展的历史来看，凡是个性发达或是个人主义抬头的时代，文化也往往随之而变动与进步。凡是个性湮没，或是个人主义衰微的时代，文化也往往随之而停滞或落后。这是有了事实的证明，这是有了历史的根据。在过去既是这样，在将来也无疑的是这样的。

然而这并不是说社会或团体，在文化上的地位不重要。社会是文化的保留所，是文化的传递器。凡是文化，都有社会的意义；凡是文化，都以社会为基础。文化不能离开社会，虽则人类的社会，也可以说是变为文化的要素，而与所谓自然的社会，有了不同之处。

不但这样，因为社会是抽象的，个人是具体，社会是必有其个人——这就是社会的份子，而始能存在的，虽则个人不能离社会而独立的，所以社会与个人都为发展文化的必要条件，其所不同的功用，是前者是保留文化的主要因素，而后者是创造文化的因素。

第六章　国家与世界

我们在上面已经指出，从文化的重心的发展来看，其发展的程序，是从宗教方面，而趋于政治方面，又从政治方面，而趋于经济方面。而且，我们又指出，若以西洋的文化的发展来看，宗教改革以前的文化，是以宗教为重心；宗教改革以后，是趋于政治的重心；自工业革命以后，经济又逐渐的成为文化的重心的趋向。但是百余年来，以至现在，虽则经济正是趋于文化的重心的途径，政治还是居于文化的重心的地位。从近代的经济的发展方面来看，以往以至现在的文化的政治重心，无疑的必代替以文化的经济的重心，然而在目前，也许在不久的将来，政治在文化上所占的地位的重要，还是不可轻视。正像在过去从文化的宗教重心，而趋于政治的重心的时候，在过渡的时代里，政治虽正趋于文化的重心，宗教在宗教改革之后的好多年，在文化上，还是占了很重要的地位。

所以，从文化的重心的方面来说，我们这个时代，是一个由政治的重心而趋于经济的重心的时代。这是一个文化重心的过渡的时代，这个过渡的时代，也许还要拖得很长，然而从其发展的趋势来看，无疑的是从政治的重心，而趋于经济的重心。

可是，正是因为政治尚未脱离其重心的地位，政治在现代文化上的重要性，是很值得我们的注意。我们知道近代政治之所以成为文化的重心，其主要的原因，可以说是由于民族主义而特别是国家主义的发展。一般的传统的政治学者，所以把国家当为政治学的对象或题材，就是这个原故。他们以为政治学所要研究的不外就是国家。国家固是政治的团体，然政治却为国家所垄断。除了国家之外，就没有政治，除了国家的研究之外，也无所谓政治的研究。而且国家是至高无上的，而且国家是万能的。

我们以为像这般传统的政治学者所说的国家，无论是在名词上，或事实上，都不外是近代的东西或产物。在宗教改革以前的历史上，以至现代所谓原始民族的社会里，是找不出这种国家的。只在近代的历史上，以至现代的世界里，这种至高无上与万能的国家的理论才有人提倡。而在事实上，直到现在，我们还不能找出一个或一些团体，其权力是比国家为大的，或其地位是比国家较为重要的。

国家是否能够包括所有的政治团体，国家是否就为政治学的唯一的对象或题材，我们不必在这里讨论。我们所要加以注意的是国家——现代的国家，不只在政治上，占了很重要的地位，就是在文化上，也占了很重要的地位。

关于国家在文化上所占的地位的重要，我们在文化的"社会的基础"一章里，已略为说及。我们在这里，也不要再加解释，我们所要说明的，是因为政治是文化的重心，而国家又为政治的核心。所以在经济的重心的文化，正在生长的时候，国家主义还正盛行。

近代经济，而尤其是工商业的发展，使国家间的关系，日趋密切。所谓国际主义（Internationalism），或世界主义（Universalism），也因之而发展。结果是不只是国家与国际或世界的关系，日趋密切，而且因此而产生了不少的纠纷。因为国家主义是以一国的利益为前提的，而国际主义或世界主义，是以各国或全世界的利益为目的底。

我们知道，在近代的国家里，虽然有了好多国家，是由于好几种民族所组成，然而国家主义的发展，是以民族主义为基础的。民族主义的意义，在广义上，是包含了种族与文化。所谓民族国家，是一个政治团体，以血统的关系，与文化的共同为基础。英文上的 Nationalism，虽然可以翻译为民族主义或国家主义，可是民族与国家，却有了很大的分别。因为不只一个国家里，可以有了好多种的民族，而且一种民族，也可以分为数个国家。瑞士是属于前者，而英国与美国却可以说是属于后者。大英帝国可以说是属于前者，而德国与奥国是属于后者。

严格的说，不只是国家与民族，有了根本的不同，就是民族与种族，也应该分开来说。在中文方面，所谓民族，往往是含了种族的意义，假使我们翻译民族为英文的 Nation，种族为 Race，那么这两个名词的意义的不同，是很显明的，虽则我们也得指出，英文上的 Nation 往往又含了国家 State 的意义。普通说话，Nation 与 State，固很少分别，政治学者，有时也不区别。至于国际联盟，英文不叫作 League of States，而叫作 League of Nation，也可以说是对于 Nation 与 State 是当作同样的意义来看待。这就是说，这里所说的 Nation，就是等于 State。

为了解释便利起见，我们愿意把 Nation 译为民族，使其区别于种族与国家。我们可以说，种族是一个生物上的名词，民族是一个文化上的名词，而国家是政治上的名词。明白了这一点，我们可以进一步而解释国家与种族，而特别是与文化的关系。

近代的国家的生长，虽像我们上面所说，是以血统的关系与文化的共同为基础，但是假使我们能够细心去考究，那么我们总能明白文化的共同，在国家上所占的地位，比之血统的关系，在国家上所占的地位，重要得多。

我们知道，在现代的国家中的人民，完全是由某种纯粹的种族所组成的，可以说是没有的。瑞士是由德法意三种血统不同的人民去组织。大英帝国是包括了世界上好多不同的人民。这是用不着说的。就是以美国而论，除了所谓英国的人种之外，还有欧洲各国的人种，以及黑种人，与印第安人，以至一些亚洲的人种。又如，在暹罗，在政治上的权柄，虽然操于汰种人，可是除了汰人之外，不只有了好多其他人种，如中国人与佬人，而且这些人种的数目，却占了暹罗的人口总数三分之二以上。

其实，所谓英国人或盎格罗萨克森（Anglo-Saxon）人，与汉族的人种，其本身已有了多少的其他的人种的血统。所以，所谓纯粹的种族，在现代的世界上，是不容易找出来的。各国种族的本身，既已不纯粹，所谓以纯粹的种族为立国的基础的说法，就免不了有错误。

而况，极端的国家主义的发展，往往成为帝国主义，而统治好多不同种族的人民。如大英帝国，也是一个国家，一个政治的集团，在这里不只有英国人，而且有了菲洲人，有了印度人，有了马来人，有了澳洲人，以至中国人。所以，在历史上，在理论上，国家主义的发展，虽与种族主义是有了密切的关系，然而现在，在事实上，一种的种族，既不一定成为一个国家，而一个国家，也不一定是由于一个种族所组成。反之，一个国家可以有好多的种族，或是混合的种族。

民族这个名词，若专用来指明文化方面的意义，而与上面所说的种族有了区别，则其与国家的关系，最为密切。因为从一方面来看，国家的成立，往往是筑在同一的民族或文化的基础，从别方面来看，在同一的国家之内，民族或文化是往往趋于一致的。

政治学者，以为近代国家的要素，是土地、人民与政府。土地是地理上的条件，政府是政治的机构。至于人民除了有了多少血统上的关系之外，文化上的类同，尤为重要。所谓民族主义，往往是包括共同的语言、共同的宗教，以及共同的风俗，与共同的意识。然而这些东西，也可以说是文化上的特性。

我们知道，在欧洲，在中世纪的时代，拉丁文可以说是欧洲通用的文字，同时在那个时候，欧洲也有了一个公同的宗教，这就是基督教。有了一个共同的教会，这就是罗马教会。罗马教皇，高高在上，不只是管理欧洲的宗教的事情，而且干涉不少的俗事。至于风俗与意识，虽然各处有了很多的差异之处，然而因为文字与宗教的类同，以及其影响，也有了很多的相同之处。所以，在欧洲这个地方里，可以说是自成为一个圈围，自成为一个世界。种族上虽有了差异，文化上却大致相同。这是欧洲的世界主义。

但是自从宗教改革以后，情形就不是这样。在语言上，各地的方言，不只是很为发达，而且逐渐成为其特殊的文字。德文、英文、法文、意大利文，以及其他的好多文字，慢慢的发展起来。《圣经》也慢慢的译为各种文字。方言既与文字合而为一，懂了方言而去认识文字，也较为容易。同了方言与文字的人民，自然而然的成为一个单位，这个单位，就是近代国家的胚胎。

同时，基督教虽然是欧洲的人们的共同信仰，但是这个宗教，却分为派别。在宗教改革的初期，反对罗马教会的人们，成为一派，这就是新教，拥护罗马教会的人们，又成为一派，这就是天主教。民族主义，虽然已蕴酿在宗教改革之前，然而宗教的改革，却助长了这种主义。天主教的王帝、诸侯，同新教的王帝、诸侯一样的，利用这个机会，去增加其权力，使其所统治的地方里，有了独立自治的权力。新教的国家，固因了这个改革运动，而宣布脱离罗马教会的统治，旧教——天主教的国家，却设法去挟教皇而令诸侯。新教的国家，固因此而自有其国教，天主教的国家的统治者，也因此而增加其权力。因为挟了教皇的国家，既可以利用教皇的名义而令诸侯或别的天主教国家，拉不住教皇的天主教的王帝，也可以因教皇被了他国所挟迫，而不必遵从其命令。结果是对其国内的一切事情，也加强其统治的力量，而趋于独立自治的局面。这也是助长近代国家主义的一种力量。

此外，在各地方，本来已有这种不同的风俗、意识、文字，与宗教上的分别，自然而然的强调了这种风俗与意识，使国家的观念，愈为发达。

而况，自新大陆的发现与东西海道沟通之后，对外商业上的竞争，与向外领土上的攫取，更使这种国家的观念，愈为增加。向外发展，在消极上，是减少国内的不安定，在积极上，是扩大其国家的领域。一举而两得，使各国的统治者，都竞相仿效，因而国际间的战争，层出不穷。然而战争，从一方面看起来，固是劳民伤财，在别方面看起来，也是增加国内的团结的一种力量，使国家主义愈为发达。

我们在上面，对于近代欧洲的国家主义的发展，略加叙述，目的不外是说明，在各种促成这种国家主义的发展的要素之中，文化的要素至为重要。上面所说的各处方言、文字、两种宗教派别以及其不同的风俗、意识而至商业的发展，无一不在文化的范围之内。

因为方言、文字、宗教、风俗、意识，以至商业政策的各异，而促进了国家主义，使各国各自为政。同时，一些的政治学者，像菩丹（Bodin）与霍布士（Hobbes），又极力提倡国家主权之说，以为在每个国家之内，必有一个主权，对外是不受他国的统制，对内是高于一切，凡是在这个国家里的臣民，都要服从这个权力。

这么一来，国家的地位愈高。而况，到了后来，又有了一些的唯心论者，把国家当为目的，当个人为发展国家的工具。于是国家愈神圣化，愈神秘化了。政治学上的唯心论派的主将像黑格儿（Hegel），以为国家是一个自然的有机体，代表历史的世界的历程的一方面，国家是一个实实在在的"人体"（Real Person），是完全理性的表示，是世界与个体的自由的综合，是一种道德的现实。只有在国家里居住，个人才能表现其实在；只有在国家里，个人才有一种完全的生活。这种唯心论者的理论，在德国固是占了很重要的地位，在其他的国家，也有意的或无意的受其影响。所谓民族至上，国家至上，也是这个意思。

国家的成立，主要的固由于各种共同的文化的要素，而国家的发展的趋势，又是使其国内的文化的各方面，愈趋于一致。在语言上、在法律上、在生活上、在教育上，国家往往用其力量去国家化，或是使趋于一致。亚尔萨斯洛林

（Alace-Lorraine）若归于德国，德国要其人民用德国文字，守德国法律，照德国生活，受德国教育。这个地方若属于法国，法国又要其人民说法国语言，从法国法律，学法国生活，受法国教育。

同样的，在其殖民地里，也尽力的去推进其文化，使其殖民地的文化，能够同化。法属安南、英属马来、荷属爪哇，无一不是用了自己的文化，去化其所征服的人民。

我们在文化的"社会的基础"一章里，已略为说明国家对于文化各方面的推进，这里不必多说，我们可以说，直到现在，这种国家主义，还正在发展。轴心国家固是这样，所谓民主战线的国家也是这样。德国的国社党，不只尽力去宣传其日耳曼的文化，连了不是日尔曼的种族，而尤其是犹太人，也极力去排除。墨索里尼所梦想的意大利帝国，除了占据人家的领土的野心之外，还想复兴其古代罗马的文化。

日本呢？所谓大和魂，也不只是空洞的东西，而是大和的文化。其实，所谓大和的文化，若不是从中国或西洋输入的东西，只是有了像一些南洋的不大开化的社会的文化，并没有什么可以炫耀，然而日本的军阀，用了武力去征服别人的土地，却大提倡其"固有"的文化，强迫其征服的民众，去读日本文，还不算数，却要他们去实行日本的礼节。

从东北四省到沿海各处，以至南洋群岛，凡是被了日本所占据的地方，什么文化协会，或是合作团体，多是日本人用以同化其征服的民众的工具。目的是使这些民众，却能有了大和魂，而实现其所谓的大东亚主义。大东亚主义，除了整个东亚，都被了日本占据之后，是要整个东亚，都日本化起来。其实，所谓大东亚主义，不外是日本的国家主义的变相，而这种主义，也可以说是日本的文化的侵略主义。

就是所谓民主战线的主要国家，如英国，如美国，以至苏联与中国，在最近的数十年内，国家主义的发展，也很为显明。大英帝国是一个国家，也是一个庞大的政治集团，里面不只包括世界上的好多种族，而且包括了好多的平等的自治领土。从一九二六年的帝国会议之后，加拿大、澳大利、南菲洲，是与英国本部处于同等的地位。在平时，这些自治领土，以及英国本部，可以说是没有什么关系的。其能够互相连系的，不外是所谓王权（Crown）。然而在战时，或在紧急的时期，盎格罗萨克森的人民，却往往合而为一去抵抗外力的压迫。同时，假使我们从文化的立场来看，他们所到的地方，都传播他们自己的文化，所以今日的加拿大、澳大利与南菲洲都可以说是英国文化的伸张。

美国本也是英国的殖民地。自独立以后，百余年来，逐渐的发展了所谓美国主义（Americanism）。这种美国主义，在上次欧战以及这次世界大战中，尤能容易看出来。战争的胜利增加了美国人的自信心。近年以来美国人很注意到他们的文化的发展，而慢慢的发现他们自己的特点。就以政治思想方面来说，殖民地时代的政治思想，主要既是英国的政治思想。在独立运动的时候，他们主要还是受了英国的民主思想，以及孟德斯鸠的三权鼎立的学说的影响。然而为要应付实际的情形起见，美国在一七八九年所创制的宪法，却有其特殊之点。这是成立宪法的先声，又是联邦政治的模样。至于《独立宣言》也成为近代的革命思想的重要文典。近来好多美国学者，对于这些政治文献，以及百余年来的好多政治学者的著作，特别加以注意，结果是关于美国政治思想的书籍之出版的，已有了好多本。好多人而特别是欧洲的人们，往往以为美国是没有什么固有文化的国家，而在思想方面，尤少建树。然而现在的好多的美国人，却极力去表扬其在文化与思想上的成就，这是美国主义的表示，这也是美国的国家主义的反射。

略

再以我国而论，数十年来，国家主义，也正在发展。原来在我国过去，只有天下的观念，或是世界的观念，没有近代的国家主义，所谓普天之下，莫非王臣，率海之滨，莫非王土，就是这个意思。自鸦片战争以后，外患日来日多，甲午战败，更使国人有所惊惕。义和团之乱，京师失守，使推倒满清的思想，深入人心，满清之所以覆亡，民国之所以成立，未始不是国家主义的效果。

不过中国究竟是一个文化惰性最为厉害的国家。传统的家族主义与传统的世界主义，垄断了人心，国家主义不是短期所能发达。然而旧的文化与旧的思想，无论如何根深蒂固，中国欲在这世界里生存，不能不先把这个国家弄好，国家主义不会因旧的文化与旧的思想的阻力而湮没。

而况，自东北失陷与七七事件发生之后，国势之危，为历代所少见之现象。加以现代战争，因空炸的厉害，没有前方与后方的分别，住在所谓前线的人民，固是受其蹂躏，住在所谓后方的人们，也免不了其灾害。所谓天来之祸，就是今日的战争的结果。不过这种空袭的结果，却又唤起后方或内地的人民的国家意识。他们现在逐渐明白国家强了，他们才能安居乐业，国家弱了，他们也必倒霉。因而所谓国家至上，与民族至上的意识，也因之而逐渐普及于民心。中国人民的国家意识的发展，也可以说是中国现代化上的一种要点。

轴心国家与民主战的国家，固是这样，其他的国家，又何尝不是这样呢？

我们知道，自宗教改革之后，以至于今日国家的数目，是日来日多的。欧洲在宗教改革的时候，不过有了几个国家，现在则有了二十多个。美洲在不久以前，还是欧洲的几个国家的殖民地，现代却有数十个国家。就以大英帝国而论，不久以前，只有殖民地而没有所谓自治领土，现在则所谓大英帝国，逐渐已趋为一个好多国家的集团。加拿大、澳大利、南菲洲这些自治领土，不只对内有了完全自治的权力，而且对外，也已有了独立自主的权利。

总而言之，近代政治的趋势，是以国家为主体，是以国家为中心，是以国家为单位。同时，在每一单位之内，不只是在政治上，有了独立自主的权力，就是在文化的其他各方面，如语言、法律、经济、教育，以至哲学、文学、艺术等等，往往也趋于一致。国家与文化的其他方面是互相影响的，互为因果的。前者之所以能够成立，往往是靠文化的各方面的雷同之处，后者又往往受了国家的影响，而趋于一致或偏重于某一方面。因为政治既成为文化的重心，而国家又变为政治的主体，用国家的力量，去推动文化的其他方面，虽未必能使整个文化，完全受了国家的支配，然而这种文化，总免不了受了多少影响，而染了多少的国家主义的色彩。

然自工业革命之后，工业固是发达起来，商业也繁荣起来。交通工具，日来日便利，世界的范围，至少在观念上，日来日缩小。差不多一百年前，容闳从香港起程赴美留学，赴程要三个多月。八年后，他回国时，归程因为风浪的险恶，而要了五个月。自火轮船发明以后，这个途程，这就是从香港绕好望角而到纽约，也不过是三十天左右。现在呢？若乘飞机去旅行，这个途程三数天就能抵达。此外，电话、电报、无线电、收音机等等，使了整个世界各处的消息，不只是朝发夕至，而且简直是立发立至。地球本身，并不缩小，但是交通工具的便利，距离变为没有什么意义。远近成为一种主观概念。中国人觉很远的地方，美国人觉得很近。跑路人要化十天，才到一个地方；乘飞机的人，只需要一个钟头。今后的文化交通工具，日来日便利，世界真可以说是成为一家。一个国家里，有了什么事情发生，不只其他的国家立刻知道，而且往往影响到别的国家。一个地方有了战争，整个世界都受了波动。结果，也许整个世界，不免卷入这个漩涡。十多年前，比方，住在蒙自左近的一般居民，那里会想到数年以前，日本飞机会投炸弹到这个地方。然而日本炸弹，竟然落了不少，在这个人口稀少与环境安静的地方，居民死伤了不少，房屋被毁了很多。从一方面看起来，这正像我们在上面所说，增强了我国人民的国家观念。然而从别方面看起来，却也放大我国人民的世界观念。日本的残酷行为，既是依赖于美国的空军的抵抗而减少，我们的世界观念，不只是扩大到日本的东京，而且扩大到太平洋的对岸，而越过洛矶山脉而至于美国的京都。而况，在这个小小的地方的人们，不只看见日本的飞机，而且看到美国的飞机。蒙自上空是我们的，然而日本人与美国人，就在他们的头顶上决斗与交战。日本与美国就在他们的眼前。东京与美京虽然是远隔重洋，可是从蒙自到昆明不见得比从东京或美京到蒙自或昆明那么便利。在地理上，蒙自到昆明是近于美京到昆明，可是蒙自被炸的时候，也许美京的人们，知道这个消息，比之昆明的人们，不见得为迟。

这是从战争的时期去说世界观念的放大。至于平时呢？蒙自城外的海关、银行、医院、洋行的故址，处处能引起我们联想到法国的文化。在那家小小的哥洛斯洋行，法国的最好的酒，以及其他各国的货物，也件件能引起我们联想到西洋的文化。洋行的主人夫妇两位是希腊人，也时时能引起我们联想到二千年前的希腊的哲人、希腊的文化。这是西洋文化的渊源，这是西洋古代的曙光。希腊两千多年来文化，固已衰落，国家固不富强，然而柏拉图的《共和国》、亚里士多德的《政治学》、欧几里得（Euclid）的《几何学》，不只在西洋的学校里的学生还在研究，就是在我们的学校里也正研究。而且，蒙自的中学里，所教授的公民学或几何学，追源溯本，还是来自柏拉图、亚里士多德与欧几里得。只要这个中学里的学生们，愿意去问问公民学怎么样来，几何学怎么样来，他立刻就不能不想到西洋的智识，以至希腊的文化。假使他们再要问问这些智识，而尤其是几何学怎样传入中国，那么他们就得懂在十六世纪的利玛窦的跋涉重洋，来到中国传教，因为传教易引起国人的反感，遂用西洋的科学以为传教的工具，翻译几何，就是这种工作之一。

这是注重于智识方面的世界观。至于物质文化方面，我们相信，在蒙自的城内，以至离城较远的乡村中，没有一家不会完全不用西洋的货物的。针线、布料，以至好多家常用品，在蒙自的好多杂货店里所陈列的，决不只是卖给城里的人们，而是推销到穷乡陋邑。自然的，购用这些物品的人，未必人人都究其来源，然而这是日本货，还是美国货，那是英国货，还是德国货，除了这些店中的老板与店员，往往知道之外，不少的乡下人，往往也能分别。至少耐用不耐用，是他们所关心的。日本货便宜而不耐用，西洋货价昂而比较耐用。可以说是一般人的普通看法。假使他们辨不出英美德的东西，日本与西洋的货品的不同多能认识。所以，只要他们为了耐用不耐用，而去问问，日本与西洋这些名词，以至其意义，大体总能知道，这也是一种的世界观。

因为工业的革命，商业的发达，世界各国，无论在精神文化方面，或在物质文化方面，流通既易，影响日深。在最初传入的时候，也许只当作一种奇异物体来看待，比方，利玛窦所传入的自鸣钟、西洋琴，以至于天主教与几何学，在当时宫廷，当为奇物，士大夫视为异教异学，有之既没有多大用处，没有了不只对于中国没有遗恨，反而有人觉为幸事。然而三百多年来，而尤其是近数十年来，需要钟表的人，固日来日多，喜玩洋琴的人，也愈来愈多，信仰天主教的人，固日来日多，学习几何的人，也愈来愈多。

钟表、洋琴、西教、几何，固是这样，文化的其他方面，也是这样。在这些东西中，有的我们现在虽觉得可有可无，有的我们已觉非有不可。然而非有不可的，固不可不要，可有可无的往往也日来日多。结果是两者一样的趋人，一样的成为我们的文化中的要素，成为我们的生活中的食粮。在有意或无意之中，我们已处身在这个世界的文化的领域，而不能再去闭关自守，再去排斥外来的东西，或再去避免世界的潮流。

蒙自与中国固是这样，别的地方以及别的国家，也是这样。以物质文化来说，美国在现今的世界上，是物资最富的国家了。然而就是这样，美国每年还不知需要了多少外国的物品。美国的宗教与学术，既本来传自欧洲，而现在还不断的受了其他的国家的影响。天主教固是超了国界的宗教，新教又何尝完全是美国自身的问题，而不与外间有了关系。学术上的技术智识，美国固很发达，但是在学理上的研究，美国还要不断的传自欧洲。至于战争发自东亚或欧洲，在远隔重洋的美国，在现今的世界中，袖手旁观是不行，主持中立也不行，迟早只有参加战争的办法。

所以，尽管国家主义仍然存在，以至还正在发达，但是世界的文化，而尤其是经济方面的关系，已使世界各国，没有一国能够闭关自守。国与国之间的关系，既日来日密切，人与人之间，也不能固守其狭义的国家主义。人类既不愿去老过了战争的残酷的生活，或是紊乱的恐怖的日子，那么国与国之间的合作，是不能不有的。假使极端的国家主义不能打破，世界和平，是永不希望的。

总而言之，自文化的重心趋于经济方面以后，世界各国的文化，不只是关系愈为密切，而且趋势是向着和谐或一致方面。发展政治上的国家主义，而尤其是极端的国家主义，虽然还是使世界有了分化的趋向，但是世界各国的文化上的交流，而尤其是经济上的需要，又使人类与国家不能不合作。所以，积极方面的世界主义的实现，固是尚有问题，消极方面的闭关主义，已经不能存在。主观方面固有了不少的国界以至种族的区别与偏见，客观方面世界主义的文化，已正在发展。无论那个国家，不只不能闭关自守，而且不能不依其他的国家。

其实，近代国家这个政治团体，在原始社会里，既找不出来，在古代，而尤其是在中世纪，也没有发现。这是宗教改革以后的产物。这是近代的东西。这是政治的重心的文化的时期中的主体。以往既没有这种团体，将来也不一定要有这个团体。就是有了，也可以成为一个有名无实的东西，或是成为较大的政治的团体中的一个东西，或是一个连系的机构。在世界主义的文化之下，国家可以成为世界的政治团体中的一个附属或一个连系的政治机构。

假使有人对于我们这种看法，有了疑问的话，我们可以再把美国以为例子来说明，这种世界的政治团体的可能性。美国自《独立宣言》之后，每个州都各自为政，而且往往互相猜忌，时有争端。然而经过八年的苦战，以至南北的战争之后，美国内部可以说是完全统一。然而同时这是一个联邦的国家，中央政府与州的政府的权限，有了宪法去规定，两者各在其法律的范围之内，仍然各自为政。其实，我们也得指出，百余年来不只各州之间，武力上的争端，固是少有，而且中央政府的力量，是愈来愈大，使其联邦的性质，也因之而逐渐改变，而愈趋于统一的途径。

而况，以往的国际联盟与最近的各种国际会议的趋势，都是朝着国际主义或世界主义的政治的道途上呢。

第七章　东方与西方

　　从文化的观点来看，大致上，与比较上，我们可以说东方的文化是延滞的文化，而西方的文化是演变的文化。因为前者是延滞的文化，结果是往往落后，而成为落后的文化。因为后者是演变的文化，结果是易于进步，而成为进步的文化。

　　为什么东方的文化，往往是延滞，是落后，而西方的文化往往是演变，是进步呢？

　　要想解答这个问题，至少要从两方面来看。一是地理方面，一是文化方面。从地理方面来看，据我们所知的，东方的文化，而特别是中国的文化，是发源于亚洲的西北，这就是高加索的平原。西方的文化，是渊源于埃及，这就是尼罗河的流域。

　　究竟中国的文化之于埃及的文化，在文化的发展的初期，是否有过接触，或是否有过关系，这是一个不易解答的问题。一些的极端的传播论者，以为世界各处的文化，都策源于埃及，也许因而以为中国的文化，也是来自埃及。然而直到现在，古代埃及之于中国，在文化上，有了接触，或有了关系的看法，还没有充分的史实去加以证明。假使我们承认这两种文化有过接触，有过关系，我们也不能否认后来是为了地理上的阻隔，而使两者的发展的途径与局势，有了不同之处。

　　从某一方面来看，这两种文化的发展，在地理上，也有些相像之点，虽则在时代上，却又不同。这就是两者都沿着河流的上游而趋于河流的下游。不过，在中国，我们的文化是沿着河流而下的时间，是较晚于埃及的文化之沿着河流而下的时间。

　　而且，中国的文化，自黄河的上游而趋于黄河的下游之后，以至黄河的河口，这就是黄海的沿岸，这个文化，并不立即向着沿海岸而发展，而却沿着大陆而发展。从北方的平原而趋于南方的山地，从黄河的流域，而趋于长江的流域，再从长江的流域而趋于珠江的流域。大致上，这三个河流，都是从西到东，而成为平行的地位。黄河与长江，在很早的时候，虽有了运河的便利，而有了水道的交通的便利，但是从长江到珠江，却不相通。直到最近来，而尤其是抗战的时期，才有人计划去利用湖南湘江的支流与广西北江的支流，这就是利用湖南的西南至广西的东北的全州的支流，衔接起来，而使长江流域可以直接去与珠江流域通航。但是这种计划，直到现在，没有实现。而黄河与长江之间的运河，自海道，这就是从上海到山东与河北的海道，通航之后，也因年久失修，而至于不能用。

总而言之，中国的文化在其早期发展，虽从黄河的上游，而趋于黄河的下游，以至于海口，然而到了海口之后，虽然也越过海洋而影响于日本以至南洋各处，然而主要的，是沿着大陆而发展，而非沿着海洋而发展。

西洋的文化，却不是这样。在其最早的时候，从埃及的尼罗河的上游，而趋于尼罗河的下游，以至于地中海之后，主要的是沿着海岸而发展。巴比伦、希伯来的文化，都是在地中海的周围，至于古代的希腊与罗马那是更不待说。希腊的亚力山大虽从陆道去攻打印度，然其回程，除了陆道之外，还取海道。罗马的朱利阿斯·恺撒（Julius Caesar），不只是沿着地中海的海岸，而征服不少的国家，而且渡了大西洋的海岸，而到英伦。到了中世纪的晚年，以至十四五世纪与十六七世纪，葡萄牙人也好，西班牙人也好，荷兰人也好，法国人也好，英国人以至后来的德国人也好，都是沿着海岸而向海外去发展。所以，从地理上来看，有些人以为西方的文化是海洋的文化，而中国的文化是大陆的文化，就是这个原故。我们叫西方的文化为西洋的文化，我们叫日本的文化为东洋的文化，这都是与海洋有了多少关系。然而我们叫中国的文化的时候，我们却说为中原的文化，所谓中原的文化，就是指着陆地而言的。西方的文化，叫为西洋的文化，是没有疑义的。至于东方的文化，本来是以中国的文化为主体，然而所谓东洋的文化，却只是指着日本的文化，虽则日本的文化主要也是渊源于中国。中国文化之所以不称东洋文化，而称为东方文化，也是很值得我们所注意的。

也许有人怀疑我们把中国的文化当为东方的文化的主体，因为他们以为在东方的文化的圈围之内，除了中国的文化是一种主流之外，还有印度的文化，这也是东方的文化的主流之一。我们以为印度的文化，在东方的文化，虽然占了很重要的地位，然而不只在地理上，印度是介于东方与西方之间，而且在文化上，也是东西文化的支流的地方。印度的语言，是偏于西方的，而印度的宗教，是偏于东方的。近来有人，以为基督教的教徒在很早的时候，就到印度传教，而且有人以为佛教，曾受过基督教的影响，而始生长的。我们不欲在这里讨论这些问题，我们只要注意，印度的语言既是偏于西方系统的语言，而印度的佛教的思想，却可以说是与了我国的老庄思想，有了根本相同之处。至于有人以为印度佛教是渊源于老家，也是一个疑问。而且，佛教既为印度文化的特色，佛教思想，不只与老庄的思想，有了根本相同之处，而且佛教在中国，尤为兴盛。此外，轻视物质生活，而重视精神的，都为印度与中国的文化的共同之点。所以，印度的文化，虽然有了像西方的文化的特性，而尤其是语言方面，然而主要的性质，是东方的。这也可以说是中国的。因为印度的文化的要素，可以在中国的文化中找出来，而中国的文化的好多要素，如孔子的思想，却未必能在印度的文化中找出来。所以，我们在大致上，可说中国的文化为东方文化的代表。

中国的文化，主要的既在大陆上发展，中国的文化，除了有了大海的阻隔之外，又有沙漠与高山的阻隔。在西北一带，多为沙漠之地，而在西南一带，多为山岭之区。喜马拉雅山固使中国的西南之于印度的交通困难，蒙古、新疆各处的沙漠，又使中国的西北之于俄罗斯与所谓近东的交通困难。结果是在中国的文化，自成一个圈围，自成一个系统，自成一种格式。

　　反之，在西洋，其文化的策源地，虽始于埃及，然而环着地中海的左近的地方，地势既并不像中国，自成一圈围，又不像中国有了北方的平原，成为一种文化的中心。各地方有了各地方的特性，加以此种族上的差异，政团上的不同，不只使埃及的文化，不同于巴比伦的文化，不只使巴比伦的文化，不同于希伯来的文化，不只使希伯来的文化，不同于希腊的文化，就是希腊也与罗马的文化，有了不同之处。其实，就是在古代希腊人的世界中，雅典的文化之于斯巴达的文化，也有不同之处。在中国只有在春秋战国的时代，在文化上，表现了不少的因地理各异而不同的现象。然就是在这个时期，主要的只是思想方面是这样，至于文化的其他方面，却少有很大的差异。自秦汉统一以后连了思想上的差异，也逐渐的趋于一统。

　　西洋文化，虽策源于埃及，然而西洋的古代文化的中心，却不能说是在埃及。埃及文化，是自成一个中心。此外，如巴比伦与希伯来的文化都各自成为一个中心。同样，希腊与罗马的文化，也各自成为一个中心。这不能不说是与地理的环境，有了关系的。至于中国，假使有唐尧的时代的话，自唐、尧、夏、商、周，以至秦、汉文化的中心，大致上是在所谓北方的平原，这就是中州，或中原。在地理上的中心，既少有变更，在文化的系统，又比较单调。反之，西洋是因为地理上的差异，中心固是不同，文化的系统，也是各异。埃及、巴比伦的文化虽是影响于希腊的文化，然而希腊的文化却自成为系统。至于希伯来的文化，虽也受了埃及的以至巴比伦的文化的影响，然而希伯来的文化，也是自成为一个系统的。同样，罗马的文化，虽大受了希腊的文化的影响，然在其政治、法律、军事以及其物质方面，却与希腊大不相同，而也自成一个中心。至于中世纪的文化，虽处处趋于单调，可是中世纪的文化的较远与间接的来源，虽也与了埃及、巴比伦有了多少的关系，然其较近与直接的要素，却是希腊、罗马与希伯来三种文化的混合的东西。

　　不但这样，因为中国文化是在大陆上发展，而这个大陆又因为山海沙漠的间隔，所以变来变去，大致上，变不出这个圈子，所以易于停滞。西洋的文化，因为主要的是向海岸与海外发展，所以与外间的文化接触的机会较多，使其文化所包含的成分，较为丰富，所以易于演变。因为易于停滞，所以往往落后；因为易于演变，所以易于进步。

　　而且，在围着中国而尤其是汉族这个文化的圈围左近的各种文化，如蒙古，如西藏、如满洲、如高丽、如安南、如缅甸,以至南洋各处与日本的文化,大致上,都不若中国的文化的程度之高。中国文化,不只成为东方文化的中心,而且成为东方文化的高峰。结果是使中国人不只易于自足,而且易于自夸,自足自夸是文化进步的很大的阻力。

反之,在西洋,因为文化的中心,既不是永远在一个地方,各处的文化,有其特殊之处,高低之分,虽非没有,然而因为文化的重心的不同,与种类的复杂,互相仿效,互相竞争,结果是易于变化,易于进步。

这是由于地理上的关系,也是由于文化上的因素。在文化的初期发展的时候,地理上的因素的作用,是很大的。但是文化愈进步,则地理上的因素的作用,愈为减少,而文化上的因素的影响,较为重要。这一点,我们在上面已经详为解释,这里只好从略罢。

其实,我们在上面所注重的虽然是地理环境,对于东西文化的影响,但是文化本身的作用,也已提及。我们现在要特别注重于这方面的解释。

从中国的文化来看,我们可以说,内容是较为单调的。我们上面已经指出,自所谓尧、舜、夏、商、周以来,我们的文化是自成一个系统的。外来的文化对于中国的文化,既少有影响,中国内部的文化到了周朝的初期,大致上,规模也已具备。周公成为这种传统文化的代表人物。在春秋战国的时代,在思想方面,虽有了九流十家,百家争鸣,然若详细的考究起来,大家不只不有了向前直进的观念,而且都有了复古的趋向。老庄以至法家希望复回最古的自然世界,孔孟以至墨子主张复回尧舜的时代。至于其他各家,如杂家之流,不外是拾了老、庄、孔、墨的余绪。这种复古思想,不只是有了落后的危险,简直是趋于退化的途径。

同时,各家的思想,都偏重于精神的文化,而忽略了物质的生活。老庄固是这样,孔墨也是这样。其实,他们多数,不只是忽略了物质文化,而且反对物质的文化。管子所谓衣食足而知荣辱,仓廪实而知礼节,孔孟固看不起他,一般人也以为这是霸道,而非王道。何况,在骨子里,管子也脱不了中国的传统思想,而并不极力去提倡物质的生活。

从文化的社会方面来看,政制是一样的单调。帝王、诸侯,代代差不多一样。自秦汉以后,孔家的思想,得了专制君主把它作法宝。专制与孔教,正像辅车相依,所以二千多年来,朝代虽不知换了多少,政体始终如一。

不变的政体,再加上数千年来的不变家族制度,为其基础,更使政制不易变换。家是国之本,君主是人民的父母。家与国在范围上虽是不同,在治理的原则上,却是一样。在家要孝,在国要忠,然而"忠臣多出孝子之门",所以治家的方法,是可以应用于治国。天子或国君之治天下,正像父亲之治家。所以要先齐家而后治国,国治而后天下平。

一贯的社会制度，加上复回皇古的思想，再加了排斥物质的文化，结果是使中国，不只其文化的内容至为单调，就是在其时间的发展上，也是往往停滞，往往落后。所谓九流十家，所谓百家争鸣，还是在天生天子、复古念头，与蔑视物质的圈子里打官司。不管谁胜谁败，天生天子、复古念头，与蔑视物质，是照样的不变。黑格儿在其《历史哲学演讲》里所以说，以往的中国，就是现在的中国，现在的中国，也就是以往的中国，就是这个原故。因为中国文化，数千年来，大致上，少有变化，所以数千年来，大致上，也是一样。

　　若再从我国的文化，在空间上的发展来看，除了中国本部与过去的日本、安南的一部分之外，虽也远播他邦，然而始终没有成为他们的文化的主流。比方，在元明之间，中国文化也曾传播到暹罗，而且有了相当的影响，然暹罗文化的主流，始终是来自印度。至于南洋其他各处，我们虽然有了那么多的华侨，但是中国文化之影响于这些地方的，是微乎其微。

　　在欧洲，中国蚕丝，据说在希腊时已从中国传入罗马。罗马人且自养蚕抽丝，然在整个希腊与罗马的文化，并没有多大影响。元朝西征的时候，印刷、火药、指南针，对于西洋近代文化的发展上，有过很大的功劳。印刷使智识普遍，火药打倒封建势力，指南针指示远程航海，然而这些东西，只能说是推进西洋近代的文化的一些工具，他在西洋文化的本身上，也并非主要的要素。在十七八世纪的时候，因为东西海道已通，西洋教士之在中国的，曾尽力去介绍中国的孔老的思想、建筑的样式、园林的布置，以及其他的好东西。在某个时期及某地方中，这些思想与这些东西，对于西洋文化也有不少的影响，然而这也不外是局部的或某一方面的，在西洋整个文化上，算不得为一种主流。而且，在时间上，其影响既多只是昙花一现；在空间上，更少普遍。自然的，有了不少这些思想，或这些东西，已融化在西洋的思想或东西里，可是在日新月异的西洋的文化里，经过多少时间之后，原来的面目，很不容易看出来。

　　上面是从中国的文化的内容以及其在时间上与空间上的发展来说。我们从西洋的文化的内容及其在时间上与空间上的发展来看，那么我们就能了然，这两者在这几方面上都不相同。

　　从西洋的文化的内容来看，文字始于埃及、巴比伦。希腊的文字，也有采自外来。希腊除了伦理的思想之外，在哲学上，在政治学上，在生物学上，而特别在几何上与在建筑方面，有了很大的贡献。希伯来人的宗教之对于西洋文化的影响是用不着说的，罗马人的法律、军事、帝国与道路都是罗马文化的特色。这是古代的西洋的文化，这也是整个西洋文化的基础。

　　有好多人，以为我们的春秋战国时代的文化，可以与西洋古代的文化相比美。我们以为这种看法，只是表面的观察，而非深刻的见解。比方，人们往往以为孔家的思想之于柏拉图的思想，有了好多类似之处，然而凡是把《论语》与

《共和国》来相比较的人们，总能明白，无论在方法上，或在思想的本身上，前者都不及后者。柏拉图的《理想国》，是否得当，这是别一个问题，然从其思想本身来看，他想得很深微，与孔子之实用道德，很不相同。至于方法方面，柏拉图之解释各种问题，有条不紊，比之孔子的东一句西一句，不只缺乏系统，往往不相连接。其差异之处，更不待说了。

至如亚里士多德的《政治学》与欧几里得的《几何学》那样精密，那是在中国的著作中所没有的了。

墨子有宗教的倾向，但是墨家始终不能发展为一种宗教。基督教不只成为欧洲文化的要素，而且成为世界上力量最大的宗教。基督教不只是期望来世，而且改造现世。这是一个有理想的宗教，也是注重于实际生活的宗教。既不像佛教之只顾来生，又不像我们的道教之流为鄙贱。

至于罗马的法律、军事、帝国、道路之不下于我国古代的，也是很为显明的。其实，比方，罗马的法律，直到现在，还是西洋法律中的重要部分。我们知道，在罗马的时代，除了罗马人自己的民法之外，还有一种普通法，这就是罗马人的 Jus Gentium，与 Jus Naturale。这种法律，是应用于罗马所征服的各地方的，而其来源，是从各地方不同的风俗习惯中，找出相同的原则。近代人之所以把这种法律，当于国际公法的渊源，就是这个原故。所以罗马人，除了固有的法律之外，又尽量去采纳其所征服的民族的法律，而发展了一种普遍化与"世界化"的法律。这种法律，不只在所谓拉丁国家的法律中，占了重要的地位，就是，比方，在德国以及其他的好多国家的法律上，也占了重要的地位。一百年前的德国的著名法律学者萨文宜（Savigny）曾著了好几本书叫作《现代的罗马》（*System des Heutigen Römischen Rechts*），目的无非是证明在现代的法律中，罗马法是占了很重要的地位。其实，在欧洲的法律系统，罗马法不只是较古的法律，而且是较为重要的法律。

又如，罗马的道路，有了不少是成为近代的路基，也可见得他们在物质文化方面的贡献。而况，罗马人除了采纳欧洲各处的文化之外，对于近东、远东的文化，也设法去采取。我们已经指出，中国的蚕丝，在希腊时代好像已经传入欧洲，据近代史家的研究，罗马人不只用了中国的丝布，而且效法中国去养蚕以抽丝。

总而言之，在罗马的文化里，成分是很为丰富的。希腊文化的要素，如学术，如艺术，以至好多日常生活的方式，可以在这里找出来，是用不着说的。就是希腊以外的好多民族以至远东的中国的文化，都可以在这里找出来。所以罗马时代的文化，既不同于希腊时代的文化，希腊时代的文化，又不同于希伯来、巴比伦以及埃及的文化。下一代采取了上一代的文化之外，又采取其同时代中的不同的文化。内容既包含很多，弹性也较大。结果不只是外来的文化，更易于接受，就是内部的变化，也易于产生。

所以西洋古代的文化，不只在其本质上，已有很多的特性（Traits）是超越于中国古代的文化，就是在其发展的局势与可能性，也较优与较大于后者。

至于西洋的中世纪，是历史家所目为黑暗的时代。基督教会，慢慢的发展起来，其信徒在罗马的时代，所要求的是信仰自由，希望政府不要以政治的力量去压迫他们。到了后来，罗马皇帝也信了这种宗教之后，政府不只不像以前去压迫基督教，而且成为这个宗教的保护者。然而教父得寸思尺，他们最初要求教会独立，然而所谓教会独立，乃教会不受政治的管理。而且所谓教会不受政治的管理，并非教会不管政治。在理论上，教会所管的事情是神圣的事情，政府所管的事情是世俗的事情，管神圣的事情的人们不一定去管世俗的事情，然而前者是比较后者为重要，因为前者是上帝的直接代表，而后者是上帝的间接代表。前者是像太阳，后者是像月光。月光的光，是由太阳而来，所以皇帝的权也是由教皇而来。这种理论一经提倡，就使教会拼命去争夺政权，以至其他一切的权利。教会的势力，在中世纪之所以澎涨，是由于这种理论。结果是使中世纪的文化，变为基督教化。结果是使了一切与基督教义相反的理论与作法，以及文化的各方面，都在排斥之类。结果是使中世纪的文化，有了停滞的趋势，有了单调的色彩。中世纪之所以叫为黑暗时代，也是这个原故。

因此之故，又有些人以为西洋的中世纪的情势，正像中国在秦汉以后的情势。因为在后者的文化里，孔教与政治互相利用，互相维持，使中国的文化，趋于停滞，趋于单调。然而这种看法，也只是片面的看法，而非深刻的观察。因为中世纪的文化，虽然趋于停滞，趋于单调，但是其所继承的希腊、罗马的文化的成分，既是很为丰富，而基督教本身，又是一种外来的宗教，使在希腊、罗马的文化的遗产中，又增加了一种新要素。中世纪的文化，在一方面看起来，虽是停滞，虽是单调，从别方面看起来，却是一种混合文化，却是一个过渡时期。

我说，这是一种混合文化，因为基督教会不只是筑在罗马帝国的基础之上，而且染了不少的希腊色彩。世界的教会是罗马帝国的后身，而理想的天国，又是柏拉图的理想国的反射。照耶稣自己看起来，他的理想国，是在天上。所谓"彼得的事情，给与彼得，恺撒的事情，给与恺撒"，已经有了俗心，然而中世纪的教父，还要彼得去管恺撒的事情，结果是在悠悠长期的中世纪里，宗教与政治是往往处于冲突的地位。在九、十与十一世纪的时候，教会的权力，好像是驾于政府的权力之上，然而两者始终对立而不像孔教之于专制君主，那样如胶如水互相利用。

事实上，所谓世俗的事情与神圣的事情是不易，而且不能分开的。然而理论上，要加以分开，那么在施行上，是免不了好多纠纷的。然而也正是为了有了很多的纠纷与不断的冲突，中世纪的文化，也可以说是一种过渡时期的文化。因为这个文化，并不很停滞，并不很单调，正是待着机会而趋于一种新局面。反之，在我们的中古文化——这就是秦汉以后的文化，愈来愈停滞，愈来愈单调，本身的弹性既很少，外来力量又没有。就是有了，也不易波动。所以，从这两种文化的实质，而尤其是物质方面来看，中国的中古文化，虽未必是低于西洋的中古文化，然而在其发展的局势上与可能性上，前者却远比不及后者。

到了元朝西侵与十字军东征的时代，东方——所谓近东与远东的文化，又趋入西洋，给与西洋文化发展的新工具，给与西洋文化发展的新刺激。再加以文艺复兴的运动，这就是复回希腊那种探求真理与研究自然的精神，因而引起宗教的改革，以至于政治的革命与科学的发明，使西洋的文化，又踏入一个新时代。这个时代，一经开始，西洋的文化的发展，是日新月异，愈进愈速，而成为现代的西洋文化。

所以，我们若从西洋的文化，在时间上的发展来说，不只在文化实质上与成分上，我们比不上西洋，就是在发展的局势上与可能性上，我们也比不上西洋。所以不只在东西海道未通之前，不只在鸦片战争之前，以至在满清未倒之前，我们比不上西洋，就是民国以后，以至于今，我们还是落后，这是史实，这是我们所不能否认的史实。

因为西洋的文化，弹性较大，易于演变，易于进步，所以也易于接受外来的文化。其实，西洋文化的弹性之所以较大，所以易于演变，易于进步，也是由于西洋人，愿意接受外来的文化，这也是史实，这也是我们所不能否认的史实。因此之故，在西洋文化的发展的历史上，我们不只可以找出好多古代各种的文化的成分，而且可以找出世界各处的文化的要素。从这方面来看，现代西洋文化，又可以代表世界的文化。埃及的文化遗产、巴比伦的文化的特性、希腊的文化的精神、罗马的文化的要素、希伯来的文化的要义、中国的文化的成分，以至美洲的薯子、南洋的香料与树胶，举不胜举的好多种文化里的东西，都可以在这个文化里找出来。从历史的眼光去看，这是世界文化的博物院，从文化内容方面来看，这是世界文化的总汇。我所以说，现代西洋文化，可以代表世界文化，就是这个原故。

然而我们也得指出，西洋人虽然容纳古今世界各处的好多文化的要素，然而他们并不满足于这些文化。他们用了中国的丝布，仿效中国养蚕的方法抽丝织布，还不满意，而要改良蚕种，改良丝质，改良丝色。但是，他们还不满意，而必要用化学的方法去制作人造丝。

他们对于蚕丝，固是这样，他们对于人家的文化的其他方面，也是这样。结果是以蚕丝著名的中国，到了现在不只要去西洋，学习制作人造丝的方法。在我们的农学院或蚕丝学校里，也要请洋人或留洋学生去用西洋的方法来改良蚕种，用西洋的机器去抽取蚕丝。蚕丝固是如此，别的东西，也是如此。

从这方面来看，西洋现代的文化，不只是世界上最进步的文化，而且是趋为世界的文化。这就是我们所要说的空间上的西洋文化的发展的趋势。

我们对于这点，当在别处，加以比较详细的叙述，在这里只能简单的说明。

西洋文化的发源地，本在地中海的沿岸。自哥仑布发现新大陆之后，美洲逐渐的变为西洋文化的范围。所以现在所说的西洋文化，是指着欧美的文化，就是这个原故。其实，欧洲文化的中心，在古代固是位于地中海沿岸各处，自中世纪以后，已逐渐的在大西洋的沿岸，与英伦各处而发展。现在且有趋于美洲而尤其是美国的趋势。

自俄罗斯的大彼得帝极力提倡欧化之后，俄国除了欧洲的部分之外，亚洲的部分，也逐渐的西化起来。这是从大陆而输入亚洲的西洋文化。从海道方面，自东西海道沟通之后，亚洲的国家，除了中国、日本与暹罗之外，都变为西洋的国家的殖民地。殖民地是被迫而西化的。比方，安南无论在文化的物质方面，或社会方面，或精神方面，都被迫而西化。连了安南的文字，也由中文而改为罗马字母。这种被迫而西化的结果，是否一件好事，是一个问题，然而这是一个事实，而且西化之后，要想复回安南的固有的文化，却又是一件不可能的事情。

日本与暹罗，都因为本来没有所谓固有的文化，故其采纳西洋的文化，也比较容易。中国虽因了固有的文化的惰性很强，而不易去接受这种文化。但是，无论是日本也好，暹罗也好，就是中国也好，自从与西洋文化接触之后，西化的程度愈来愈深，日本与暹罗在物质方面的西化，从来没有疑问。假使这次战败之后，同盟国既迫其施行民主制度，改变教育方针，那么这两个国家之愈趋于西化，也是无可疑的。至于中国，经过这次抗战之后，也愈觉得非努力西化，是不足以图存的。

所以在亚洲的各民族，无论是被迫西化，或是自动西化，无论很快西化，或是较迟西化，其趋于西化的途径，却是一样。

此外，在菲洲北部的国家，像埃及虽为欧洲文化的策源地，然而现在也不能不努力去接受欧洲的现代的文化。开罗、波特萨依德（Port Said）等城市，固已西化，其乡村也逐渐的西化。南部的南菲联邦操在英人之手，用不着说。中部的好多地方，被了欧人所瓜分，也是被迫而趋于西化。

又如澳大利洲、纽西兰群岛，已逐渐的像美洲一样成为西洋文化的圈围。尽管有了不少的土人，拼命去保留其固有的文化，然其结果，恐怕若不像美国的黑人完全去接受西洋文化，必定是像美国的印第安人，不只其文化不易保存，就连了种族，也要逐渐的消灭啊。

这样看起来，西洋文化岂不是成为世界的文化吗？

西洋文化成为世界文化，那么所谓东西文化之分，岂不是成为空洞的名词，或是成为陈迹的概念吗？

我们以为东方文化与西方文化这两个名词，不只含有地理上的意义，不只有了历史上的作用，而且有了种族上的分别。东方文化，也有了东方人的文化的意义，而西方文化，也有了西方人的文化的意义。至如说中国的文化，除了种族的意义之外，还有了政治集团的意义。除了我们根本上，就打消了东方与西方这种概念；所谓东方文化与西方文化这些名词，还可以存在。假使西洋人能把世界各处的文化，接纳起来，而加以改良，使其进步，而成为西洋的文化；那么东方人，若对于西洋的文化，而加以模仿，加以创造，使其日新月异，使其凌驾西洋，那么这个文化，还可以叫作东方的文化。自然的，这个东方的文化，是异于过去以至现在的东方的文化，但是文化本来是人为的变化的。东方人的祖宗，在四千年前的茹毛饮血，穴居野处，结绳以记事的文化，也与二千年前的祖宗的文化有了很大的差异。然而两者都是东方的文化。那么今后的东方人，若能改造了现代的西洋文化，而继长增高，虽是为了整个世界造幸福，也是东方的光荣。有了东方，也必有西方。西方文化可以成为世界的文化，将来的东方的文化，无疑的也是世界的文化。

第八章　南方与北方

在文化的"发展的方向"一章里，我们已经指出，文化的发展的方向，有些是自南而北，有些是自北而南。自南而北的最好的例子，是西洋的文化。自北而南的最好的例子，是中国的文化。这两种的文化的发展，都与地理的环境，有了关系，但在文化发展到较高的程度，这种地理的环境作用，也因之而减少。

我们已经说过，在西洋文化发生于埃及，而传播到地中海的沿岸各处。但其方向大致上是向北的。继埃及的文化而发展的，是巴比伦。继巴比伦的文化而发展的，是希腊。罗马文化继希腊的文化而发展，其文化的发展的范围，虽与帝国的领土的范围是一样，然而在以罗马为中心而趋向各方的发展的历程之中，向北发展，是一件很为显明的事情。到了中世纪的时候，这个文化更向北部发展。英法而尤其是后者，在中世纪的末叶，已成为欧洲文化的一个中心。此后，荷兰、德国也逐渐的在欧洲的文化中，占了很重要的地位。至于近代的斯干的那维亚（Scandinavia）各国的文化的发展，而尤其是俄罗斯在近代的文化上所占的地位的逐渐重要，尤足证文化的发展，是愈往极北的方向了。

文化的发展，是由南方而趋于北方。这是因为南方的气候炎热，物产丰富。在文化发展的初期，人类是要依赖好多自然物产以生活。但是文化发展的程度愈高，则人类对于征服自然的环境的智识和经验愈多，故虽寒冷与天然物产较少的地方，也可以利用其智识与经验，去耕植畜牧以及发展工商业。

反过来看，在中国，其文化的发源，既在西北，逐渐沿黄河而趋于西南，在周时以至秦汉文化的中心，乃在北方。这就是黄河的流域。五胡乱华之后，晋室南迁，中国文化，逐渐向南发展，长江流域变为中国文化的中心。南宋以后，这个文化愈往南趋，珠江流域也发达起来。而且在极南的安南，已受中国文化的不少影响。

我每以为，假使在明末清初以后，西洋势力，若不逐渐普遍于南洋各处，说不定数百年来，南洋一带，也要深染了中国文化的浓厚色彩。而况，事实上，安南固曾已变为中国文化的支流，暹罗在这个时期内，也受了不少的中国文化的影响。我们试回想，在明末清初的时候，贵州、云南、广西的好多地方，尚为土著文化的区域。现在则差不多到处都为汉族文化所陶染，就能明白在中国的文化从北向南发展的历程中，凡在南方各处的文化的程度之低于中国的，必抵不住了中国的文化，而往往为了后者所征服。可是自明末清初以后，西洋势力，趋到南洋各处，结果是中国文化，不只不能再从安南而南趋，而且连了安南的中国文化，却因西洋文化的东渐，而趋于衰落。

然而就中国本部来说，文化的由北趋南，已很显明，而其所以致此者，也未尝没有地理环境的作用。原来北方，不只苦寒，而且沙漠又多。中国文化既发源于西北，中国民族是因了南部的土地肥美而南趋。中国民族——汉族自开辟黄河流域之后，不只少有向北发展的企图，而且设法去作消极的固守南部的工作。万里长城是中国的最大工程之一，然其目的是固守北方的边疆，以免北边的匈奴或其他的民族的侵入。其实，匈奴与其他的民族的南侵，也可以说是被了长城以内的土地较好的引诱，御北狄而征南蛮，这虽是中国的有史以来的一贯政策，然而中国文化之向南发展，也可以说是由于南方天然的丰富物产所引诱。

然而汉族固愈趋愈南，而使其文化向南发展，北方的匈奴胡人也不断的向南推进。周秦时代的外族之内侵，固不待说，汉时外族也不断的南来。霍去病北征与苏武出使匈奴，以至汉室与匈奴和亲，都可以说是想阻止他们南来，并没有向北发展的野心。至于张骞与班超之出使西域，也非积极的去想侵占这些地方，而乃消极的去安定外族，以免其扰乱中国。所以，不只汉族是向南发展，北方的外族也是向南发展。

中国虽筑了万里长城去防御外族的南侵，但是在历史上，外族之南侵中国，而占据中国一部分或全部的，却不只是一次，而是好几次。五胡乱华是第一次的胡人入主中国的北部。此后如宋室的南迁，以至灭亡于蒙古，使整个中国，受了蒙古的人的统治。到了满清一代，中国又为外族所占据。

可是，在政治上的权力，尽管受了外族的统治，从整个文化的立场来看，外族之化中国的程度，却不若中国之化外族那么利害。五胡乱华的时代，中国的北部，匈奴、羯、鲜卑、氐、羌各据地称雄，所谓五胡十六国，大半年代不久，惟鲜卑的拓跋，统一了黄河流域，而称魏是为北朝，与南朝的宋相对立，享国一百四十五年。所以若从晋的南渡，以至隋朝统一，黄河流域，受外人统治者，二百七十余年。

在这个时期里，外族不只多受中国的文化的影响，就是在血统上，汉胡混血的人们，也不知多少。

然而，同时在中国北部的固有文化，也受胡人的文化的不少影响。使北方的文化，不是纯粹的中国文化，而杂了不少的胡化。而况，数百年后，又有宋室南迁。北方除了政治上受了外族的统治外，中国文化的其他方面，也受了很大的影响。蒙古入主中国以后，还称南宋的人民为南人。同时，又称住在河南、山东的汉人为汉人。除了他们自称为蒙古人，又称西域各种人为色目。蒙古人居首，色目次之，而南人、汉人为最下。南人、汉人不只不能作正官，而且不得挟弓矢。在元朝一代中，不是蒙古人作宰相的，只有史天泽与贺惟一两个人。南人没有一个。南人在政治上，既没有什么地位，在文化的其他方面，也少有建树。元朝统治中国，只有八十余年。到了清代，外族入主中国又有二百六十余年。

外族之侵入中国，既自北而南，而且在晋与宋的时代，北方为了外族所据，北方所受外族的压迫，比之南方尤为厉害。此外，在外族南侵的初期，北方有了不少的人们，相率南迁，南方却成为中国固有文化的中心。杜佑《通典》指出永嘉之后，帝室东迁，好多学者望族，也随之而南来，结果是使扬州各处，成为艺文儒术所荟萃的地方。元代的最南的地方，也为文物的中心。吴澄在其《广州学云章阁记》，所谓"今之交广，古之邹鲁"并非完全没有根据。

除了因政府的迁移而南来的学者望族之外，在没有外族的南侵的时候，有了好多的政府人员，往往又因被贬而到南方的，如唐朝的李德裕、宋朝的苏东坡。这些的人们，无论是永留南方，或是暂住这个地方，在传播固有的文化上，也有了不少的功劳。

此外，有了好多人，是因生活被迫而到南方的。这一般人，本来不一定是受过教育的人们。但是因为离乡愈远，而对于保留固有的风俗、习惯的心理却很强。好像今日在海外的华侨，有了不少到了南洋各处之后，成为极端的守旧人物，往往在国内好多东西，早已改变，而他们却保留其已往的风习。

因此之故，在北方，既因为外族文化的趋入而改变了中国固有的文化的本来面目，在南方却因了上面所说的各种人物的离乡背井，而对于保存固有的文化的心理，愈为恳切。使南方直到现在，还可以说是我国固有的文化的保留所。

我们不能否认，从一方面看起来，中国固有的文化，从北方趋到南方的时候，在南方也有了不少的外族。他们的文化与中国固有的文化接触之后，也必互相影响。这就是说，他们的文化固深受了中国的文化的影响，中国的文化也免不了会受他们的文化的多少影响。比方，在南方而尤其是在极南的广东的好多不同的汉族方言里，没有问题的，渗了多少的南方的外族的方言。然而从别一方面看起来，中国的所谓固有的文化之在南方的，比之在北方的，必较为纯粹得多。因为，一般人民，像我们在上面所说，离了原来的地方之后，往往有了尽力去保存其固有的文化的心理之外，政治上的势力，也是保存文化的一种要素。我们已经指出，在北方，自晋室东迁以后，以至满清覆灭的一千五百多年间，北方之被外族所占据者，有了六七百年。北方的外族，而尤其像满人虽深受中国文化的影响，而失其固有的文化，但是这些外族，既有了政治的力量，而尤其是在其占据或是建国的初期，往往用了这种力量，在消极方面去破坏中国的文化，在积极方面，去推行其固有的文化。这不过是从外族的立场来看。若从汉族方面来看，无论在无意中或有意中，有因为畏惧或羡慕了外族的政治权威的，更或有因为谄媚外族而希望在政治上得到一些地位的人们，受了外族的文化的影响的，也必很多。反之，在南方，数千年来，虽也有些外族抵抗汉族的南征，然汉族从来没有受过南方的外族的政治上的统治。所以汉族除了有了优越的文化去化他们之外，还有了政治的威权去加强这种同化的历程。政治力量是推动文化的一种主要力量。在北方，在外族统治之下，中国文化的其他方面，虽因较之其他民族为优而化及外族，然而他们有了政治的权威去挡住或压迫，使汉族化与外族化，成为两种对峙的力量。政治上的优越地位，也未必能使汉族完全外族化，然而没有政治上的力量，而只有了文化上的优越地位，也未必能使外族完全汉化。在这种情形之下，两种文化，往往使两者互相冲突，与互相影响，与互相混合。至于在南方，汉族的优越的文化，再加上汉族的政治的威权，两者相辅而行，合而为一，外族的文化既低下，而又无政治的力量，结果只有了被了同化的一途。所谓外族被了同化的反面，就是汉族文化得以保留，或其至往往强调的表示。在这种情形之下，只有在无意之中，或权宜之计，而采纳了外族的文化的机会。然而这种机会，究竟不会太多，因为一方面，汉人的蔑视外族人的文化的传统思想，至为厉害，不易接纳外来的东西。一方面，离开所谓中原愈南的汉人，于有意中、无意中，对于固有的文化，留恋愈殷。

我们也得指出，在北方的外族统治整个中国的时候，南方也不能避免。故南方的中国固有的文化，也不能完全脱离了北方的外族的文化的影响。但是这种影响，究竟是不若北方那么厉害。因为，一来，外族统治南方的时间比较的短。五胡乱华，完全是在北方。南宋虽是灭亡，蒙古统治南方，不过八十余年。满清虽享了二百六十余年的国运，然而满人汉化程度最深。二来，北方外族入主中国，政治重心与国都所在，皆在北方。南方天高地远，有了多少"日出而作，日入而息，帝力于我何有哉"的景象。三来，北方被外族侵占的时候，而尤其是初期，不只忠臣遗老，就是志士仁人，很多逃难南方。这种人是不愿受制于外族而迁移的。其反抗外族的心理既很强，而对于其固有的文化的保留的心理，也必很坚。四来，南方山川间隔，不若北方平原之交通，比较方便，在政治上，各处虽然受了外族的统治，在文化上，易于保留其固有的面目。这种地理环境，对于文化上的作用，直到现在，在南方各处，还可以随便的寻找出来。

上面是说明南方之所以成为中国固有的文化的保留所的原因。直到现在，南方还可以说是这种文化的保留所，虽则时势的变迁与新来文化的输入，而尤其是因了这次抗战，已使这种活的固有的文化，也正逐渐的趋于衰微。

我说，南方是固有的文化的保留所，也许会引起一些人的疑问。然而这是事实，只要我们留意到这个问题，而稍作实地的考察，便能知道。我们对于这些事实，当在他处加以较为详细的叙述，在这里只能略为说明。

从中国的言语方面来言，比较古的言语，可以说是直到现在，还流传于南方，而尤其是广东一带。广东的言语，无疑的是很为复杂，所谓广话、客话、潮话、琼话等等，不过是主要的分类而已。在中山一县，有人说共有五十余种方言，这是从其细微的分别来说，然大致上，龙都一带的方言，就与石岐的方言完全不同。然而我们在这里所要特别加以注意的，是在这些不同的方言中，而尤其是在广话里，中国固有的古音，保留得最多。所谓国语是后来发展的，比较简单化的言语。所以广话不只是在时间上较古，在音韵上也较多。这是一般人所公认的事实。欧洲有了好多人类学者，往往以言语的区别去分类民族。假使这种方法是对的话，那么像广东的人们，当为中国较古的民族了。民族若是较古，那么其文化的其他方面，是较古的，是自然而然的。

从文化的精神方面来看，比方，在迷信上，南方人而尤其是广东人，最为迷信。神鬼之多，可以说是举不胜举。日、月、星、辰、山、川、木、石，以至各种动物，都是崇拜的对象。这本来是古代传下来的迷信。而相命、风水、卜卦、巫祝，尤为流行。

又如，崇拜祖宗的观念，在南方也较北方为浓厚。家中必有安放祖宗牌位的地方，用不着说，而祠堂之多，尤为北方所少见。在一个乡村里，虽然为一宗派所居住，然而宗派之中，又分支派。结果是往往在这一种的乡村里，不只有了一个共同的祠堂，而且有了好多个。这就是说，每一支派或分支派，都自有一个祠堂。至如好多人迁居南洋各处的，连了祖宗牌位，也放在行李中带去。

至于思想方面，南方人而尤其是广东人，虽然也趋于极新的方面，然而在守旧方面，也趋于极端。一般的南方侨胞之在海外的，头脑之旧，固令人惊讶，在香港与内地的人们，有时尤为厉害。香港自民国以后，是崇拜孔教的大本营。孔教会以及好多的复古运动，都在这里活动。在香港的学校里，照样的教授四书五经，而香港大学直到抗战前数年，教授中文者，非进士举人之流，是不易进入这个大学之门。

康有为是维新运动的领袖，然而维新失败以后，却成为复古思想的领袖。他不只要保皇，而且要保孔。陈焕章曾在哥林比亚领了经济学博士，可是多少年来的尊孔运动，是由他促进。在中国奔走这种运动，还不算数，他还跑到西洋，宣传孔道。在伦敦，在孔子生日的日子。他还设起祭台，穿起古服，跪拜孔像，朗诵祝文，并且请了不少外国朋友，参加庆祝。至于辜鸿铭的思想与行为的守旧，那更不待说了。

又如，北伐成功以后，在中央的政府人员之提倡读经尊孔者，虽不乏人，然而通令学校读经，湖南的何键最先实行，至于祀孔之最先的，要算广东的陈济棠。陈济棠除了尊孔与下令学校读经之外，还创办学海书院。在某一个时期里，广东的复古思潮真是如潮如涌，胡适之要在中山大学讲演，固被禁止，一些的维新思想，也被摈斥。

从文化的社会方面来看，家族是中国数千年来的社会的基础。可是家族观念最浓厚的地方，固是在南方，家庭的组织较完密的地方，也是在南方。我们已指出在南方，而尤其是广东的祠堂之多，祠堂不只往往就是学校，而且是好多社会的活动的中心。祠堂是崇拜祖宗的地方，在以往，也可以说是一族的法庭。族人有了什么纠纷，多数是由祠堂去处理，以至惩罚。所谓"家丑不外扬"就是"族丑不外扬"。然而因为家族的观念，很为浓厚，家族的组织，很为完密，家族变为社会上的最重要的团体。其实，一个家族几乎等于一个国家。因为族斗在广东也成为一种普遍的现象，所谓异姓相仇恨，大姓压小姓，都可以说是家族主义的结果罢。

又如，有人调查广东的土地，以为有了一半以上是祖田。这就是在了宗祠之手。这些统计，未必确实，然而广东的祖田之多，是没有可疑的。再如在城市里的街道，在北方有叫为胡同，而在南方的好多地方，却叫为"里"。我们知道，里是古代传下来的名词。

从文化的物质方面来看，据说现在苗黎各种人民所穿的衣裙，也是我们的古装。贵州各处妇女，头上所包的白巾，也是汉代的遗风。而襁负小孩的方法，在贵州、云南、广西、广东，随处可见。古代燕赵的慷慨悲歌之士，喜吃狗肉之风，至今尚留传于南方。据说连了在广东有些地方所制的腊鼠，也是古代的吃法。又如，在建筑方面，据人们的观察，在广东各处所建筑的祠堂，是最能代表中国的固有的屋宇的式样。

这不过只是随便的举出一些例子，去说明所谓中国固有文化，或旧的文化，有了很多在北方，已经找不出来，而却可以在南方看见。孔子所谓"礼失而求诸野"是与这里所说的固有文化，是有关系的。虽然我们也得指出，在历史上，因为北方屡受外族的占据，中国固有文化在北方的不只是失了，而可以求之于南方，而且，事实上，南方却成为固有的文化的中心。所以这些文化直到现在还是活的文化，而非死的文化。我所以说南方为固有文化或旧的文化的保留所，也就是这个意思。

不但这样，从文化的立场来说，中国的南方，不只是中国旧的文化的保留所，而且也可以说是中国的新的文化的策源地。

南方之所以成为新的文化的策源地，是与地理的环境，有了多少的关系。我们知道，中西海道的沟通，是在十六世纪的初年，而西洋人之来中国最先的，也是在南方。自明末清初以至鸦片战败的三百余年，西洋人的踪迹，虽不只限于南方，然而西洋人的船舶之到中国，而与中国通商或接触口岸，差不多是完全是在南方。福建的泉州，而尤其是广东的广州与澳门，是中西交通的枢纽。澳门自明末以后，就为葡萄牙人所盘据。后来中国政府且租让给与葡人，而成为东方的西洋人的聚居的一个重要的大本营。广州则为西洋人进入中国的主要目的地，在西洋人未从海道直接来中国之前，已为中外交通的口岸。自西洋人到了广东之后，又成为中西交通的重镇。而且，在闭关政策盛行的时代，广州成为法律上的唯一的中外通商的区域。自鸦片战争以后，香港割让于英国，在很短的时间中，这个地方，不只成为中国与西洋的交通的要点，而且成为东亚与西洋的交通的要域。

西洋人之从海道到中国的，是由中国的南方而到北方，南方既成为中西交通的要冲之地，而数百年来，又因中国的闭关政策，而使南方垄断了中西交通的枢纽，结果是南方又成为新的文化输入中国的最先而最重要的区域。

因为南方，而尤其是广东是西洋人进入中国的最先的区域，与必经的地方，西洋人之在中国的，在中西交通的早期，也以南方为最多。其实，在某一个时期里，西洋人只能在南方的一二个地方居住。肇庆、广州尤为洋人来得最先与住得最多的地方。我们知道，有的时候，在中国境内，这就是连了广州在内，是不准西洋人居留的。然而因为澳门是租让于葡人，这个地方，自明末以后，不断的有了很多的洋人。从澳门到广州虽有不少途程，可是澳门乃属于广东中山的地方，不只由水道到内地，至为容易，就是由陆道入内地，尤为容易。所以尽管政府通令不准西洋人混入内地，西洋人照旧的可以从澳门以至其他各处进入。所以事实上，自中西海道沟通之后，西洋人可以说是没有间断的进入中国。

西洋人之来中国的，在其初期，若非商人，就是教士。至于西洋各国所派的使者，人数既不多，来的次数也有限。商人的行动，范围既差不多完全在南方，其所影响于中国文化的，主要是在物质文化的方面。西洋货品的输入，不只逐渐使了国人非用不可，而且逐渐使了国人觉得这些东西，应由国人自行制造，以资应用。新式商业与工业之所以发展，是与西洋的商人与商品之来中国，有了密切的关系。

然而从中国的新文化方面来看，在其早期发展上，西洋教士所出的力量至为重要。西洋教士之来中国的，在明末清初以至十九世纪的初年，全为天主教徒。自十九世纪初年以后，新教徒乃源源而来。前者的主要人物为利玛窦，后者的主要人物为马礼逊。他们来中国，目的是宣传宗教——基督教，而其进入最先的地方，是在南方。利玛窦未赴北京之前，已在广东住了十九年，其住肇庆的时间最久。他对于中国文化上的影响最大的，虽在最后住在北京的十年中，然而他之所以致此者，未始不因其在南方有了十年的预备工作——学习好了中国的语言，结交了不少中国的人士，使后来在北京的工作，得以顺利进行。至于马礼逊平生的工作，都在南方，虽则新教之发展，是很快的由南方而趋于北方。

除了西洋人之最先与多在南方之外，国人之到外洋者，在中西交通的初期，也以南方人为最多。大致的说，国人之致外洋的，可分为两类：一为海外华侨，一为留洋学生。西洋天主教徒在其早年在华传教的时候，有时已派国人之信教者到西洋学习神学。郑玛诺就是一个例子，他是广东人，此外如在十九世纪的福建的沈福宗，在十八世纪的广东的杨高，也到过欧洲留学。但是最能使我们注意的，是黄胜、黄宽与容闳这三位，是在一八四八年赴美国留学，他们都是广东人，而且是近代中国留学生的先锋。容闳后来且提议派送大批学生赴美求学，所以从一八七二年至七五年间，政府共派了一百二十位学生到美国。这是空前的事情。然而这一批的学生之中,百分之九十以上是南方人。这些留洋学生,以及后来的好多留洋学生,可以说是中国新文化的推动的主要人物。

至于海外华侨之所以到海外,目的虽是谋生,但是因为他们所到的地方,无论在直接上或在间接上,都与西洋文化有了接触的机会,因而无论在直接上或间接上,也与中国的新文化的发展,有了多少的关系。而尤其是在中国的新式经济事业与政治革新上,有了密切的关系。华侨之在欧洲或美洲的,虽有直接机会去观察西洋文化,可是在欧洲与美洲的华侨,人数较少。其人数最多的,为南洋一带。南洋一带的文化,这就是土人的文化,不只是比不上西洋的文化,也比不上中国的文化。然自西洋人东来之后,南洋不只是首当其冲,而且除了暹罗以外,所有各处,就为西洋人所占据,而变为西洋的殖民地。西洋人占了南洋之后,西洋人不只无意中输入了很多的西洋文化,而且有意的推广其自己的文化,使南洋各处,慢慢的西化起来。比方,安南文化的其他方面之西化,固不待说,就是文字,也西化起来。这就是一个显明的例子。华侨之在南洋的,有了千万以上,南洋既是被迫而接受外来的新文化,华侨在直接上,或间接上,都受了影响。人们说华侨为革命之母,也是因为华侨不只受了外人的政治的压迫,而希望国家富强,而且受了西洋革命思想的影响,而希望中国成为一个民主国家。华侨对于国内的政治革新,固有其贡献,对于中国新文化的其他方面,而尤其是经济上,也有很大的贡献。然而无论是欧美的华侨也好,南洋的华侨也好,百分之九十以上是来自南方。

西洋人之早期在中国的,既多在南方,国人之到外洋留学的,在留学史上的早期,又多为南方人。至于海外华侨,直到现在最多的,还是南方人。这些人,都是中国新的文化的媒介人物,因为他们多来南方,或多来自南方,其结果是使南方成为新文化的策源地。

我们在文化"发展的方向"一章,已稍为提及,从新的文化的各方面来看,南方都是新文化的策源地。关于这一点,我们在别处,还要加以比较详细的叙述,我们这里所要指出的,不外是从文化的精神方面来看,新的宗教,如天主教或新教的传入,固始于南方,信教最早的,也是南方人。至于新的思想的介绍或提倡,则比方容闳的新教育的计划,严复的新思想的介绍,而尤其是梁启超的《新民丛报》、孙中山的革命运动,在新思想的发展上所占的地位,至为重要。在文化的社会方面来看,维新运动、革命运动,是尽人皆知的。就是新市政的运动,以至妇女的运动,也以南方为较早。从文化的物质方面来看,新式的生活,在衣、食、住、行各方面,南方固是策源地,好多新式的工业,也策源于这里,或是由来自南方的人们所创办或主持。这也不过是很简单举出一些例子去说明,然而南方是新文化的策源地,是没有可疑的。

然而我们也得指出,正如我们的固有文化,虽是策源于北方,而发展并不限于北方，我们的新的文化，虽然是策源于南方，而其发展也并不限于南方。而且，正像我们的固有的文化的发展的高度，是逐渐趋于南方，我们的新的文化的发展的高度，也是逐渐趋于北方。长江流域以至黄河流域，在新的文化的推动上，所占的地位，已很重要。因为在现在的世界里，中国的南方固要新的文化，中国的北方，也要新的文化。

而且，正如南方的中国的固有文化，或旧的文化，就是北方的中国的固有文化或旧的文化，北方的中国的新的文化，也就是南方的中国的新的文化。换句话来说，从文化的系统来看，南方的固有文化之于北方的固有文化，是一样的，而北方的新文化与南方的新文化，也是一样的。假使这里所谓南方文化与北方文化，有了区别，这种区别，是从文化的策源方面来看，这就是说北方是旧的文化的策源地，而南方是新的文化的策源地。

然而旧的文化是旧的时代的产物，新的文化是新的时代的产物。在我们这个时代里，正是新旧交替的时代，北方的固有的文化，既有了不少，在历史上，已为旧的外来的势力所压迫而衰微，南方现在所保留那些固有的文化，在近代，在现在，也正为新的外来的势力所影响，而趋向于衰灭。这种趋向在这次抗战的时期，以及抗战之后，尤为剧烈。从研究固有文化的立场来看，假使我们不赶快的去从事研究这些留在南方的活的固有文化，则在将来，或是最近的将来，这种活的固有文化，恐怕是不易长留。就是从研究新的文化的立场来看，假使我们不赶快去从事研究这些初期的新的文化的输入或创造，则时过境迁，新的文化愈趋于新，将来，或是最近的将来，要想再去研究这个新的文化的策源，也不容易。

这是从文化的研究立场来看。若从文化的需要的立场来看，那么我们可以说，旧的时代固是需要旧的文化，新的时代却又需要新的文化。而且，旧的文化固正在趋于衰灭，而新的文化也正在趋于发达。这是研究近代中国文化的发展的人所不能否认的。

然而所谓旧的文化，又不外是中国的固有的文化，这也可以说代表东方的文化，或是东方的文化，所谓新的文化不只在其来源上，是西方的文化，就是在目前的发展上，还是西方的文化。所以，从目前来看，所谓中国的旧的文化与新的文化的区别，事实上，又不外是东方的文化与西方的文化的差异了。